經華管信 创新系列

Financial Marketing

金融市场学

张建军 编著

電子工業出版社
Publishing House of Electronics Industry
北京 · BEIJING

内 容 提 要

本书详细介绍了金融市场的基础知识和基本理论，全面阐述了货币市场、资本市场、外汇市场、黄金市场、抵押与证券化市场、金融衍生工具市场、天气衍生品市场、碳金融市场、证券发行市场、证券流通市场、证券价值分析、金融市场的风险管理，以及金融市场的监管，能够帮助读者全面了解和掌握金融市场的基本框架，主要细分市场的运行机制和特点。每章后面都精心设计了课后复习思考题和相应的拓展阅读资料，通过对这些题目的对照练习，能够检验对相关章节知识的掌握，进而有重点、有针对性地对相关内容进行深入学习；扫描二维码即可阅读相关资料，拓展和提升对学习内容的理解。

本书可作为高等学校经济、金融及管理类各相关专业本科生的必修教材或参考书，也可作为其他各专业本科生的公共选修课教材。此外，本教材也可供对金融市场学研究有兴趣的相关读者参阅。

图书在版编目（CIP）数据

金融市场学/张建军编著. —北京：电子工业出版社，2017.1

ISBN 978-7-121-30600-6

Ⅰ. ①金… Ⅱ. ①张… Ⅲ. ①金融市场－经济理论Ⅳ. ①F830.9

中国版本图书馆 CIP 数据核字(2016)第 303034 号

策划编辑：陈晓莉
责任编辑：陈晓莉
印　　刷：涿州市京南印刷厂
装　　订：涿州市京南印刷厂
出版发行：电子工业出版社
　　　　　北京市海淀区万寿路 173 信箱　邮编 100036
开　　本：787×1 092　1/16　印张：15.75　字数：475 千字
版　　次：2017 年 1 月第 1 版
印　　次：2017 年 1 月第 1 次印刷
定　　价：42.00 元

凡所购买电子工业出版社图书有缺损问题，请向购买书店调换。若书店售缺，请与本社发行部联系，联系及邮购电话：（010）88254888，（010）88258888。

质量投诉请发邮件至 zlts@phei.com.cn，盗版侵权举报请发邮件至 dbqq@phei.com.cn。

本书咨询联系方式：（010）88254540，chenxl@phei.com.cn。

前　　言

金融市场作为现代经济的核心和命脉，对市场经济的发展起着越来越重要的作用，作为一个相对完整的金融市场，金融市场学是研究各个金融子市场的运行及其各主体行为的科学，是市场间资金融通与资金交易的桥梁，在现代市场经济体系中处于核心地位，发挥着市场机制核心的作用。伴随着全球经济一体化步伐的加快，金融市场对一个国家（地区）的经济增长以及经济一体化发展的推动和支撑作用显得越来越重要。

本书按照当前我国金融市场的基本架构及其运行机制和体系来安排教材的相应章节，在教材结构安排上力求全面、简洁、合理、规范。全书共分 14 章。第一章是金融市场概论，对金融市场的基本概念、特征及要素、分类、发展趋势等基本问题进行全面分析和梳理。第二章是货币市场，包括了同业拆借市场、票据市场、国库券市场、证券回购市场及短期融资融券市场等内容，比较详细地描述了货币市场的主要细分市场及其最新发展现状，不同细分市场的运行机制、特点及其作用等。第三章是资本市场，主要介绍股票市场、债券市场以及投资基金市场的基本运行机制及规律等。第四章是外汇市场，主要介绍了外汇市场的基本特点、功能以及外汇交易方式等。第五章是黄金市场，重点介绍了黄金市场的产生、发展演化及功能，黄金市场的价格类型、影响价格的主要因素及黄金的市场交易品种、投资策略等。第六章是抵押和证券化市场，主要对初级抵押市场、抵押证券化市场、资产证券化市场以及发达国家和地区的住宅抵押证券化市场发展情况进行了介绍。第七章是金融衍生工具市场，主要对金融衍生工具市场的产生和发展、金融远期市场、金融期货市场、金融期权市场以及金融互换市场等进行了详细的介绍。第八章是天气衍生品市场，主要介绍了天气衍生品市场发展现状、天气衍生产品的种类以及天气衍生产品的应用等。第九章是碳金融市场，重点介绍了全球碳金融市场的产生及发展情况、碳金融市场的基本构成及运行机制及全球主要碳金融市场的发展现状及特点等。第十章和第十一章分别介绍了证券的发行市场和流通市场，重点对证券发行制度、发行方式和程序及流通市场的交易机制、交易方式等进行了介绍。第十二章是证券价值分析，主要介绍了固定收益证券价值分析、权益价值分析及金融衍生工具价值分析等。第十三章是金融市场的风险管理，对金融市场的风险成因、风险管理方式，主要的风险评估模型等进行了较详尽的介绍。第十四章是金融市场监管，从金融市场监管的概念和原则、监管内容以及主要国家金融监管体制比较等方面进行了介绍。在编写的过程中，我们力求框架完整、结构明晰，内容上能够深入浅出、行文规范，为了便于教学以及学生对重点内容的掌握，我们在每章前都列出了内容提要，每章后都精心选择和设计了与本章内容相关的习题，通过扫描二维码、可扩展阅读大量相关的文章、提升学习的效果。

本书是西安电子科技大学 2015 年度教材建设资助立项出版教材，得到了西安电子科技大学教务处、电子工业出版社以及西安电子科技大学经济与管理学院等有关部门领导的大力支持。教材编写的分工如下：张建军和郝喜梅（第一章、第二章、第六章）、张建军和孙晓卿（第三章）、张建军和王喆（第四章、第五章、第七章）、张建军和高锋（第八章、第九章）、张建军和周妹妹（第十章）、张建军和安璐娜（第十一章）、张建军和李扬（第十二章、第十三章、第十四章），全书由张建军策划、修改总纂。

在本书编写的过程中，我们参阅并借鉴了大量国内外相关文献资料和同类教材，主要的参考教材和文献资料均已列在书后，在此向所有相关的作者表示深深的致谢！电子工业出版社的陈晓莉编审为本教材的出版付出了大量的汗水和辛勤的劳动，我的几位研究生在书稿编写、文字校对过程中也做了很多细致深入的工作，在此一并向他们致以诚挚的谢意。当然，由于本人水平有限，加之时间进度要求的关系，书中的不妥之处和谬误可能在所难免，恳请学界各位专家、学者以及广大读者朋友提出宝贵的批评、修改意见和建议。

张建军

2016 年 12 月

目　录

第一章　金融市场概论

学习目标：

了解金融市场的基本特征；

了解金融市场的类型；

掌握金融市场的主体和发展趋势；

理解金融市场的功能。

第一节　金融市场的含义与特征

一、金融市场的含义

金融市场，简单地说，就是通过金融资产进行交易而融通资金的市场。金融市场的存在为资金供给方和资金需求方提供了重要的融资渠道。金融市场为家庭、政府和公司的融资和投资生活提供了便利。

金融市场包含以下三层含义：①它是金融资产进行交易的一个有形和无形的场所；②它反映了金融资产的供应者和需求者之间所形成的供求关系；③它包含了金融资产交易过程中所产生的运行机制，其中最主要的是价格（包括利率、汇率及各种证券的价格）机制。

金融资产是指一切代表未来收益或资产合法要求权的凭证，也称为金融工具或证券。金融资产可以划分为基础性金融资产与衍生性金融资产两大类。前者主要包括债券性资产和权益性资产；后者主要包括远期、期货、期权和互换等。

金融市场与要素市场和产品市场的差异在于：①在金融市场上，市场参与者之间的关系已不是一种单纯的买卖关系，而是一种借贷关系和委托代理关系，是以信用为基础的资金使用权和所有权的暂时分离或有条件的让渡；②市场交易的对象是一种特殊的商品即货币资金。金融市场上之所以会发生货币资金的借贷和有条件的让渡，是因为当其转化为资本使用时能够带来增加的货币资金余额；③市场交易的场所在大部分情况下是无形的，通过电信及计算机网络等进行交易的方式已越来越普遍。

在当今世界上，伴随着经济全球一体化趋势的发展，经济金融化的进程也日益加剧、程度不断加深。这突出的表现为：经济关系日益金融关系化，社会资产日益金融资产化，融资非中介化、证券化趋向越来越明显。在这种情况下，金融业的发展所带来的影响已不仅仅局限于其产业内部，而是涉及社会经济政治生活的各个层面，世界各国都越来越关注和重视金融业的发展及由此带来的巨大影响。进入20世纪90年代以来，由于世界有关国家和地区频繁发生金融危机，对正常的经济发展及政治生活的稳定产生了巨大的冲击，因此，人们对当今金融市场的发展现状和趋势、国际金融体制和秩序以及传统的金融理论开始进行一系列的反思和新的探索。在一个各种不同利益交集的、充满变幻的全球一体化的金融市场上，只有深刻地理解了金融市场上各经济主体的行为规律及金融市场的运行机制，才能对当前世界上复杂的经济金融问题做出客观而具体的分析，以指导我们的行动。

金融是现代经济的核心。经济的发展依赖于资源的合理配置，而资源的合理配置主要靠市场机制的运行来实现。金融市场在市场机制中扮演着主导和枢纽的角色，发挥着极为关键的作用。在一个有效的金融市场上，金融资产的价格和资金的利率能及时、准确和全面地反映所有公开的信息，资金在价格信号的引导下迅速、合理地流动。金融市场作为货币资金交易的渠道，以其特有的运作机制使千百万居民、企业和政府部门的储蓄汇成巨大的资金流，推动和润滑着商品经济这个巨大的经济机器持续地运转。金融市场还以其完整而又灵敏的信号系统和灵活有力的调控机制引导着经济资源向着合理的方向流动，优化资源的配置。在金融市场上，价格机制是其运行的基础，而完善的法规制度、先进的交易手段则是其顺利运行的保障。

二、金融市场的特征

1．交易对象为金融资产

金融资产是指代表未来现金收入的所有权的合约，属于无形资产。在金融市场上交易的对象是各种金融资产，既包括银行可转让大额定期存单、商业票据、政府债券、公司股票和债券，也包括金融期货、期权等衍生性金融资产。金融资产具有货币性、流动性、期限性、可分性、收益性和风险性等特征。

2．交易价格表现为资金的合理收益率

金融市场上的交易对象则为特殊商品——金融资产，它的价格体现为不同期限资金借贷的合理收益率。货币性的资产一般只包含无风险收益——基础收益，而风险资产的收益率还包含风险溢价——风险收益。了解无风险收益和风险收益的区别和各自的决定机制，对于投资成功至关重要。

3．交易目的表现为让渡或获得一定时期一定数量资金的使用权

金融市场中金融资产的交易主要体现在使用权的交易上。资金盈余的单位以各种方式让渡一定时期一定数量资金的使用权，其目的是为了获得利息或收益：而资金短缺的单位则通过各种方式获得一定时期一定数量资金的使用权，其代价是要支付不同期限资金使用的利息和资金成本。

4．交易场所表现为有形或无形

传统的商品市场往往是一个有固定场所的有形市场，而金融市场不一定都有固定的场所。例如，货币市场中的很多交易都是通过经纪人或交易商的电信联系而成交的。计算机网络技术的发展，使得全球各地的终端得以连线，形成了全球外汇交易的无形市场，使得资金可以每天 24 小时在全球流动。

第二节　金融市场的分类

为了更充分地理解金融市场，尽可能地反映这个复杂市场的全貌，我们从多个角度对金融市场做如下分类。

一、按标的物分类

1．货币市场

货币市场，亦称短期资本市场，是进行 1 年以下的短期资金交易活动的市场。在货币市场上，通常利用发放短期债券、商业票据、通过某些交易方式（贴现和拆借业务）实现资金的短期借贷，以满足金融市场上供求双方对短期资金的需求，货币市场又包括票据市场、同业拆借市场等。

货币市场一般没有正式的组织，所有交易特别是二级市场的交易几乎都是通过电信方式联系进行的。市场交易量大是货币市场区别于其他市场的重要特征之一。巨额交易使得货币市场实际上成为一个批发市场。由于货币市场的非人为性及竞争性，因而它又是一个公开市场，任何人都可以进入市场进行交易，在那里不存在固定不变的顾客关系。

2. 资本市场

资本市场是指期限在 1 年以上的金融资产交易的市场。一般来说，资本市场包括两大部分：一是银行中长期存贷款市场；二是有价证券市场。本章的讨论主要着眼于后者。通常，资本市场主要指的是债券市场和股票市场。它与货币市场之间的区别有以下几点。

（1）期限不同

资本市场上交易的金融工具均为 1 年以上，最长者可达数年，有些甚至无期限，如股票等。而货币市场上一般交易的是 1 年以内的金融工具，最短的只有几日甚至几小时。

（2）作用不同

货币市场所融通的资金，大多用于工商企业的短期周转资金。而在资本市场上所融通的资金，大多用于企业的创建、更新、扩充设备和储存原料，政府在资本市场上筹集长期资金则主要用于兴办公共事业和保持财政收支平衡。

（3）风险程度不同

货币市场的信用工具，由于期限短，因此流动性高，价格不会发生剧烈变化，风险较小。资本市场的信用工具，由于期限长，流动性较低，价格变动幅度较大，风险也较高。

3. 外汇市场

如同货币市场一样，外汇市场也是各种短期金融资产交易的市场，不同的是货币市场交易的是同一种货币或以同一种货币计值的票据，而外汇市场则是以不同种货币计值的两种票据之间的交换。在货币市场上所有的贷款和金融资产的交易都受政府法令条例管制。但在外汇市场上，一国政府只能干预或管制本国的货币。

外汇市场按其含义有广义和狭义之分。狭义的外汇市场指的是银行间的外汇交易，包括同一市场各银行间的交易、中央银行与外汇银行间以及各国中央银行之间的外汇交易活动，通常被称为批发外汇市场（Wholesale Market）。广义的外汇市场是指由各国中央银行、外汇银行、外汇经纪人及客户组成的外汇买卖、经营活动的总和，其包括上述的批发市场以及银行同企业、个人间外汇买卖的零售市场（Retail Market）。

外汇市场的主要功能在于：①通过外汇市场的外汇储备买卖和货币兑换业务，使各国间债权债务关系的货币清偿和资本的国际流动得以形成，实现购买力的国际转移；②外汇市场集中了各国政府、企业、公司等单位的闲置资金，并对国际贸易中进出口商进行借贷融资，从而加速了国际资金周转，调剂国际资金余缺；③外汇市场所拥有的发达的通信设施及手段，将世界各地的外汇交易主体连成一个网络，缩短了世界各地间的远程货币收付时间，提高了资金的使用效率；④进出口商利用市场中的远期外汇买卖业务，可有效地避免或减少因汇率变动带来的风险，从而促进国际贸易的发展。此外，外汇市场提供的各种外汇资金的供求信息及其价格动态，有助于各国政府和企业据以正确地进行有关决策。

4. 黄金市场

黄金市场是专门集中进行黄金买卖的交易中心或场所。目前，由于黄金仍是国际储备工具之一，在国际结算中占据着重要的地位，因此，黄金市场仍被看作金融市场的组成部分。但随着时代的发展，黄金非货币化趋势越来越明显，因此，本书不专门介绍黄金市场。黄金市场早在

19 世纪初就已形成，是最古老的金融市场。现在，世界上已发展到 40 多个黄金市场。其中伦敦、纽约、苏黎世、芝加哥和香港的黄金市场被称为五大国际黄金市场。

二、按中介特征分类

金融市场的形成是直接与资金的融通相联系的。在正常的经济生活中，总有资金暂时闲置者及资金短缺者存在，金融市场就为这两者提供互通有无的渠道。根据在资金的融通中的中介机构特征来划分，可将金融市场分为直接金融市场和间接金融市场。

直接金融市场指的是资金需求者直接从资金所有者那里融通资金的市场，一般指的是通过发行债券和股票方式在金融市场上筹集资金的融资市场。而间接金融市场则是通过银行等信用中介机构作为媒介来进行资金融通的市场。在间接金融市场上，资金所有者将手中的资金贷放给银行等信用中介机构，然后再由这些机构转贷给资金需求者。在此过程中，无论这笔资金最终由谁来使用，资金所有者都将只拥有对信用中介机构的债权而不能对最终使用者具有任何权利要求。

直接金融市场与间接金融市场的差别并不在于是否有金融中介机构的介入，而主要在于中介机构的特征的差异。在直接金融市场上也有金融中介机构，只不过这类公司不像银行那样，它不是资金的中介，而大多是信息中介和服务中介。虽然两者难分轻重，但本书重点是直接金融市场。

三、按金融资产的发行和流通特征分类

资金需求者将金融资产首次出售给公众时所形成的交易市场称为初级市场、发行市场或一级市场。金融资产的发行方式主要有两种方式：一是将金融资产销售给特定的机构；二是将金融资产广泛地发售给社会公众。前者称为私募发行，其发行对象一般为机构投资者；后者称为公募发行，其发行对象为社会公众。私募又分为包销和代销两种。所谓包销，是指金融资产的发行人与银行等金融机构协商，由银行等承销机构按照商定的条件把全部证券承接下来负责对公众销售。包销期满后，不论证券是否已经推销出去，包销机构都要如数付给发行人应得资金。代销则是发行人自己承担全部发行风险，只将公开销售事务委托投资银行等办理的一种方式，代销商销多少算多少，它只收取手续费等费用，不承担任何风险。此外还有一种自办发行或称自销的方式，一般通过私下洽商的方式直接销售给为数不多的个人及团体投资者。目前国际上流行的是包销方式。

证券发行后，各种证券在不同的投资者之间买卖流通所形成的市场即为二级市场，又称流通市场或次级市场。它又可分为两种，一是场内市场即证券交易所，二是场外交易市场。证券交易所是依照国家有关法律规定，经政府主管机关批准设立的证券集中竞价的有形场所。场外交易市场又称柜台交易或店头交易市场。它是在证券交易所之外进行证券买卖的市场。原则上在场外交易的证券以未上市的证券为主。然而现在情况发生了很大的变化，为数不少的上市证券，尤其是政府债券、地方和公司债券也都纷纷涌入场外交易市场进行交易。

初级市场是二级市场的基础和前提，没有初级市场就没有二级市场；二级市场是初级市场存在与发展的重要条件之一，无论从流动性上还是从价格的确定上，初级市场都要受到二级市场的影响。

此外，在发达的市场经济国家还存在着第三市场和第四市场，实际上都是场外市场的一部分。第三市场是原来在交易所上市的证券移到场外进行交易所形成的市场。第三市场的交易相对于交易所交易来说，具有限制更少、成本更低的优点。第四市场是投资者和证券的出卖者直接交易形成的市场。其形成的主要原因是机构投资者在证券交易中所占的比例越来越大，它们之间的买卖数额很大，因此希望避开经纪人直接交易，以降低成本。

四、按成交与定价的方式分类

公开市场指的是金融资产的交易价格通过众多的买主和卖主公开竞价而形成的市场。金融资产在到期偿付之前可以自由交易，并且只卖给出价最高的买者。一般在有组织的证券交易所进行。在议价市场上，金融资产的定价与成交是通过私下协商或面对面的讨价还价方式进行的。在发达的市场经济国家，绝大多数债券和中小企业的未上市股票都通过这种方式交易。最初，在议价市场交易的证券流通范围不大，交易也不活跃，但随着现代电信及自动化技术的发展，该市场的交易效率已大大提高。

五、按有无固定场所分类

有形市场即为有固定交易场所的市场，一般指的是证券交易所等固定的交易场地。在证券交易所进行交易首先要开设账户，然后由投资人委托证券商买卖证券，证券商负责按投资者的要求进行操作；而无形市场则是指在证券交易所外进行金融资产交易的总称。它的交易一般通过现代化的电信工具在各金融机构、证券商及投资者之间进行。它是一个无形的网络，金融资产及资金可以在其中迅速的转移。在现实世界中，大部分的金融资产交易均在无形市场上进行。

六、按交割方式分类

现货市场实际上是指即期交易的市场，是金融市场上的最普遍的一种交易方式。相对于远期交易市场来说，现货市场指市场上的买卖双方成交后须在若干个交易日内办理交割的金融交易市场。现货交易包括现金交易、固定方式交易及保证金交易。现金交易是指成交日和结算日在同一天发生的证券买卖，固定方式交易则是指成交日和结算日之间相隔很短的几个交易日，一般在 7 天以内。保证金交易也称垫头交易，它是投资者在资金不足，又想获得较多投资收益时，采取交付一定比例的现金，其余资金由经纪人贷款垫付，买进证券的一种交易方法。目前现货市场上的大部分交易均为固定方式交易。

衍生市场是各种衍生金融工具进行交易的市场。所谓衍生金融工具，是指由原生性金融商品或基础性金融工具创造出的新型金融工具。它一般表现为一些合约，这些合约的价值由其交易的金融资产的价格决定。衍生工具包括远期合约、期货合约、期权合约、互换（Swap）协议等。由于衍生金融工具在金融交易中具有套期保值、防范风险的作用，衍生工具的种类仍在不断增多。衍生金融工具同时也是一种投机的对象，其交易中所带来的风险也应引起注意。

七、按地域分类

金融市场按其作用的地域范围来划分，又可以分为国内金融市场及国际金融市场。国内金融市场是指金融交易的作用范围仅限于一国之内的市场，它除了包括全国性的以本币计值的金融资产交易市场之外，还包括一国范围内的地方性金融市场。国际金融市场则是金融资产的交易跨越国界进行的市场，进行金融资产国际交易的场所。国际金融市场有广义和狭义之分。狭义的国际金融市场指进行各种国际金融业务的场所，有时又称传统的国际金融市场，包括货币市场、资本市场、外汇市场、黄金市场以及衍生市场等；广义的国际金融市场则包括离岸金融市场，所谓离岸金融市场，是非居民间从事国际金融交易的市场。离岸市场以非居民为交易对象，资金来源于所在国的非居民或来自于国外的外币资金。离岸金融市场基本不受所在国的金融监管机构的管制，并可享受税收方面的优惠待遇，资金出入境自由。离岸金融市场是一种无形市场，从广义来看，它只存在于某一城市或地区而不在于一个固定的交易场所，由所在地的金融机构与金融资产的国际性交易而形成。

国内金融市场是国际金融市场形成的基础。实际上，从金融监管角度来看，国内金融市场及传统的国际金融市场都要受到所在国金融监管当局的管制，而新兴的国际金融市场，如离岸金融市场则可以说是完全国际化的市场，它不受任何国家法令的限制，主要经营境外货币。国际金融市场是国内金融市场发展到一定阶段的产物，是与实物资产的国际转移、金融业较为发达、资本的国际流动及现代电子信息技术的高度发展相辅相成的。

第三节　金融市场的要素与功能

一、金融市场的主体

金融市场主体又称为金融市场的交易主体，即金融市场的交易者。参与金融市场的机构和个人，或者是资金的供给者，或者是资金的需求者，或者以双重身份出现。

这五类主体是由以下各类主体构成的。

1．中央银行

中央银行在金融市场中处于一种特殊的地位，它既是金融市场的行为主体，又是金融市场上的监管者。从中央银行参与金融市场的角度来看，首先，作为银行的银行，它充当最后的贷款人角色，从而成为金融市场中的资金的提供者。其次，中央银行为了执行货币政策，调节货币供应量，通常采取在金融市场上买卖证券的做法，进行公开市场操作。中央银行的公开市场操作不以营利为目的，但会影响到金融市场上资金的供求及其他经济主体的行为。此外，一些国家的中央银行还接受政府委托，代理政府债券的还本付息；接受外国中央银行的委托，在金融市场中买卖证券，参与金融市场的活动。

2．政府部门

在各国的金融市场中，该国的中央银行与地方政府通常都是资金的需求者，它们主要通过发行财政部债券或地方债券来筹集资金，用于基础设施建设，弥补财政预算赤字等。政府部门在一定的时间也可能是资金的供应者，如税款集中收进还没有支出时。另外，不少国家政府也是国际金融市场的积极参与者，如中东的主要石油出口国家就是金融市场中资金供应的大户，一些发展中国家则是金融市场的主要资金需求者。不论是发展中国家还是发达国家，政府部门都是金融市场上的经济行为主体之一。

3．工商企业

在不少国家，国有或私营的工商企业是仅次于政府部门的资金需求者，它们既通过市场筹集短期资金从事经营，以提高企业财务杠杆比例和增加盈利，又通过发行股票或中长期债券等方式筹措资金用于扩大再生产和经验规模。另外，工商企业也是金融市场的资金供应者之一。为了使它们在生产经营过程中暂时闲置的资金得到保值或获得盈利，它们也会将其暂时让渡出去，以使资金的运用发挥更大的效益。此外，工商企业还是套期保值的主体。

4．居民个人

个人一般是金融市场的主要资金供应者。个人为了存集资金购买大件商品（如住房、汽车等），或是留存资金以备急需、养老等，都有将手中资金投资以使其保值、增值的要求。因此，个人通过在金融市场中合理购买各种有价证券来进行组合投资，既满足日常的流动性需求，又能获得资金的增值，个人的投资可以是直接购买债券或股票，也可以是通过金融中介机构进行间接投资，如购买共同基金份额、投入保险等，最终都是向金融市场提供资金。个人有时也有资金需求，但数量一般较小，常常是用于购买耐用消费品及住房消费等。

5．存款性金融机构

存款性金融机构是通过吸收各种存款而获得可利用资金，并将之贷给需要资金的各经济主体及投资于证券等以获得收益的金融机构。它们是金融市场的重要中介，也是套期保值和套利的重要主体。存款性金融机构一般包括以下几类。

（1）商业银行

商业银行是最主要的存款性金融机构。早期的商业银行是指接受活期存款，并主要为工商企业提供短期贷款的金融机构。但现代意义上的商业银行已经成为金融领域中业务最为广泛、资金规模最雄厚的存款性金融机构。商业银行既是资金的供应者，又是资金的需求者，几乎参与了金融市场的全部活动。作为资金的需求者，商业银行利用其可开支票转账的特殊性，大量吸收居民及企业和政府部门暂时闲置不用的资金，还可以发行金融债券、参与同业拆借等。作为资金的供应者，商业银行主要通过贷款和投资来提供资金。

（2）储蓄机构

西方国家有一种专门以吸收储蓄存款为资金来源的金融机构，也就是储蓄机构。储蓄机构的大部分资金用来发放不动产抵押贷款，投资于国债和其他证券。与商业银行相比，储蓄机构的资金业务期限长，抵押贷款比重高。政府常常利用储蓄机构来实现其某些经济目标，其中多为房地产政策目标。因此，一些储蓄机构得到了政府的扶持。

（3）信用合作社

信用合作社是由某些具有共同利益的人们组织起来的、互助性质的会员组织。其资金来源主要是会员的存款，也可以来自非会员。其资金运用则是对会员提供短期贷款、消费信贷、票据贴现及从事证券投资，也有部分资金用于同业拆借和转存款等。信用合作社在经济生活中起着广泛动员社会资金的作用，它们遍布大银行难以顾及的每一个角落，进一步促进了社会闲散资金的汇聚和利用。

6．非存款性金融机构

金融市场中另一类重要的金融机构参与者就是非存款性金融机构。它们的资金来源和存款性金融机构吸收公众存款不一样，它们主要是通过发行证券或以契约性方式聚集社会闲散资金。非存款性金融机构主要有以下几种。

（1）保险公司

保险公司包括人寿保险公司及财产和灾害保险公司。人寿保险公司是为人们因意外事故或死亡而造成经济损失提供保险的金融机构。财产和灾害保险公司是为企业及居民提供财产意外损失保险的金融机构。保险公司的主要资金来源是按一定标准收取的保险费。一般地说，人寿保险具有保险金支付的可预测性，并且只有当契约规定的事件发生时或到约定的期限时才支付的特征，因此，保险费实际上是一种稳定的资金来源。这与财产和灾害保险公司不同，财产和灾害事故的发生具有偶然性和不确定性。它们之间的差别决定了其资金运用方向的不一致。人寿保险公司的资金运用以追求高收益为目标，主要投资于高收益、高风险的证券（如股票等），也有一部分用做贷款。这样，人寿保险公司成为金融市场的主要资金供应者。

（2）养老基金

养老基金是一种类似于人寿保险公司的专门金融组织。其资金来源是公众为退休后生活所准备的储蓄金，通常由资方和劳方共同缴纳，也有单独由资方缴纳的。养老金的缴纳一般由政府立法加以规定，因此其资金来源是有保证的。与人寿保险一样，养老基金也能较准确地估计未来若干年其应支付的养老金，因此，其资金运用主要投资于长期公司债券和质地较好的股票、发放长期贷款上。养老基金也是金融市场上的主要资金供应者。

（3）投资银行

投资银行是在资本市场中从事证券的发行、买卖及相关业务的一种金融机构。最初的投资银行产生于长期证券的发行及推销要求，随着资本市场的发展，投资银行的业务范围越来越广泛。目前，投资银行业务除了证券的承销，还涉及证券的自营买卖、公司理财、企业购并、咨询服务、基金管理和风险资本管理等。投资银行在金融市场上的功能是：一方面，它为需要资金的单位（包括企业和政府部门）提供筹集资金的服务；另一方面，它充当投资者买卖证券的经纪人和交易商。

（4）投资基金

投资基金是向公众出售其股份或受益凭证募集资金，并将所获资金分散投资于多样化证券组合的金融中介机构。投资基金的当事人有以下4种：①委托人，是基金的发起人；②受托人，是基金经理公司，即代理投资机构，经营基金所募资金；③受益人，是投资者，即持有基金份额的人，基金份额的持有者可以按其持有比例分享基金的投资收益或资产净值；④信托人，负责基金资产的保管，一般由投资银行、信托公司和商业银行等大金融机构充当。

此外，参与金融市场的还有一些官方、半官方的和在各国各具特色的其他类型的金融机构，如开发银行、进出口银行及农业信贷机构、大企业所属的金融公司等。我国把政策性银行、金融信托机构及财产公司等也归入金融机构之列，它们也是金融市场的主体。

二、金融市场的中介机构

1. 金融中介机构的意义

金融中介机构是指在金融市场的资金融通过程中，在资金供求者之间起媒介或桥梁作用的人或机构。金融中介机构可以分为货币系统和非货币的中介机构两大类。货币系统作为中介机构，购买初级证券和创造货币；非货币的中介机构只履行购买初级证券和创造对自身的货币债权的中介作用，这种债权采取储蓄存款、股份、普通股票和其他债券的形式。

在资金融通过程中，不可避免地存在筹资者和投资者之间在资金供需数量和时间上的不一致，以致借贷行为或股权融资行为不能成立，融资目的无法实现。然而，金融中介机构所提供的媒介服务使社会零星闲散的货币资金聚少成多、续短为长、变闲置为有用，促使储蓄转化为投资，使金融市场最基本的融资功能得以实现。

在金融市场上存在信息不对称现象，即交易的一方对另一方并不充分了解，因而影响其做出准确地决策，如公司的管理人比股东和债权人更了解公司的经营情况和盈利能力。金融中介机构以其信息优势、专业水准和自身信誉在对拟发行证券的公司进行筛选，并提供辅导、保荐、承销等系列服务的同时，也为投资者提供了独立公允的投资信息。

在金融交易中必然产生交易成本，即从事金融交易所需耗费的时间和金钱。交易成本是筹资者筹资成本的一部分，也是对投资者投资收益的抵消，因此是任何从事金融交易主体需要考虑的。在没有金融中介机构的市场中，筹资者要自办发行业务，由于缺乏专业人才，更重要的是投资者无法确认发行人的信誉、经营能力和未来前景，将使发行工作困难重重，即使成功也要耗费大量的交易成本。而金融中介机构以其特有的专业服务和规模经济效益将大大降低交易成本。

除此之外，金融中介机构对维持、创造金融市场的运行也起着非常重要的作用。无论在发行市场充当承销商，还是在交易市场作为做市商、经纪商和自营商。金融中介机构在提供服务、提高市场流动性、发现价格并保障价格的连续性和稳定性方面的作用都是不可或缺的。

金融中介机构是金融创新活动最活跃的主体，其通过不断创造新的金融工具，开拓新业务，不仅增加了金融工具的种类和数量，而且对控制和防范金融市场风险、扩大金融市场的广度和提升金融市场的深度、提高金融市场在社会经济中的地位都有重要作用。

2. 金融中介机构的类型

在广义的金融市场中，金融机构种类繁多，主要有存款机构、契约性储蓄机构、投资金融中介机构和金融服务机构等。在狭义的、直接的金融市场中，金融中介机构是指为直接融资提供中介服务的，并以此为主业的金融机构。它们可以分为主要为一级市场提供中介服务的投资银行和为二级市场提供中介服务的经纪人。

（1）投资银行

按照最传统、最狭义的投资银行定义，仅将在证券一级市场中承销证券和在二级市场中交易证券的金融机构视为投资银行；而广义的投资银行，是指经营部分或全部资本市场业务的证券经营机构。投资银行从事的主要业务有证券承销、证券交易、私募发行、兼并收购、基金管理、风险投资、受托资产管理、金融衍生工具的创造与交易、咨询业务、清算及其相关业务等。

证券承销业务是指投资银行代理证券发行人发行证券的业务。投资银行承销证券的范围很广，不仅承销本国中央政府、地方政府和政府机构发行的证券，工商企业发行的股票债券、外国政府和外国公司发行的证券，甚至还承销国际金融机构发行的证券。

证券交易业务是指投资银行在二级市场担当交易商、做市商和经纪商三重身份，同时还在二级市场进行风险套利和无风险套利的业务。交易商是指投资银行以自己的资金和账户从事证券交易，此时投资银行是金融市场的投资主体而非中介。做市商是投资银行作为特许交易商不断地向投资者报出某些特定证券的买卖价格，并在该价位上接受投资者的买卖要求，以其自有资金与投资者进行交易，为所做市的证券维持市场的流动性和稳定价格。投资银行作为证券经纪商，则与以下介绍的金融市场上的经纪商没有区别。

证券的私募发行业务是相对于公开发行而言的。所谓私募发行或私下发行，是指发行人将证券出售给有限的特定投资者，如保险公司、证券投资基金和养老基金等。在私募发行过程中，投资银行为发行人设计发行方案，寻找合适的机构投资者，以及充当发行顾问提供咨询服务。

在风险投资业务中，投资银行可以通过私募发行方式为新兴的企业募集资金，也可以直接投资于新兴的创业企业成为它的股东，还可以发起设立风险基金或创业基金，作为专门向创业公司提供创业资本的资金。

委托资产管理业务是指投资银行作为受托资产管理人根据委托人的意愿，与委托人签订受托投资管理合同，将委托人委托的资产投资于各种金融工具，以实现委托资产收益最大化的目标。

（2）经纪人

经纪人是指接受交易者委托，以代理人的身份进行金融工具交易或是为交易双方提供信息促使双方成交，并收取佣金的金融机构或自然人。作为代理人，经纪人对委托人负有信托责任，应尽可能地使委托人的指令以最理想的条件执行。根据所从事的业务，经纪人可以分为货币经纪人、外汇经纪人、证券经纪人和金融衍生工具经纪人等。

① 货币经纪人和外汇经纪人。货币经纪人是指在货币市场中充当交易双方中介收取佣金的中间商。外汇经纪人是指在外汇市场中充当交易双方中介收取佣金的中间商。由于外汇市场以一国货币或以它表示的金融工具为交易对象，所以也称外汇经纪人为货币经纪人。货币经纪人起源于早年的英国外汇市场和日本银行间的货币批发市场。传统的货币经纪媒介的主要品种是同业拆借、外汇即期与远期买卖、短期政府债券和欧洲货币市场的金融工具。20 世纪 90 年代以后，不仅货币市场及外汇市场的衍生产品，甚至非金融产品（如能源期货和期权等）均纳入货币经纪业务。

传统的货币经纪业务主要通过电话和直接接触完成交易，而80年代以来的电子化交易开始了对传统货币经纪业务的全面改造，现代货币经纪除了传统交易方式以外，屏幕经纪、电子经纪和网络经纪等交易方式取得了明显发展。

② 证券经纪人和金融衍生工具经纪人。证券经纪人是指接受客户委托代理买卖有价证券，并收取佣金的金融中介机构。证券经纪人的主要职能是为证券投资者提供信息咨询、开立账户、提供信用（如果本国法律允许的话）、接受委托、代理买卖、代办证券保管、过户和清算等一整套服务。金融衍生工具经纪人是指在期货期权交易所接受客户委托买卖金融衍生工具合约并收取佣金的经纪人。与证券经纪业务不同之处在于，金融衍生工具经纪人在接受客户委托买卖证券时，以客户的名义进行交易；而在接受委托买卖金融衍生工具时，以金融衍生工具经纪人自己的名义进行交易。

除了以上金融中介机构，还有一些金融机构，如信托投资公司、财务公司等也在金融市场上接受客户委托，或代理投资，或作为融资中介，发挥媒介作用。

三、金融市场的功能

金融市场作为金融资产交易的场所，从整个经济运行的角度来看，它具有以下几种经济功能。

1. 聚敛功能

金融市场的聚敛功能是指金融市场引导众多分散的小额资金汇聚成为可以投入社会再生产的资金集合功能。在这里，金融市场起着资金 “蓄水池”的作用。在国民经济4部门中，各部门之间、各部门内部的资金收入和支出在时间上并不总是对称的。这样，一些部门、一些经济单位在一定的时间内可能存在暂时闲置不用的资金，而另一些部门和经济单位则存在资金缺口。金融市场就提供了两者沟通的渠道。

金融市场是由资金供应者和资金需求者组成的。资金供应者就是在一定时间内的资金有余者，这些资金有余者的资金之所以暂时闲置，或者是因为要预防未来的意外急需，或者是要等到积累到足够数量之后进行某项大额投资或消费。如个人为预防意外事件、或为了满足将来生活及购买大件消费品之需要而进行储蓄，企业为了积存足够的资金投资于某个新项目而进行的资金积累等。这些暂时闲置的资金在使用之前有通过投资谋求保值增值的需要。对资金需求者来说，其资金的需要往往是由于要进行某项经济活动，或为了满足其比较迫切的需要，但手中积累的资金不足，因此，需要寻求更多的资金来源。但是，经济中各经济单位的闲置资金是相对有限的，这些暂时不用的资金就显得相对零散，不足以满足大规模的投资要求，特别是企业为发展生产而进行的大额投资和政府部门进行大规模的基础设施建设与公共支出的要求。这就需要一个能将众多的小额资金集合起来以形成大额资金的渠道，金融市场就提供了这种渠道，这就是金融市场的资金聚敛功能。

金融市场之所以具有资金的聚敛功能的原因有：一是由于金融市场创造了金融资产的流动性。现代金融市场正发展成为功能齐全、法规完善的资金融通场所，资金需求者可以很方便地通过直接或间接的融资方式获取资金，而资金供应者也可通过金融市场为资金找到满意的投资渠道。另一个原因是金融市场的多样化的融资工具为资金供应者的资金寻求合适的投资手段找到了出路。金融市场根据不同的期限、收益和风险要求，提供了多种多样的供投资者选择的金融工具，资金供应者可以依据自己的收益风险偏好和流动性要求选择其满意的投资工具，实现资金效益的最大化。

2. 配置功能

金融市场的配置功能表现在资源的配置、财富的再分配和风险的再分配。

在经济的运行过程中，拥有多余资产的盈余部门并不一定是最有能力和机会做最有利投资的部门，现有的财产在这些盈余部门得不到有效的利用，金融市场通过将资源从低效率利用的部门转移到高效率的部门，从而使一个社会的经济资源能最有效地配置在效率最高或效用最大的用途上，实现稀缺资源的合理配置和有效利用。在金融市场中，证券价格的波动，实际上反映着证券背后所隐含的相关信息。投资者可以通过证券交易中所公开公告的信息及证券价格波动所反映出的信息来判断整体经济运行情况以及相关企业、行业的发展前景，从而决定其资金和其他经济资源的投向。一般地说，资金总是流向最有发展潜力且能够为投资者带来最大利益的部门和企业，这样，通过金融市场的作用，有限的资源就能够得到合理的利用。

财富是各经济单位持有的全部资产的总价值。政府、企业及个人通过持有金融资产的方式来持有的财富，在金融市场上的金融资产价格发生波动时，其财富的持有数量也会发生变化，一部分人的财富量随金融资产价格的升高而增加了其财富的拥有量，而另一部分人则由于其持有的金融资产价格下跌，所拥有的财富量也相应减少。这样，社会财富就通过金融市场价格的波动实现了财富的再分配。

金融市场同时也是风险再分配的场所。在现代经济活动中，风险无时不在，无处不在。而不同的主体对风险的厌恶程度是不同的。利用各种金融工具，较厌恶风险的人可以把风险转嫁给厌恶风险程度较低的人，从而实现风险的再分配。

3．调节功能

调节功能是指金融市场对宏观经济的调节作用。金融市场一边连着储蓄者，另一边连着投资者，金融市场的运行机制通过对储蓄者和投资者的影响而发挥作用。

首先，金融市场具有直接调节作用。在金融市场大量的直接融资活动中，投资者为了自身利益，一定会谨慎、科学地选择投资的国家、地区、行业、企业、项目及产品。只有符合市场需要、效益高的投资对象，才能获得投资者的青睐。而且，投资对象在获得资本后，只有保持较高的经济效益和较好的发展势头，才能继续生存并进一步扩张。否则，它的证券价格就会下跌，继续在金融市场上筹资就会面临困难，发展就会受到后续资本供应的抑制。这实际上是金融市场通过其特有的引导资本形成及合理配置的机制首先对微观经济部门产生影响，进而影响到宏观经济活动的一种有效的自发调节机制。

其次，金融市场的存在及发展为政府实施对宏观经济活动的间接调控创造了条件。货币政策属于调节宏观经济活动的重要宏观经济政策，其具体的调控工具有存款准备金政策、再贴现政策、公开市场操作等，这些政策的实施都以金融市场的存在、金融部门及企业成为金融市场的主体为前提。金融市场既提供货币政策操作的场所，也提供实施货币政策的决策信息。首先，因为金融市场的波动是对有关宏微观经济信息的反映，所以，政府有关部门可以通过收集及分析金融市场的运行情况来为政策的制定提供依据。其次，中央银行在实施货币政策时，通过金融市场可以调节货币供应量、传递政策信息，最终影响到各经济主体的经济活动，从而达到调节整个宏观经济运行的目的。此外，财政政策的实施也越来越离不开金融市场，政府通过国债的发行及运用等方式对各经济主体的行为加以引导和调节，并提供中央银行进行公开市场操作的手段，也对宏观经济活动产生着巨大的影响。

4．反映功能

金融市场历来被称为国民经济的“晴雨表”和“气象台”，是公认的国民经济信号系统。这实际上就是金融市场反映功能的写照。

金融市场的反映功能表现在如下几个方面：

① 由于证券买卖大部分都在证券交易所进行，人们可以随时通过这个有形的市场了解到各种

上市证券的交易行情，并据以判断投资机会。证券价格的涨跌在一个有效的市场中实际上是反映着其背后企业的经营管理情况及发展前景。此外，一个有组织的市场，一般也要求上市的证券公司定期或不定期的公布其经营信息和财务报表，这也有助于人们了解及推断上市公司及相关企业、行业的发展前景。所以，金融市场首先是反映微观经济运行状况的指示器。

② 金融市场交易直接和间接的反映国家货币供应量的变动。货币的紧缩和放松均是通过金融市场进行的，货币政策实施时，金融市场会出现波动而表示出紧缩和放松的程度。因此，金融市场所反馈的宏观经济运行方面的信息，有利于政府部门及时制定和调整宏观经济政策。

③ 由于证券交易的需要，金融市场有大量专门人员长期从事商情研究和分析，并且他们每日与各类工商业直接接触，能了解企业的发展动态。

④ 金融市场有着广泛而及时的收集和传播信息的通信网络，整个世界金融市场已联成一体，四通八达，从而使人们可以及时了解世界经济发展变化情况。

第四节　金融市场的发展趋势

一、金融全球化

金融全球化是经济全球化的重要组成部分，主要表现为金融市场的全球化、金融交易的全球化、金融机构全球化和金融监管全球化。金融市场的全球化已成为当今世界的一种重要趋势。20 世纪 70 年代末期以来，西方国家兴起的金融自由化浪潮使各国政府纷纷放宽对金融业活动的管制。随着外汇、信贷及利率等方面管制的放松，资本在国际间的流动日渐自由，国际利率开始趋同。目前，国际金融市场正在形成一个密切联系的整体市场，在全球各地的任何一个主要市场上都可以进行相同品种的金融交易，并且由于时差的原因，由伦敦、纽约、东京和新加坡等国际金融中心组成的市场可以实现 24 小时不间断的金融交易，世界上任何一个局部市场的波动都可能马上传递到全球的其他市场上，这就是金融的全球化。

1．金融全球化的内容

金融全球化是指一国的金融活动超越本国国界，脱离本国政府金融管制，在全球范围展开经营、寻求融合、求得发展的过程。金融全球化是经济全球化的重要内容。金融体系是一个复杂的整体，金融的全球化意味着资金可以在国际间自由流动，金融交易的币种和范围超越国界。它具体包括以下内容：

（1）市场交易的国际化

在金融全球化的背景下，实际上意味着各个金融子市场交易的国际化。在资产证券化的趋势影响之下，传统的以国际银行为主的间接信贷市场已让位于直接的证券买卖和发行。而各国间资金的流动必然又涉及各国货币的交易及兑换，这也对外汇市场的全球化提出了要求。以下就从国际货币市场交易的全球化、国际资本市场交易的全球化和外汇市场的全球一体化三个方面加以说明。

首先，从国际货币市场交易的全球化来看。国际货币市场主要指欧洲货币市场。它涉及银行间的拆借、定期存单的发行及交易和各国大银行进行的银团贷款活动。此外，还有 20 世纪 80 年代资产证券化所产生的证券发行便利和欧洲票据市场。西方主要发达国家及部分发展中国家的银行及其他一些大金融机构通过欧洲货币市场筹集或运用短期资金，参与国际金融市场的活动。一些跨国公司也通过国际货币市场发行短期商业票据来融通资金。目前，伦敦是最重要的国际货币市场中心，另外，巴黎、卢森堡、巴林、新加坡、我国香港地区等在国际货币市场的交易中也占据着重要地位。

其次，从国际资本市场交易的全球化角度来看。适应企业跨国经营和国内企业对外融资的需要，一些国家的政府和一些大企业纷纷进入国际资本市场融资。国际资本市场的融资主要是通过发行国际债券和到国际性的股票市场直接募资。国际债券市场一般分为两类，一是各发达国家国内金融市场发行的以本币计值的外汇债券，如美国的扬基债券、日本的武士债券都是这种类型。另一种是离岸债券市场，即欧洲债券市场发行的以多种货币计值的债券。它是以政府名义在国外发行的以本币计值的债券，但不受本国法规的约束，其发行地也不一定局限于欧洲。股票市场交易的国际化体现在两个方面，一是一些重要的股票市场纷纷向外国的公司开放，允许国外公司的股票到其国家的交易所上市交易。像英国的伦敦、德国的法兰克福、美国的纽约等都是国外上市公司的上市可选地之一；股票市场交易的国际化的另一个表现为一些国家既允许外国投资者参与本国股票市场上股票的买卖，如 1986 年 10 月 27 日被称为“大爆炸”（Big Bang）的伦敦证券交易所改革使国外的银行、非银行金融机构及证券商等可以直接进入英国股市进行交易，也允许本国投资者买卖在国外市场交易的股票。虽然目前资本市场的开放还有地区性及国别的差异。但由于一些主要发达国家在市场上所占份额很大，这些国家市场的国际化对国际金融市场的影响是非常巨大的。

第三，从外汇市场的全球一体化角度来看。由于外汇市场涉及的是各国间的货币交易，因此，它的国际性更加明显。尤其是浮动汇率制实行以来，各国中央银行为了稳定汇率，在外汇市场上进行的外币买卖使外汇市场交易更加活跃。外汇市场上的新工具层出不穷，诸如互换、期权等创新日新月异。

（2）市场参与者的国际化

金融市场的全球化还表现为市场参与者的国际化。传统的以大银行和主权国政府为代表的国际金融活动主体正为越来越多样化的国际参与者所代替。大企业、投资银行、保险公司、投资基金、甚至私人投资者也纷纷步入国际金融市场，参与国际投资组合，以分散投资风险、获取高收益。在这个过程中，银行和各种非银行金融机构纷纷向全球各金融中心扩散，代理本国或国外的资金供求者的投资与筹资活动，或直接在金融市场上参与以赢利为目的的交易活动。特别值得一提的是，近几十年来各国金融机构之间并购重组浪潮风起云涌，以及各种各样的投资基金在全球金融市场上所取得的空前大发展，更是大大地促进了金融市场交易的国际化。

2．金融全球化的原因

全球金融的一体化的发展与国际经济之间的交往日益密切是分不开的。这种趋势正以过去所未有的速度向前推进。产生这一趋势的原因主要有：

（1）金融管制放松所带来的影响

金融管制的放松，各国对金融机构跨国经营的限制减少、对外汇管制政策的放宽，大大地促进了国际资本的流动及金融市场的国际化。

（2）现代电子通信技术的快速发展，为金融的全球化创造了便利的条件。现代电脑及自动化技术的发展，使国际金融交易中信息传递更及时、交易成本更低、手续更简便。这构成了现代金融市场全球化的技术基础。

（3）金融创新的影响

20 世纪 70 年代以来的国际金融创新浪潮产生了许多新型的金融工具，它们有的本身就具有浓厚的国际性质，如利率互换、货币掉换等。此外，高新技术在金融领域的广泛运用，也在不断地为国际金融交易提供更方便、成本更低的交易手段。

（4）国际金融市场上投资主体的变化推动了其进一步的全球化

如前所述，国际金融市场的参与者已越来越多样化，特别是各种类型的投资基金的崛起大大地改变了投资结构及交易性质，产生了一批专为套利而参与买卖的机构投资者，它们为了获利，必然频频出没于全球各国的金融市场，寻找获利机会。这种频繁的交易更加促进了各国市场间的联系。

3. 金融全球化的影响

金融全球化促进了国际资本的流动，有利于稀缺资源在国际范围内的合理配置，促进世界经济的共同增长。金融市场的全球化也为投资者在国际金融市场上寻找投资机会、合理配置资产持有结构、利用套期保值技术分散风险创造了条件。一个金融工具丰富的市场也提供给筹资者更多的选择机会，有利于其获得低成本的资金。这些都是金融全球化的有利影响的一面。

金融全球化的不利影响首先表现在国际金融风险的防范上。由于全球金融市场的联系更加紧密，一旦发生利率和汇率波动或局部的金融动荡，会马上传递到全球各大金融中心，使金融风险的控制显得更为复杂。其次是造成政府在执行货币政策与金融监管方面的难度。由于国际资本流动加快，一些政策变量的国际影响增强，政府在实施货币政策和进行宏观调控时往往更难估计其传导过程及影响。此外，涉及国际性的金融机构及国际资本的流动问题，往往不是一国政府所能左右，也使政府金融监管部门在金融监管及维护金融稳定上产生了一定的困难。

总体来看，金融的全球化是大势所趋。通过国际协调及共同监管，建立新型的国际金融体系，是摆在金融全球化面前必须解决的一项重要课题。

二、金融自由化

金融自由化的趋势是指20世纪70年代中期以来在西方国家，特别是发达国家所出现的一种逐渐放松甚至取消对金融活动的一些管制措施的过程。金融的自由化和金融的证券化、全球化在进入90年代以来，表现得尤其突出，它们相互影响，互为因果，共同促进。

1. 金融自由化的主要表现

由于金融业的活动涉及全社会各部门的利益，一旦某一金融机构倒闭必然牵连很多，引起一些不利的连锁反应，甚至导致金融动荡和危机。因此，基于安全和稳健的理由，从历史上看，金融业一直是受政府管制最严厉的部门之一。20世纪70年代中期以来，无论是过去管制较严的国家，还是管制较为宽松的国家，都出现了放松管制的趋势。其主要表现为：

（1）减少或取消国与国之间对金融机构活动范围的限制

这是直到现在为止金融业务活动全球化的最主要推动因素之一。国与国之间相互开放本国的金融市场，允许外国银行等金融机构在本国经营和国内金融机构一样的业务，给予外国金融机构国民待遇。这些使国际金融交易急剧活跃，金融的全球化进程大为加快。

（2）对外汇管制的放松或解除

英国已于20世纪70年代末取消了外汇管制，法国和日本也随后逐渐地予以取消。美国在外汇管制较为宽松的情况下，1990年又取消了对外资银行账户的某些限制。外汇管制的放松或取消，使资本的国际流动进程大大加快，促进了国际金融的一体化。

（3）放宽金融机构业务活动范围的限制，允许金融机构之间的业务适当交叉

在西方国家，除了少数实行全能银行制度的国家如联邦德国、奥地利、瑞士等国家外，绝大多数国家都在20世纪30年代经济危机的基础上建立起严格的分业经营制度，即银行业务和证券业务的严格分离。但这一管制措施在70年代末期以来已经有缓和的趋势。特别是进入80年代后期以来，由于各国间金融竞争的日趋激烈，金融国际化进程的加快，各国为了抢占国际金融市场，提高本国金融机构在国际金融竞争中的地位，尤其在国际金融领域，这些限制已大为放宽。

（4）放宽或取消对银行的利率管制

美国已经取消了 Q 项条例所规定的银行存款利率上限。其他一些主要发达国家也纷纷效仿美国，这导致了银行领域内的自由化的快速发展。

除了上述内容的管制措施的放宽或解除外，西方各国对金融创新活动的鼓励，对新金融工具交易的支持与放任，实际上也是金融自由化兴起的重要表现。

2．金融自由化的原因

从金融自由化的内容可以看出，自由化实际上是对不适应经济金融环境变化的管制措施的废除。这是与其背后的基本经济金融因素的变化分不开的，主要表现为以下几点：

（1）经济自由主义思潮的兴起

由于 20 世纪 70 年代以来西方经济的“滞胀”，凯恩斯学派的经济思潮受到质疑，代之以新经济自由主义思潮的崛起。像在 70 年代兴起的货币学派和供应学派都强调市场机制的作用，反对政府的过度干预。并在当时受到了较为广泛的欢迎，从而为金融的自由化奠定了理论和实践的基础。

（2）金融创新的作用

20 世纪 70 年代末和 80 年代初，西方国家出现了两位数字的恶性通货膨胀，导致市场利率高企，而银行等金融机构受存款利率上限的限制，在市场竞争中处于不利的地位。为了缓解经营困境，并应付来自于国内外金融同业之间的竞争，纷纷采取金融创新措施以绕过管制，加之现代电脑及通信技术的飞速发展，一些新的金融工具不断地被开发出来。这些新的金融工具有效地避开和绕过了原有的管制条例，使监管者意识到许多旧的条例已不适应形势的变化，从而在客观上促进了管制的放松。

（3）金融市场的证券化和金融全球化的影响

金融市场的证券化、金融全球化与金融自由化是相互促进、相互影响、共同发展的。证券化过程中不断出现的新型金融工具总体已大大超出了原有管制条例的范围，而全球 24 小时的不间断的金融市场交易活动对资本自由流动和外汇、利率及信贷等管制的放松提出了客观的要求。在国际金融市场的交易中，机会是稍瞬即逝的。要参与国际金融的竞争，提高本国金融业在国际市场上的地位，放松管制，推行金融自由化是必然的。

3．金融自由化的影响

金融自由化导致了金融竞争的更加激烈，这在一定程度上促进了金融业经营效率的提高。在金融自由化过程中，产生了许多新型的信用工具及交易手段，大大地方便了市场参与者的投融资活动，减低了交易成本。金融自由化也极大地促进了资本的国际自由流动，有利于资源在国际间的合理配置，在一定程度上促进了国际贸易的活跃和世界经济的发展。

金融自由化也同样面临着诸多问题。国际资本的自由流动，既有机遇，也充满了风险。金融市场上管制的放松，对金融机构的稳健经营提出了较高的要求，一旦处理不好，有可能危及金融体系的稳定，并导致金融动荡和经济危机。金融自由化还给货币政策的实施及金融监管带来了困难。

面对金融自由化利弊兼有的特点，国际金融界对金融自由化问题有一些不同的看法，赞成者有之，批评者有之，还有一些人持有折中的观点。实际上，自由化并不意味着没有政府的干预和管制，任何时候政府都没有对金融业的运行放任自流过，只不过在不同的时间由不同的趋势占上风罢了。问题的关键不在于是否要管制还是要自由化，而是如何适应新的发展态势采取适当的管制措施以趋利避害。无论从历史还是从现实来看，金融业的发展都是一个“管制—放松—再管制”的循环过程。当然，每一轮新的管制和新的自由化趋势都被赋予了新的内容。

三、资产证券化

所谓资产证券化（Asset Securitization），是指把流动性较差的资产，如金融机构的一些长期固定利率放款、或企业的应收账款等通过商业银行或投资银行的集中及重新组合，以这些资产做抵押来发行证券，实现了相关债权的流动化。资产证券化最早起源于美国。最初是储蓄银行、储蓄贷款协会等机构的住宅抵押贷款的证券化，接着商业银行也纷纷仿效，对其债权实行证券化，以增强资产的流动性和市场性。从 20 世纪 80 年代后期开始，证券化已成为国际金融市场的一个显著特点，传统的以银行为中心的融资借贷活动开始发生了新的变化。

1．资产证券化趋势的内容

资产证券化的主要特点是将原来不具有流动性的融资形式变成流动性的市场性融资。以住宅抵押融资的证券化为例。住宅抵押融资虽然信用度较好，但属于小额债权，且现金流动不稳定。为此，有关金融机构就将若干小额债权集中起来，通过政府机构的担保，使其转换成流动性较高的住宅抵押证券。又如对信用度较低的借款人融资的证券化。一些信用度较低的风险企业和中小企业，其资金大都依靠商业银行的贷款，因为受自身信用度的限制，它们难以在资本市场上筹资。但是，随着流通市场的扩大，这种低信用等级的企业发行的债券迅速增加，出现了一种高收益债券市场。这种高收益债券可视为银行向低信用企业融资证券化的一种形式。此外对于某些信用度较低的发展中国家贷款也开始出现证券化的趋向，从而提高其流动性，以便于解决不断积累的债务问题。

随着 20 世纪 80 年代以来住宅抵押证券市场的不断扩大，资产证券化又有了一些新的发展：① 将住宅抵押证券的做法应用到其他小额债权上，对这些小额债权进行证券化。这使资产证券化的领域大大拓宽，如汽车贷款、信用卡应收款、住宅资产净值贷款和大型设备的租赁等；② 商业不动产融资的流动化。从 1984 年起，市场上出现了公募形式的商业不动产担保证券。它以商业不动产的租金收入作为还债金，与原所有者完全分离。③ 担保抵押债券。它是将住宅抵押凭证（Pass-through）、住宅抵押贷款等汇集起来，以此为担保所发行的债券。其发行方式是由某个金融企业作为发行人，收买住宅抵押凭证并设立集合基金。在以此为担保的同时发行 3～4 组债券。发行者以抵押集合基金每月产生的资金流动为资金来源，在对各组债券支付利息的同时，只对其中的某一组债券的持有人偿还本金。发行此种债券在某种程度上是为了解决住宅抵押凭证在到期偿还时现金流动不稳定的问题。

当前，西方国家资产的证券化趋势正深入到金融活动的各个方面，不仅是传统银行贷款的证券化，而且经济活动中以证券形式持有的资产占全部金融资产的比例越来越大。社会资产金融资产化、融资非中介化都是这种趋势的反映。国内有人认为，现代金融正由传统的银行信用发展到证券信用阶段。在证券信用阶段，融资活动以有价证券作为载体，有价证券把价值的储藏功能和价值的流通功能统一于一身，即意味着短期资金可以长期化，长期资金亦可短期化，从而更好地适应了现代化大生产发展对资金调节的要求。这种观点与国外流行的资产证券化趋势是比较一致的，也符合我国改革开放以来发展趋势的实际。

2．资产证券化的原因

资产证券化之所以在 20 世纪 80 年代以来成为一种国际性的趋势，与以下原因是分不开的。

（1）金融管制的放松和金融创新的发展

20 世纪 70 年代以来，西方世界出现了一种经济自由化的思潮，强调市场机制的作用。与此同时，银行等金融机构的经营环境也发生了巨大的变化：30 年代的大萧条历史已经成为遥远的过去，而经济的“滞涨”则成为困扰西方发达国家的主要问题。这一时期，市场利率大幅波动，各类金融机构之间的竞争日趋激烈，一些以 30 年代经济危机的经验总结为基础而制订的金融管理法规与现实的经济环境已不相适应。这样，西方发达国家纷纷采取放松管制的措施，刺激本国金融业的发展。在这一过程中，金融创新起了推波助澜的作用。金融创新本身是适应市场需要的产物，也是金融机构规避管制的结果。金融管制的放松和金融创新的发展，促进了金融市场的活跃及效率的提高，从而构成了资产证券化的基础。

（2）国际债务危机的出现

国际债务危机的出现导致了巨额的呆账，一些国际性的大银行深受债务拖欠之苦，希望通过加强资产的流动性来解决资金周转的困难，而证券的发行无疑是途径之一。资产的证券化，既能使原有债权得以重新安排，又可使新增债权免受流动性差的困扰。因此，银行越来越多的开始介入国际证券市场。银行的介入，又对资产的证券化起着巨大的促进作用。

（3）现代通信及自动化技术的发展为资产的证券化创造了良好的条件

一方面，随着信息传递和处理技术的发达，获取信息的成本降低。完全依赖金融机构的服务以消除借贷者之间的信息不对称的情况已有了很大变化。另一方面，交易过程中的计算机技术的广泛使用，使数据处理成本大大下降，信息流通渠道大为畅通，从而证券交易成本大幅度下降。另外，交易技术的改进，也为新的金融工具的开发创造了条件，这些都支持了资产证券化的发展。

3．资产证券化的影响

资产证券化的影响主要表现在以下几个方面：首先，对投资者来说，资产的证券化趋势为投资者提供了更多的可供选择的新证券种类，投资者可以根据自己的资金额大小及偏好来进行组合投资。其次，对金融机构来说，通过资产的证券化，可以改善其资产的流动性，特别是对原有呆账债权的转换，对其资金周转效率的提高是一个很大的促进。而且，资产的证券化，也是金融机构获取成本较低的资金来源，增加收入的一个新的渠道。第三，对整个金融市场来说，资产的证券化为金融市场注入了新的交易手段，这种趋势的持续将不断地推动金融市场的发展，增加市场活力。

但是，看到资产证券化有利的一面的同时，也应看到，资产证券化中的许多资产实际上是一些长期的贷款和应收账款的集合，它们所固有的风险也不可避免地影响到新证券本身的质地。资产的证券化涉及发起人、还本付息者、担保人、受托者及投资者等多个当事人，从而使传统贷款功能分散给几个有限责任的承担者，这样，资产证券化中的风险就表现出一定的复杂性，一旦处理不当，就会影响到整个金融体系的稳定。同时，资产证券化也使金融监管当局在信贷扩张及货币供应量的估计上面临更复杂的问题，对金融的调控监管产生一定的不利影响。

不管怎样，资产证券化的趋势仍将持续下去。这是因为，国际金融市场仍在蓬勃发展，随着现代交易及清算技术的不断发展，金融市场的功能已越来越完善，其运作过程也日趋成熟，证券的发行及交易成本不断降低，手续也日趋简便。这都对资产的证券化具有强大的吸引力。

四、金融工程化

所谓金融工程化是指将工程思维运用进入金融领域，综合采用各种工程技术方法（主要有数学建模、数值计算、网络图解、仿真模拟等）设计、开发新型的金融产品，创造性地解决金融问题。这里的新型和创造性指的是金融领域中思想的跃进、对已有观念的重新理解与运用，或者是对已有的金融产品进行分解和重新组合。

金融工程化的动力来自于 20 世纪 70 年代的社会经济制度变革和电子技术的进步。自 70 年代以来，国际金融领域内社会经济制度的最大的变革是布雷顿森林体系的崩溃。汇率的浮动化使行国际贸易和国际投资活动的风险大大加剧，工商企业不仅要应付经营上的风险，还要面对汇率波动的风险。为保证国际贸易和国际投资的稳定，各国货币当局力图通过货币政策控制汇率的波动幅度，其中最常用的是改变贴现率。这样汇率的波动就传导到了利率上。70 年代的另外一个重大的冲击是石油提价引起的基础商品价格的剧烈变动。这些变化共同形成了对风险管理技术和需求。

在过去的 30 年间，金融环境发生了变化，但是如果没有相应的技术进步，金融方面的演变将是不可能的。今天的金融市场日益依赖于信息的全球传播速度、交易商迅速交流的能力和个人计算机及复杂的分析软件的出现。金融工程采用图解、数值计算和仿真技术等工程手段来研究问题，金融工程的研究直接而紧密地联系着金融市场的实际。大部分真正有实际意义的金融工程研究，必须有计算机技术的支持。图解法需要计算机制表和作图软件的辅助，数值计算和仿真则需要很强的运算能力，经常用到百万甚至上亿次的计算，没有计算机的高速运算和设计，这些技术将失去意义。电信网络的发展能够实现即时的数据传送，这样在全球范围内进行交易才成为可能。技术的进步使得许多古老的交易思想旧貌换新颜，在新的条件下显示出更大的活力，譬如利用股票现货市场与股指期货之间的价格不均衡性来获利的计算机程序交易，其基本的套利策略本身是十分陈旧的，这种策略被应用于谷物交易已经有一个多世纪了，但是将该策略扩展到股票现货与股指期货上则要求复杂的数学建模、高速运算以及电子证券交易等条件才能实现。

金融工程化的趋势为人们创造性地解决金融风险提供了空间。金融工程的出现标志着高科技在金融领域内的应用，它大大提高了金融市场的效率。值得注意的是，金融工程同是一把双刃剑：1997 年东南亚金融危机中，国际炒家正是利用它来设计精巧的套利和投机策略，从而直接导致这一地区的金融、经济动荡；反之，在金融市场日益开放的背景下，各国政府和货币当局要保卫自己经济和金融的稳定，也必须求助于这种高科技的手段。

复习思考题

一、单项选择题

1．金融资产发行后进行买卖的市场被称为（　　）

A．初级市场　　B．次级市场　C．第三市场　D．第四市场

2．参与金融市场交易的主要目的是实施货币政策的金融机构是（　　）

A．保险公司　　B．中央银行　C．商业银行　D．政府

3．金融市场的交易机制的核心是（　　）

A．价格机制　　B．市场机制　C．风险机制　D．收益机制

4．能引导小额分散资金，汇聚成能够投入社会在生产的资金集合功能是（　　）

A．聚敛功能　　B．配置功能　C．调节功能　D．反应功能

5．中央银行是货币市场的主要参与者，中央银行参与货币市场的主要目的是（　　）

A．调剂资金头寸，进行短期资金融通

B．取得投资利润

C．获取该市场上安全的投资品种，实现合理的投资组合

D．通过公开市场操作，实现货币政策目标

二、判断题

1．金融市场是货币资金融通市场，在金融市场上交易的对象是同质的货币资金。（　　）

2．间接融资是指货币资金的需求者借助一定的金融工具直接向资金供应者融通资金的方式。（　　）

3．资本市场是以期限在 3 年以上的金融资产为交易工具的中长期资金融通市场。（　　）

4. 金融衍生工具是建立在基础工具或基础金融变量之上，其价格取决于后者价格变动的派生品。（　　）

5. 外国金融市场是指某一国的筹资者在本国以外的另一个国家发行以第三国货币为面值的金融资产，并以它为交易工具的市场。（　　）

三、名词解释

金融市场金融资产　货币市场　资本市场　一级市场　二级市场　现货市场　垫头交易　衍生金融工具　金融中介机构　投资基金　经纪人　金融全球化　金融自由化　资产证券化　金融工程化

四、简答题

1. 简述金融市场的含义、特征及分类。

2. 简述一级市场与二级市场的关系。

3. 简述金融市场的主体以及金融中介机构的类型和作用。

五、论述题

1. 试从金融市场在储蓄—投资转化机制中的重要作用解释“金融是现代经济的核心”。

2. 简述我国金融市场的功能。

3. 结合实际经济生活论述金融市场的四大发展趋势：金融全球化、金融自由化、资产证券化、金融工程化。

六、拓展阅读

1. 我国金融市场现状及发展（http://www.chinairn.com/news/20131212/104840896. html）

2. 刘士余谈中国金融市场：严厉而又接地气（http://finance.qq.com/a/20160220/ 022220.htm）

扫描二维码阅读文章

第二章 货币市场

学习目标：

了解我国货币市场各个子市场的特点与现状；

熟悉并掌握货币市场主要的子市场——同业拆借市场、票据市场、国库券市场、证券回购市场、短期融资券市场等的基本特征、市场要素、发展历程、市场功能及社会经济意义。

货币市场是1年期以内的短期金融工具交易所形成的供求关系及其运行机制的总和。货币市场的活动主要是为了保持资金的流动性，以便随时可以获得现实的货币。它一方面满足资金需求者的短期资金需要，另一方面也为资金有余者的暂时闲置资金提供能够获取盈利机会的出路。在货币市场中，短期金融工具的存在及发展是其发展的基础。短期金融工具将资金供应者和资金需求者联系起来，并为中央银行实施货币政策提供操作手段。在货币市场上交易的短期金融工具，一般期限较短，最短的只有1天，最长的也不超过1年，较为普遍的是3～6个月。正因为这些工具期限短，可随时变现，有较强的货币性，所以，短期金融工具又有“准货币”之称。

一个有效率的货币市场应该是一个具有广度、深度和弹性的市场。货币市场的广度是指货币市场参与者的多样化，深度是指货币市场交易的活跃程度，货币市场的弹性则是指货币市场在应付突发事件及大手笔成交之后价格的迅速调整能力。在一个具有广度、深度和弹性的货币市场上，市场容量大，信息流动迅速，交易成本低廉，交易活跃且持续，能吸引众多的投资者和投机者参与。

货币市场就其结构而言，可分为同业拆借市场、票据市场、国库券市场、证券回购市场、短期融资券市场等若干个子市场。

第一节 同业拆借市场

同业拆借市场，也可以称为同业拆放市场，是指金融机构之间以货币借贷方式进行短期资金融通活动的市场。同业拆借的资金主要用于弥补短期资金的不足、票据清算的差额，以及解决临时性的资金短缺需要。同业拆借市场交易量大，能敏感地反应资金供求关系和货币政策意图，影响货币市场利率，因此，它是货币市场体系的重要组成部分。

一、同业拆借市场的形成和发展

同业拆借市场产生于存款准备金政策的实施，伴随着中央银行业务和商业银行业务的发展而发展。为了控制货币流通量和银行的信用扩张，美国最早于1913年以法律的形式规定，所有接受存款的商业银行都必须按存款余额计提一定比例的存款准备金，作为不生息的支付准备存入中央银行，准备数额不足就要受到一定的经济处罚。美国规定，实际提取的准备金若低于应提取数额的2%，就必须按当时的贴现率加2%的利率交付罚息。由于清算业务活动和日常收付数额的变化，总会出现有的银行存款准备金多余，有的银行存款准备金不足的情况，存款准备金多余的银行，一般愿意尽可能地对多余部分加以利用，以获取利息收益，而存款准备金不足的银行，又必须按规定加以补足。这样，在存款准备金多余和不足银行之间，客观上就存在互相调剂的要求。同业拆借市场便应运而生。1921 年，在美国纽约形成了以调剂联邦储备银行会员银行的准备金头寸为内容的联邦资金市场，实际上即美国的同业拆借市场。在英国，伦敦同业拆借市场的形成，则是建立在银行间票据交换过程的基础之上的。各家银行在轧平票据交换的差额时，有的银行头寸不足，从而就有必要向头寸多余的银行拆入资金，由此使不同银行之间出现经常性的资金拆借行为。

在经历了 20 世纪 30 年代第一次资本主义经济危机之后，西方各国普遍强化了中央银行的作用，相继引入法定存款准备金制度，作为控制商业银行信用规模的手段。与此相适应，同业拆借市场也得到了较快发展。在经历了较长时间的发展过程之后，当今西方国家的同业拆借市场，无论在交易内容、开放程度方面，还是在融资规模、功能作用方面，都发生了深刻的变化。拆借交易不仅发生在银行之间，还出现在银行与其他金融机构之间。从拆借目的看，已不仅仅限于补足存款准备金和轧平票据交换头寸，金融机构如在经营过程中出现暂时的、临时性的资金短缺，也可进行拆借。更重要的是，同业拆借已成为银行实施资产负债管理的有效工具。由于同业拆借的期限较短，风险较小，许多银行都把短期闲置资金投放于该市场，以利于及时调整资产负债结构，保持资产的流动性。以美国为例，同业拆借市场形成之初，市场仅局限于联储的会员银行之间。后来，互助储蓄银行和储蓄贷款协会等金融机构也参与了这一市场。80 年代以后，外国银行在美分支机构也加入了这个市场。市场参与者的增多，使得市场融资规模也迅速扩大。

二、同业拆借市场的特点

同业拆借市场具有以下特点。

1．同业拆借市场的交易期限一般较短

同业拆借市场拆借期限短，是为了解决临时性的头寸不足或资金短期过多的资金余缺调剂，一般为 1～7 天，最短的有半日拆借；也有 1 个星期、1 个月、1 个季度、6 个月以上的，最多不超过 1 年，还有些拆借可以不确定拆借期限。

2．同业拆借市场的交易金额较大

同业拆借市场的主要参与者都是银行和其他金融机构，它们作为主要的社会资金再分配环节，每天会发生巨额的资金流动，一旦出现资金缺口，往往也是巨大的。同业拆借市场对交易金额通常没有限制，单笔交易金额都很大，一笔拆借资金额有 100 万元不算多，还有上千万元、上亿元的资金拆借交易。

3．同业拆借市场的交易信用较高

同业拆借市场具有严格的市场准入条件，通常只有实力较强、信誉较好的，或是相互之间有业务往来的银行和其他金融机构才能进入市场。由于拆借双方都属于同一系统内合法的具有拆借资格的金融机构，所以它不需要拆入者提供担保、抵押，都能严格遵守同业拆借市场的有关规定，而且也具有资金实力，能做到按期归还。

4．同业拆借市场的交易频率较高

同业拆借市场是一个无形的市场，交易手续简便快捷。通过电话、计算机网络等现代通信手段传递信息、询问价格和达成交易，成交后通过各自在中央银行的账户自动划拨清算，或者向资金交易中心提出供求和进行报价，由资金交易中心撮合成交，并进行资金交割、划账。交割时大多使用“今日货币”，而且在紧急的情况下还可以先划款再签约。

5．同业拆借市场的交易利率较低

同业拆借市场的拆借是金融机构间的融资活动，期限较短，交易利率一般比普通贷款利率低。

在正常情况下，拆借利率也应该低于中央银行再贴现利率或再贷款利率，只有在经济需要收缩而实施紧缩性货币政策，中央银行收紧再贴现或再贷款时，拆借利率才可能高于再贴现利率。同业拆借市场资金利率通常由交易双方根据市场资金供求自行协定，由于它是批发业务，市场利率一般在存款利率和企业贷款利率之间波动。

三、同业拆借市场的作用

同业拆借市场是各类金融机构之间进行短期资金拆借活动所形成的市场。同业拆借市场是货币市场的主要组成部分，备受金融机构及货币当局的重视。其作用表现在以下几个方面：

1. 为银行等金融机构提供了调剂存款准备金余额的有效手段

同业拆借市场主要是银行等金融机构之间相互借贷在中央银行存款账户中的准备金余额，用于调剂准备金头寸的市场。一般来说，任何银行可用于贷款和投资的资金数额只能小于或等于负债额减去法定存款准备金余额。然而，在银行的实际经营活动中，资金的流入和流出是经常化和不确定的，银行时时处处要保持在中央银行准备金存款账户上的余额恰好等于法定存款准备金余额是不可能的。同业拆借市场为准备金不足的银行和其他金融机构提供利率较低的资金，快速弥补准备金缺口，避免中央银行的罚息和被动收缩支出；为准备金剩余的银行和金融机构提供安全、流动性好、收益稳定的投资场所，减少资金限制，提高盈利水平。

2. 有利于金融机构实现安全性、流动性和盈利性相统一的经营目标

持有较高比例的现金、同业存款、在中央银行的超额储备存款及短期高质量证券资产，虽然可以提高流动性水平，最大限度地满足客户提款及支付的要求，但同时也会丧失资金增值的机会，导致利润总额的减少。要在保持足够的流动性以满足支付需求的同时获得最大限度的利润，除了加强资产负债管理，实现最优的资产期限和种类组合外，还需要有包括同业拆借市场在内的可供进行短期资金融通的市场。一旦出现事先未预料到的临时流动性需求，金融机构可在不必出售那些高盈利性资产的情况下，很容易地通过同业拆借市场从其他金融机构借入短期资金来获得流动性。这样，既避免了因流动性不足而可能导致的危机，也不会减少预期的资产收益。

3. 拆借利率通常作为基准利率，对宏观经济具有特殊的意义

同业拆借市场的参与者主要是各类金融机构，市场特性最活跃，交易量最大。这些特性决定了拆借利率非同凡响的意义。同业拆借按日计息，拆借利率每天甚至每时每刻都不相同，它的高低灵敏地反映着货币市场资金的供求状况。在整个利率体系中，基准利率是在多种利率并存的条件下起决定作用的利率。当它变动时，其他利率也相应发生变化。了解这种关键性利率水平的变动趋势，也就了解了全部利率体系的变化趋势。利率通常参照基准利率而定。例如，LIBOR 是最有代表性的拆借利率，成为伦敦金融市场乃至国际金融市场的关键性利率，许多浮动的融资工具在发行时都以该利率作为浮动的依据和参照。

第二节　票 据 市 场

票据是一种重要的有价证券，它作为金融市场上通行的结算和信用工具，是货币市场上主要的交易工具之一。而以票据为媒介所产生的票据市场也是货币市场的一个重要组成部分，它成为金融市场参与者进行资金融通的重要场所。依照票据的种类，票据市场主要可分为商业票据市场、大额可转让存单市场以及银行承兑汇票市场。

一、票据的特点和类别

1. 票据的特点

根据《中华人民共和国票据法》的规定：票据是指出票人依法签发的，约定自己或委托付款人在见票时或指定的日期向收款人或持票人无条件支付一定金额并可以转让的有价证券，包括汇票、本票和支票。

票据作为一种有价证券，具有以下几个明显的特征：

（1）票据是一种完全有价证券。有价证券可分为完全有价证券和不完全有价证券。完全有价证券的证券本身和该证券拥有的权利在任何情况下都不可分离；而不完全有价证券的证券和权利可以剥离。票据的权利随票据的设立而设立，随票据的转让而转让。只有在权利行使之后，票据体现的债权债务关系才宣告结束。所以票据是一种典型的完全有价证券。票据的这一特点也是票据贴现市场形成的基础。

（2）票据是一种设权证券。所谓设权证券是指证券权利的发生必须以制成票据为前提。票据所代表的财产权利，即一定金额的给付请求权，完全由票据的制成而产生。换言之，票据的制成并非是用来证明已经存在的权利，而是创立一种新的权利。票据一旦制成，票据关系人的权利义务关系也就随之确立。

（3）票据是一种无因证券。所谓无因证券是指证券上的权利只由证券上的文义确定，持有人在行使权力时无须负证明责任。票据的持票人只要持有票据，就能享受票据拥有的权利，而不必说明票据取得及票据行为发生的原因。票据债务人也不能以票据所有权发生变化为理由而拒绝履行其因票据行为而负担的付款义务。正是由于这种无因性，票据的流通和转让成为可能。

（4）票据是一种要式证券。所谓要式证券就是指证券的制成必须遵照法律规定。票据的制成和记载事项必须严格依据法律规定进行，并且票据的签发、转让、承兑、付款、追索等行为的程序和方式也都必须依法进行。如果违反了法律规定，将会导致票据行为的无效或对票据权利产生影响。

（5）票据是一种文义证券。这是指票据上的所有权利义务关系均以票据上的文字记载为准，不受任何外来因素的干扰。票据在流通过程中，若发现文字内容有错误，也不得用票据以外的证据方法予以变更或补充。这样做是为了保证流通信用和交易安全，保护流通过程中善意持票人的权利。例如，票据上记载的出票日与实际出票日不符时，以票载日期为准。

（6）票据是一种流通证券。票据权利可以通过一定的方式转让，一般包括背书或交付。票据债权债务关系的转让无须依照民法中有关债权转让的规定进行，这使票据具有了高度的流通性。在西方国家票据制度中特别强调了这一点。英美等国就是以“流通证券”来形容票据的。一般来说，无记名票据通过交付就能转让，而记名票据转让时，则须经过背书。

（7）票据是一种返还证券。票据权利人实现了自己的权利，收领了票据上的金额之后，应将票据归还给付款人。而在其他债权中，债务人履行债务后，即使债权人不同时交还有关债权证书，也可以用其他的凭证如收据来证明债务的履行。在票据债权中，若债权人不交还票据，债务人可拒付票据。如果付款人是主债务人，付款后票据关系宣告结束；如果付款人是次债务人，付款后可向其前手追索。

在票据的上述特征中，以无因性、流通性、要式性最为重要。

2. 票据的类别

票据的基本形式有三类：汇票、本票和支票。

（1）汇票

汇票是由出票人签发的，委托付款人在见票时，或者在指定日期无条件支付一定金额给收款人或持票人的一种票据。汇票有三方当事人，即出票人、付款人和收款人。出票人是在票据关系中履行债务的当事人，当其采用票据方式支付所欠金额时，可以签发汇票给其相对人、收款人（也称受款人），是在票据关系中享有债权的人。他是出票人的相对人，在接受汇票时，有权向付款人请求付款。付款人，即受出票人委托，向持票人进行票据金额支付的人。付款人与出票人之间存在一定的资金关系，通常是出票人的开户银行。

按汇票记载权利人方式的不同，可分为记名汇票、不记名汇票和指定式汇票。在汇票上记载收款人名称的为记名汇票；记载特定人或其指定人为权利人的为指定式汇票；没有记载收款人名称或只记“来人”字样的为不记名汇票。按汇票上记载付款期限的长短，可分为即期汇票和远期汇票。前者指见票即付的汇票，后者指必须约定一个出票日之外的日期才能请求付款的汇票。按汇票当事人的不同可分为一般汇票和变式汇票。前者指汇票三方基本当事人分别是不同的人；后者指三个基本当事人中有两个是同一主体充当的，如出票人同时为收款人，出票人同时为付款人等。

汇票还能被分为银行汇票和商业汇票。银行汇票是指汇款人将款项交存当地银行，由银行签发的汇款人持往异地办理转账结算或支取现金的票据。这种票据的基本当事人三方分别是：出票人为收妥汇款人交存款项后签发票据的银行；收款人为向出票银行提取款项的人或汇款人指定的其他人；付款人为出票人委托的其他兑付银行。在银行汇票的票据关系中，汇款人不一定是票据关系的当事人。商业汇票是指银行以外的其他工商企业、事业单位、机关团体签发的汇票。商业汇票又分为银行承兑的商业汇票和工商企业承兑的商业汇票。在中国，银行汇票和商业汇票必须记名。

汇票按签发和支付的地点不同，可分为国内汇票和国际汇票。国内汇票指在一国境内签发和付款的汇票；国际汇票是指汇票的签发和付款一方在国外或都在国外，流通范围涉及两个以上国家的汇票。

（2）本票

所谓本票是指出票人签发的，承诺自己在见票时无条件支付确定的金额给收款人或者持票人的票据 。本票具有以下三个特征：一是本票的基本当事人只有两个，即出票人和收款人；二是本票的付款人为出票人自己；三是本票的出票人自己承担无条件付款的责任，故没有承兑制度。

在国际票据分类中，本票的种类与汇票的划分基本相同。以出票人的不同为依据分为银行本票和商业本票；以到期日的不同分为定期付款和见票即付两种。但中国的相关法律制度规定，在中国，本票仅指银行本票，不包括商业本票。本票在中国只能由商业银行签发。这样规定的主要原因是，对于交易性的商业本票而言，它的功能可由汇票代替；而融资性的商业本票需要较严格的宏观监督和信用管理制度，中国市场尚未达到这个要求。中国同时还规定，本票的到期日只有见票即付一种，这在国际上并不多见。

（3）支票

支票是出票人签发的，委托办理支票存款业务的银行或其他金融机构在见票时无条件支付确定金额给收款人或持票人的票据。支票的主要职能是代替现金作为支付工具。支票主要有以下几个特点：

① 支票的付款人只限银行或法定金融机构，一般出票人与付款人之间有资金往来关系存在。

② 支票的付款日期只有见票即付一种。

③ 支票的付款提示期间和票据时效期间都比汇票、本票要短。在中国，支票的付款提示期间为出票日期 10 天内。

④ 支票无承兑制度。为保证支付的确定性，许多国家的票据法规定了支票的画线制度、保付制度、转账制度，以及对签发空头支票予以制裁的制度。

在中国，支票按照支付方式的不同被分为普通支票、现金支票和转账支票。普通支票不限定支付方式，可以支取现金，也可以转账。用于转账时应当在支票上注明，以示该支票只能转账付款；现金支票指专门用于支取现金的支票。持票人持现金支票向票载付款人提示后，即刻取得现金；转账支票就是专门用于转账的支票，其主要付款程序为：当收款人或持票人向付款人提示转账支票后，付款人不以现金支付，而是以记入对方账户的方式支付票载金额。收款人或持票人再从自己的账户提取现金。这种收付程序的优越之处在于能够避免被别人冒领带来的风险。

二、商业票据市场

广义的商业票据包括以商品为基础的商业汇票、商业抵押票据及一般意义上的无抵押商业票据等。我们这里讲的商业票据是指以大型企业为出票人、到期按票面金额向持票人付现而发行的无抵押担保的承诺凭证。它是一种商业证券。美国的商业票据属本票性质，英国的商业票据则属汇票性质。

由于是无担保借款，投资者全凭对企业的信心进行投资，因而一般情况下， 能发行商业票据的公司都是些资金雄厚、运作良好、信誉卓著的大公司。但是也有一些实力较弱的公司希望以发行商业票据的方式筹措资金，它们往往通过争取大公司的支持发行信用支持商业票据，或用高质量的资产抵押发行资产支持商业票据，以吸引投资者。

1. 商业票据的历史

商业票据最早出现在 18 世纪的美国，是一种古老的商业信用工具。它是最初随商品和劳动交易一同签发的一种凭证。交易时买方开出凭证，注明交易双方、交易金额、缴款期限等，从而可在未付款的情况下先接受商品或劳务，而卖方持有凭证后，就可在到期日向买方索取账款。随着世界经济的发展，季节性的运行资本需求逐渐增大，20 世纪 20 年代发展较快，商业票据真正作为货币工具开始大量使用是在 1960 年以后。原先的记名票据由于不便在市场上流通，改成只需签上付款人的单名票据，票面金额也从大小不一演变成为没有零碎金额的标准单位，面值多为 10 万美元，期限在 270 天以下。

首家发行商业票据的大消费信贷公司是美国通用汽车公司。20 世纪 20 年代初期，汽车业开始在美国发展兴盛，许多大公司为了扩大销售范围抢占市场，纷纷采取了各种优惠政策，允许商品以赊销、分期付款等方式销售。这种政策往往容易导致公司资金周转不灵，再加上公司处于高速发展之际，需要资金，而银行贷款的种种限制无法满足公司的要求，这些大公司就开始发行商业票据，向市场筹集资金。通用汽车公司就自行设立了一个通用汽车承兑公司，专门为公司发行商业票据，从市场上筹集大量资金。此外，其他的高档耐用消费品的进口也使消费者强烈希望得到短期季节性贷款，商业票据的优点得到显示，从而迅速发展起来。在 60 年代，商业票据发展很快，主要是由于美国经济持续快速发展，美联储为防止通货膨胀实行了较紧的货币政策，银行贷款成本上升，于是相当多的企业转向商业票据市场融资。此外，银行为了满足企业的资金需求，也发行了商业票据。为此，仅 1969 年一年就发行了 110 多亿美元的商业票据。自此，商业票据开始与商品、劳务分离，成为一种建立在信用基础上的单纯的债权债务关系。到了 70 年代，集中于伦敦的欧洲商业票据市场也开始形成。现在，不仅商业银行，各大公司、保险公司、银行信托部门、地方政府、养老基金等也购买风险低、期限短、收益高的商业票据。而银行则对滚动式发行商业票据的促进很大，人们大多愿意购买有银行信用支持的商业票据，商业票据市场在全球范围内不断扩大。

2. 商业票据的优点

商业票据之所以能够得到迅速发展，主要是源自于其不同于其他融资工具的一些特点。无论对发行者还是投资者而言，商业票据都是一种理想的金融工具。

对于发行者来说，用商业票据融资主要有以下几个优点：

（1）成本较低。由于商业票据一般由大型企业发行，有些大型企业的信用要比中小型银行更好，因而发行者可以获得成本较低的资金，再加上从市场直接融资，省去了银行从中赚取的一笔利润，因此一般来说，商业票据的融资成本要低于银行的短期贷款成本。

（2）具有灵活性。根据发行机构与经销商的协议，在约定的一段时间内，发行机构可以根据自身资金的需要情况，不定期、不限次数地发行商业票据。

（3）提高发行公司的声誉。由于商业票据的发行者多为信用卓著的企业，票据在市场上就像一种信用的标志，公司发行票据的行动本身也是对公司信用和形象的免费宣传，有助于提高公司声誉。

对于投资者来说，选择商业票据既可以获得高于银行利息的收益，又具有比定期存款更好的流动性。虽然面临的风险要稍大一些，但在通常情况，风险的绝对值还是很小的，因而商业票据不失为一种受欢迎的投资工具。

3．商业票据市场的要素

（1）发行者

商业票据的发行者包括金融公司、非金融公司及银行控股公司。近年来，商业银行通过提供信贷额度支持、代理发行商业票据等促进了商业票据的发行，使这一市场得到长足发展。真正能在市场上通过发行大量商业票据筹集大笔资金的公司主要都是实力雄厚，并且经过评级公司评级为主要公司的大企业。非金融性公司发行的商业票据较金融公司少，所筹得的资金主要解决企业的短期资金需求如发放应付工资、奖金及缴纳税收等。

（2）投资者

商业票据的主要投资者是中央银行、大商业银行、非金融公司、保险公司、政府部门、基金组织和投资公司等。由于面值较大，通常个人很少参与购买，但近年来个人投资已蔚然成风，个人可以从交易商、发行者那里购买商业票据，也可以购买投资商业票据的基金份额。

历史上，商业银行是商业票据的主要购买者，但它们自己持有的商业票据却很少，它们主要是为信托部门或顾客代理购买票据。自 20 世纪 50 年代初期以来，由于商业票据风险较低、期限较短、收益较高，许多公司也开始购买商业票据、代保管商业票据以及提供商业票据发行的信用额度支持。尽管如此，商业银行始终是商业票据市场最主要的卖者与买者。

（3）发行及销售

商业票据的发行渠道通常有两种：一是直接销售，即由发行者直接发售给最终购买者。金融公司的大部分票据都是直接销售的，这种方式降低了发行成本，在经济上是合算的。二是经销商销售，就是商业票据的发行要通过中介，由经销商负责发售。经销商收取一定的佣金后，要先分析、考察和评估发行者的信用情况，以帮助确定商业票据的价格并负责寻找买家，它先以某一价格从发行者处购得商业票据，然后再以较高的价格卖给其他商业票据的投资者，从中赚取一笔利润。

虽然商业票据市场是一个巨大的融资工具市场，但它的二级市场却并不活跃，交易量很小。这主要是因为：第一，大多数商业票据的期限都非常短，直接销售的商业票据的平均偿还期通常为 20～40 天，经销商销售的商业票据的平均偿还期通常为 30～45 天，最长一般都不超过 270 天。第二，典型的投资者都是计划一直拥有票据到期。如果经济形势发生了变化，投资者可以把商业票据卖给经销商，在直接发售的条件下，发行者可以再回购它。第三，商业票据是高度异质性的票据，不同经济单位发行的商业票据在期限、面额、利率等方面各不相同，交易中仍然存在诸多不便。

（4）发行成本

商业票据的发行成本包括利息成本和非利息成本两部分。

利息成本即为按规定利率所支付的利息。非利息成本主要是发行和销售过程中的一些费用，一般有 4 项主要费用：承销费，通常为 0.125%～0.25%；签证费，票据一般由权威中介机构予以签证，证明所载事项的正确性；保证费，通常按商业票据保证金的年利率 1%计，支付给为票据发行提供信用保证的金融机构；评级费，商业票据上市要经过评级，期间也要缴纳一定的费用。

（5）信用评级

商业票据具有一定的风险是由于投资人可能面临票据发行人到期无法偿还借款的局面，因而货币市场对发行公司的信用等级有很严格的要求，只有信用等级达到一定程度的公司才有资格在市场上发行商业票据。

美国对商业票据评级的机构主要有三家，分别是穆迪、标准普尔和惠誉。发行商业票据至少需获得一个评级，大部分都是获得两个。美国证券交易委员会认可两种合格的商业票据：一级票据和二级票据。等级低的票据在发行成本和融资成本上都相对较高，货币市场基金对其投资也会受到限制。

对企业的信用评级包括两方面的内容：一是对企业经营状况主要是财务状况的分析，看它在偿债期间的现金流量是否符合偿债的要求；二是对企业管理阶层的管理水平的稳定性做出判断。表 2-1 和表 2-2 分别是标准普尔信用评级系统和穆迪信用评级系统对各种债务的基本评价。

表 2-1　标准普尔信用评级标准

信用等级	说　明
AAA	最高质量，能力非常强
AA	高质量，能力很强
A	能力强
BBB	能力充足
BB	低投机性
B	投机性
CCC—CC	高投机性
C	有收益但未曾付息
DDD—D	不履行债务

表 2-2　穆迪信用评级标准

信用等级	说　明
Aaa	最佳质量
Aa	用所有标准衡量的高质量
A	较高的中间等级
Bbb	中间等级
Bb	有投机成分
B	一般缺乏符合于要求的投资特点
Caa	劣等，可能不履行债务
Ca	高度投机性，经常不履行债务
C	最低等级，非常低劣的前景

从以上两表可以看出，虽然两家公司使用的评级符号略有不同，但对信用等级的描述是基本一致的，对同一种债券评级，结果往往也是相同的。上面两个表中，前 4 级的证券被称为“投资级”证券，在市场上尤为重要，因为许多金融机构为降低风险，限定其所持有的证券必须为投资级的证券。一般来说，信用等级较差的证券投资风险较大，因而投资人也会要求更高的收益率以弥补所承担的风险。

4．商业票据的收益（利率）

商业票据是低于面值出售，到期得到面值的折扣工具。它的收益计算是以 360 天为基础的。

影响商业票据收益的主要因素如下：

（1）发行机构的信用。不同公司的商业票据的收益往往不同，由穆迪或标准普尔公司对各公司的信用评级，各公司发行的商业票据的利率水平基本取决于它们的信用等级。由最大的金融公司直接发售的评级利率相对于不那么著名的公司发行的票据利率要低些。因为著名大公司的信用更有保证，风险要相对小些。投资者宁可买安全性好、利率低些的商业票据，也不愿买信誉差、利率高的商业票据。

（2）同期借贷利率。优惠利率是商业银行向它最好的企业顾客收取的贷款利率，商业票据利率与优惠利率之间有着重要的联系。由于大公司始终可以在发行商业票据筹资和向银行借款筹资之间进行选择，因此，在大公司追求低成本资金动机的作用下，两种利率将会经常保持在相当接近的水平上。当然，商业票据同短期国库券与其他利率之间亦有紧密的联系。

（3）当时货币市场的情况。商业票据的收益一般高于短期国库券收益，原因有三。第一，与国家信用比，商业票据的风险毕竟高于短期国库券的风险。第二，投资于短期国库券的可享受免征州和地方政府收入税的待遇，只在联邦一级纳税，而商业票据的收益要向中央和地方的各级政府纳税，这就需要商业票据提供更高的利率以抵补这种税收的差别。第三，商业票据没有确定的二级市场，而短期国库券有优越的二级市场，因此，商业票据比短期国库券的流动性差一些。并且，商业票据的利率比大额存单的利率稍高，这也是由于大额存单有更好的流动性所致。

三、银行承兑汇票市场

银行承兑汇票是由出票人开立的一种远期汇票，以银行为付款人，在未来某一约定的日期，支付给持票人一定数量的金额。当银行允诺负责支付并在汇票上盖上“承兑”字样后，这种汇票就成了承兑汇票。由于银行承担最后的付款责任，实际上是银行将其信用出借给企业，以便于其进行交易，因而要收取一定的手续费。这里，银行是第一责任人，而出票人则只负第二责任。

银行承兑汇票市场就是以银行承兑汇票为交易对象，通过发行、承兑、贴现与再贴现进行融资的市场，是以银行信用为基础的市场。

1．银行承兑汇票的产生

银行承兑汇票是为了方便商业上的交易活动而产生的一种信用工具，尤其在对外贸易中使用较多。交易之初，进口商和出口商对对方的信用都缺乏了解，双方又没有可以确保信用的凭证，进口商担心货款支付后收不到货物，出口商又担心货物离岸后拿不到货款，这样彼此不信任的情况下，交易就很难再进行下去了。银行承兑汇票的出现解决了这一问题。因为汇票所代表的是银行信用，这要比企业信用更令人信赖，一旦企业出现问题，货款仍由银行担保支付。

一般的，交易双方谈判结束达成协议后，进口商首先从本国的银行开立信用证，证明自己的资金实力，作为向外国出口商的保证。出口商银行收到信用证后就通知出口商可以发货了，然后出口商可持发货单据等到本国的指定银行兑取现金，提取货款。出口商银行垫付货款拿到信用证后，就可凭信用证开出汇票，要求进口商银行支付货款。汇票可以是即期的也可以是远期的。即期的汇票要求开证行（进口商银行）见票即付，远期的汇票由开证行签署“承兑”字样，填上到期日并盖章为凭。这样，银行承兑汇票就产生了。

2．银行承兑汇票市场的构成

银行承兑汇票市场主要由初级市场和二级市场构成。初级市场又相当于发行市场，主要涉及出票和承兑；二级市场又相当于流通市场，主要涉及汇票的贴现与再贴现。

（1）初级市场

银行承兑汇票在国际和国内贸易中都有运用，但总的来说，为国际贸易创造的银行承兑汇票占绝大部分。国际贸易承兑主要包括三个部分：为本国出口商融资的承兑、为本国进口商融资的承兑及为其他国家之间的贸易或外国国内的货物仓储融资的第三国承兑。最常见的汇票期限有 30 天、60 天和 90 天几种，也有 180 天和 270 天的。

开出的汇票既是一种信用凭证又是一种支付命令。出票人有权利命令付款人无条件支付一定数量的金额给持票人，这是出票人的信用支付，出票人将对汇票负全责。如果出票人想要免除自己对汇票的责任，可在汇票上注明“对出票人无追索权”字样，但是汇票的信用程度也会太大降低，一般不会有人愿意购买，汇票也就失去了它的流动性和投资价值。

银行汇票的承兑大致有以下几种：

① 国际进出口贸易的银行汇票承兑。

② 国内货物运输的银行汇票承兑。

③ 国内仓储货物的银行汇票承兑。

④ 出口备货融资的银行汇票承兑。

（2）二级市场

银行承兑汇票也是一种可转让的金融工具，银行既可以自己持有当做投资，也可以在二级市场上出售。银行出售汇票主要有两个途径：一是银行利用自己的渠道直接销售给投资者，二是利用市场交易商销售给投资者。因此，银行承兑汇票二级市场的参与者主要有三个：开出承兑汇票的承兑银行、市场交易商及投资者。在美国，最大的投资者是联邦储备银行系统的联邦储备公开市场委员会，既为自己购买汇票，调节银根，又代表外国客户买卖票据。

银行将承兑汇票销售给投资者后，投资者也可以贴现的方式将汇票转让给银行。汇票贴现是指持票人为了取得现款，将未到期的已承兑汇票，以支付自贴现日起至票据到期日止的利息为条件，向银行所做的票据转让。银行扣减贴息，支付给持票人现款，称之为贴现。贴现的条件主要有两个：一是银行的信用好，二是必须提供在途货物或一笔信用证交易来证明汇票的自行偿还性。

通常商业银行通过贴现方式买入自己承兑的汇票后，可持有汇票至到期日，也可以通过交易商把汇票再贴现出去。再贴现是商业银行和其他金融机构将其持有的未到期汇票，向中央银行所作的票据转让行为，它是中央银行对商业银行及其他金融机构的一种融资方式，是中央银行的授信业务。在西方国家，这也是中央银行调节货币供应量的重要手段。央行可以根据不同时期的情况，制定不同的货币政策，设置不同的再贴现率，调节融资成本，抑制或刺激货币需求，从而施行紧的或松的货币政策。

（3）银行承兑汇票的综合利率与价格

银行承兑汇票的综合利率指的是银行承兑汇票的贴现利息率与承兑费用率之和。一般而言，商业银行把综合利率作为银行承兑汇票的价格，在承兑贴现时从票面金额中一次性扣除收取。例如：若市场贴现率为 6%（年率），银行承兑手续费率为 1%，则银行向客户报出的综合利率为年利率 7%。

值得注意的是，综合利率并不等于实际利率。实际利率与综合利率的换算公式为：

$$实际利率 = r/[1-(t/360)/r]\times 100\%$$

式中，r 为综合利率；t 为汇票期限天数。

在美国，如果外国银行要向美国银行申请承兑贴现汇票，首先会要求承兑银行报出综合利率，然后再将综合利率折算成实际利率，并将实际利率与伦敦同业拆借利率进行比较。如实际利率低于伦敦同业拆借利率，则外国银行可通过做银行承兑汇票业务获得资金，再将获得的资金用于同业拆借获得利差。

3．银行承兑汇票的成本、风险和收益

使用银行承兑汇票是有成本的，这个成本包括三个部分：第一是交付给承兑银行的手续费，一般为总金额的1.5%，假如借款人的资本实力和信用情况较差，银行会相应的增加手续费；第二是承兑银行收取的承兑费；第三是向银行贴现后支付的贴现息，贴现息由当时的市场利率水平决定。传统的银行贷款，除了必须支付一定的利息外，借款人还必须在银行保持超过其正常周转资金余额的补偿性最低存款额，这部分存款没有利息，构成企业的非利息成本。因此，要求银行承兑汇票的企业实际上是向银行借了一笔贷款，而这笔“贷款”的成本相对要低于使用传统银行贷款的成本。

由于有银行信用和承兑汇票的开票人双方保证，同时又有融资的商品担保，银行承兑汇票的信用风险很低，因而违约风险较小，但是仍会有利率风险。

在承兑汇票的二级市场上，由于承兑汇票的票面金额是由融资的商品数量为基础的，而它的偿还期经常以商品交货的时间为基础，加之承兑汇票的购买者数量较少，银行承兑汇票的市场要求收益率要高于短期国债等更低风险、更高流动性的金融工具的收益率。

4．银行承兑汇票的价值

与其他货币市场金融工具相比，银行承兑汇票某些方面的特点非常吸引借款人、银行和投资人，因而也颇受人们关注和欢迎。

从借款人的角度看，首先上文提到使用银行承兑汇票的成本要低于使用传统的银行贷款的成本。其次，对于一些没有足够规模和信誉不能发行商业票据的小企业而言，银行承兑汇票在相当程度上解决了资金困难，即使对于少数能发行商业票据的企业，其发行费用和手续费加上利息成本，总的筹资成本也高于使用银行承兑汇票的成本。

从银行的角度看，提供这类服务既可以收取手续费，又不用提供任何自己的资金，从而增加了银行的经济效益。并且，由于银行承兑汇票拥有较大的二级市场而且在市场上很容易变现，从而可以提供单靠传统的银行贷款无法实现的多样化投资组合。再者，银行运用其承兑汇票可以增加其信用能力，一般各国银行法都规定了银行对单个客户提供信用的最高额度，通过使用银行承兑汇票，银行对单个客户的信用额度可在原有的基础上增加10%。

从投资者的角度看，银行承兑汇票也符合其收益性、安全性和流动性的需求。汇票的投资收益率要高于短期国库券，与货币市场的其他信用工具如商业票据等的收益不相上下。票据的承兑银行对票据的持有者负有不可撤销的第一手责任，票据的出票人又对持有者承担第二手责任，这相当于有两家机构将对票据的兑现负责。因此，投资于银行承兑汇票的安全性非常高。此外，质量好的银行承兑汇票的投资者也较多，在公开市场上随时可以出售，因而流动性也很强。

5．中国银行承兑汇票的签发与兑付

在中国，银行承兑汇票整个签发与兑付的运作过程大体如下：

（1）签订交易合同。交易双方经过协商，签订商品交易合同，并在合同中注明采用银行承兑汇票进行结算。作为销货方，如果对方的商业信用不佳或者对对方的信用状况不甚了解或信心不足时，使用银行承兑汇票较为稳妥。

（2）签发汇票。付款方按照双方签订的合同的规定，签发银行承兑汇票。银行承兑汇票一式四联，第一联为卡片，由承兑银行支付票款时作为付出传票；第二联由收款人开户行向承兑银行收取票款时作为联行往来账付出传票；第三联为解讫通知联，由收款人开户银行收取票款时随报

单寄给承兑行，承兑行作为付出传票附件；第四联为存根联，由签发单位编制有关凭证。

（3）汇票承兑。付款单位出纳员在填制完银行承兑汇票后，应将汇票的有关内容与交易合同进行核对，核对无误后填制“银行承兑协议”，并在“承兑申请人”处盖单位公章。银行承兑协议一式三联，其内容主要是汇票的基本内容，汇票经银行承兑后承兑申请人应遵守的基本条款等。

经过审查符合条件的，银行按有关审批权限报经批准后，与付款单位签署“银行承兑协议”，在“银行承兑协议”上“承兑银行”处盖章，并将“银行承兑协议”第一联留存银行信贷部门，其余退给付款单位。

（4）支付手续费。按照“银行承兑协议”的规定，付款单位办理承兑手续须向承兑银行支付手续费，由开户银行从付款单位存款户中扣收。按照现行规定，银行承兑手续费按银行承兑汇票的票面金额的千分之一计收，每笔手续费不足 10 元的，按 10 元计收。

（5）寄交银行承兑汇票。付款单位按照交易合同规定，向供货方购货，将经过银行承兑后的汇票第二联、第三联寄交收款单位，以便收款单位到期收款或背书转让。付款单位寄交汇票后，编制转账凭证。出纳员在寄交汇票时，应同时登记“应付票据备查簿”，逐项登记发出票据的种类（银行承兑汇票）、交易合同号、票据编号、签发日期、到期日期、收款单位及汇票金额等内容。

（6）交存票款。按照银行承兑协议的规定，承兑申请人即付款人应于汇票到期前将票款足额地交存其开户银行（即承兑银行），以便承兑银行于汇票到期日将款项划拨给收款单位或贴现银行。付款单位财务部门应经常检查专类保管的银行承兑协议和“应付票据备查簿”及时将应付票款足额交存银行。

（7）委托银行收款。汇票到期日，收款单位应填制一式两联进账单，并在银行承兑汇票第二联、第三联背面加盖预留银行的印鉴，将汇票和进账单一并送交其开户银行，委托开户银行收款。开户银行按照规定对银行承兑汇票进行审查，审查无误后将第一联进账单加盖“转讫”章后交收款单位作为收款通知，按规定办理汇票收款业务。同时在“应收票据备查簿”上登记承兑的日期和金额情况，并在注销栏内予以注销。

如果交易双方商定由收款单位签发银行承兑汇票，那么其基本步骤为：首先，由收款单位签发银行承兑汇票一至四联，然后第四联留存备查，将第一联、第二联、第三联寄交付款单位，再由付款单位向银行申请承兑，其他步骤与付款单位签发汇票的步骤相同。

第三节　国库券市场

国库券（treasury bill）是国家财政当局为弥补国库收支不平衡而发行的一种短期政府债券。因为国家作为债务人，以财政收入作为还款的保证，所以国库券几乎不存在信用违约风险，是金融市场风险最小的信用工具。国库券市场就是短期国库券发行和转让交易活动的总称。

国库券市场由发行市场和流通市场两个层次构成。财政部在决定国库券的发行数量、时间、期限和利率时，通常要考虑政府短期资金的需求规模、市场利率水平及中央银行货币政策目标等因素。

一、国库券的发行

国库券的发行一般采用投标（拍卖）方式进行。在美国，财政部的国库券拍卖主要通过联邦储备银行进行。以 3 月期和 6 月期国库券为例，财政部于每周四宣布 7 天后的国库券发行数量，向银行、信投公司、证券交易商和其他投资者进行公开招标，招标者将投标书于次周的周一下午 13：30 之前送达本储备区的联邦储备银行。国库券通过投标方式发行，一方面，财政部仅决定国库券的供应量，较传统认购方式简单、快捷，收益由市场决定，不存在发行过多或不足的问题；

另一方面，财政部负债中的少量变化可以简单地通过变化每周拍卖的国库券数量来实现，这为财政部提供了灵活的筹资手段。

国库券的投标分为竞价方式和非竞价方式两种。采用竞价方式时，投标者应在投标书中列明认购国库券的数量和价格，每个认购者可多次报价，并根据不同的价格决定认购数量。投标者可能因报价太低丧失购买机会，也可能因报价太高造成认购成本较高，因而风险较高。竞价方式多为熟悉市场的大投资者使用，他们认购国库券中的大部分。采用非竞价方式时，投标者应在投标书中表明参加非竞价投标，只需报出认购数量，并同意以竞价平均价格购买。采用非竞价方式的多为个人及其他小投资者，该方式虽然可以避免竞价方式的风险，但认购的国库券数额较少，通常低于总投标额的 15%。

二、国库券的流通市场

对大多数个人和其他小投资者而言，为避免直接向财政部购买国库券的烦琐手续，一般是在流通市场上购买国库券。在美国的货币证券市场中，短期国库券规模最大。市场的核心是由纽约联邦储蓄银行所发行的一级政府债券交易商组成。它们在一级市场通过竞争性投标购买到大多数的国库券，同时创造出一个活跃的二级市场。此外，大量的规模较小的交易商参与其中，它们通过自己的账户买卖以及代客户买卖。国库券市场是一个分散的市场，多数交易是通过电话完成的。一级政府证券交易间的国库券的交易是通过美联储电子转账系统完成的，交易双方通过电话联系达成协议后，通知美联储电子转账系统，转账系统将每笔交易记录在簿记系统中，交易就完成了。下面我们通过一个例子来说明二级市场的交易过程。

例：2009 年 3 月 21 日摩根士丹利和花旗银行达成协议，摩根士丹利将卖给花旗银行价值 1000 万美元的 3 个月国库券，它通知美联储，通过联邦电子系统将自己账户上的 3 个月的国库券划到花旗银行的账上。美联储就会在摩根士丹利公司联储账户减去（借记）1000 万美元国库券，同时记入（贷记）花旗银行账户，交易就完成了，无法实物交割。

一般的投资者可以通过银行和交易商联系，并完成交易。经营国库券的银行或交易商将联系本地联储，联储将这笔交易计入银行或交易商的电子账户。在收到投资者的资金后，交易商或银行将在自己的交易账户上保留投资者的交易记录，并为投资者保存国库券。

三、国库券的收益

如上所述，国库券都是以折现的形式发行的，购买国库券的收益就是票面价格和买入价值的差值。国库券的收益报价一般以银行贴现率来表示。如一张面值为 10 000 元的国库券，现时买价为 9820 元，期限为 91 天，根据银行贴现率可以计算收益如下：

$$Y_{BD}=\frac{P_f-P_0}{P_f}\times\frac{360}{n}\times100\%=\frac{10\,000-9820}{10\,000}\times\frac{360}{91}\times100\%=7.12\%$$

我们知道这份国库券的银行贴现率，那么利用等价收益率和银行贴现收益率之间的换算关系就可以计算等价收益率：

$$\text{等值收益率}=Y_{BD}\times(P_f/P_0)\times(365/360)\times100\%=7.35\%$$

当然我们也可以直接计算等值收益率。

贴现法求得收益率没有计算资金的时间价值，而以复利形式计算的真实收益率能避免这种缺陷。该债券的真实收益率计算如下：

$$\mathrm{ERA}=\left[1+\left(\frac{P_{\mathrm{f}}-P_0}{P_0}\right)\right]^{365/n}=\left[1+\frac{10\,000-9820}{9820}\right]^{365/91}=7.56\%$$

第四节　证券回购市场

证券回购市场是指通过证券回购进行短期资金融通交易的市场。证券回购（repurchase）是指债券持有人在卖出一笔债券的同时，与买方签订协议，约定一定期限和价格买回同一笔债券的融资活动。证券回购业务实际上是一种短期抵押贷款，其抵押品是交易的证券。证券回购市场是短期的金融商品交易市场，与同业拆借市场、票据市场一道构成货币市场的基本组成部分。

一、证券回购协议的交易机制

1．交易原理

许多企业都在资金使用之前通过回购协议的形式把资金投入货币市场，以获取少量的报酬，企业会以自己的闲置资金从银行购买短期国债，而银行则同意在将来以较高的价格将短期国债买回。大多数回购协议发生在银行之间，作为同业拆借资金的抵押品。如前文所述，银行通过彼此之间的同业拆借进行银行保证金的交易，但是这种纯粹的信用交易可能面临到期资金无法偿还的危险，因此拆出行可能要求拆入行提供一些优质资产作为融资抵押品。这样在拆入行融进资金时卖出国债等有价证券，在偿还资金时赎回国债等有价证券。

证券回购协议可以在交易双方直接进行，也可通过经纪商和交易商间接完成。下面通过一个例子来说明证券回购协议交易过程。假设 2015 年 3 月 24 日招商银行和交通银行之间进行了一笔价值 1000 万元期限是 31 天的回购协议。回购协议的买方是招商银行，从交通银行手中买入 1000 万元的国库券。同时协议规定 2015 年 4 月 24 日，交通银行买回短期国债。协议一旦达成，招商银行就会要求央行通过电子转账系统将 1000 万元的超额准备金转到交通银行的准备金账户上；现在所发售短期债券一般都是记账式国债，交通银行就可以通知央行把自己账户价值 1000 万元的短期国债划到招商银行短期国债账户上。到期日，交通银行通知央行把 1000 万元连带应付的利息划转到招商银行的准备金账户上；而证券回购协议买方招商银行通知央行从自己短期国债账户转 1000 万元的国债到交通银行的准备金账户上，这样这笔交易就结束了。当然在招商银行持有这 1000 万元的短期国债期间，可以将它投放到债券市场上交易，或用做其他抵押的形式进行融资，在该回购协议之前买回即可，在此期间可以赚得少许收益。

2．证券回购协议的期限

证券回购的期限一般是短期。按照到期日的性质，证券回购可以分为约定期间的回购和无固定到期日的回购。约定期间的回购，必须在约定日期进行证券的回购，大多数回购都属于这种类型，约定的时间有 1 天、7 天、14 天、21 天、1 个月、2 个月、3 个月和 6 个月。在无固定到期日的回购交易中，交易双方都无须预先通知对方即可结束回购协议，这种方式可以避免不断更新回购协议的手续，只要双方合作有利可图，该回购交易就会自动持续下去。证券回购交易的标的物主要有国库券、政府债券、其他担保债券、大额可转让定期存单、商业票据等。

3．证券回购协议和逆回购协议

由于所有的互购协议交易双方都是相互对应的，因此一项交易即可称为回购协议，也可称为逆回购协议，逆回购协议是指证券交易的卖方在购入证券时承诺在协议到期日卖给对方的协议。一项既定的交易从证券的角度来看是回购协议，而从证券卖方的角度则称为逆回购协议。

4．按照证券回购交易的主体和目的

规范化的证券回购市场一般包括以下三个部分：

一是中央银行公开市场操作的证券回购。它是中央银行实施货币政策的重要工具之一，是开展公开市场业务的主要形式。中央银行与商业银行或证券交易商办理证券回购，其目的就在于：① 满足商业银行或证券交易商对流动性即“头寸”资金的需要，或者说是中央银行向商业银行或证券交易商提供再融资的手段，进而起到调节市场货币供应量的目标。② 为货币市场确定一个较为合理的利率。

二是同业拆借市场操作的证券回购，即商业银行、城市合作银行、农村合作银行、金融信托投资公司之间开展的证券回购交易。它是同业拆借市场拆借短期资金的一种方式，即通过证券回购交易调剂商业银行、城市合作银行、农村合作银行、金融信托投资公司之间的头寸余缺。

三是证券交易场所（指证券交易所、期货交易所、证券交易中心和 STAQ 系统等）操作的证券回购，它是证券商、企事业法人、非银行金融机构和非居民的海外投资家进行套期保值和融通短期资金的一种手段。

二、证券回购协议的收益和风险

证券回购市场属于无形市场，大多数交易由资金供求双方之间直接以电信方式进行。在证券回购市场中，回购利率和风险是交易双方十分关注的因素。

在回购交易中，约定的回购价格与售出价格之间的差额反映了借款者的利息支出，它取决于回购利率水平。证券回购价格、售出价格和回购利率之间有如下关系：

$$R_R = P_P + I$$

$$I = P_P \times R_R \times \frac{T}{360}$$

$$R_R = \frac{R_P - P_P}{P_P} \times \frac{360}{T} \times 100\%$$

式中，R_P 为证券回购价格；P_P 为本金；I 为应付利息；R_R 为交易双方协议确定的回购价格；T 为证券回购的期限。

1．证券回购协议市场交易的利率

证券回购协议市场的利率是衡量证券回购交易中证券资产卖方向证券资产买方所支付的报酬比例。证券回购利率反映了交易中证券资产的买方所承担的各种风险，利率的确定主要取决于证券的种类、交易对手的信誉和证券回购的期限等。这些因素主要有以下几种：

（1）标的证券的质地

用于回购的证券信用度越高，流动性越强，回购利率越低，否则，利率就会相对来说高一些。例如，商业票据、可转让定期存单、银行承兑汇票或抵押担保证券等证券回购利率会比政府证券或政府机构证券的回购利率高出 5～15 个基点。

（2）回购期限的长短

证券回购协议的期限与其利率的变化成正比。一般来说，期限越长，由于不确定因素越多，因而利率也应高一些；反之，利率就会越低。也就是说，与其他金融市场一样，证券回购协议市场的收益率曲线也是向上倾斜的。但这并不是一定的，实际上利率是可以随时调整的。

（3）交割的条件

证券回购协议的利率与交割的条件有关。如果采用的是实物交割方式，回购利率就较低；如果采用其他交割方式，则利率就会相对高一些。

（4）货币市场其他子市场的利率水平

证券回购协议市场的利率与货币市场其他子市场的利率水平密切相关，它不可能脱离货币市场其他子市场的利率水平而单独决定，否则该市场将会失去其吸引力。回购利率一般是参照同业拆借市场利率而确定的，它以政府证券作为抵押，信用度较高，风险相对较小，利率也较低。

2．证券回购协议市场的交易风险

尽管证券回购协议是一种高质量的抵押贷款，但是交易双方当事人也会面临一定的风险。证券回购协议市场的交易风险主要包括以下两类：

（1）信用风险

信用风险是指参与证券回购协议一方不履行协议中的买回或卖出义务，而使对方遭受损失的可能性。例如，协议到期，证券价格下跌，卖方不履行购回，使买方只好持有证券而遭受损失；又如，证券价格上涨，买方不履行把证券按协议卖给卖方，则证券卖出方遭受损失。在实际业务中，一般是通过设置保证金和抵押品市值调整回购价格或保证金的做法来减少信用风险。

（2）清算风险

在证券回购协议交易中，由于期限短，交割实物证券成本高，就产生了账户划转交割方式。用证券保管货单代替实物证券，以节省时间和费用，这样就可能出现并无足额抵押证券的买空卖空行为，从而造成清算风险。为了避免清算风险，许多国家要求证券由第三方金融机构统一进行保管，保管凭单必须以真实足额证券为依据，以防同一笔证券被用于多次回购协议。

三、我国的证券回购协议市场

我国的证券回购市场从20世纪80年代末90年代初开始发展，大体上经历了场内市场和场外市场两个阶段，目前已经成为货币市场的重要组成部分，无论在交易量还是市场主体方面都远远超过同业拆借市场。

1．发展概况

（1）以场内市场为主的阶段（1991—1997年）。我国证券回购协议业务开始于1991年7月STAQ系统，随后以武汉证券交易中心为代表的各证券交易公司纷纷推出证券回购协议。1993年以上海为试点的银行间及证券中介机构间的国债回购协议兴起。1994年回购市场交易激增到3000亿元。然而，以武汉为中心的STAQ系统缺乏全国统一的国债托管和清算系统，出现严重的卖空和金融欺诈现象，1995年开始，交易主体全部转入证券交易所内市场，债券交由证券交易所托管。但由于场内交易的风险控制机制尚未建立，交易所的国债也相继出现了风险事件，如“3·27”国债风波。在此背景下，国家决定对武汉、天津证券交易中心和STAQ系统回购市场进行整顿。

（2）以场外市场为主的阶段（1997年至今）。1997年央行发布商业银行停止证券交易所证券回购协议的通知，要求商业银行全部退出上交所和深交所，各商业银行可通过银行同业拆借中心提供的交易系统进行证券回购交易。1997年以来，银行间债券市场在规范中发展，交易规模不断扩大，品种不断增多。目前我国已有的交易品种相对来讲比较丰富，交易方式不仅有传统抵押式，还有债券买断式回购（2004年4月12日推出）。近年来它的规模发展得很快，其中买断式回购协议是我国货币市场的创新，它为货币市场参与者提供了一种新的投资模式，并提供了融资融券功能。

2．我国证券回购市场存在的问题

虽然我国的回购市场有了很大的发展，但是与发达国家相比，还存在一定的缺陷。首先，目前的银行间市场回购交易的目的主要限于金融机构的头寸调节，而在其他发达市场上，回购具有多种用途。其次，目前参与银行间回购的交易成员仅仅限于金融机构。实际上，回购适用于作为金融机构与非银行间回购交易主体的交易。因此通过银行间回购交易主体范围的扩大，特别是允许非金融机构参与回购交易，将大大扩大货币市场的范围，促进货币市场的活跃程度，从而提高货币政策的传导效果。

第五节　短期融资券市场

为了改善我国融资偏重于间接融资的情况，增加企业直接融资工具，鼓励有竞争力的企业直接进入资本市场融资，降低融资成本，中国人民银行于2005年5月推出了短期融资券业务，产品推出以来，短期融资券市场呈现出蓬勃发展的良好势头，形成了企业、金融机构、中介服务机构多方共赢的势头。

一、企业融资券的运作机制

1．短期融资券的定义

短期融资券是由中华人民共和国境内具有法人资格的非金融企业，依照《短期融资券管理办法》的规定和程序，以融资为目的、直接向银行间货币市场投资者发行，并约定在一定期限内还本付息的有价证券。

短期融资券实际上是一种融资性的商业票据，属于货币市场工具，期限较短，在1年以内，它是我国企业之间融资的重要举措。其优点是市场化定价，发行成本低，无须担保、抵押，实际余额管理，可持续滚动发行。

2．短期融资券市场产生的背景

《2004年货币市场政策执行报告》披露的数据反映，当时我国企业的融资结构中，银行贷款所占比重为82.9%，国债比重为10.8%，股票融资比重为5.2%，企业债券比重为1.1%。债券融资尤其企业融资比例明显偏小。企业的长期融资渠道不畅，资金难以通过发行企业债券的形式以低成本得到满足，对银行融资的依赖导致金融风险过度集中在银行，不利于正在进行的银行业深化改革，也不利于为债券市场全流通后的发展提供强有力地支持。在这种情况下，中国人民银行于2005年5月23日发布了《短期融资券管理办法》，26日华能国际等6家企业成功发行了第一批企业短期融资券。

3．我国短期融资券市场运作机制

《短期融资券管理办法》规定了短期融资券管理的基本原则、监管框架、一级市场和二级市场的核心规范、信息披露的基本要求、主要监管措施等内容。主要有以下几点：①中国人民银行已经对短期融资券的发行与交易进行监督与管理，弱化行政干涉，力图把风险识别和风险承担交给投资者，把信息披露交给专业评级机构和中介服务机构。发行短期融资券报中国人民银行备案。②短期融资券的发行只对银行间债券市场机构发行不对社会公众发行，上市和交易均无须再行审批。③短期融资券的发行规模实行余额管理，期限上实行上限管理、滚动发行，只要融资券余额不超过企业净资产的40%，企业就可自行选择发行规模、日期和价格；发行利率不受管制，采用市场化定价机制，明确融资券发行利率实行放开，由企业和承销商确定，无须事前完成定价并上报批准。④发行人应该及时做好信息披露，央行严格对发行人的信息披露进行监管，建立包括发行信息披露、后续信息披露、重大事项临时公告等在内的整套信息披露制度，使投资者能够及时、快捷地获取发行人的相关信息。⑤短期融资券发行采取无纸化集中登记托管，这样短期融资券手续更加便捷高效，便于商业银行同业之间的交易和划转。

二、短期融资券的优势和作用

短期融资券为我国企业融资难的问题提供了一条解决的思路，同时丰富了货币市场的交易工

具，丰富了商业银行的业务，同时完善了货币传导机制。我们分别从企业、银行和政府监管等几个方面来讨论。

1．短期融资券对企业的作用

从发行短期融资券企业的角度看，短期融资券作为一种市场化的创新融资工具，具有如下优势：

（1）筹资成本反映市场供求，效率损失较低。一般情况下短期融资券市场的融资成本比从银行贷款的融资成本低约 2%。对目前竞争激烈的企业来讲，能否获得市场化定价的资金支持已经成为企业能否生存与发展的关键。

（2）融资方式便利，发行审批便捷。利用短期融资券，企业可以根据自身的资产规模、财务状况以及面临的市场环境，自主地选择发行规模、发行期限，并与承销商协商发行利率，这些措施能最大化地满足企业的筹资要求。同时，短期融资券采取备案制，一般报央行 30 天后即可顺利发行，为企业融资节省了时间，提高了效率。

（3）短期融资券实行余额管理制度，这就意味着企业可以将短期融资券的发行融入到整个企业的长期经营策略中去，使短期融资券的发行成为整个企业运营的一个关键组成部分。这种企业市场化的资金运营和管理理念的建立，将为我国企业的国际化发展创造良好的条件。

2．短期融资券对商业银行的作用

从商业银行的角度看，短期融资券的发行可以促进我国商业银行经营业务向国际先进银行所注重的中间业务转变。

（1）短期融资券将银行的短期流动性贷款这一表内业务分离出来，从而减少了银行的风险资产，降低了银行的信用风险，并促进了中间业务的发展，使得我国银行业不断向符合现代银行的经营理念方向转型。

（2）面对新《巴赛尔协议》的各种降低风险资产的手段，我国商业银行应该积极借鉴国际经验，充分利用短期融资券等为代表的市场化金融工具，将商业银行表外资产业务积极地应用到我国银行的管理中去，实现我国银行业资产质量的整体改善。

3．短期融资券对政府的作用

从央行宏观调控政策的角度看，短期融资券为央行的货币政策提供更加灵活的市场和中间目标。

（1）短期融资券的发展为我国中央银行运用金融工具调控经济、金融市场提供了良好的平台。在引进短期融资券后，我国的金融市场对利率等因素反映更加灵敏，央行的货币政策对市场的作用时滞更短，效用更强。

（2）短期融资券将推动短期利率市场化进程，使得货币市场利率更加灵敏地反映资金供求，更适合作为货币政策的中间目标，有助于完善我国货币市场传导机制。

复习思考题

一、单项选择题

1．以下不属于货币市场范畴的是（　　）。

A．同业拆借市场　　B．股票市场

C．短期政府债券市场　　D．大额可转让存单市场

2．货币市场的交易活跃程度是用（　　）指标来衡量的。

A．广度　　B．深度　　C．弹性　　D．宽度

3．以下不参与同业拆借市场的机构是（　　）。

A．商业银行　　B．证券公司　　C．信托公司　D．中央银行

4．正回购方质押证券的所有权真正让渡给逆回购方的回购协议是（　　）。

A．正回购　　B．逆回购　　C．封闭式回购　　D．开放式回购

5．以下不可能成为商业票据发行者的是（　　）。

A．金融公司　　B．金融控股子公司　　C．大型企业　D．地方政府

6．以下可以称作短期政府债券的是（　　）。

A．国库券　　B．公债　　C．5 年期国债　　D．央行票据

二、判断题

1．货币市场是一个无形的市场，其效率可以通过广度、深度和弹性这三个指标进行衡量。（　　）

2．同业拆借市场利率在交易双方直接进行交易的情况下，可以通过协商的方式决定。（　　）

3．回购协议中的资金需求方就是融出证券的一方，也是回购协议到期时必须支付一定货币将证券购回的一方。（　　）

4．对于商业票据的发行人来说，商业票据的利息就是商业票据的面值同票面利率的乘积。（　　）

5．货币市场基金的性质是基于信托原则而建立的金融信托关系。（　　）

三、名词解释

货币市场同业拆借市场　汇票　本票　银行承兑汇票　国库券　回购协议　正回购逆回购　商业票据　信用评级　承兑　贴现　大额可转让定期存单　短期政府债券

四、简答题

1．简述同传统的定期存款相比，大额可转让定期存单的不同点。

2．简述回购协议利率的确定的决定因素。

3．简述短期融资券的优势与作用。

五、论述题

1．试述同业拆借市场对商业银行筹资的优越性。

2．试述商业票据市场与银行承兑汇票市场的联系与区别。

3．试述国库券发行与流通市场的运作过程。

六、拓展阅读

1．上海银行间同业拆借利率（http://m.sohu.com/n/439918314/）

2．境外人民币计价央行票据伦敦首发规模为 50 亿元（http://www.chinanews.com/m/cj/ 2015/10-21/7580802.shtml）

3．央行实现资金净回笼 300 亿元（http://finance.sina.cn/2016-09-06/detail-ifxvqefm5604366. d.html）

扫描二维码阅读文章

第三章 资 本 市 场

学习目标：

了解资本市场的基本框架及其构成；

熟悉股票市场、债券市场以及基金市场的基本运行原理；

掌握资本市场的主要功能及作用。

第一节 股 票 市 场

一、股票的概述

1．股票的概念

股票是一种有价证券，是股份有限公司公开发行的用以证明投资者的股东身份和权益，并据以获得股息和红利的凭证。

股票一经发行，购买股票的投资者即成为公司的股东，是股份有限公司的所有者，有权参加股东大会并参与公司的决策，分享公司的利益，同时也要分担公司的责任和经营风险。投资者一旦投资入股，就不能中途要求退股以抽回资金。但由于股票是一种有价证券，它可以买卖、流通转让以及用做抵押，投资者在必要时可以通过以上途径收回投资。

2．股票的性质

（1）股票是有价证券

有价证券是财产价值和财产权利的统一表现形式。持有有价证券一方面表示拥有一定价值量的财产，另一方面也表示有价证券持有人可以行使该证券所代表的权利。因此，股票是有价证券的一种。第一，虽然股票本身没有价值，但其包含着股东要求股份公司按规定分配股息和红利的请求权，同时代表着拥有股份公司一定价值量的资产。第二，股票与其代表的股东权利有不可分离的关系，它们两者合为一体。换言之，股东权利的转让应与股票占有的转移同时进行，不能只转移股票而保持原来的股东权利，也不能只转让股东权利而不转移股票。

（2）股票是要式证券

股票应记载一定的事项，其内容应全面真实，这些事项往往通过法律形式加以规定。根据我国《公司法》规定，股票应记载的内容包括：① 公司名称，② 公司成立日期，③ 股票种类，④ 票面金额，⑤ 代表的股份数，⑥ 股票的编号等。如果缺少以上规定的要件，股票就无法律效力。

（3）股票是证权证券

证券可以分为设权证券和证权证券。设权证券是指证券所代表的权利本来不存在，而是随着证券的制作而产生的，即权利的发生是以证券的制作和存在为条件的。证权证券是指证券是权利的一种物化的外在形式，它是权利的载体，权利是已经存在的。股票代表的是股东的权利，它的发行是以股份的存在为条件的，股票只是把已存在的股东权利表现为证券的形式，它的作用不是创造股东的权利，而是证明股东的权利。股东权利可以不随股票的损毁、遗失而消失，股东可以按照法定程序要求公司补发新的股票。所以说，股票是证权证券。

（4）股票是资本证券

股票不是一种现实的资本，独立于真实资本之外，是一种虚拟资本。股份公司发行股票是一种吸引认购者投资以筹措公司自有资本的手段，对于认购股票的人来说，购买股票就是一种投资行为。因此，股票是投入股份公司的资本份额的证券化，属于资本证券。

（5）股票是综合权利证券

股票不属于物权证券，也不属于债权证券，而是一种综合权利证券。物权证券是指证券持有者对公司的财产有直接支配处理权的证券。债权证券是指证券持有者为公司债权人的证券。股票持有者作为股份公司的股东，享有独立的股东权利。股东权是一种综合权利，包括出席股东大会、投票表决、分配股息红利等权利。股东虽然是公司财产的所有人，但对于公司的财产不能直接支配处理，所以不是物权证券。

3．股票的特征

（1）收益性

收益性是指股票持有人凭借其股东身份从股份公司领取股息和红利所获得的投资收益。股票的收益来源于两个方面：一是来自股份公司，即股息红利；二是来自股票流通，即差价收益，又称资本利得。

（2）风险性

风险性是指股票可能产生经济利益损失的特征，是预期收益的不确定性。股票的风险与收益是并存的，投资者投资股票既有可能获取较高的投资收益，同时也要承担较大的投资风险，如股份公司经营亏损，甚至破产的风险等。

（3）流通性

股票作为一种有价证券，可随时在二级市场买卖转让，也可用做抵押，所以持票人在他需要现金时可立即在股票市场上售出股票以收回投资。因此，股票是一种流通性很强的有价证券。

（4）永久性

股票投资者的投资是没有确定期限的长期性投资，原因是投资者一旦买入某一公司股票，在一般情况下，他是不能中途要求退股。所以从这一意义上讲，只要股份公司存在，他就不能直接向公司要求抽回资金。所以说，股票投资具有不可撤回性，是一种长期而又没有确定期限的无限性投资。股票是一种无期限的法律凭证。

（5）参与性

参与性是指股票持有者作为股份公司的股东，有权出席股东大会，选举公司董事会，参与公司重大决策。

二、股票的分类及各种股票的特点

1．按股票所代表的股东权利划分

（1）普通股票

普通股票是最基本、最常见、风险最大的一种股票，其持有者享有股东的基本权利和义务。普通股票的股利完全随公司盈利的高低而变化，在公司盈利较多时，普通股股东可获得较高的股利收益，但在该盈利和剩余财产的分配顺序上列于债权人和优先股股东之后，故其承担的风险也较高。

不同股份公司发行的普通股股票，由于其在市场中的公众形象、投资功能及风险让渡等方面的不同，表现出不同的特点，从而形成了不同的类别。常见的普通股股票的种类有：蓝筹股股票、成长股股票、周期性股票、防守性股票、投机性股票等。其中，蓝筹股股票又称热门股股票，专指一些大公司发行的普通股股票，这些大公司一般都是经营业绩好，有良好的资信，金融实力强大，又在本行业或本部门占据重要的地位。成长股股票通常是指由成长率高于整个国家及其所在行业增长水平的股份有限公司所发行的股票。周期性股票通常指的是营业收入随经济周期而波动的公司所发行的股票。其特点是，当经济从衰退中开始复苏时，周期性股票的价格涨得比一般性的成长股票长得快；反之，经济走向衰退时，周期性股票的价格跌的也快。如航空公司、汽车公司、钢铁工业、化学工业等。防守性股票指的是在经济条件普遍恶化时，收益高于其他股票的平均收益的股票。防守性股票的主要特点是，当经济衰退或经济条件恶化时，其收益具有一定的稳定性。如公用事业、药品等行业的公司发行的股票。投机性股票是指那些自身价格很不稳定或其发行公司的前景很不确定的股票。由于各种不稳定或者不确定因素的存在，这些股票的价格可能在短时间内发生大幅度的涨跌，因而投机性很强，同时风险也很大。

我国现行的股票按投资主体不同，可以划分为国家股、法人股、公众股和外资股等。国家股是指有权代表国家投资的部门或机构以国有资产向公司投资形成的股份，包括公司现有国有资产折算成的股份。法人股是指企业法人或具有法人资格的事业单位和社会团体以其依法可支配的资产投入公司形成的非上市流通的股份。社会公众股是指社会公众依法以其拥有的财产投入公司时形成的可上市流通的股份。外资股是股份公司向外国和中国港澳台地区投资者发行的股票。按股票的上市地域和所面对的投资者不同，可以分为：A 股、B 股、H 股、N 股、S 股、L 股等。A 股指的是由我国境内的公司发行，供境内机构、组织或个人（不含港澳台地区投资者）以人民币认购和交易的普通股股票。B 股是人民币特种股票的一种，又称境内上市外资股，它是由人民币标明面值，以外币认购和买卖，在境内证券交易所上市交易的股票。B 股公司的注册地和上市地都在境内，只不过投资者在境外，包括中国香港、澳门及台湾地区。H 股，即注册地在内地、上市地在香港的外资股。香港的英文是 Hong Kong，即取其首字母，在香港上市的外资股就称为 H 股。以此类推，纽约的第一个英文字母是 N，新加坡的第一个英文字母是 S，所以在纽约和新加坡上市的股票就分别称为 N 股和 S 股。L 股就是红筹股，它不属于外资股，是指在中国境外注册、在中国香港上市但主要业务在中国内地或大部分股东权益来自中国境内的股票。一般地，它是在香港联合证券交易所进行交易买卖，公司业务主要在内地，所以成为“红筹股”。

（2）优先股票

优先股票是一种特殊股票，在其股东权利、义务中附加了某些特别条件。优先股票的股息率是固定的，其持有者的股东权利受到一定限制，但在公司盈利和剩余财产的分配上比普通股股东享有优先权。

优先股票根据不同的附加条件，大致可以分为以下几类：① 依据股息在当年未能足额分配时，能否在以后年度补发，可分为累积优先股与非累积优先股；② 依据获得固定的股息能否参与本期剩余盈利的分配，可分为参与优先股与非参与优先股；③ 依据能否转换成其他证券，可分为可转换优先股和不可转换优先股；④ 依据能否由原发行的股份公司出价赎回，可分为可赎回优先股和不可赎回优先股；⑤ 依据股息率是否变动，可分为股息率可调整优先股和股息率固定优先股。

2．按股票有无记名划分

（1）记名股票

记名股票是指在股票票面和股份公司的股东名册上记载股东姓名的股票。记名股票的转让必须依据法律和公司章程规定的程序进行，而且要服从规定的转让条件，办理股票过户登记手续。

（2）不记名股票

不记名股票又叫无记名股票，是指在股票票面和股份公司股东名册上均不记载股东姓名的股票。与记名股票相比，不记名股票的转让较为简单方便，原持有人只要向受让人交付股票便发生转让的法律效力，受让人取得股东资格不需要办理过户手续。

3．按是否在股票上标明票面金额划分

（1）有面额股票

有面额股票是指在股票票面上记载一定金额的股票。这一记载的金额也称为票面金额、票面价值或者股票面值。票面金额一般是以国家的主币为单位，大多数国家的股票都是有面额股票。

（2）无面额股票

无面额股票是指在股票票面上不记载股票面额，只注明它在公司总股本中所占比例的股票，也称为比例股票或份额股票。无面额股票的价值随股份公司资产的增减而相应增减，公司资产增加，每股价值上升；反之，公司资产减少，每股价值下降。

三、股票市场

1．股票市场概述

（1）股票市场构成

通常，我们讲的股票市场分为股票发行市场和股票流通市场，股票发行市场是融资市场，主要为发行人服务，是股票从融资者手中发行到市场中；股票流通市场是投资者进行二次交易的场所。

（2）股票市场功能

所谓股票市场，即股票发行与流通市场。它主要有以下功能:

① 通过发行股票，可以使股份公司获得创建的资本。

② 通过发行股票，可以使股份公司得以不断扩充资本，增加固定资产投资，扩大生产经营规模，增强市场竞争力。

③ 通过发行股票，可以使股份公司不断增加营运资本，进一步扩大生产规模。

④ 通过发行股票募集资金，可以使股份公司减轻债务还本付息的压力，降低资金成本和经营成本，从而改善财务状况，增加利润积累，提高竞争力。

⑤ 发行股票，可以为投资者提供一种新的、高风险与高收益并存的投资工具，增加一种新的金融资产。这对改善投资者金融资产结构，将消费基金转化为长期储蓄，将长期储蓄转化为长期投资，具有十分重要的作用。

⑥ 股票市场的价格变化，可以综合反映股票发行公司的经营状况及国民经济的运行情况，成为企业经营状况和国民经济的“晴雨表”。

2．股票发行市场

股票发行市场又称一级市场，是股份公司直接或通过中介机构向投资者出售新发行股票的市场，无论是组建新公司还是扩大公司原有规模，股份公司都要通过初级市场发行股票。

（1）股票发行市场的构成要素

① 发行人：发行人是指符合发行条件，为筹措资金而发行股票的政府组织、金融机构或者商业组织，是发行市场的主体。为保障投资者的利益，维护证券发行市场的秩序，防止各种欺诈舞弊行为，多数国家的证券法规都对证券发行人的主体资格、净资产额、经营业绩和发起人责任设有条件限制。《证券法》对证券发行人也规定了严格的条件要求。

② 投资者：投资者是指根据发行人的招募要约认购股票的个人、金融机构、基金组织、企业组织或其他机构投资者，是构成股票发行市场的另一基本要素。

③ 中介机构：中介机构是指经营股票承销业务，即帮助股份有限公司发行股票并从中赚取利润的机构，包括投资银行（证券公司）、会计事务所、律师事务所和资产评估机构等，是介于发

行人和投资者之间的中介人，也是股票发行市场中的重要构成要素。

④ 证券监管部门：证券监管部门是指制定证券发行和交易的规则，并对市场违规行为进行监督管理的机构，包括中国证监会、上交所和深交所，为维护市场公开、公平和公正的主管机构。

（2）股票发行的目的

① 为新成立的股份公司募股集资。

新股份公司的成立需要通过发行股票来筹集经营股本，主要是靠购买股票者缴纳的股金组建公司并开展经营活动。股份公司成立形式有两种：一种是发起设立，即在创建初期，由公司的发起人一次承购全部股票，初始资本一次性筹足。发起设立的过程较为简单，发起人出资后公司就算设立完成，这类公司的规模较小；另一种是募集设立，即除了发起人本身出资外，还向其他人募集资金设立公司。这类公司规模一般较大，所筹资金需要几次才可以筹足，但发起人最初至少要购足股票总数的 1/4，并且只有在筹到必要股份后才能成立公司，所以自发起到设立需要相当长的时间。

② 现有股份公司为改善经营而发行新股。

股份公司成立后因各种需要而发行新股，具体说主要有以下目的：

第一，增加投资或改变生产经营方式。

第二，优化公司财务结构，保持适当的资产负债比例。

第三，满足证券交易所的上市标准。

第四，维持和巩固对本公司经营权的控制而发行股票。

第五，维护股东直接利益而增资发行股票。

第六，为其他目的发行股票。

（3）股票发行制度

① 注册制：注册制主要是指发行人申请发行股票时，必须依法将公开的各种资料完全准确地向证券监管机构申报。注册制实行的是公开管理原则。美国证券发行采取的是注册制。

② 核准制：核准制，又称特许制，是发行者在发行新证券之前，不仅要公开有关真实情况，而且必须合乎公司法中的若干实质条件，如发行者所经营事业的性质、管理人员的资格、资本结构是否健全、发行者是否具备偿债能力等，证券主管机关有权否决不符合条件的申请。核准制实行的是实质管理原则。

③ 两种发行制度比较：

i. 注册制更利于资本市场价格发现、融资、资源配置等三大功能的发挥。

ii. 发行注册制并非不注重企业质量。

iii. 核准制不等于非市场化。

④ 我国股票发行制度：我国股票发行历史变动较多，按时间和方式种类大约可以分为以下几个阶段：i. 自办发行。ii. 有限量发售认购证。iii. 无限量发售认购证。iv. 无限量发售申请表方式以及与银行储蓄存款挂钩方式。v. 全额预缴款、比例配售。vi. 上网定价发行。vii. 基金及法人配售。viii. 自 2005 年起，我国开始实行首次公开发行股票的询价制度。ix. 2015 年，中国股票发行制度开始由核准制向注册制转变。

（4）股票发行方式

① 按发行对象的不同，股票可分为公募发行和私募发行。

公募发行是指向市场上大量的非特定投资者公开发行股票。公募发行能提高发行人的知名度，扩大社会影响，能在较短时间内募集到大量资金，且公募股票可以在二级市场上流通，具有较高的流动性。但由于公募发行涉及众多的投资者，其社会责任和影响很大，为了保证投资者的合法权益，政府对公募发行控制很严，要求发行人具备较高的发行条件，如募集公司必须向社会提供各种财务报表及其他有关资料等。缺点主要表现为发行手续复杂，发行成本较高。

私募发行是指向少数特定投资者发行股票的方式。发行对象通常是与发行人有特定关系的投资者，如本公司的职工或与发行人有密切关系的金融机构、企业等。由于发行人的资信情况为投资者所了解，不必向社会公开内部信息，也不必到证券管理机构办理注册手续，发行手续简单，费用低廉，但私募股票的上市流通受到一定限制。

② 按照有无证券发行中介机构的参与，股票发行可分为直接发行和间接发行。

直接发行是指发行人不通过证券承销机构而自己发行股票的一种方式。发行人自己直接发行股票，多是私募发行。如果股份有限公司采用发起设立方式募集股份，由于首次发行股票须由发起人认购，当属直接发行之列。

间接发行，亦称承销发行，是指发行人不直接参与证券的发行过程，而是委托给一家或几家证券承销机构承销的方式。间接发行要支付一定的发行费用，但有利于提高发行人的知名度，筹资速度快，风险较小。因此，一般情况下，都采用间接发行方式。

③ 按照股票发行层次，分为首次公开发行和增资发行。

首次公开发行，即IPO，全称是Initial Public Offerings，它是指一家企业以向社会公众公开招股的方式，第一次将它的股份向公众出售，一旦完成，这家企业的股份就可以在证券交易所或报价系统上进行交易。通过首次公开发行，发行人不仅募集到所需资金，而且完成了股份有限公司的设立或转制，成为上市公众公司。

增资发行简称增发，是指股份公司上市后为达到增加资本的目的而发行股票的行为。股票增资发行，按照取得股票时是否缴纳股金来划分，可分为有偿增资发行、无偿增资发行、并行增资发行。

（5）股票的承销方式

① 包销：以包销方式承销股票，需在承销协议规定的承销期结束后，按照发行价认购未售出的股票。包销又分为全额包销和余额包销。

全额包销指由承销商（包销团）首先全额承购发行人该次发行的股票，然后向投资者发售的承销方式。

余额包销，又称助销，指承销商（包销团）首先向投资者发售股票，仅在投资者实际认购总金额低于预定发行总额的情况下，方承购全部剩余股票的方式。

股票包销的特点如下：

i. 股票发行风险转移。承销协议签订后，股票发行的风险和责任由承销商负担；而在代销条件下，该股票发行风险由发行人自己负责，这是包销与代销两种承销方式的实质区别。

ii. 包销的费用高于代销。因发行人不承担股票发行风险，所以要向承销商支付较高的报酬。

iii. 发行人可以迅速可靠地获得资金。发行人将股票交付给承销商后，不管将来销售情况如何，承销商都要向发行人支付约定的款项。

② 代销：代销是指发行人委托承销商（承销团）代理发行股票的承销方式。在代销条件下，在承销协议规定的承销期结束后，如果投资者实际认购总额低于发行人的预定发行总额，承销商（承销团）应将未售出的股票全部退还给发行人。

（6）股票的发行价格及确定

① 股票的发行价格：

i. 面额发行：也叫平价发行、等价发行，即按照股票票面上注明的每股金额发行。采用面额发行，通常要委托证券承销商销售。

ii. 设定价格发行：主要是对无面值股票而言，发行时不标明股票的面值，而是根据公司章程或董事会决议规定的发行价格对外发行。

iii. 折价发行：以股票面值为基础，通过一定折扣比例，以低于面值的价格作为股票发行的价格。

iv. 溢价发行：以高于股票票面金额的价格对外发行。

股票虽然有多种发行价格，但在一般情况下，同一种股票只能有一种发行价格。根据我国《公司法》规定，股票不能以低于股票票面金额的价格发行。

② 股票发行价格的确定：

确定股票发行价格的方法有市盈率法、净资产倍率法和竞价确定法。

i. 市盈率法：市盈率又称本益比，是指股票市场价格与盈利的比率。计算公式为

$$\text{市盈率}=\frac{\text{股票市价}}{\text{每股净盈利}},\quad \text{每股净盈利}=\frac{\text{税后利润}}{\text{股份总额}}$$

每股税后利润的计算方法通常有两种：一种为完全摊薄法，即用发行当年预测全部税后利润除以总股本，直接得出每股税后利润；另一种是加权平均法。

$$\text{发行价}=\text{每股净盈利}\times\text{发行市盈率}$$

ii. 净资产倍率法：净资产倍率法又称资产净值法，指通过资产评估（物业评估）和相关会计手段确定发行人拟募股资产的净现值和每股净资产，然后根据证券市场的状况将每股净资产值乘以一定的倍率或一定折扣，以此确定股票发行价格的方法。

净资产倍率法常用于房地产公司或资产现值有重要商业利益的公司的股票发行。以此种方式确定每股发行价格不仅应考虑公平市值，还必须考虑市场所能接受的溢价倍数或折扣倍率。其公式为

$$\text{发行价格}=\text{每股净资产值}\times\text{溢价倍率（或折扣倍率）}$$

iii. 竞价确定法：竞价确定法是指投资者在指定时间内，通过交易柜台或者证券交易所的交易网络，以不低于发行低价的价格，按限购比例或数量进行认购委托，申购期满后，由交易所的交易系统将所有有效申购按照价格优先、同价位申报按照时间优先的原则，将投资者的认购委托由高价位向低价位排队，并由高价位到低价位累计有效认购数量，累计数量恰好达到或超过本次发行数量的时候的价格，即为本次发行的价格。

如果在发行底价上仍不能满足本次发行股票的数量，则竞价的底价为发行价。发行底价也可由发行人和承销商根据发行人的经营业绩、盈利预测、投资的规模、市盈率、发行市场与股票交易市场上同类股票的价格及影响发行价格的其他因素，共同协商来确定发行价格。

3. 股票的流通市场

股票流通市场是已发行在外的股票进行买卖交易的市场，通常又叫二级市场或者次级市场。股票流通市场包含了股票流通的一切活动，股票流通市场的存在和发展为股票发行者创造了有利的筹资环境，投资者可以根据自己的投资计划和市场变动情况，随时买卖股票。股票流通市场价格变化也是经济预测和分析的重要内容。

（1）股票流通市场的构成要素

股票流通市场是股票流通的总和，股票的流通是通过多渠道、多市场完成的，通常分为场内交易市场和场外交易市场，场内交易市场一般指证券交易所交易市场。

① 证券交易所：证券交易所是证券买卖双方公开交易的场所，是一个有组织、有固定地点、集中进行证券交易的市场，是整个证券市场的核心。证券交易所本身并不买卖证券，也不决定证券价格，而是为证券交易提供一定的场所和设施，配备必要的管理和服务人员，并对证券交易进行周密的组织和严格的管理，为证券交易顺利进行提供一个稳定、公开、高效的市场。

证券交易所的组织形式大致可以分为两类，即公司制和会员制。

公司制的证券交易所是以股份有限公司形式组织并以营利为目的的法人团体，一般由金融机构及各类民营公司组建。它必须遵守本国公司法的规定，在政府证券主管机构的管理和监督下，吸收各类证券挂牌上市，但它本身的股票不得在本交易所上市交易。同时，任何成员公司的股东、高级职员、雇员都不能担任证券交易所的高级职员，以保证交易的公正性。

会员制的证券交易所是一个由会员自愿组成、不以营利为目的的社会法人团体。会员制的证券交易所规定，只有会员派出的入市代表才能进入交易所大厅进行证券交易，其他人要买卖在证券交易所上市的证券，必须通过会员进行。会员制证券交易所注重会员自律，对于违反法令及交易所规章制度的会员，由交易所给予惩罚。

证券交易所的功能：第一，为交易双方提供了一个完备、公开的证券交易场所，促使证券买卖迅速合理地成交。证券交易所具有成交量大、买卖频繁、报价差距小、交易完成迅速的特点。第二，形成较为合理的价格。交易所内的证券交易价格是在充分竞争的条件下，由买卖双方公开竞价形成的，因此能反映供求关系，在一定程度上能体现证券的投资价值。第三，引导社会资金的合理流动和资源的合理配置。证券交易价格的波动通常是资本市场供求关系的反映，反过来又会进一步促进资本向着价格信号指引的方向流动和引导社会资源的流动。第四，及时、准确地传递上市公司的财务状况、经营业绩，随时公开市场成交数量、成交价格等行情信息。第五，对整个证券市场进行一线控制。通过制定完备的交易规则，及时发现和处理不正常的交易，维护证券市场的公开、公平和公正。

② 场外交易：场外交易是指股份公司发行的股票不在证券交易所上市，而是由证券公司等证券交易机构在柜台上进行交易的市场，因此又称柜台市场或店头市场。场外交易的股票，主要是未上市的股票。由于对公司在证券交易所上市的股票有严格的规定，上市股票的种类只占买卖股票种类很小的一部分，未上市股票则占很大一部分。未上市的股票就是在场外进行交易的。

由于买卖股票主要是在证券公司之间及证券公司与顾客之间进行，故交易价格为净价格，即其中不包括支付给交易机构和经纪人的佣金。

场外交易市场没有固定的交易场所，而是分散于各地，缺乏统一的组织和信息来源，也不利于投资者选择股票，为此，美国于 1939 年建立了全国证券交易商协会（National Association of Securities Dealers，NASD）的自我规范组织，受权在证券交易委员会的监督下代表和管理场外交易市场的证券交易商。1971 年该组织开始启用一套电子自动报价系统，称为全国证券交易商协会自动报价（National Association of Securities Dealers Automated Quotations，NASDAQ）系统，形成了场外交易体系，把各个分散的场外交易市场联系起来。

目前，场外市场作为一种直接性交易市场，在全世界发展很快。据有关资料报道，目前包括美国在内的许多发达国家和地区的柜台市场，其市场容量及影响已经超过众多有地位的证券交易所。

③ 第三市场：第三市场是指在店头市场上从事已在交易所挂牌上市的证券交易。近年来，由于这部分交易量增大，特别是其中的债券交易量增加，其地位日益提高。严格地讲，第三市场既是场外交易市场的一部分，又是证券交易所市场的一部分，准确地说，它是“已上市证券的场外交易市场”。第三市场的出现是与证券交易所固定佣金制度密切相关的。固定佣金制度使证券交易的成本非常昂贵，而交易所之外的证券商则不受证券交易所佣金制度的约束，因而大量证券交易都在交易所之外的第三市场上进行。

④ 第四市场：第四市场是指投资者和筹资者不经过证券商而直接进行的证券交易。第四市场目前只在美国有所发展，其他一些国家正在尝试和刚刚出现这种市场。第四市场的主要吸引力在于以下三方面：第一，交易成本低。这是因为买卖双方直接交易而不需要中间人。有时即使需要中间人，通过第三者来安排，佣金也要比其他市场少得多。据统计，在美国利用这种方式进行场外交易，比在交易所进行交易可节省佣金 70%。第二，有利于保持交易的秘密性。第三，由于双方直接谈判，可望获得双方满意的价格。

（2）股票交易程序

① 开设交易账户或股东账户：依照以前法律规定，每个投资者（国家规定不许办理的人员除外）欲从事股票交易，须先向证券登记公司申请开设股票账户，办理股东代码卡（实质上为证券交易账户）。另外，根据有关规定，禁止多头开户，个人和法人在同一证券交易所只能开立一个股票账户。

依照中国证券登记结算有限公司向各开户代理机构下发《关于统一账户平台上线安排的通知》，自 2014 年 10 月 8 日起机构投资者开户取消“一人一户”限制，可以开立多个同种类别及用途的子账户，因沪港通交易需要的个人投资者可以开立多个沪市 A 股账户。除此之外，其他投资者不允许开立多户，下一步中国证券登记结算有限公司再择机全面开放“一人一户”限制。

对于开放“一人一户”限制的安排，一码通账户作为投资者证券总账户，仍然实行一人一户要求。放开“一人一户”主要是指逐步放开现有证券账户，也就是证券子账户的“一人一户”限制。考虑到市场承受度，该限制放开是一个渐进过程。统一账户平台上线初期，机构投资者开户取消“一人一户”限制，可以开立多个同种类别及用途的子账户；因沪港通交易需要的个人投资者可以开立多个沪市 A 股账户。

② 开设资金账户：投资者开立证券账户的同时，证券公司会为投资者开立资金账户，投资者可选择与一家或多家银行确立三方存管业务关系，客户将资金存入银行账户，通过银行系统或券商系统将资金转入投资者在券商的资金账户后进行股票交易。同样客户需要支取资金时则通过券商系统或银行系统将资金转入银行账户进行支取。

③ 委托买卖：投资者开立了股票账户和资金账户后就可以在证券营业部办理委托买卖。其整个过程是：投资人通过现场委托计算机或电话、手机或自备计算机网上交易软件将委托指令发送至券商计算机终端并传递至交易所计算机主机，由主机撮合成交；成交后由证券商代理投资者办理清算、交割和过户手续。

④ 竞价成交：证券商在接到投资者的买卖委托后，应立即通知其场内交易员申报竞价。证券交易所的竞价方式有两种，即集合竞价和连续竞价，这两种方式是在不同的交易时段上采用的。集合竞价在交易日每天的开始前一段时间用于产生第一笔交易，这笔交易的价格成为开盘价。产生开盘价之后，以后的正常交易就采用连续竞价方式进行。

证券交易按价格优先、时间优先原则竞价成交，其结果可能出现全部成交、部分成交和不成交三种情况。

⑤ 清算、交割和过户：清算，即股票买卖双方在证券交易所进行的股票买卖成交以后，通过证券交易结算中心将各证券商之间买卖的数量和金额分别予以抵消，计算应收应付股票和应收应付金额的一种程序。

交割，即股票卖方将卖出股票交付买方，买方将买进股票的价款交付卖方的行为。

过户，即在记名股票交易中，成交后办理股东变更登记的手续，即原所有者向新所有者转移有关股票全部权利的记录手续。

四、股价价格指数的计算

1．股票价格指数的定义

股票价格指数是用以表示多种股票平均价格水平及其变动并衡量股市行情的指标。在股票市场上，成百上千种股票同时进行交易，各种股票价格各异、价格种类多种多样，因此，需要有一个总的尺度标准来衡量股市价格的涨落，观察股票市场的变化。用股票价格平均数指标来衡量整个股票市场总的价格变化，能够比较正确地反映股票行情的变化和发展趋势。股票价格指数一般是由一些有影响的金融机构或金融研究组织编制的，并且定期及时公布。世界各大金融市场都编制或参考制造股票价格指数，将一定时点上成千上万种此起彼落的股票价格表现为一个综合指标，代表该股票市场的一定价格水平和变动情况。

2．股票价格指数的计算方法

计算股票价格指数的方法有三种。

（1）算术股价指数法

算术股价指数法是以某交易日为基期，将采样股票数量的倒数乘以各采样股票报告期价格与基期价格的比之和，再乘以基期的指数值。计算公式为：

$$\text{算术股价指数}=\frac{1}{\text{采样股票数}}\times\sum\left(\frac{\text{报告期价格}}{\text{基期价格}}\right)\times\text{基期指数值}$$

例如，某股票市场以 A、B、C 三种股票为样本，基期价格分别为 20 美元、30 美元、25 美元，报告期价格分别为 32 美元、36 美元、20 美元，基期指数值定为 100，则

$$\text{该股市报告期算术股价指数}=\frac{1}{3}\times\left(\frac{32}{20}+\frac{36}{30}+\frac{20}{25}\right)\times 100=120$$

说明报告期的股价比基期上升了 20 个点。

（2）算术平均法

第一，简单股票价格算术平均指数。该方法是先选定具有代表性的样本股票，然后以某年某月某日为基期，并定好基期指数值，最后计算某一日样本股票的价格平均数，将该平均数与基期平均价格相比，即得出该日的股票价格平均指数，计算过程如下：

$$P\text{报告期平均}=\frac{\text{样本股票价格之和}}{\text{样本股票数量}}$$

$$\text{简单算术平均价格指数}=\text{基期指数值}\times\frac{P\text{报告期平均}}{P\text{基期平均}}$$

例如，样本股票有 4 只股票，报告期价格分别为 10 美元、15 美元、20 美元、25 美元，基期股价平均为 10 元，基期指数值为 100，则

$$\text{简单算术平均价格指数}=100\times\frac{10+15+20+25}{4\div 10}=175$$

第二，修正的简单股票价格算术平均数。股票市场上企业常常有增资和拆股行为，使股票股数迅速增加。股票价格也会相应降低，因此，有必要对简单算术平均数指数进行修正。对其修正，主要是对分母进行处理。具体做法是：用增资或拆股后的各种股票价格的总和除以增资或拆股前一天的平均价格作为新分母，这个新分母也叫道式除数。

$$\text{道式除数}=\frac{\text{增资或拆股后各种股票的价格总和}}{\text{增资或拆股前一天的价格平均数}}$$

$$修正的简单股票价格算术平均数=\frac{报告期股票价格总和}{道式除数}$$

这种方法能够保持指数的连续性和可比性，更真实地反映了股票市场的变动情况。这一方法是由道·琼斯股票价格指数的创始人查尔斯·道首创的，现在的道·琼斯股票价格指数采用的就是修正简单算术平均法。

（3）加权股票价格平均指数

股票市场上不同的股票地位也不同，对股票市场的影响也有大小。简单算术平均法忽略了不同股票的不同影响，有时难以更加准确地反映股票市场的变动情况。加权平均法按样本股票在市场上的不同地位赋予其不同的权数，地位重要的权数大，地位次要的权数小。将各种样本股票的价格与其权数相乘后求和，再被权数扣除，得到的就是加权平均后的股票价格指数。这里的权数，可以是股票的交易额，也可以是它的发行量。计算公式如下：

$$加权股票价格平均指数\ I=\frac{\sum_{j=1}^{n}W_j \cdot P_j}{\sum_{j=1}^{n}W_j \cdot P_0}\times I_0$$

式中，I 是加权股票价格平均指数；W_j 是第 j 种样本股票的权数；P_j 是第 j 种样本股票的报告期价格；P_0 是基期价格；I_0 是基期价格指数。

仍以上面的数据进行举例，样本股票有 4 只股票，报告期价格分别为 10 美元、15 美元、20 美元、25 美元，基期股价分别为 8 美元、5 美元、6 美元、9 美元，基期价格指数值为 100。此时，4 只股票的权数为其流通股股数，分别为 2 亿、1 亿、7000 万、3000 万。则

$$W_1=\frac{2}{2+1+0.7+0.3}=0.5，\quad W_2=\frac{1}{2+1+0.7+0.3}=0.25$$

$$W_3=\frac{0.7}{2+1+0.7+0.3}=0.175，\quad W_4=\frac{0.3}{2+1+0.7+0.3}=0.075$$

则 I 等于：

$$I=\frac{\sum_{j=1}^{n}W_j \cdot P_j}{\sum_{j=1}^{n}W_j \cdot P_0}\times I_0=\frac{0.5\times10+0.25\times15+0.175\times20\times0.075\times25}{0.5\times8+0.25\times5+0.175\times6+0.075\times9}\times100=202.51$$

第二节　债 券 市 场

一、债券概述

1. 债券的概念

债券是发行人（债务人或借款人）依照法定程序发行，并按规定时间向债权人（投资者）偿还本金和支付利息的有价证券。

2. 债券的特征

（1）收益性

收益性是指债券能为投资者带来一定的收入。这种收入主要表现为利息收入，即债权投资的报酬。在实际经济活动中，债券收益可以表现为两种形式：① 债券投资者能定期从发行人那里取得的利息收入；② 投资者可以通过在二级市场买卖债券而获得买卖差价。

（2）流动性

流动性指债券能随时在二级市场进行买卖。当债券持有人急需资金时，可随时在市场上售出取得现金以收回投资。因此，它的流动性很强，仅次于银行存款。

（3）安全性

债券与股票等其他有价证券相比，投资风险小，安全性高，其原因主要有以下三点：① 债券利率固定，相应的二级市场价格也较为稳定，因此可以避免市场价格剧烈波动而遭受严重损失。② 由于债券流动性较强，当投资者急需资金时，或在该债券情况不妙时，可立即在二级市场抛出债券以收回投资。③ 债券的发行要经过有关部门的严格审查，一般只有信誉较高的筹资人才能获准发行债券，因此，债券到期的还本付息都有较为可靠的保证，不能按期还本付息的可能性是很小的。

（4）偿还性

偿还性是指债券有规定的偿还期限，债务人必须按期向债权人支付利息和偿还本金。

3. 债券的种类

债券的种类很多，可以从不同的角度进行分类。

（1）按发行主体分类

债券的发行主体有政府、公司和银行或金融机构。不同发行主体的发行的债券如下。

① 政府债券：发行主体是政府，包括中央政府、政府机构和地方政府，他以政府的信誉做保证，因而不需要提供抵押品，其风险在各种投资工具中是最小的。有中央政府债券、地方政府债券和政府保证债券之分。

② 公司债券：又称企业债券，是由公司按照法定程序发行、约定在一定期限还本付息的有价证券。公司债券的发行主体是股份公司，但有些国家也允许非股份公司的企业发行债券。公司发行债券主要是为了经营需要。由于公司的情况千差万别，有些经营有方、实力雄厚、信誉高，也有一些经营较差，可能处于倒闭的边缘，因此公司债券的风险性相对于政府债券和金融债券要大一些。公司债券有中长期的，也有短期的，视公司的需要而定。

③ 金融债券：发行主体是银行或非银行金融机构。金融机构一般有雄厚的资金实力，信用度较高，因此，金融债券往往也有良好的信誉。

（2）按偿还期限分类

根据偿还期限，可以分为短期债券、中期债券、长期债券和永久债券。各国对短、中、长期债券的期限划分不完全相同。一般的标准是：期限在 1 年或 1 年以下的为短期债券；期限在 1 年以上、10 年以下的为中期债券；期限在 10 年以上的为长期债券。永久债券也叫无期债券，它并不规定到期期限，持有人也不能要求清偿本金，但可以按期取得利息。永久债券一般仅限于政府债券，而且是在不得已的情况下才采用。

（3）按计息的方式分类

① 单利债券：在计算利息时，不论期限长短，仅按本金计息，所生利息不再加入本金计算下期利息的债券。

② 复利债券：与单利相对应，计算利息时，按一定期限将所生利息加入本金再计算利息，逐期滚算的债券。复利债券的利息包含了货币的时间价值，另外，在名义利率相同的情况下，复利债券的实得利息要多于单利债券。

③ 贴现债券：票面上不规定利率，发行时按某一折扣率，以低于票面金额的价格发行，到期时仍按面额偿还本金的债券。贴现债券是属于折价方式发行的债券，其发行价格与票面金额的差额，构成了实际的利息。

④ 累进利率债券：以利率逐年累进方法计息的债券。累进利率债券在偿付期内的利率随着时

间的推移而递增，后期利率比前期利率高，呈累进状态。这种债券的期限往往是浮动的，但有最短持有期和最长持有期的规定。

（4）按债券的利率是否固定分类

① 固定利率债券：在偿还期内利率固定的债券。在偿还期内，无论市场利率如何变化，债券持有人只能按债券票面载明的利率获取债息。在偿还期内，当市场利率高于票面利率时，债券持有人就要承担收益率相对降低的风险；当市场利率低于票面利率，债券持有人就相当于获得了由利率下降而带来的额外收益。

② 浮动利率债券：利率可以变动的债券。这种债券的利率与市场利率挂钩，一般高于市场利率一定的百分点。当市场利率上升时，债券的利率也相应上浮；反之，当市场利率下降时，债券的利率就相应下调。这样，浮动利率债券就可以避开因市场利率波动而产生的风险。

（5）按债券是否记名分类

① 记名债券：在券面上注明债权人的姓名，同时在发行公司的名册上做同样的登记。转让记名债券时，要在债券上背书和在公司名册上更换债权人姓名。债券投资者必须凭印鉴领取本息。它的优点是比较安全，但转让时手续复杂、流动性差。

② 不记名债券：在券面上不须注明债权人姓名，也不在公司的名册上登记。转让不记名债券时，无须背书和在发行公司名册上更换债权人姓名，因此流动性强。缺点是遗失或被毁损时，不能挂失和补发，安全性较差。

（6）按债券有无抵押担保分类

① 无担保债券：又称信用债券，是指仅凭债务人的信用发行的，没有抵押品作担保的债券。一般包括政府债券和金融债券，少数信用良好的公司也可发行信用债券，但在发行时必须签订信托契约，对债务人的有关行为进行约束限制，由受托的信托公司监督执行，以保障投资者的利益。

② 担保债券：以抵押财产为担保而发行的债券。用做抵押的财产包括土地、房屋、机器设备、有价证券等。

二、债券市场

通常，我们将债券市场像股票市场一样分为债券发行市场和债券流通市场。

1. 债券的发行市场

债券的发行市场也称为债券的一级市场，是以发行新债券的方式筹集基金的场所。在这个市场，具体决定了债券的发行时间、发行金额和发行条件，并引导投资者认购。由于债券的发行活动没有固定的场所和统一的时间，债券的发行市场是一个观念性的无形市场。

（1）债券发行市场的构成要素

债券发行市场主要由发行人、投资者（认购者）和承销商等中介人三部分构成。

① 债券发行人：债券发行人即筹资者，也就是债务人，包括国内外的政府及政府机构、大型企业及金融机构。

② 债券投资者：债券投资者即债权人，包括个人、企业及政府机构，他们是市场上的资金供给者。

③ 承销商：承销商是代理发行人办理债券的发行和销售业务的中介人，由他们负责把债券转售给投资者，通常由投资银行等担任。

在债券发行量不大时，一家投资银行就可承购，但如果发行债券的数量和金额较大，一家投资银行单独难以担当承购任务，这时就可约请其他一些投资银行参加，组成承购集团，按各家认购比例共同筹集巨资进行包销，原来的这家投资银行则担任总承销者。

（2）债券发行的目的

筹资能力的强弱对于公司来讲是十分重要的。一般来讲，公司常见的外部筹资方式有发行股票、发行债券、银行借款等。每种方式都具有其自身的优点，下面就结合债券类筹资方式的特点阐述公司发行债券的目的。

① 筹集长期稳定的低成本资金。

首先，债券的期限较长，相比于银行借款，公司可以通过发行债券获得长期稳定的资金来源。其次，大部分债券具有利息固定、本金到期偿还的特点，这使得债券投资者的风险要小于收益不确定的股民，而债券投资者所要求的收益率较低，这使得公司通过发行债券筹资的成本较低。

② 灵活运用资金。

发行股票筹资涉及原有股东的利益以及董事会改组等问题，手续烦琐，程序复杂，而发行债券则不会涉及原有股东的利益，手续相对比较简单。而且当债券到期时，如公司仍需要继续占用资金，还可以采取发新债券的方法来偿还到期的旧债券，灵活性较大。

③ 为投资者提供了一种新的、具有流动性和盈利性的金融商品或金融资产。

债券作为一种投资对象或金融资产，与银行储蓄存款相比，具有一个最显著特点就是更能实现盈利性与流动性的统一。可以说，债券为广大投资者提供了一种全新的投资工具。

④ 为中央银行间接调节市场利率和货币供应量提供了市场机制。

在成熟的市场经济国家，中央银行主要通过买卖政府债券，即公开市场操作来调节金融体系的银根、调节市场利率、调节货币供应量。政府债券成为中央银行进行公开市场操作的主要对象，从而债券市场就成为中央银行实施货币政策的主要渠道。

⑤ 为政府干预经济、实现宏观经济目标提供了重要机制。

在西方国家，政府对经济的干预调节，除了通过调节税收总量和结构以及支出总量和结构进行外，20 世纪 30 年代以来，特别是西方各国纷纷奉行凯恩斯理论和政策以来，扩大财政赤字、向社会大量发行政府公债，已成为政府干预经济、调节经济、刺激经济、管理经济的重要手段。通过向社会发行政府债券，可以为弥补财政赤字进行大量基础性投资筹集资金；而通过扩大政府开支、增加公共基础设施投资，可以增加社会有效需求，增加社会就业，刺激经济增长，从而实现促进充分就业和经济增长的目标。

（3）债券的发行方式

① 私募发行和公募发行：

债券的私募发行，是指面向少数特定投资者的发行。一般来说，私募发行的对象主要有两类：一类是有所限定的个人投资者。一般情况是限于发行单位内部或有紧密联系的单位内部的职工或股东。另一类是指定的机构投资者，如专业性基金或与发行单位有密切业务往来的企业公司等，如养老退休基金、人寿保险基金等。

公募发行是指公开面向社会非特定投资者的发行，充分体现公开、公正的原则，也是私募发行的对称。

② 直接发行和间接发行：

直接发行是指债券发行人直接向投资人推销债券，并不需要中介机构进行承销的债券发行方式。采用这种发行方式，可以节省中介机构的承销、包销费用，节约发行成本。但要花费大量的人力和时间以进行申报登记、资信评估、征募宣传、债券印制、发信收款等工作，同时也需要设立一些发行网点和派众多发售人员。

间接发行是指发行人不直接向投资者推销，而是委托中介机构进行承购推销的发行方式。间接发行可以节省人力、时间及降低发行风险，发行工作一般都能迅速、高效地完成，但由于发行人要支出一笔较大的承销费用，因此会增加发行成本。这就需要发行人比较成本和收益，对发行方式做出选择。

③ 平价发行、溢价发行和折价发行：

平价发行，即发行价格与票面金额相一致的发行。溢价发行是指发行价格高于票面金额的发行。折价发行是指发行价格低于票面金额的发行。

（4）债券的承销方式

债券承销商承销债券的方式主要有三种：债券代销、债券余额包销和债券全额包销。

① 债券代销：债券代销又称债券推销，是指债券发行者委托承销商代为向社会推销债券。通常只适用于信誉高的发行人或十分抢手的债券。

② 债券余额包销：债券余额包销又称债券助销，是指承销商按照已定的发行条件和数额，在约定的期限内向社会公众大力推销，到销售截止日期，如果有未售完的债券，则由承销商负责认购，承销商要按照约定的时间向发行者支付全部债券款项，在债券发行日期结束后，承销商还可以继续推销自己所认购的部分债券，或者作为自己的投资来持有这部分债券。

③ 债券全额包销：债券全额包销简称债券包销，是指由承销商先将发行的全部债券认购下来，并立即向发行人支付全部债券款项，然后再按市场条件转售给投资者的发行方式。

对于承销商来说，包销方式显然存在着较大的风险。为了分散包销风险和解决包销认购款不足等可能出现的问题，承销商也会采取分销方式来分散风险和筹足资金，因而全额包销又可细分为协议包销、俱乐部包销和银团包销等具体方式。

（5）债券的偿还方式

① 期满偿还：期满偿还指债券本金在债券偿还期满时一次全部偿还，这是最常见的一种偿还方式。

② 期中偿还：期中偿还指在债券偿还期满之前由债务人采取在交易市场上赎回债券或直接向债券持有人支付本金的方式进行偿还，具体可分为两种：一是定期偿还。债券发行后经过一定的宽限期，每过半年或 1 年偿还一定金额的本金，到期满时全部还清。一般适用于发行量大、偿还期较长的债券。定期偿还又包括两种：一是抽签偿还和买入注销。二是任意偿还。发行者过了宽限期后，可以任意偿还债券的全部或一部分。这种偿还方式对发行人十分有利，使发行人可随时根据自己的情况调整债务结构。

③ 展期偿还：展期偿还指债券期满后又延长原定的还本付息日期的偿债方式，属于延期偿还。通常这类债券附有延期售回条款，赋予投资者在债券到期后有权继续按原定利率持有债券，直到一个指定日期或者几个指定日期中的一个日期为止。

（6）影响债券发行利率的因素

债券的发行利率，是指债券的票面利率，也就是债券票面所标明的利率。发行利率是金融市场中非常重要的利率之一，对其他利率的设定和变化有很大影响。一般，债券的发行利率是由债券发行人根据债券本身的性质、期限、信用等级、利息支付方式，以及对市场条件的分析等因素来确定的。

① 债券的期限：一般来说，债券的期限越长，发行的利率就越高；反之，期限越短，发行利率就越低。因为期限越短的债券风险越低，投资者所需要的回报率也越低。

② 债券的信用等级：债券信用等级的高低，在一定程度上反映了债券发行人到期偿付本息的能力。债券信用等级越高，投资人承担的风险就越小；反之，债券信用等级越低，投资人承担的风险就越高。

③ 有无可靠的抵押或担保：抵押或担保是对债券还本付息的一种保障，是对债券投资风险的一种防范，是对投资者信心的一种保护。在其他情况一定的条件下，有抵押或担保，投资的风险就小一些，债券的利率就可低一些；如果没有抵押或担保，投资的风险就要大一些，债券的利率就要高一些。

④ 市场条件：当前市场银根的松紧、市场利率水平及变动趋势，同类证券及其他金融工具的利率水平等构成了影响债券发行利率的市场条件。

如果当前市场银根很紧，市场利率可能会逐步升高，银行存款、贷款利率及其他债券的利率水平比较高，由此债券发行人就应考虑确定较高的债券发行利率；如果是在相反的情况下，债券发行人就可确定较低的债券发行利率。

⑤ 债券利息的支付方式：实行单利、复利和贴现等不同的利息支付方式，对投资人的实际收益率和发行人的筹资成本有着不同的影响。一般，单利计息的债券其票面利率应高于复利计息利率和贴现利率。

⑥ 金融管理当局对利率的管制结构：不同的国家甚至同一国家的不同历史时期对利率的管制是不同的。比如，有些国家直接规定债券利率水平或最高限，还有些国家则规定债券利率的浮动幅度，有些国家规定债券利率要与受到管制的存款利率挂钩，更有些国家则对债券利率不加任何管制，使其完全取决于债券发行人的信誉、债券期限、市场条件及投资者选择等。

2. 债券的流通市场

债券的流通市场即债券的二级市场，是对已发行的债券进行买卖的场所。

（1）债券流通市场的构成要素

债券的二级市场与股票市场类似，也可分为证券交易所、场外交易市场、第三市场和第四市场几个层次。

（2）债券的交易方法

① 现货交易：债券的现货交易是指买卖双方根据商定的付款方式，在较短的时间内进行交割清算，卖者交出债券，买者支付现款的交易。在实际交易过程中，从债券成交到最后交割清算，总有一个较短的拖延时间。因此可以说，现货交易不完全是现金交易，不是一手交钱、一手交货。一般来讲，现货交易按交割时间的安排可以分为三种：即时交割，即于债券买卖成交时立即办理交割；次日交割，即于成交后的第二天办理交割；既日交割，即于成交后限定几日内完成交割。

② 期货交易：债券的期货交易，是指买卖成交后，买卖双方按契约规定的价格在将来的指定日期进行交割清算。进行债券的期货交易，既是为了规避风险，转嫁风险，实现债券的套现保值，同时也是一种投机交易，要承担较大的风险。因为债券的成交、交割及清算的时间是分开的，清算时是按照买卖契约成立时的债券价格计算的，而不是按照交割时的价格计算。

在期货交易中，买卖双方在最后交割时都有可能亏本，为了保证履约，买卖双方都要按规定交付一定比例的保证金；当保证金随着价格的波动而相对不足时，还要增交保证金。即使买卖最后无法成交，买卖双方仍会因此而支付一笔费用，从而迫使交易双方在支付费用和成交而多花成本之间进行比较，以便“两害相权取其轻”。

③ 回购协议交易：债券的回购协议交易是指债券买卖双方按预先签订的协议，约定在卖出一笔债券后一段时期再以特定的价格买回这笔债券，并按商定的利率付息的一种交易形式。这种有条件的债券实质上是一种短期资金借贷。对卖方来说，实际上是卖现货买期货，对买方来讲则是买现货卖期货。

回购协议的期限有长有短，最短的为 1 天，称为隔夜交易，最长的有 1 年；一般为 1 周、2 周、3 周或 1 个月、2 个月、3 个月、6 个月。回购协议的利率由协议双方根据回购期限、货币市场行情以及回购债券的质量等有关因素来议定，与债券本身的利率无直接关系。

与回购协议交易相对应的是逆回购协议交易，即债券买卖双方约定，买方在购入一笔债券后过一段时期再卖给卖方。在回购协议交易中，对债券的原持有人（卖方）来说，是回购交易；对投资人（买方）来说，则是逆回购协议交易。由于是附有回购条件的买卖，因此，在这种交易中债券实际上只是被暂时抵押给了买方，卖方从中取得了资金上的融通，买方能得到的只是双方议定的回购协议的利息，而不是债券本身的利息，债券本身的利息是属于卖方的，即债券原持有人的。正因为债券回购协议交易带有资金融通的功能，所以，被金融机构及大企业广泛采用，同时成为中央银行进行公开市场操作，即买卖政府债券、调节银根松紧的重要手段。

（3）债券的收益率

债券的收益率通常用年收益率表示，指投资于债券每年所得的收益占其投资额的比率。债券收益率主要有以下三种形式。

① 名义收益率：名义收益率亦称息票收益率，即债券本身所规定的利率。例如，一张年息率为8%的债券，其名义收益率即为8%。只有债券的市场价格与债券的面额相等时，名义收益率才与实际收益率相一致。但债券的市场价格受市场利率和票面利率不同的影响而不断变化，市场价格与面额很少一致，甚至在债券开始发行时，其出售价格亦可能高于或低于面额。所以名义收益率的实际意义不大。

② 即期收益率：即期收益率为买卖债券当时的收益率，也就是债券的年利息收入除以该债券当时市场价格所得的比率，其计算公式为：

$$\text{即期收益率}=\frac{\text{债券的年利息收入}}{\text{该债券当时的市场价格}}\times 100\%$$

例如，一张面额为1000美元的债券，年息率为8%，每年付息80美元，当时的市场行市为1050美元，则其即期收益率为$80\div 1050\times 100\%=7.62\%$。

③ 到期收益率：到期收益率虽比名义收益率有较大现实意义，但它仍只是一个简略的估算收益率，因为它只考虑在购买当时支出了多少金额，能获得多少年息，而忽略了时间和资本损益这两个重要因素。如果一个投资者，按当时市场价格买进债券，并一直持有至到期日，则上述即期收益率，就不能表达其所能取得的年平均收益率。到期收益率是从购买债券起，保持至债券到期时的实际收益率，亦即债券的收益对其成本的年率。其计算公式为：

$$\begin{aligned}\text{到期收益率}&=\frac{\text{年利息额}\pm\dfrac{\text{资本收益或资本损失}}{\text{距到期日的年数}}}{\text{购买债券的市场价格}}\times 100\%\\&=\frac{\text{年利息额}\pm\dfrac{\text{票面价格}-\text{市场价格}}{\text{距到期日的年数}}}{\text{市场价格}}\times 100\%\end{aligned}$$

注：当票面价格大于市场价格时，有资本收益；当票面价格小于市场价格时，有资本损失。

例如，投资者以960美元市价买进面额为1000美元的债券，票面利率为8%，尚有10年才到期，则他不仅每年能获得80美元利息，而且10年后到期时他能按票面额1000美元得到本金，在此10年间获得40美元亦即每年4美元的资本收益，则他每年所得的平均收益率或到期收益率为：

$$\frac{80+\dfrac{1000-960}{10}}{960}\times 100\%=8.75\%$$

三、债券的风险与信誉评级

在金融市场中，任何金融工具都是有风险的，有些是可以分散的，有些是不可分散的，所以对于投资者来说，认清债券的风险是很关键的。

1. 债券风险的种类

债券投资者一般情况下会面临以下的一种或几种风险：利率风险、信用风险、通货膨胀风险、汇率风险、流动性风险、风险之风险。

（1）利率风险

债券价格通常与利率呈反方向变化：利率上升，债券价格下降；利率下降，债券价格上升。债券价格对市场利率变化的敏感度取决于债券自身的一些特性，如息票利率和到期日。如果投资者必须在到期日之前出售债券，那么利率的上升意味着投资者将遭受资本损失（出售价格低于购买价格）。这种风险被称为利率风险或市场风险。这是债券市场投资者面对的主要风险。

（2）信用风险

信用风险通常是指债券发行人在债券到期时无法履行还本付息义务的风险，这种形式的信用风险也被称为违约风险。

（3）通货膨胀风险

通货膨胀风险又称购买力风险，是指通货膨胀引起的以购买力衡量的证券现金流量价值的变动而形成的风险。如果债券利率低于通货膨胀率，那么投资者的购买力实际上已经下降了。除了浮动利率债券，其他债券的投资者都面临着通货膨胀风险，因为债券发行人承诺支付的利率在整个债券期限内都是固定不变的。

（4）汇率风险

在国际金融投资中，投资者会不可避免地面临汇率波动带来的风险。例如投资者购买了用日元进行支付的债券，如果日元相对美元贬值，那么，投资者所获得的以美元计量的收入就会减少，这种风险被称为汇率风险或货币风险。

（5）流动性风险

流动性风险也称为市场流通性风险，流动性风险的高低取决于债券以等于或接近于债券价值的价格出售的难易程度。衡量债券流动性的基本指标是交易商报出的买价和卖价之间的价差。交易商报价的价差越大，流动风险越大。

（6）风险之风险

不断有新的创新型金融工具被引入到债券市场。不幸的是，这些证券的风险和收益特征并不总是被资金管理者所理解。风险之风险被定义为不了解证券具体有什么风险。例如在金融危机中，我们听到很多金融机构管理者说："我们并不知道这会发生"。

2. 债券的信誉评级

由于债券的种类繁多，投资者在购买债券时不可能对每一种债券的情况都十分了解。假如债券发行人到了付息日无力付息，到了还本期无力还本，持有人就会遭受损失。因此，为了给投资者提供投资参考，同时督促发行人努力提高其资信状况，不少国家都采用债券评级制度。

评级人必须独立于发行人、认购者和承销中介人，站在公正的立场，由于政府也是发行人，评级人还必须独立于政府。当今世界上，有许多家著名的评级机构，如美国的标准·普尔公司和摩迪投资者服务公司，它们都是具有国际声誉的资信评级机构，其所做出的评级结果都比较客观、公正，能真实反映实际情况，能为广大投资者所信任。

四、中国的债券市场

1. 2015 年我国债券市场统计

2015 年，债券市场增量和规模快速扩大，全年发行规模达 22.3 万亿元，同比增长 87.5%，其中银行间债券市场发行量达到 21.2 万亿元。全市场托管总量达 47.9 万亿元，银行间债券市场托管量达 43.9 万亿元，成交量同比大幅增长，拆借、现券和债券回购累计成交 608.8 万亿元，同比增长 101.3%。全年债券收益率曲线大幅下移，信用类债券融资规模大幅增加。

（1）债券市场发行量

2015 年全国债券市场发行量大增。全国债券市场发行各类债券共计 22.3 万亿元，较上年同比增加 87.5%。银行间债券市场发行量达到 21.0 万亿元，占债券市场总发行规模的 95.04%，同比增长 81.3%。交易所发行公司债、可转债、分离式可转债和中小企业私募债共计 1144 只，发行量 10 981.72 亿元，同比增长 186.16%。

上海清算所累计发行登记债券 10 716 只，总计 11.17 万亿元，同比增加 101.39%。详细数据参见表 3-1。

表 3-1　2015 年全国债券市场新发债券登记托管情况一览　　（亿元）

	总市场合计	银行间合计	上清所	中债等	中证券
金额	223 859.85	212 877.85	111 701.74	101 176.11	10 982

数据来源：上海清算所、中国债券信息网、中国结算网。

（2）债券市场托管量

2015 年，全国债券市场托管量总计 47.9 万亿元，同比增长 33.48%。银行间债券市场托管量为 43.9 万亿元，同比增长 32.30%，占市场总托管量的 91.65%。上海清算所截至 2015 年年末的托管量为 10.33 万亿元，较 2014 年年底增长 85.60%。详细数据参见表 3-2。

表 3-2　2015 年中国债市场托管规模统计　　（亿元）

	2014 年末	2015 年末	同　比
中债登托管	273 451.00	335 477.31	21.97%
上清所托管	55 657.23	103 299.51	85.60%
中证登托管	26 584.26	39 537.21	48.72%

数据来源：上海清算所、中国债券信息网、中国结算网。

表 3-3　2015 年我国债券市场交易量统计　　（亿元）

	2015 年	2014 年	同　比
中债登	4 663 603.09	2 449 301.88	90.41%
现券交易	605 316.01	309 799.10	95.39%
回购交易	4 049 292.01	2 135 540.48	89.61%
债券借贷	8 995.07	3 962.30	127.02%
上清所	818 363.66	245 216.88	233.73%
现券交易	236 202.94	85 454.06	176.41%
回购交易	582 160.72	159 762.82	264.39%
银行间市场总计	5 481 966.75	2 694 518.76	103.45%
中证登	1 267 160.36	892 839.99	41.92%
现券交易	16 203.12	14 134.53	14.64%
回购交易	1 250 957.24	878 705.46	42.36%
全市场总计	6 749 127.11	3 587 358.74	88.14%

2. 我国债券市场运行的主要特征

（1）债券市场持续扩容，收益率整体下降，违约风险显现

① 同业存单发行量增速创新高，成为银行负债新模式。

同业存单自 2013 年推出以来，广受金融机构投资者欢迎。全年同业存单共发行 52 975.90 亿元，同比增长近 490.22%。共有 289 家机构参与同业存单的发行，较 2014 年明显增加。已发行的同业存单多为固定付息方式，股份制商业银行和城市商业银行是发行人主力。利率市场化初步完成后，

商业银行在资金端的竞争更为激烈，积极转变负债模式，利用同业存单等创新工具从资本市场、货币市场获得资金来替代以客户存款为主要资金来源的模式，借助这一发展趋势，同业存单也必将在未来市场中大放光彩。

② 地方存量债务置换，缓解债务风险，降低负债成本。

2015 年，地方政府债共计发行 3.84 万亿元，同比增长近 858.77%，发行规模赶超 2014 年市场主力记账式国债和政策性银行债。2015 年财政部先后下达三批共 3.2 万亿元地方债置换额度和 6000 亿元新发地方债额度，置换额度实现了对当年到期债务的全覆盖。用发行地方债置换地方政府存量债务，一是可以缓解地方政府因土地收入和财政收入双放缓引发的资金紧张，防范重点项目资金链断裂；二是可以拉长债务期，优化债务结构，降低地方债务融资成本，被置换的存量债务的平均成本从 10%左右降至 3.5%。与此同时，财政部、中国人民银行和银监会在 2015 年 5 月出台新规《关于 2015 年采用定向承销方式发行地方政府债券有关事宜的通知》，明确采用定向承销的方式发行地方债置换存量债务中的银行贷款部分，以促进地方债顺利发行。在 7 月出台《关于中央和地方国库现金管理商业银行定期存款质押品管理有关事宜的通知》，进一步将地方债加入质押品范围，国债、地方债分别按存款金额的 105%和 115%质押。此举增加了地方债的流动性，也缓解了地方债置换对社会融资的挤出效应。

地方债置换对缓解地方政府融资财政压力作用显著，但也会对债券市场供给面造成一定压力。2016 年迎来了地方债发行的高峰，地方债发行定价的市场化也会成为趋势。

③ 信用债发行量大幅增长，发行利率整体下行。

2015 年，公司信用类债券发行达到 7 万亿元，同比增长 35.8%。其中，短融和超短融累计发行 3.27 万亿元，同比增长 50.70%；中期票据累计发行 1.27 万亿元，同比增长 30.18%；商业银行普通金融债发行 2 009.00 亿元，同比增长 140.89%；资产管理公司金融债累计发行 825 亿元，同比增长 94.12%；非银行类金融机构债累计发行 793 亿元，同比增长 25.47%；非金融企业资产支持证券累计发行 4 056.34 亿元，同比增加 45.21%。

同时，2015 年信用债发行利率整体呈下降趋势。除 5 年期 AA+级中期票据外，3 年期和 5 年期各信用等级中期票据发行利率年末较年初均有所下降。AAA 级、AA+级和 AA 级的 3 年期中票月平均发行利率年末较年初累计下降幅度分别达到约 88BP、93BP 和 151BP。低信用等级品种发行利率全年波动较大。

④ 信用违约事件增加，刚性兑付仍未打破。

2015 年同时伴随着经济探底未果，过剩产能出清加速，信用债违约的主体范围从民营企业扩大到国企，品种从公司债扩大至中票、短融，但至今未发生债务偿付失败的事件。全年共发生实质性违约事件 4 起，包括 2 起公司债、1 起中票和 1 起超短融，分别为珠海中富“12 中富 01”、中科云网“ST 湘鄂债”、天威集团“11 天威 MTN2”和山水水泥“15 山水 SCP001”。此外还有“10 中钢债”回售登记延期、南京雨润“12MTN1”本息兑付风波等未发生实质性违约的事件。从信用风险事件的主体来看，中小企业具有较大的违约风险，大型企业甚至国企也有违约可能，产能过剩和周期性行业（如钢铁、煤炭、有色等）面临较大违约和降级风险。

（2）债券市场对内开放

① 银行间债券市场放宽参与人范围，推动市场扩容。

2015 年多项措施出台，放宽全国银行间债券市场参与者的范围。1 月，中国人民银行与中国保监会联合发布 2015 年第 3 号公告，允许保险公司在全国银行间债券市场发行资本补充债券。由此拓宽了保险公司资本补充渠道，同时也扩大了银行间债券市场发行主体，丰富市场投资品种。4 月，中国期货业协会发布通知，允许期货公司及其资产管理产品完成备案后可进入银行间债市。6 月，中国人民银行发布《关于私募投资基金进入银行间债券市场有关事项的通知》（银市场 17 号），批准符合条件的私募投资基金进入银行间债券市场，意味着阳光私募不再需要通过信托或基金专户通道来投资债券。银行间债券市场参与人结构的丰富有利于市场扩容，全年银行间债券市场的发行量较 2014 年增长了近 83.02%。

② 交易商协会推出定向债务融资工具的 $N+X$ 制度，促进银行间私募债品种发行与流通。

交易商协会推出定向债务融资工具的 $N+X$ 制度已落实，发债企业可以选择包括银行、信用社、证券公司、基金公司、信托公司等在内的 120 家机构，再选择不超过 79 家组成总计不超过 200 家的投资人，此 120 家机构不再需要单签协议，同时未来债券可以在这 $N+X$ 家机构中进行流通转让。该项制度的出台有利于企业融资成本进一步降低，定向债务融资工具在未来或将放量增长。

③ 发改委出台多项措施推进企业债改革。

2015 年，发改委推进企业债改革，先后出台《关于充分发挥企业债券融资功能支持重点项目建设促进经济平稳较快发展的通知》（发改办财金 1327 号）及 1327 号文补充说明，《关于进一步推进企业债券市场化方向改革有关工作的意见》等文件，以及鼓励优质企业发债用于重点领域、重点项目融资及特许经营等 PPP 项目建设，放松企业债发行要求，缩短发债审核周期，债项级别为 AA 及以上发债主体（含县域企业）不受发债企业数量指标限制等利好措施，同时将企业债初审权移交至中债登。

④ 证监会出台公司债改革政策，交易所公司债迎来发行牛市。

公司债发行量从 7 月开始出现井喷至 9 月达到高峰，随后回落，在年底再次达到发行量高峰。发行利率全年整体呈下降趋势，5 年期品种平均发行利率全年累计下降 83bp。证监会 1 月发布的《公司债券发行与交易管理办法》，一方面大规模扩大发行主体，一方面丰富发行方式，允许公开发行和私募发行，同时简化了发行流程。除了政策因素外，交易所便利的回购制度、资金面宽松情况下低廉的回购成本以及股债“跷跷板”效应，都是今年公司债发行量大增，发行利率偏低的原因。

⑤ 基本养老金和住房公积金入市，为债市带来长期新增资金和资产需求。

2015 年 6 月，财政部和人保部发布《基本养老保险基金投资管理办法》，基本养老保险金投资资产范围扩展至现金类（银行存款、央票、同业存单、债券回购）、债券类（国债、政策性银行债、投资级以上的金融债、企业债、公司债、地方政府债、短融、中票、资产支持证券）、权益类（养老金产品、基金、股票、股权）和期货类（股指期货、国债期货）。在此之前，我国基本养老基金的投资范围仅限于国债和银行存款。养老金的风险资产配置提升过程是一个长期的、循序渐进的过程，初期首先会扩张对利率债以及金融债、企业债、中票等的高等级信用债的需求，会为债券市场带来长期稳定的新增资金。

2015 年 11 月 20 日，国务院法制办就《住房公积金管理条例（修订送审稿）》征求意见。为促进资金保值增值，规定在保证提取和贷款前提下，可以将住房公积金用于购买国债、大额存单、地方政府债、政策性金融债、住房贷款支持证券等高等级产品。住房公积金进入债市，能在为市场提供更多流动性的同时，增加对利率债和高等级信用债的需求，压低无风险利率。

⑥ 债券净额清算业务推出，创新银行间债券市场交易清算机制。

上海清算所于 2015 年 3 月 30 日正式推出债券净额清算业务，在现行债券现券交易净额清算业务基础上，进一步将净额清算范围扩展至债券质押式回购和买断式回购，并通过代理清算的分层机制，为更多市场机构提供服务。债券回购净额清算及代理清算业务的推出，实现了中央对手方介入信用债回购交易，突破了市场机构交易对手的授信机制，有助于解决银行间债市对中小机构授信难的问题。同时由于监管机构认定的中央对手方所占较低的风险资本计提，净额回购也有效释放了商业银行的风险资本额度。正回购方到期违约时，也有中央对手方处置质押券，逆回购方无须关注质押券资质，也不用对质押券计提风险资本，从而使得逆回购方完全以处置风险中脱离出来。这些对于解决信用债质押接受度低、盘活银行间信用债回购交易都有重要作用。

⑦ 资产证券化产品发展步伐加快，低风险公积金贷款 ABS 亮相银行间债市。

2015 年，资产证券化产品创新的步伐加快，基础资产的类型更加多样。2015 年 7 月国内首单公积金贷款 ABS 产品“汇富武汉住房公积金贷款 1 号资产支持专项计划”发行，市场对此类低风险公积金贷款 ABS 极为关注。2015 年 12 月，银行间市场首单公积金贷款 ABS 成功发行，由上海市公积金管理中心作为发起机构、浦发银行作为主承销商、上海清算所作为登记托管机构，规模总计 69.63 亿元。住房公积金贷款具有贷款池资产质量好，分散性较强，利率水平低，剩余期限较长等特点。从层级结构上看，公积金贷款 ABS 产品次级档占比均不大，由于公积金贷款违约概率极低，因此该 ABS 产品信用风险非常低也有一定的政府支持背景，在试点期间颇受投资者关注。

（3）债券市场对外开放

① 新通知颁布，境外三类机构投资银行间债券市场限制大幅放宽。

中国人民银行于 2015 年 7 月发布《关于境外央行、国际金融组织、主权财富基金运用人民币投资银行间市场有关事宜的通知》（以下简称《通知》），核心内容包括：一是规定境外三类机构投资国内银行间市场为备案制，且放开投资限额，境外机构投资者可自主决定投资规模。二是扩大境外机构在银行间债券市场的交易品种，由原来的现券和回购扩展至债券现券、债券回购、债券借贷、债券远期，以及利率互换、远期利率协议等其他经中国人民银行许可的交易。三是对境外机构投资期限提出要求，规定相关境外机构投资者应作为长期投资者，基于资产保值增值的合理需要开展交易。四是规定境外机构投资者可委托具备国际结算业务能力的银行间市场结算代理人进行交易和结算。新《通知》审核制改为备案制，简化了投资流程和成本，提高了三类机构进入国内银行间债券市场的效率，扩展了境外机构投资标的范围的同时也使其结算更便利。

② 境外金融机构连续在银行间债券市场成功发行“熊猫债”。

2015 年沉寂 10 年的“熊猫债”再次受到市场关注。从 9 月开始连续有境外金融机构成功在国内银行间债券市场发行熊猫债，人民币加入 SDR 后，境内金融市场开放加快，熊猫债市场发展随之也现提速之势。9 月，香港上海汇丰银行和中国银行（香港）获批发行 10 亿元和 100 亿元人民币金融债券，这是国际性商业银行首次获准在银行间债券市场发行人民币债券。11 月，招商局香港发行 5 亿元短融，为境外非金融企业首次公开发行“熊猫债”。加拿大不列颠哥伦比亚省在银行间债券市场成功注册发行 60 亿元人民币债券。12 月，渣打银行（香港）成功发行 10 亿元人民币债券。同月，韩国政府获准在银行间债券市场发行 30 亿元人民币主权债券，为外国主权政府首次在境内发行国债。

③ RQFII 和 QFII 进入银行间债市的审批速度加快。

截至 2015 年末，共有 292 家包括境外中央银行或货币当局、国际金融机构、主权财富基金、人民币业务清算行、跨境贸易人民币结算境外参加行、境外保险机构、RQFII 和 QFII 等在内的境外机构获准进入银行间债券市场。利率债仍是境外机构投资的主要品种，但境外机构持有信用类债券的比例较 2014 年略微上升。信用类债券中，境外机构持有最多的品种是中期票据，同业存单持有量同比大增，持有量占比仅次于中票。

④ 上海自贸区对外开放力度加大，成为金融市场对外开放新支点。

2015 年上海自贸区推出“金改 40 条”，包括在自贸区内试行人民币资本项目可兑现、扩大人民币跨境使用、扩大金融服务业对内对外开放及建设面向国际的金融市场等任务。中国外汇交易中心、上海黄金交易所、上交所、上期所、上海清算所等一系列集中于上海的市场重要基础设施配合自贸区金融改革创新和开放措施，通过自身业务的创新，使得境外投资者参与境内金融市场的渠道得以拓宽。上海清算所在 2015 年已推出自贸区同业存单的登记托管、清算结算服务，自贸区债券发行业务也在紧锣密鼓的筹划中。

（4）市场基础设施间形成差异化竞争与合作的新格局

① 上海清算所：一是经人民银行批准，正式为上海自贸区跨境同业存单提供登记托管、清算结算服务；二是完善债券交易净额清算业务规则，形成涵盖现券交易、买断式回购交易、质押式回购交易的债券交易净额清算业务机制；三是推广综合业务系统全额操作代理业务，使各托管机构，特别是托管银行对非法人产品进行分组管理及使用单一证书进行客户端操作，推进全额查询代理业务，满足资产管理人以单一证书进行登录，即可在同一界面上对其管理的全部产品债券账户进行业务查询。这两项业务的推广极大地便利了非法人产品参与银行间债券市场，大幅提高其操作效率；四是完善资金账户外部提款及内部划转服务，为市场成员开立在上海清算所的资金账户增设多个提取资金的收款账户，使市场成员可通过综合业务系统客户终端发起资金提取指令并自助选择外部收款账户，并为上述资金账户开通内转支付功能，提高资金划转效率；五是与北金所开展债务融资工具集中簿记建档衔接工作，积极服务债券市场监控规范发展等。此外，上海清算所还举办了绿色债券沙龙，与外汇交易中心、中央结算公司联合推出银行间市场债券交易结算应急服务，以及《全国银行间债券市场跨托管机构债券借贷（人工处理）业务规则》，便利市场成员交易，推动银行间债券市场跨托管机构债券借贷业务的实施。

② 中央结算公司：一是优化券款对付结算服务系统功能，包括 DVP 等券款合同结算顺序系统功能、DVP 结算剩余资金日终自动退回系统功能，为市场成员提供更高效、安全的券款对付结算服务；二是制定了债券账务数据查询操作指引，规范投资人查询债券账户数据和发行人申请债券持有人名册的操作流程，保护各方的合法权益；三是正式启动中债登上海、深圳两地客户服务中心，提升中债登服务效能，辐射华东和华南地区，为市场提供更便捷、高效的服务；四是更新原有账户业务指引，进一步简化开户材料与流程，提高账户业务办理效率；五是与韩国中央托管机构就互联支持“债市通”方案进行了技术性研究磋商，促进中韩债券市场基础设施间的互联互通。

③ 中国证券登记结算有限公司：一是发布交易所回购债券质押率动态调整通知，综合考虑回购债券的集中度、流动性和信用状况等因素，对部分回购质押债券标准券折算率予以动态调整，逐步完善质押债券差别化动态管理机制；二是完善非公开发行公司债券登记结算业务实施细则，规范非公开发行公司债券的登记结算业务运作，保护投资者合法权益。对 2008 年发布实施的《中国证券登记结算有限公司债券登记、托管与结算业务细则》进行了修订。

债券市场三大 CSD 在日益优化各自业务的同时，创新不断，合作竞争的良性发展为市场参与者提供更优质的服务，为 2015 年交易所和银行间债券市场欣欣向荣提供了良好基础。

3．我国债券市场发展展望

2016 年供给侧改革意味着市场出清和过剩产能去化进程将进一步加快，货币政策要兼顾走出通缩、维护资本市场稳定和汇率稳定。从供给面看，地方债置换有序进行，规模较 2015 年将大增。在供给侧改革去杠杆的背景下，直接融资占比将不断提高，推动信用债市场发行量进一步上升。从需求面看，避险资金对稳定收益资产的配置需求不断增加。因此可以从以下几个角度对我国债券市场进行改进：

① 合理规范市场准入标准，营造市场公平参与环境。

② 充分发挥监管竞争对推动债券市场发展的作用。

③ 理顺市场格局，强化债券市场的完整性。

④ 加强债券市场产品创新。

⑤ 支持银行间市场开展更多业务模式的创新。

第三节 投资基金市场

一、投资基金概论

1. 投资基金含义

投资基金是一种面向大众的投资工具，是一种通过将众多不确定投资者的闲散资金汇集起来，委托专业的基金托管人进行基金资产的托管，以获得收益的投资工具，基金所得的收益按照投资者出资比例分配。投资机构本身作为基金管理者，从基金所得利益中获得一定比例的管理费收入。所以说，基金实行的是集合投资制度，是一种利益共享、风险共担的集合证券投资方式。

投资基金在不同国家有不同的称呼方式，在美国它被称为“共同基金”或“互惠基金”，在英国被称为“单位信托基金”，在日本则被称为“证券投资信托基金”。

2. 投资基金的特点

投资基金特点可以归纳成以下几点。

（1）集合理财，专业管理

基金将众多投资者的资金集中起来，委托基金管理人进行共同投资，表现出一种集合理财的特点。基金管理公司配备了大量的投资专家，他们掌握着广博的投资分析和投资组合理论知识，在投资领域积累了丰富的经验，不是个人投资者盲目投资所能比的，这在一定程度上可以节约交易成本，提高投资收益。投资者只要付出合理的价钱便可以享受专业的投资管理服务，从而避免了一般投资者由于缺乏专业知识或无力进行全面考察导致的投资失误。

（2）组合投资，分散风险

为降低投资风险，我国《债券投资基金法》规定，基金必须以组合投资的方式进行基金的投资运作，从而使“组合投资、分散风险”成为基金一大特色。由于中小投资者资金量小，一般无法通过购买不同的股票分散投资风险，而基金通常会购买几十种甚至上百种股票，投资者购买基金就相当于用很少的资金购买了一揽子股票，某些股票下跌造成的损失可以用其他股票上涨的盈利来弥补。因此可以充分享受到组合投资、分散风险的好处。

（3）利益共享，风险共担

基金投资者是基金的所有者，基金投资人共担风险，共享利益。基金投资收益在扣除由基金承担的费用后的盈余全部归基金投资者所有，并依据各投资者所持有的基金份额比例进行分配。为基金提供服务的基金托管人、基金管理人只能按规定收取一定的托管费、管理费，并不参与基金收益的分配。

（4）严格监管，信息透明

为保护投资者的利益，增强投资者对基金投资的信心，中国证监会对基金业实行比较严格的监管，对各种有损投资者利益的行为进行严厉的打击，并强制基金进行较为充分的信息披露。在这种情况下，严格监管与信息透明也就成为基金的一个显著特点。

（5）独立托管，保障安全

基金管理人负责基金的投资操作，本身并不经手基金财产的保管。基金财产的保管由独立于基金管理人的基金托管人负责。这种相互制约、相互监督的制衡机制对投资者的利益提供了重要的保护。

但同时投资基金也具有一些局限性：

① 在股票市场的整个行情被看淡时，证券投资基金的表现可能比股市还差。

② 虽能够分散风险，但不能完全消除风险。

③ 基金更适于中长期投资。

④ 基金经理人也有管理不善或投资失误的时候。

二、基金的分类

100 多年来，基金一直在蓬勃发展，在其发展过程中种类变得愈发多样化。按照不同的标准，基金可以分成不同的类型。

1．根据基金的组织形式进行划分

根据基金的组织形式进行划分，可分为公司型基金和契约型基金。

（1）公司型基金

公司型基金是指具有共同投资目标的投资者依据公司法组成以营利为目的，投资于特定对象的股份制投资公司。其特点是基金本身是股份制的投资公司，基金公司通过发行股票募集资金，投资者通过购买基金公司股票而成为股东，享有基金的投资收益索取权。公司型基金在美国比较多见。

公司型基金运作中的主要当事人有：投资者和发起人、董事会、基金管理人、基金托管人。

持有基金份额的投资者是基金公司的股东，享有股东的一切权力。同其他股份公司一样，基金公司是由发起人设立的，一般情况下，发起人由投资银行、信托公司、保险公司和基金管理公司充当，发起人负责向主管部门申请基金的审批和向社会公众募集基金份额，在基金未能成立时承担相应责任。

董事会是基金公司的常设管理机构，负责基金公司的管理业务，如聘请基金公司的总经理和基金管理人，负责制定基金的投资目标和策略，并负责基金份额的销售工作。基金公司的董事一般由发起人或其他投资者担任。

（2）契约型基金

契约型基金又称信托型基金，是根据一定的信托契约原理，由基金发起人和基金管理人及基金托管人订立基金契约而组建的基金。基金管理公司按照相关法律法规和基金契约负责基金的经营与管理，基金托管人负责保管基金资产，执行基金管理人的相关指令，办理基金名下的资金往来，投资者则通过购买基金单位，享有基金投资收益。目前，我国的基金全部是契约型基金。

在契约型基金的实际操作过程中，涉及的主要当事人有基金投资者、基金管理人和基金托管人三方。

基金投资者通过购买受益凭证实际参与基金投资，获取投资收益。

基金管理人受董事会的聘请负责运用基金资产进行投资并负责管理基金资产以获取收益，每年相应的按照一定比例收取管理费。

各国法律中均规定基金公司应该将基金资产存放于独立的托管人处，由托管人负责基金资产的安全保管。基金托管人一般由较大的金融机构担任，其作为基金资产的名义持有人，负责执行基金管理人的指令，办理基金名下的资金往来，一般还同时负有监督基金管理人的责任。

（3）公司型基金和契约型基金的比较

这两类基金存在共性，二者的组成和运作均基于基金管理机构与基金保管机构绝对分开原则，基金管理公司只负责基金的管理和操作，不实际接触基金组成；基金保管人则依据基金管理公司的指示办理基金名下的资金往来。

另外，这两类基金存在多方面的区别：

① 法律依据不同。契约型基金的组建依据是基金契约，信托法是其设立的法律依据；公司型基金的依据是公司法。

② 基金的资格不同。契约型基金没有法人资格，而公司型基金具有法人资格。

③ 发行的凭证不同。契约型基金发行的是受益凭证，即基金单位；公司型基金发行的是股票。

④ 投资者的地位不同。契约型基金的投资者购买受益凭证后，即成为契约关系的当事人。受益人对基金的运用没有发言权；公司型基金的投资者担当着公司的股东，可以参加股东大会，有权对公司的重大决策表达自己的意见，行使股东权利。

⑤ 基金资产的运用依据不同。契约型基金依据契约来运用基金资产；公司型基金资产的运用则依据公司章程规定。

⑥ 基金运营方式不同。契约型基金依据公司契约建立、运作，契约期满，基金的运营也相应终止；公司型基金则像一般的股份公司一样，除非依据公司法规定进入了破产清算阶段，否则一般公司会永久经营下去。

2．根据基金的规模和期限的可变性进行划分

根据基金的规模和期限的可变性进行划分，可分为开放式基金和封闭式基金。

（1）开放式基金

开放式基金是指基金份额不固定，基金份额可以随时根据市场供求状况在基金合同约定的时间和场所进行申购或赎回的一种基金运作方式。开放式基金不上市交易，一般通过银行申购和赎回，基金规模不固定。

（2）封闭式基金

封闭式基金是指基金份额在基金合同期限内固定不变，基金份额可以在依法设立的证券交易所交易，但基金份额持有人不得申请赎回的一种基金运作方式。封闭式基金有固定的存续期，期间基金规模固定，一般在证券交易所上市交易，投资者通过二级市场买卖基金单位。

（3）开放式基金和封闭式基金的比较

① 存续期限不同。封闭式基金有固定的封闭期，通常在5年以上，一般是10年或者15年，经受益人大会通过并经主管机关同意还可以适当延长期限；开放式基金没有固定期限，投资者可以随时向基金管理人赎回基金单位，在大量赎回的情况下甚至可能会导致清盘。

② 发行规模限制不同。封闭式基金的份额数量是固定的，在封闭期内未经法定程序认可不能增加发行；开放式基金份额是不固定的，没有发行规模限制，投资者可以随时提出申购或赎回申请，基金规模便随之增减变动。

③ 基金份额交易方式不同。封闭式基金在证券交易所进行交易，即持有人在封闭期内不能赎回基金份额，只能在证券交易所出售给他人，基金交易是在基金投资者之间完成的；开放式基金一般在基金管理公司或托管人柜台进行交易，投资者可以随时向基金管理人或代理人提出申购或赎回申请，基金交易是在投资者与基金管理人或其代理人之间进行并完成的。

④ 基金份额的交易价格的决定方式不同。封闭式基金的价格受市场供求关系的影响较大，由市场竞价决定，可能高于或低于基金单位的资产净值；开放式基金的交易价格由基金经理人依据基金单位资产净值确定。

⑤ 基金份额净资产公布时间不同。封闭式基金一般每周或更长时间公布一次；开放式基金一般在每个交易日结束后都要公布。

⑥ 投资策略不同。封闭式基金在存续期内不得要求赎回，所以比较稳定，基金资产的投资组合能有效地在预定计划内进行，可进行长期投资，便于基金管理人稳定运作基金。开放式基金的单位总数是变动的，随时面临投资者赎回的压力，使得基金资产相对变得不稳定，基金管理人为应对投资者随时赎回，往往要保留部分流动性和边线性较强的资产，且投资理念相对短期化，因而基金管理人稳定运作基金有一定的难度。

⑦ 投资风险不同。封闭式基金的投资风险较大，当基金业绩好时，投资者可以享受超过净资产价值的证券收益，如有亏损，投资者最先遭受损失。开放式基金每日公布份额净资产值，透明

性强，便于投资者控制风险。

3. 根据投资目标的不同划分

根据投资目标的不同划分，可分为收入型基金、成长型基金和平衡型基金。

（1）收入型基金

收入型基金是指将资金投资于各种可带来现金收入的有价证券，以获取当期的最大收入为目的。

（2）成长型基金

成长型基金是指重视资金的长期稳定、持续的增长，往往把资产投向信誉好且长期有盈余的公司或是有长期成长前景的公司，其特点是风险较大，可以获取的收益也较大，适合风险承受能力较强的投资者。

（3）平衡型基金

平衡型基金是指将资产分别投资于两种不同特性的证券上，并在以取得收入为目的的债券及优先股和以资本增值为目的的普通股之间进行平衡。

4. 根据地域不同进行分类

根据地域不同进行分类，可分为国内基金和国际基金。

（1）国内基金

国内基金指在本国筹集并投资于本国金融工具的基金。也就是说，国内基金的资金来源于国内投资者，基金资产的运用也在境内进行，即所有有关基金的行为都发生在一国国内。

（2）国际基金

国际基金指在一国筹资，主要投资于另一国金融商品（主要是股票）的基金。国际基金有多种。除了主要投资于外国证券之外，也对本国证券进行投资的国际基金被称为“环球基金”；完全投资于外国证券的国际基金则被称为“海外基金”。国际基金当中还有一类以基金投向国或投向国某地命名的“国家基金”，如印度基金、加拿大基金、日本基金等。

5. 根据投资对象的不同进行分类

根据投资对象的不同进行分类，可分为股票基金、债券基金、货币市场基金、衍生基金、认股权证基金和黄金基金。

（1）股票基金

股票基金是指投资于各种股票的一种投资基金，它把筹集的资金按照最佳投资组合分别投资于各种不同的股票上，以取得最佳投资收益。

（2）债券基金

债券基金是指以各种债券作为投资对象的一种基金，可投资于国债、金融债券和企业债券。

（3）货币市场基金

货币市场基金是以国库券、商业票据、大额可转让存单、银行承兑汇票等货币市场工具为投资对象的基金。

（4）衍生基金

衍生基金和杠杆基金投资于衍生金融工具，包括期货、期权、互换等。

（5）认股权证基金

认股权证基金是一种新兴的基金品种。认股权证是指股份公司发行的，允许持有人在一定的有效期限内以特定的价格认购一定数量的该公司普通股股票。认股权证基金就是专门投资于认股权证的基金。

（6）黄金基金

黄金基金是以黄金或其他贵金属及其相关产业的证券为主要投资对象的基金。

6．根据投资理念的不同分类

根据投资理念的不同分类，可分为主动型基金和被动型基金。

（1）主动型基金

主动型基金是指力图取得超越基准组合表现的基金。

（2）被动型基金

被动型基金一般选取特定指数作为跟踪对象，因此通常又被称为“指数基金”。其投资组合模仿某一股价指数或债券指数，收益随着即期的价格指数上下波动，因此，当价格指数上升时，基金收益增加；反之，收益减少。基金因为始终保持即期的市场平均收益水平，收益不会太高，也不会太低。其优点是费用低廉、风险较小，在以机构投资者为主的市场中，指数基金可获得市场平均收益率，可以为股票投资者提供比较稳定的投资回报。

7．特殊类型的基金

（1）ETF

ETF 是“exchange traded funds”的简称，常被译为“交易所交易基金”，上交所则将其定义为“交易型开放式指数基金”，其特点是结合了封闭式基金与开放式基金的运作特点，一方面可以像封闭式基金一样在交易所二级市场进行买卖；另一方面又可以像开放式基金一样申购、赎回，最大特点是实物申购、赎回机制。

（2）LOF

LOF 是“listed open-ended fund”的简称，译为“上市开放式基金”，是一种既可以同时在场外市场进行基金份额申购、赎回，又可以在交易所进行基金份额交易和基金份额申购或赎回，并通过份额转托管机制将场外市场与场内市场有机地联系在一起的一种开放式基金。

（3）保本基金

保本基金是通过采用投资组合保险技术，保证投资者在投资到期时至少能够获得投资本金或一定回报的证券投资基金。保本基金的投资目标是在锁定下跌风险的同时力争有机会获得潜在的高回报。

（4）QDII 基金

QDII 是英文“qualified domestic institutional investor”的简称，即“合格境内机构投资者”。QDII 基金是在一国境内设立，经该国有关部门批准从事境外债券市场的股票、债券等有价证券投资的基金。

（5）分级基金

分级基金又被称为结构型基金、可分离交易基金，是指在一只基金内部通过结构化的设计或安排，将普通基金份额拆分为具有不同预期收益与风险的两类（级）或多类（级）份额并可分离上市交易的一种基金产品。

三、基金的发行和流通

1．投资基金的设立

（1）设立条件

① 发起人条件：至少有一家金融机构在内；每个发起人的实收资本不少于 3 亿元；主要发起人要有 3 年以上从事证券投资、连续盈利的记录；首次认购基金券的比例及基金存续期内持有基金券的比例均由主管机关规定等。

② 基金管理人条件：具有一定数额的资本金，如《证券投资基金管理暂行办法》中规定拟设

立的基金管理公司的最低实收资本为1000万元；与托管人在行政上、财务上和管理人员上相互独立；有完整的组织结构；有明确可行的基金管理计划；有足够的、合格的专业人才；具有完备的风险控制制度和内部管理制度。

③ 基金托管人条件：设有专门的基金托管部；实收资本不少于80亿元；有足够的熟悉托管业务的专职人员；具备安全保管基金全部资产的条件；具备安全、高效的清算、交割能力。

（2）设立程序

① 申请前的准备工作：基金发起人在筹划设立投资基金之前，通常应当组织专门的调查研究，搞清楚将要设立的基金是否符合国家的产业政策，基金运营是否可行等基本问题。

② 提交主管部门设立基金的文件：申请设立基金报告，报告须说明设立该基金的必要性和可行性；发起人名单及协议书；募集说明书；公司型基金提交基金公司章程，契约型基金提供信托契约；委托管理协议书；委托保管协议书；主管机关要求提供的其他文件。

③ 申请的考察与批准：基金发起人向主管机关提交申请文件后，主管机关对基金发起人的申请进行调查和审核，对符合投资基金设立要求的给予批准，否则予以驳回。如果基金发起人的申请获得设立批准后，基金发起人可以开始进行募集工作。

2．投资基金的发行

投资基金的发行，即基金的募集，是指投资基金管理公司或信托投资机构在基金发行申请经基金主管机关批准后将基金证券或受益凭证向个人投资者、机构投资者或社会推销出去的经济活动。

基金在募集资金时，为了正确计量投资者的投资份额及受益权份额，必须确定基金单位。基金单位又称受益权单位，是投资最低额。其价格不是固定的，它随基金资产价值和收益的变化而变化。基金单位在首次发行时通常确定一个整数票面价格，首次发行结束后，不管是认购价还是赎回价，基金单位都是以净资产价值来计价。

基金的发行方式有私募和公募两种：

公募基金是受政府主管部门监管的，向不特定投资者公开发行受益凭证的基金，这些基金在法律的严格控制下，有着信息披露、利润分配、运行限制等行业规范，例如，目前国内证券市场上的封闭式基金就属于公募基金。发行基金选择公募发行方式的原因是：① 基金发行金额较大，只在小范围内发行难以完成规定的发行计划；② 急需募集资金，以争取有利的投资时机；③ 对所发行的基金受投资者欢迎程度难以把握，采取公募发行方式以便在尽可能短的时间内完成发行计划；④ 出于公正、公平原则。

私募基金是指通过非公开方式、面向少数机构投资者募集资金而设立的基金。它的销售和赎回都是基金管理人通过私下与投资者协商进行的，又可以称为向特定对象募集的基金。从国外情况来看，对冲基金一般是按照私募基金的方式运作的。发行基金选择私募发行方式的原因是：① 基金的设计规模较小；② 基金的投资范围较狭小；③ 基金发行总额在规定的范围内由特定的投资者认购便可完成发行计划，因而向全社会公开发行没有必要。

3．投资基金的认购

（1）基金的认购方式

① 开放式基金的认购：

i. 开户。投资人必须先开立基金账户和资金账户。

ii. 认购。投资人须填写认购申请表，并需按销售机构规定的方式全额缴款。

iii. 确认。投资者T日提交认购申请后，可于T+2日起到办理认购的网点查询认购申请的受理情况。认购申请无效的，认购资金将退回投资人资金账户。认购的最终结果要待基金募集期结束后才能确认。

② 封闭式基金的认购：投资者只能在基金的发行期内认购封闭式基金，手续及方式与开放式基金相同。发行期满后，投资者如投资封闭式基金，只能通过证券商在交易市场上竞价购买，认购价格按当日挂牌的交易价计算，手续和购买股票相同。

认购方式为网上发售和网下发售。网上发售指通过与证券交易所的交易系统联网的全国各地的证券营业部，向公众发售基金份额的发售方式。网下发售是指通过基金管理人指定的营业网点和承销商的指定账户，向价格或个人投资者发售基金份额的发售方式。

③ ETF 份额的认购：

i. 场内现金认购是指投资者通过基金管理人指定的发售代理机构以现金方式参与证券交易所上网定价发售。场外现金认购是指投资者通过基金管理人及其指定的发售代理机构以现金进行的认购。

ii. 证券认购是指投资者通过基金管理人及其指定的发售代理机构以指定的证券进行的认购。

④ LOF 份额的认购：投资者可通过具有基金代销业务资格的证券经营机构营业部场内认购 LOF 份额（深圳人民币普通证券账户或证券投资基金账户），也可以通过基金管理人及其代销机构的营业网点场外认购 LOF 份额（中国结算公司深圳开放式基金账户）。

⑤ QDII 基金份额的认购：在募集期间内，投资者应当在基金管理人、代销机构办理基金发售业务的营业场所，或者按基金管理人、代销机构提供的其他方式办理基金的认购。

⑥ 分级基金份额的认购：我国分级基金的募集包括合并募集和分开募集两种方式。我国分开募集的分级基金仅限于债券型分级基金。

分级基金的认购包括场外认购和场内认购两种方式。我国只有深交所开办场内认购分级基金份额。投资者可以通过具有基金销售业务资格的证券经营机构营业部场内认购分级基金份额，也可以通过基金管理人及其销售机构的营业网点场外认购分级基金份额。

（2）基金的认购价格

基金证券在首次发行时，其认购价格往往是面值加上一定的销售费用。

4．投资基金的交易

（1）封闭式基金的交易

封闭式基金是一种记名证券，目前已实现无纸化交易。上市封闭式基金的交易是利用股票交易系统进行的。

① 上市交易条件：

i. 基金的募集符合《证券投资基金法》的规定；

ii. 基金合同期限为 5 年以上；

iii. 基金募集金额不低于 2 亿元人民币；

iv. 基金份额持有人不少于 1000 人；

v. 基金份额上市交易规则规定的其他条件。

② 交易规则：

i. 投资者买卖封闭式基金必须开立深、沪证券账户，或深、沪基金账户及资金账户。基金账户只能用于基金、国债及其他债券的认购与交易。

ii. 封闭式基金的交易时间是每周一至周五（法定节假日除外）9:30～11 :30，13 :00～15:00。封闭式基金的交易遵从价格优先、时间优先的原则。

iii. 封闭式基金的报价单位为每份基金价格。基金的申报价格最小变动单位为 0.001 元人民币，买入与卖出封闭式基金份额申报数量应当为 100 份或其整数倍，单笔最大数量应低于 100 万份。

iv. 沪、深证券交易所对封闭式基金交易实行与对 A 股交易同样的 10%的涨跌幅度限制；同时与 A 股一样实行 T+1 日交割、交手。

③ 交易费用：按照沪、深证券交易所公布的收费标准，我国基金交易佣金不得高于成交金额的 0.3%，起点 5 元，由证券公司向投资者收取。目前，封闭式基金交易不收取印花税。

（2）开放式基金的交易

开放式基金的交易完全靠店头市场进行。基金持有者可以随时填单，通过基金公司的柜台进行申购或要求发行公司赎回。

① 申购、赎回的定义：投资者在开放式基金合同生效后，申请购买基金份额的行为通常被称为基金的申购。开放式基金的赎回是指基金份额持有人要求基金管理人购回其所持有的开放式基金份额的行为。

② 申购、赎回的区别：一般情况下，认购期购买基金的费率要比申购期优惠。认购期购买的基金份额一般要经过封闭期才能赎回，申购的基金份额要在申购成功后的第二个工作日才能赎回。

在交易时间内投资者可以多次提交认购/申购申请，不过一般来说，投资者在份额发售期内已经正式受理的认购申请不得撤销。

③申购、赎回的原则：开放式基金所遵循的申购、赎回主要原则为："未知价"交易原则和"金额申购、份额赎回"原则。

④ 申购、赎回的费用：申购费可以采用在基金份额申购时收取的前端收费方式，也可以采用在赎回时从赎回金额中扣除的后端收费方式。

投资者在办理开放式基金赎回时，一般需要缴纳赎回费，货币市场基金及中国证监会规定的其他品种除外。

复习思考题

一、名词解释

股票　股票市场　首次公开发行　股票价格指数　债券　债券市场　即期收益率　到期收益率　投资基金

二、简答题

1．简述股票的性质和特征。

2．股票价格指数的计算方法有几种？分别是什么？

3．政府和公司发行债券的目的。

4．债券的收益率有几种形式？如何计算的？

三、论述题

1．论述我国债券市场运行的主要特征。

2．论述公司型基金与契约型基金的区别。

四、拓展阅读

1．数据：中国股市散户"交易规模巨大"（https://www.baidu.com/link?url=MPb4S2xWJpzOc69e-ILOeqzYNx9qDPZoU0R5LfrGuUwfMI0wG-wxzSNf0zD2aZsh7NcpVfcRQY_vby5mtDd9ga&wd=&eqid=a100cffa000133340000000035804b9c1）

2．上交所创新监管护航资本市场转型（http://news.163.com/16/1017/07/C3IISE8B 00014SEH. html）

扫描二维码阅读文章

第四章　外 汇 市 场

学习目标：

在当代世界经济中，商品、劳务和资本跨国界流动的规模与范围日益扩大，外汇市场随之形成了一个24小时连续运作的全球统一市场，其交易规模大大超过了债券、黄金等其他市场。通过本章的学习，应该在理解外汇及汇率的基础上，进一步认识外汇市场的含义、特点和功能，以及外汇市场的构成要素，同时进一步了解并掌握外汇市场上常见的交易方式：即期交易、远期交易、期权交易和期货交易。

第一节　外汇市场概述

一、外汇与汇率

1．外汇

（1）外汇的定义和特点

外汇（Foreign Exchange）是指外国货币和以外国货币表示的用于国际结算的支付手段。一般而言，外汇的含义包括两个方面：一是指外国货币，如美元、欧元、日元、瑞士法郎等。这些外币不仅可以用于国际支付，还是一种用外币表示的金融资产，并可随时兑换成其他国家的货币。二是指以外币表示的外国信用工具和有价证券，如银行汇票、在外国银行的存款、债券等。

国际货币基金组织对外汇的解释是："外汇是货币行政当局（中央银行、货币机构、外汇平准基金及财政部）以银行存款、财政部库券、长短期政府证券等形式所保有的在国际收支逆差时可以使用的债权。其中包括由中央银行及政府间协议而发行的在市场上不流通的债券。而不问它是以债务国还是债权国货币表示的。"按照这一定义，外汇不限于外币资产，还延伸到可用于国际结算的部分本币形式的资产，但必须有严格的限定。

根据《中华人民共和国外汇管理条例》，外汇是指下列以外币表示的可以用做国际清偿的支付手段和资产：① 外国货币，包括纸币、铸币；② 外币支付凭证，包括票据、银行存款凭证、邮政储蓄凭证等；③ 外币有价证券，包括政府债券、公司债券、股票等；④ 特别提款权；⑤ 其他外汇资产。

一般而言，外汇具有三个特点：① 外汇必须以外币表示，即外汇必须是以外币表示的国外资产；② 可偿性，即外汇必须是在国外能得到清偿的债权；③ 可兑换性，即外汇必须能自由兑换成以其他货币表示的支付手段。

（2）外汇的三要素

外汇的概念包含三个要素：

① 外汇必须是以外国货币表示的国外金融资产，任何以本币表示的信用凭证、有价证券不能称其为外汇。例如，某日本商人所持有的美元存款对日本而言是一种外汇资产，但是如果该存款由美国人持有则不能将其视为外汇。

② 外汇必须是能在国外得到偿付的货币债券。

③ 外汇必须是可以自由兑换的货币，如美元、英镑、日元、欧元、港元等。以不可兑换的货币表示的支付手段，不能作为外汇。例如，有些国家货币当局限制本国货币与外币之间的自由兑换，以该货币表示的各种支付手段就不能被其他国家视为外汇。

2．汇率

（1）汇率及标价

在国际经济交往中，存在本国货币与外国货币的比价折算问题，外汇作为一种可兑换的金融资产，必然具有一定的价格。汇率（Exchange Rate）是一种货币用另一种货币表示的价格，其实质是两国货币价值的比价。在开放经济环境下，汇率无时不影响着国际经济交往和人们的日常生活。直观上看，当本国的货币相对于外国货币变得更值钱时，我们就说本币相对外币升值，购买外国商品和去国外旅游就会感觉比以前便宜，反之，当本币价值下跌即相对外国货币贬值，则购买外国商品和去国外旅游就会变得更加昂贵。

汇率的表示方法主要有两种，直接标价法和间接标价法。直接标价法是以一定数量的外国货币单位（1 或 100）折合若干本国货币的标价方法。在这种标价方法下，外国货币的金额不变，而本国货币的金额是变动的，外汇的价格可以很直观地通过本国货币的金额表现出来。汇率上升，则表示本币币值下降，而汇率下降，则表示本币币值上升。目前，大多数国家均采用这种方法，我国也是如此。例如 1 美元 = 8.0170 元人民币。与直接标价法相对的是间接标价法，即以一定单位的本国货币折合若干外国货币的标价方法。英国、美国传统上就采用这种标价方法。例如，在英国外汇市场上常看到这样的标价：1 英镑 = 1.8635 美元，1 英镑 = 1.4562 欧元。在美国外汇市场上，则可见到：1 美元 = 0.5366 英镑，1 美元 = 0.7815 欧元等。在这种标价法下，本国货币的金额一定，而外国货币的金额是变动的，汇率上升，表示本币币值上升。汇率下降，表示本币币值下降。

目前，全球外汇市场上交易的主要货币有美元、欧元、日元、英镑、瑞士法郎、澳大利亚元、加拿大元和瑞典克朗。这 8 种货币的交易量占全球外汇市场交易量的 90%左右。环球银行金融电子通讯协会（SWIFT）支付系统中，通常用三个字母来表示货币的名称，例如，英镑 GBP，美元 USD，日元 JPY，欧元 EUR，瑞士法郎 CHF，港币 HKD。在国际货币汇率行情表上，如显示：USD/JPY110.12，则说明当前汇率为 1 美元等于 110.12 日元。

（2）汇率的种类

按照不同的标准，可以对汇率进行以下分类。

① 根据汇率制定方法的不同分类，汇率可分为基础汇率和套算汇率。

基础汇率（basic exchange rate）是指一国以一种在本国对外经济活动中使用最频繁的货币（往往是关键货币，如美元）作为标准，然后制定出的本币与其之间的汇率。与本币有关的外国货币往往种类繁多，要制定出本国货币与所有外币之间的兑换比率几乎是不可能的，因此只能选定一种关键货币作为本国汇率的制定标准，在此基础上套算本币与其他货币的汇率。而一旦制定出基础汇率，本币与其他货币之间的兑换便大大简便了。目前，许多国家都以本币对美元的汇率作为基础汇率。根据前一日银行间外汇市场上形成的加权平均价，中国人民银行公布当日主要交易货币（美元、日元、港币、欧元和英镑）对人民币交易的基准汇率，然后在此基础上计算其他套算汇率。

套算汇率（cross exchange rate）又称交叉汇率，是指根据基础汇率，以及关键货币与其他外国货币之间的汇率，套算出的本币与非关键货币的汇率。如果以本币对美元的汇率作为基础汇率，那么本币与美元以外的外国货币的汇率即为套算汇率。例如，已知某交易日人民币兑美元的基础汇率为 100 美元 = 827.00 元人民币，美元兑日元的汇率为 1 美元 = 106.874 0 日元，那么当天的人民币与日元之间的套算汇率为 100 000 日元 = 7 738.08 元。具体套算过程为：

100 美元 = 827.00 人民币元 = 10687.40 日元

$$100\,000 \text{ 日元} = 827.00 \div 10687.40 \times 100\,000 = 7738.08 \text{ 元}$$

目前，大多数国家外汇市场上公布的汇率都是各国货币与美元之间的汇率，美元以外货币之间的汇率都需要通过美元汇率套算出来。

② 从银行买卖外汇的角度分类，汇率可分为买入汇率和卖出汇率。

买入汇率（buying rate）又称买入价，是指银行买入外汇所使用的汇率。卖出汇率（selling rate）又称卖出价，是指银行卖出外汇时所使用的汇率。银行的卖出汇率一般略高于买入汇率，两者间的价差（spread）是银行经营外汇业务的汇差收益，用于弥补银行的业务成本和所承担的汇率风险，这一差额一般为 0.1%。

需要注意的是，买入价与卖出价是针对银行，而不是与银行交易的个人或机构而言的。在外汇市场上一般会同时列出两个汇率，前一个数字较小而后一个数字较大。在直接标价法下，前一个汇率表示买入价，后一个汇率表示卖出价，买入价低于卖出价。例如，某交易日法兰克福外汇市场上美元兑欧元的汇率为 1 美元等于 1.147 4～1.148 4 欧元，即银行买入 1 美元愿付 1.147 4 欧元，银行卖出 1 美元要求客户支付 1.148 4 欧元。在间接标价法下则正好相反，前一个较低的汇率表示卖出价，后一个较高的汇率表示买入价，买入价高于卖出价。例如，某交易日伦敦外汇市场上英镑兑美元的汇率为 1 英镑等于 1.303 9～1.304 9 美元，即银行愿意付出 1.303 9 美元换回 1 英镑，而付出 1 英镑必须收回 1.304 9 美元。

银行公布的买入汇率和卖出汇率又有现钞买入、卖出汇率和现汇买入、卖出汇率之分。在直接标价法下，现钞买入汇率通常低于现汇买入汇率，而现钞卖出汇率则与现汇卖出汇率一致。这是因为外汇现钞不能直接用于国际结算，银行持有外币现钞有一定的成本和汇率风险。

除买入汇率和卖出汇率以外，还有中间汇率（middle rate）。中间汇率是买入汇率和卖出汇率的平均价。其计算公式为：

中间汇率 =（买入汇率+卖出汇率）/2

为了简便起见，各种媒体在报道外汇行情时使用的都是中间汇率。

③ 根据外汇交易的交割时间长短分类，汇率可分为即期汇率与远期汇率。

外汇交易的交割是指双方根据合同规定履行各自义务，由买主支付本币，卖主支付外汇的行为。一般说来，交割时间不同所使用的汇率也不相同。

即期汇率（spot rate）又称现汇汇率，是指外汇交易双方达成买卖协议，约定在两个营业日内完成外汇交割时所用的汇率，即外汇现货市场上形成的汇率。即期汇率由交易者达成协议时，两种货币的供求关系情况所决定。在外汇市场上挂牌的汇率，除特别标明远期汇率以外，一般指即期汇率。

远期汇率（forward rate）又称期汇汇率，是指外汇交易双方达成买卖协议，约定在未来一定时期进行实物交割时所使用的汇率，即外汇期货市场上形成的汇率。它未必等于远期外汇交易中所使用的汇率。后者由外汇买卖双方协商决定。远期汇率虽然是未来交割时使用的汇率，然而却并非未来交割日的即期汇率，它只是外汇市场上交易者对交割日即期汇率的普遍预期。

远期汇率是外汇买卖双方以即期汇率为基础制定的，它与即期汇率一般存在差价：如果远期汇率比即期汇率高，该差价就称为“升水”（premium）；如果远期汇率比即期汇率低，这一差价则称为“贴水”（discount）；如果远期汇率与即期汇率相等，则称作“平价”（par）。升水、贴水一般受货币的供求关系、利率差异，以及市场预期等因素的影响。如果某种货币供不应求、利率降低，或者交易者普遍持有升值预期，这种货币期汇汇率很可能会上涨；如果情况恰好相反，该货币供大于求、利率升高，或者大多数交易者持有贬值预期，该币种期汇汇率则很可能会下降。汇率报价的最小单位称为基本点，是标价货币最小价格单位的 1%。例如，欧元的最小价格单位是 1%欧元，则美元兑换欧元的交易价格应标为 0.000 1 欧元，假如美元兑欧元的汇率从 1.1470/80

上升到 1.1480/90，则外汇市场称汇率上升了 10 个基本点或 10 个点。

在国际外汇市场上，远期汇率的报价方式主要有三种。

第一种是直接报价法，即直接标出远期外汇的实际买入汇率与卖出汇率，多用于日本、瑞士等国。采用直接标价法时，如果远期汇率高于即期汇率，两者的价差便是升水；如果远期汇率低于即期汇率，两者价差为贴水。例如，在法兰克福外汇市场上使用直接标价法，某日即期美元汇率为 1 美元等于 1.109 0～1.110 0 欧元，而当天 3 个月远期美元汇率为 1 美元等于 1.107 0～1.108 0 欧元，可知远期汇率低于即期汇率，美元汇率贴水。若是采用间接标价法，则情况正好相反。如果远期汇率高于即期汇率，两者的价差便是贴水；如果远期汇率低于即期汇率，两者价差为升水。例如，在采用间接标价法的伦敦外汇市场，某日即期美元兑英镑汇率为 1 英镑等于 1.247 0～1.248 0 美元，而当天 3 个月远期美元汇率为 1 英镑等于 1.245 0～1.2460 美元。远期汇率低于即期汇率，美元汇率升水。直接报价法的优点在于简明易懂，一般用于银行向普通用户报价，以及媒体报道。

第二种是点数报价法，即用升水、贴水幅度或平价表示期汇汇率的报价方式。与直接报价法相同，升水或贴水都是用基本点来表示。点数报价也采用双向报价，同时报出买入价和卖出价的升/贴水。由于双向点数报价较复杂，为简便起见在此以单向报价说明。即期汇率、远期汇率与升水、贴水的关系，可用如下计算公式表示，在直接标价法下，即

远期汇率 = 即期汇率+升水

远期汇率 = 即期汇率　贴水

例如，法兰克福外汇市场某时刻美元兑欧元的即期汇率为 1 美元 = 1.109 5 欧元，而 3 个月贴水为 20 个基本点，则实际的 3 个月美元的远期汇率就等于 1 美元兑 1.107 5 欧元。在间接标价法下，即

远期汇率 = 即期汇率–升水

远期汇率 = 即期汇率+贴水

又如，在伦敦外汇市场上，某时刻英镑兑美元的即期汇率为 1 英镑 = 1.247 5 美元，而 3 个月升水为 20 个基本点，则实际的 3 个月美元的远期汇率就为 1 英镑 = 1.245 5 美元。

点数报价法多用于银行同业间报价，与其他报价法相比有其特有的优势。外汇市场上即期汇率波动频繁，然而即期汇率与远期汇率之间的价差却相对稳定，用点数报价可以避免报价随即期汇率频繁变动。

第三种是年率报价法，即用远期汇率对即期汇率的增长率表示期汇汇率的方法。用升/贴水点数除以现汇汇率即得远期汇率在该时间期限内的汇率上升/下降幅度，然后将得到的这个比率转换成一年的上升/下降率，即年率。如果期汇汇率升水，年率为正；贴水，则为负。这种报价方法体现了外汇投资的收益率，因此多为外汇投资者用于计算投资收益。

④ 根据外汇管理制度的不同分类，汇率可以分为固定汇率与浮动汇率。

固定汇率（fixed rate），是指在金本位制和布雷顿森林体系下，由外汇管理当局制定，并公布本国货币与外国货币之间的兑换比率，而且本国货币同另一国货币的汇率基本固定，汇率波动幅度很小。在金本位制下，固定汇率决定于两国金铸币的含金量之比，汇率波动限定在黄金输出与输入点之间，即汇率波动幅度是在两国之间运送黄金的费用。在第二次世界大战后到 20 世纪 70 年代初的布雷顿森林货币体系下，采用“双挂钩”方式：美元同黄金挂钩，其他国际货币基金组织成员国的货币根据规定的含金量与美元挂钩，与美元之间保持固定汇率。汇率的波动幅度严格限制在官方汇率的上下若干百分点以内。目前，使用固定汇率的一般都是外汇管制较严格的国家，包括很多发展中国家。

浮动汇率（floating rate），是指一国货币当局不规定本国货币对其他国家货币的汇率，也不设置任何汇率波动幅度的上下限，汇率由外汇市场的供求关系决定，自由涨落。在浮动汇率制下，

外币供过于求时，外币贬值，本币升值，外汇汇率下跌；相反，则外汇汇率上涨。货币当局只在汇率出现过度波动时才出面干预市场，以维护本国经济的稳定和发展。布雷顿森林体系解体后，西方国家普遍实行浮动汇率制。

依据各国的实际汇率政策，IMF 从 1999 年 1 月开始执行一种新的汇率制度分类标准，将其分为以下 8 种：i. 美元化和货币联盟制度；ii. 货币局制度；iii. 传统的固定汇率制度（盯住单一货币或一篮子货币）；iv. 水平盯住汇率带制度；v. 爬行盯住汇率制度；vi. 爬行汇率带制度；vii.未事先安排的、有管理的浮动汇率制度；viii. 完全自由浮动汇率制度。

⑤ 从银行外汇交易支付方式角度分类，汇率可分为电汇汇率、信汇汇率、票汇汇率。

电汇汇率（telegraphic transfer rate，T/T rate）。电汇汇率也称电汇价，是外汇交易以电汇方式支付外汇所采用的汇率。银行卖出外汇后，用电报、电传等方式通知其国外分行或代理行付款给收款人，这时所使用的即电汇汇率。电汇是最为迅速的一种国际汇兑方式，在一两天内便能支付款项，银行无法在汇款期间利用客户资金赚取利息，因而电汇汇率在三种汇率中最高。电汇是现代外汇市场上最常用的一种汇兑方式。

信汇汇率（mail transfer rate，M/T rate）。信汇汇率又称信汇价，是外汇交易以信汇方式支付外汇所采用的汇率。银行卖出外汇后开出付款委托书，用信函方式通知付款地分行或代理行支付给收款人，这时采用的即信汇汇率。由于邮程需要时间较长，银行可在邮程期内利用客户的资金赚取利息，故信汇汇率较电汇汇率低。

票汇汇率（demand draft rate, D/D rate）。票汇汇率又称票汇价，是外汇交易以票汇方式支付时所采用的汇率。银行在卖出外汇时，开立一张由其国外分支机构或代理行付款的即期汇票交给汇款人，由其自带或寄往国外取款。由于这时从卖出外汇到支付外汇有一段间隔时间，银行可以在这段时间内占用客户资金，所以票汇汇率一般也比电汇汇率低。

在以上三种汇款方式中，电汇速度最快、收费最高，票汇最慢、收费最便宜，信汇介于两者之间。目前最常见的是电汇，信汇仅存在于我国香港、台湾地区及东南亚的一些国家，正逐渐被淘汰。

⑥ 根据汇率与货币实际购买力关系不同分类，汇率可以分为名义汇率与实际汇率。

名义汇率是一国货币与另一国货币交换的比率，即外汇市场上的汇率。例如，某时刻纽约外汇市场上美元与欧元的兑换比率为 1 美元 = 1.1000 欧元。

实际汇率是一国物品和劳务与另一国物品与劳务交换的比率。换言之，名义汇率是用货币单位来表示的，实际汇率是用实物单位来表示的，体现了货币的相对购买力之比。

（3）汇率决定理论

汇率是一种货币用另一种货币表示的价格。在全球经济一体化的过程中，汇率已成为影响一国经济生活的重要宏观变量，也是外汇市场的核心指标。有关汇率决定的理论解释，主要有以下几种说法。

① 国际借贷说（theory of international indebtedness）。国际借贷说是由英国学者葛森（George Goschen）于 1861 年提出的。该理论认为，汇率是由外汇的供给和需求决定的，而外汇的供给和需求是由国际借贷所产生的，因此国际借贷关系是影响汇率变化的主要因素。在国际借贷关系中，只有已进入支付阶段的借贷，即国际收支，才会影响外汇的供求关系。当一国的外汇收入大于外汇支出，即国际收支顺差时，外汇的供大于求，因而汇率下降；当国际收支逆差时，外汇的需求大于供给，因而汇率上升；如果外汇收支相等，于是汇率处于均衡状态，不会发生变动。

国际借贷说第一次较为系统地从国际收支的角度解释外汇供求的变化，分析了汇率波动的原因，由于强调国际收支在汇率决定中的作用，故又被称为“国际收支说”。这一理论主要用于解释第一次世界大战前金本位货币制度时期的汇率决定因素。从目前来看，国际收支仍然是影响汇率变化最直接、最重要的基本因素之一；但从另一方面看，国际借贷说存在其历史的局限性，它并没有说明汇率决定的基础和其他一些重要影响因素。

② 购买力平价说（theory of purchasing power parity，PPP）。购买力平价理论是历史最悠久的汇率决定理论之一，它是由瑞典经济学家卡塞尔（Gustav Cassel）于 1916 年在总结前人学术理论的基础上提出的。购买力平价说分为两种形式：绝对购买力平价（absolute PPP）和相对购买力平价（relative PPP）。绝对购买力平价理论认为，一国货币的价值是由单位货币在国内所能买到的商品和劳务的量，即其购买力决定的，因此两国货币之间的汇率可以表示为两国货币的购买力之比，而购买力的大小是通过物价水平体现出来的。例如，一杯可乐在法国价值 1 欧元，而同样一杯可乐在美国卖 1.10 美元。我们说汇率为 1 欧元兑 1.10 美元。公式可以表示为

$$S = P/P_{\mathrm{f}}$$

式中，S 为直接标价法下的即期汇率；P 为本国价格指数；P_{f} 为外国价格指数。

根据这一关系式，本国物价的上涨将意味着汇率升高，本国货币相对外国货币的贬值；本国物价水平下降意味着汇率降低，本国货币相对于外国货币升值。

相对购买力平价弥补了绝对购买力平价的一些不足。它的主要观点可以简单地表述为：两国货币的汇率水平将根据两国通胀率的差异而进行相应的调整，汇率变动率约等于两国通货膨胀率之差。

尽管购买力平价学说忽略了国际资本流动等其他因素对汇率的影响，并不能完美解释汇率的决定和变动，但是它较为合理地解释了汇率的决定基础，在中央银行计算货币之间的基本比率时仍起着重要作用，而且是预测长期汇率的重要手段之一。

③ 利率平价说（theory of interest rate parity，IRP）。利率平价说由英国经济学家凯恩斯（John Keynes）于 1923 年首先提出，从资本流动的角度解释了利率水平和汇率之间的关系。该学说认为，利率水平的差异直接影响短期资本在国际间的流动，从而引起汇率的变化。如果外国利率相对于本国利率较高，那么投资者为获得较高收益，会把资金从本国转向利率较高的外国，大量购入即期外汇并卖出远期外汇，从而使外币的即期汇率上升、远期汇率下跌，即外币远期汇率贴水。相应的，本币则即期贬值、远期升值，即本币的远期汇率将升水。汇率的升水率与贴水率等于两国货币利率之差。虽然该理论在前提假设上存在一定的缺陷，但是利率平价说摆脱了传统汇率理论从国际收支、物价水平考虑问题的局限，从资本流动的角度研究汇率的变化，对现代汇率理论的发展提供了基础。

④ 货币学派汇率理论。20 世纪七八十年代，各国金融政策向自由化发展，很多西方国家实施了浮动汇率制，国际资本流动从规模和速度上都突飞猛进，汇率频繁出现较大幅度的变动，利用传统的汇率分析法难以解释变动的原因。一些经济学家开始从货币角度对汇率决定进行了系统的解释，货币学派的经济学家提出了汇率超调模型、资产市场说等新理论。

汇率超调模型（overshooting model）：由美国经济学家多恩布什（R.Dornbusch）提出，认为货币供求平衡需要资本市场、商品市场和外汇市场同时均衡。要实现这一点，必须通过资本市场上的利率、商品市场上的价格及外汇市场上的汇率来共同调节。然而出现货币供求失衡时，由于商品价格具有较强的黏性，调节存在时滞，失衡完全依靠利率和汇率调节，这时资本市场上就会出现利率过度调节超过长期均衡水平的情况，相应的，在外汇市场上汇率也会超调。该理论对短期汇率波动具有较好的解释作用。

资产市场说（asset market approach）：该理论从资产选择角度阐述了汇率的决定与变化。所谓资产选择是指投资者调整其有价证券和货币资产，从而实现最佳投资组合收益和风险比。投资者的投资组合中包括外币资产，资产市场说认为投资者调整其外币资产的比例关系，各种外币资产的增减引起资金在国际间的大量流动，造成了各国货币的比价变动。资产市场说对汇率波动异

常现象提供了新的解释，但是资产市场说成立的条件十分严格，要求一国实行浮动汇率制度，具有发达的国内、国际金融市场，资本、利率管制和外汇管制比较宽松。

（4）影响汇率的因素

20 世纪 70 年代布雷顿森林体系解体后，西方发达国家大多开始转而实行浮动汇率制度，汇率变动变得更加频繁和剧烈。其中影响汇率变动的因素主要有以下几点：

① 国际收支状况：简而言之，国际收支是一国对外经济活动所发生的收入和支出，包括商品、劳务的进出口，以及资本的输入和输出，它直接反映了一个国家外汇供求的基本情况，其中贸易收支差额是影响汇率变动最重要的因素。当一个国家的国际收支出现顺差时，说明本国市场上外汇供过于求，外汇汇率也就相应下降；反之，如果一个国家的国际收支出现逆差，说明本国市场上外汇供不应求，外债增加，外汇汇率也就相应上升。

② 通货膨胀率：在纸币制度下，汇率从根本上来说，是由货币所代表的实际价值所决定的。通货膨胀引起的纸币实际价值与名义价值的偏离必然会造成汇率水平的变化。按照购买力平价理论，货币购买力即两国物价水平的比价就是名义汇率。如果一国的物价水平高，通货膨胀率高，说明本国货币的购买力下降，会促使本币对外贬值，其汇率下跌；反之，就趋于升值，其汇率上扬。对于两种货币而言，通货膨胀率的影响是相对的，也就是说，汇率变动决定于两国通胀率的比较。高通胀率国家的货币相对于低通胀率国家的货币贬值，而后者相对于前者升值。

③ 利率水平：在开放经济中，利率作为借贷资本的成本和收益，通过影响金融资产的供求对汇率可以产生直接的影响。与通货膨胀率相似，影响汇率的是利率的相对水平而非绝对水平。如果一国利率相对于他国较高，就会吸引国外资金流入本国、国内资金流出减少，从而本币需求增加、供给减少，本币相对于外币升值，汇率升高；反之，如果一国利率相对于他国较低，就会刺激国内资金流出、国外资金流入减少，从而本币供给增加、需求减少，本币相对于外币贬值，汇率下降。目前，国际资本流动规模大大超过了国际贸易总额，利率差对资本尤其是套利资本的流动影响很大，它对汇率的影响在今后也将会越来越大。

④ 各国的财政、货币政策：一国的宏观经济目标主要有增加就业、实现物价稳定、促进经济增长和稳定国际收支。国家通过财政政策与货币政策实现这 4 个目标，会对汇率产生直接或间接的影响。一般而言，扩张性的财政、货币政策倾向于导致财政收支赤字和通货膨胀，使本国货币贬值；紧缩性的财政、货币政策倾向于引起财政收支盈余和较低的通货膨胀率，甚至通货紧缩，使本国货币相对于其他货币升值。除此之外，各国货币当局为了稳定汇率，消除汇率过度波动对经济造成的不良影响，往往会对外汇市场进行干预。例如，中央银行通过公开市场业务买入或卖出外汇影响外汇市场供求关系，或是发表宣告影响外汇市场预期。尽管“二战”以后，尤其是 20 世纪 70 年代以后，西方各国政府纷纷放松了外汇管制，但政府的干预仍是影响汇率水平的重要因素，短期影响尤为明显。

⑤ 市场心理预期：目前，市场心理预期对短期汇率走势影响很大，当市场普遍预期某种货币将贬值时，人们很可能大量抛售该种货币，市场对它的供给大大超过需求，导致该货币贬值。这一过程就是所谓的“预期的自我实现”。随着国际资本流动的规模日益扩大，心理预期因素对汇率走向的影响作用也越来越大，并且作为一个主观因素非常难以预测。

⑥ 各国的经济增长率：经济增长率是影响汇率波动的最基本的因素之一。根据凯恩斯学派的宏观经济理论，一国经济增长率提高和国内生产总值增加会导致本国进口需求的增加，进而扩大对外汇的需求，促使外币相对于本币升值。然而，如果一国经济增长形势良好，往往意味着本国生产率提高，引起出口行业的成本降低，有利于出口的增加，从而扩大外汇供给，促使本币相对于外币升值。同时，较高的经济增长率通常也说明在该国投资的收益较高，会吸引外国投资者的

资金流入，也会扩大外汇供给，引起本币升值。这些因素对外汇需求的净影响将在很大程度上决定汇率的长期变动方向与幅度。

除此之外，影响汇率波动的因素还包括一国政治是否稳定、国际投机资本流动等，因此在现代外汇市场上，汇率变化异常频繁、敏感。

二、外汇市场的含义

买卖外汇的活动称为外汇交易，而各种外汇交易的领域便是外汇市场。外汇市场是一个国际性的市场。在所有的金融市场里，外汇市场是规模最大（全球性交易）、营业时间最长（24 小时交易）、资格最老（与国际贸易同时产生）的市场。由于外汇市场的国际性，几乎没有任何一种金融市场像它那样，对国际政治、经济、军事事件具有异常敏感的反应。在当今错综复杂的国际关系背景下，其他任何金融市场都比不上外汇市场那样瞬息万变、难以捉摸。

在一个不断开放的世界中，各国之间必然发生贸易、投资、旅游等经济往来，从而引起国家及地区间的不同货币的收支关系，即创造了对外汇的供给与需求，由此产生了外汇买卖交易的需要，外汇市场也就应运而生了。

对一个国家或地区来讲，其外汇供给主要形成于：① 商品和劳务的出口收入；② 对国外投资的收入，包括直接投资的利润收入和对外证券投资的红利、利息收入；③ 国外单方面转移收入，包括外国居民、政府或民间机构及国际组织对本国的赠款与救援，本国侨民汇款，外国驻本国领使馆的经常开支等非经济收入；④ 国际资本的流入，分为短期和长期资本的流入，其中包括外国商业银行的贷款以及直接投资等。从国外收到的外汇需要兑换成本国货币才能在国内流动。

对一个国家或地区来讲，其外汇需求主要形成于：① 商品和劳务的进口；② 对外投资支出；③ 对外单方面转移支出；④ 资本流出等。上述外汇支出必须以自己的外汇储备或以本国货币购买外汇才能实现。

在没有外汇管制的情况下，外汇买卖或兑换可以在进出口商之间直接进行，即需要外币的进口商与持有外币的出口商直接进行洽谈，进行外汇的直接买卖。但实际上这样做是有很大困难的。首先，进口商与出口商可能完全不相识，没有相互信任的基础，或者双方由于条件限制根本不可能直接面谈和直接进行外汇交易。其次，即使双方有机会接洽，但对外汇的供求在数额、时间以及币种上也不一定完全相符，从而难以达成交易。正是由于外汇供求双方直接买卖交易有许多难以克服的困难，因此需要借助一个相对开放的、多边交易的市场，外汇市场也就由此产生。它由外汇需求者与供给者以及中介机构所组成。

关于外汇市场的界定，有广义和狭义之分。狭义的外汇市场是指进行外汇交易的有形的固定场所，即由一些指定外汇银行、外汇经纪人和客户组成的外汇交易所。一般是采取“交易中心方式”，由参加交易各方于每个营业日的规定时间汇集在交易所内进行交易。

广义的外汇市场则是指有形和无形外汇买卖市场的总和，它不仅包括上述封闭式外汇交易所交易，而且还包括没有特定交易场所，通过电话、电报、电传等方式进行的外汇交易。目前，随着先进通信技术手段的广泛运用，世界各国的外汇交易都是通过现代化通信工具来进行的，形成了以各外汇市场为中心、覆盖全球的世界性外汇市场，外汇交易也由局部或地区交易扩展为全国性及全球性交易。因此，广义的外汇市场实际上是指由各国中央银行、外汇银行、外汇经纪商和客户等外汇经营主体以及由它们形成的外汇供求买卖关系的总和。

当今，交易量较大并具有国际影响的外汇市场大多位于一些著名的国际金融中心城市，如伦敦、纽约、东京、新加坡、法兰克福、香港、巴黎、苏黎世等。

三、外汇市场的特点

1. 24 小时连续运作的全球性大市场

目前，世界上大约有近 40 个主要外汇市场，它们遍布于世界各大洲的不同国家和地区。其中，交易规模和国际影响较大的有伦敦、纽约、东京、新加坡、法兰克福、香港等地的外汇市场。由于这些外汇交易中心的地理位置不同，属于不同的时区，当一个市场闭市时，另一个市场却仍在交易，这样就形成了一个全天 24 小时连续运作的全球统一外汇市场（见表 4-1）。例如，格林尼治时间上午，法兰克福和伦敦外汇市场分别开市，当它们在下午闭市时，纽约、芝加哥、旧金山市场又相继开始营业。到这些市场闭市时，悉尼外汇市场和亚洲的东京、香港、新加坡等市场却仍在运转。可以说，不管投资者身在何处，都可以在任何时间在某个市场上进行外汇的买卖。

表 4-1　世界主要外汇市场交易时间（格林尼治时间）

地 区	城 市	开市时间（GMT）	闭市时间（GMT）
澳 洲	悉 尼	11:00	19:00
亚 洲	东 京	12:00	20:00
	香 港	13:00	21:00
欧 洲	法兰克福	8:00	16:00
	巴 黎	8:00	16:00
	伦 敦	9:00	17:00
北美洲	纽 约	12:00	20:00

2. 汇率波动剧烈

20 世纪 70 年代初布雷顿森林体系崩溃后，西方国家普遍实行浮动汇率制，外汇汇率直接受到市场供求关系的影响，使得汇率波动愈加频繁。尤其是 80 年代以来，世界经济发展不平衡加剧，各国开始意识到资本输出、输入和外汇交易有利于促进本国经济的发展，纷纷放宽了对国际资本流动的限制，再加上外汇投机交易的推波助澜，使汇率变动更加动荡不稳。汇率剧烈波动给各国的对外经贸活动带来了巨大的汇率风险，加剧了贸易和投资收益的不确定性。

3. 各个外汇市场汇率趋向一致

20 世纪 70 年代以后，以计算机、新材料的研究与应用为代表的新科技革命进一步发展，电话、电报、传真、电子邮件等现代通信手段将各个金融中心连接成了一个统一的网络系统。位于不同国家或地区的外汇交易参与者利用这些通信网络，可以及时、方便地了解到各地的行情变化，迅速对其做出反应。

目前，国际金融交易中最重要的电信网络是环球银行金融电信协会（ SWIFT）。这是一家成立于 1977 年 5 月的非营利性组织，它通过国际信息网络将会员国的信息处理终端联系在一起，从而在各国银行之间迅捷地完成外汇的存贷业务。借助该网络，上亿元的资金可以在数秒钟内从一个账户拨到另一个账户、从一个国家拨转到另一个国家。例如，在某一时点上纽约外汇市场上 1 英镑兑换 1.5080 美元，而东京市场上 1 英镑兑换 1.507 7 美元，交易者可以在计算机网络上及时获得这一信息，并通过 SWIFT 在东京市场低价买入英镑，同时将其在纽约市场高价卖出获取无风险收益。这样，东京市场上对英镑的需求会增加，而纽约外汇市场上英镑的供给在增加。只要有足够多的套汇交易者采取相同行动，东京市场上的英镑价格会上升，纽约市场上的英镑价格则会下降，直至两者相等，套汇机会消失。这样，在交易者的套汇活动推动下，一个市场汇率的涨落会立即引起其他市场汇率的变化，各个市场的汇率差异越来越小，传统的在不同市场之间低买高卖某种外汇而获利的套汇活动大大减少，各个外汇市场的汇率趋向一致。

4．外汇交易方式多样

目前，外汇交易范围不断扩大，各国普遍实行了不同程度的浮动汇率制，使汇率变动变得愈加剧烈。在包括即期交易、远期交易、期货交易和期权交易在内的传统外汇交易基础上，为了减少汇率风险，市场上出现了不少新的衍生交易工具，如利率掉期、货币互换、债券回购交易等。外汇交易工具和交易方式的不断涌现，使外汇市场上的交易活动也越来越复杂化了。

四、外汇市场的功能

外汇市场是适应国际贸易发展，国际经济往来扩大，国际资本流动增加对外汇买卖需求增大而产生的。外汇市场的形成，必然反过来大大促进国际贸易的发展和国际经济往来的扩大，从而促进国际间的资本流动和各国对外汇储备的经营管理。具体来讲，外汇市场具有以下几个方面的功能：

（1）便于不同种货币的兑换，促进国际贸易的顺利实现。

由于各国都有自己的法定通货，本国法定货币只能在本国流通，而不能在世界流通或其他国家内流通。在国际贸易中，进出口国家必须选择一种双方都能接受的货币用以计价和支付，由此就产生了将本国货币转换成协议货币的需要。通过外汇市场可以使这种需要得以实现，从而使国际贸易得以顺利进行。例如，一家日本出口商向一家德国进口商出口一批商品，这批商品可用日元或欧元计价支付，也可用美元计价支付。如果用日元计价支付，德国进口商必须将欧元兑换成为日元，然后用于国内支付；如果用美元计价，德国进口商必须将欧元兑换成美元，然后用于支付，而日本出口商必须将收到的美元换回日元。这种进出口贸易或投资形成的债权和债务，一般都可在外汇市场上通过外汇银行间的交易来完成。外汇银行在外汇交易过程中充当了外汇供求双方中介人的作用，实现不同种货币的转换，促进国际贸易的顺利进行。

（2）提供买方、卖方信贷及担保，促进国际贸易规模的不断扩大和进出口商的资金正常周转。

在国际贸易活动中，由于交易双方距离较远，货物的运输需要占用一段时间出口商的资金。从出口商角度，总希望尽快出货和立即收到货款，而不愿向进口商提供直接的商业信贷；从进口商的角度，通常愿意收到货后再付款，甚至希望将进口货物销售掉取得收入后再付进口货款。这样，就需要外汇银行为这段时间的资金占用提供各种形式的信用，以及为及时收到款项提供各种担保，以保障进出口贸易的进行。

一般情况下，出口商出口商品后，允许进口商延期付款，同时，出口商通常将进口商开出的票据拿到外汇银行贴现，以及时取得货款资金进行再生产，而进行贴现的银行则在进口商偿清债务时收回这笔贷款，用于补偿贴现所垫付的资金。

（3）为保持外汇资金平衡、回避外汇风险及进行外汇投机，提供了重要机制。

外汇市场汇集了对外汇的供求，同时也为外汇供求双方提供了规避外汇风险的手段和条件，市场参与者可根据对外汇风险的判断，及时抛出多余的外汇，或补进短缺的外汇；可以进行外汇套期保值，也可以进行外汇投机。

外汇市场的这一功能，是伴随着汇率制度的变革及汇率的大幅度波动而形成的。在第一次世界大战之前，西方各国普遍实行金本位制，外汇市场的实际汇率是围绕铸币平价（法定汇率）小幅度波动的，其波动的幅度为黄金运送费用（也叫黄金输送点），受黄金输送点的限制，外汇汇率基本上是平稳的，不会有大起大落的波动，因而也就不存在套期保值和投机的需要及可能。这时的外汇市场只是为取得国际支付手段提供便利。

金本位制崩溃后，各国普遍实行布雷顿森林会议确定的固定汇率制度。即实行美元与黄金挂钩，各国货币与美元挂钩，各国可以35美元等于一盎司黄金的价格无限制地向美国兑换黄金，以此为基础，各国货币对美元的汇率只能在固定比价的 1%幅度内浮动，一旦某个国家的货币对美元的汇率波动超过这一幅度，该国的政府或中央银行就应出面干预，在外汇市场上抛售或买入美元（或本币），从而使汇率调整到规定的上下限内。在这种固定汇率制下，外汇市场上汇率基本是平稳的，不会发生较大的波动，因此不会形成投机行为及动机，也没必要利用外汇市场上的外汇买卖，进行套期保值。

布雷顿森林体系解体后，固定汇率逐步为浮动汇率所取代，各国不再规定本国货币汇率的波动幅度，而是根据外汇市场上的供求关系，自行调整本国货币汇率，中央银行原则上不再承担维持汇率稳定的义务。

这时，一国的对外贸易收支、资本流动、国内宏观经济政策调整及各种政治事件等，都可能会引起汇率的涨跌波动，有时 1 日之内汇率要涨跌 10%左右。这就给外汇投机带来机会，投机活动反过来又会推动汇率的大幅度波动。汇率的波动和投机活动使外汇市场的风向影响到每个持有外汇的人，同时会渗透到每笔交易中。无论是出口收汇、持汇待汇，还是临时的买汇卖汇，都要面临着汇率变动带来的风险。为了防止或减少这种风险带来的损失，外汇保值的要求和技术也就相应产生了。

外汇保值是指交易者力图避免外汇汇率变动的风险，使卖出或买进的外汇金额相当于已有的一笔外币资产或负债。外汇投机则是交易者利用外汇汇率变动，并根据自己对市场汇率变动趋向的预测和判断，进行买空卖空以赚取巨额利润，当然也可能因预测判断失误而遭受严重损失。

总之，在当今浮动汇率体制下，外汇市场的作用有了质的变化和发展。一方面它仍然保留着提供国际清算工具及服务的功能；另一方面，它变成了一个巨大的投机市场和保值市场，而且这一功能变得日益重要。

（4）外汇市场促进了经济的国际化，使各国经济与世界经济融为一体，相互影响。

外汇市场的形成及日益发展，大大促进了国际贸易及经济、技术国际交往的不断扩大，同时也促进了国际间的资本流动，从而促进了经济进一步向国际化方向发展。外汇市场为国际贸易、国际信贷和国际投资以及多种国际资本活动提供了便利条件。

通过外汇市场利用现代的通信设施和经营手段，是国际间的资金融通更为方便。一方面，闲置的外汇资金大量涌向外汇市场，形成大量的外汇供给；另一方面，外汇短缺的企业、金融机构、政府及个人可从外汇市场筹集到所需的外汇资金，形成可观的外汇需求。外汇市场为外汇供求双方的融通和交易提供了重要而有效的媒介机制。同时，外汇市场也为实现不同种货币的转换，从而加速国际间资金的周转创造了条件。外汇市场上外汇银行的高效服务及高效运作，可使国际间债权、债务的清算及外汇凭证的结算更为准确、便利和快速。

第二节　外汇市场的构成要素

一、外汇市场的参与者

1．商业银行

商业银行是外汇交易市场的中心，是最重要的外汇交易者。很多商业银行都承办了外汇存贷、汇兑、贴现等业务，而目前所有规模较大的外汇买卖一般都是由银行完成的。参与外汇交易的商业银行，在一些实行外汇管制的国家中又称外汇指定银行（authorized banks），是由中央银行或货币当局指定或授权经营外汇业务的银行。在美国，所有银行都有权经营外汇业务。

商业银行在外汇市场上主要进行两方面的交易活动。一方面，它们可以接受客户（主要是进出口商）的委托，办理进出口结汇业务，充当外汇买卖的中介，在市场上进行外汇交易。例如，美国某进口商从本国某商业银行买入英镑以支付货款，这笔交易具体过程如下：首先该银行借记进口商在本行的美元存款账户，并通知国外往来行借记自己的英镑存款账户、贷记出口方银行的英镑账户；然后出口方银行再贷记出口商的英镑存款账户。另一方面，商业银行还可以通过自己的账户直接进行买卖。它们这样做主要出于两个目的：轧平头寸避免汇率风险和投机获利。外汇头寸（foreign exchange position）是指商业银行持有的各种外币账户的余额状况。在日常的外汇买卖中介活动中，往往出现这样的情况：某些币种的买入额大于售出额（资产大于负债），即“多头寸”（long position）；而另一些币种的买入额则小于售出额（资产小于负债），即“空头寸”（short position）。这时，一旦多头币种汇率下跌或空头币种汇率升高，银行就会承受很大的损失。为了避免汇率变动风险，银行需要在同业市场上进行交易，及时轧平（square）头寸，抛出多头、补进空头。此外，银行进行同业间外汇交易也可能出于投机目的。如果银行预期汇率将向某一方向变化，可以特意制造并暴露（expose）头寸以期获利，但这时银行将承担较大的汇率风险。

2．客户

客户是指通过银行和外汇经纪人进行外汇买卖活动的机构或个人。这一类市场参与者主要由三部分构成。

① 个人，包括跨境旅游者、汇出或收入侨汇者、出国留学生和个人外汇投资者等。

② 公司，包括从事国际贸易的进出口商、跨国公司等。它们参与外汇交易的主要目的是为了贸易、投资等经济活动能够顺利进行，为了套期保值、规避外汇风险，为了获得汇率变动带来的收益等。

③ 其他金融机构，包括养老基金、社保基金在内的各种金融机构。它们参与外汇交易的主要目的是投资、套汇、投机、保值等。

3．外汇经纪人

外汇经纪人（brokers）是指专门从事撮合成交或代理客户买卖外汇，并从中赚取手续费或佣金（commission）的人。银行同业间市场上的外汇交易，主要是通过外汇经纪人完成的。他们根据自己对市场上供求状况的了解，在外汇的买者与卖者之间作为中介积极撮合，并根据交易金额收取一定的佣金。尽管经纪人的佣金比率一般较低，但银行间外汇批发交易金额很大，经纪人的收益相当可观。外汇经纪人并不需要持有相应的外币存货，也不参与外汇交易，更不用承担汇率变动的风险。外汇市场上的买者和卖者通过经纪人进行交易的好处之一是可以匿名买卖，而且由于外汇经纪人与多家银行联系较紧密、熟悉市场行情，能以最快速度撮合交易和最大限度降低交易成本，帮助客户增加收益或减少损失，提高外汇交易的效率。

4．中央银行及管理外汇的政府机构

各国中央银行作为本国货币政策的制定者和实施者，参与外汇市场的主要目的是为了稳定市场，将汇率控制在某一期望水平或幅度内。一般而言，中央银行负责管理一国的官方外汇储备。当本国货币汇率剧烈波动时，中央银行为稳定汇率，可调节国内货币供应量，实现预期的货币政策目标，并利用外汇储备进行外汇买卖，从而实现对市场的干预。当前，世界各国之间的经济联系日益紧密，外汇市场上的日交易金额已达数万亿美元，任何一国单独的外汇干预显得愈加力不从心，因此几个国家的中央银行往往采取联合干预活动。一般情况下，中央银行在外汇市场上的交易金额并不很大，然而对市场走势的影响却意义非凡。因为对于外汇市场的其他参与者而言，一国中央银行的一举一动都体现着政府宏观经济政策调控的动向，是预期汇率变化的重要基础。

中央银行通过买入和卖出外汇，而对外汇市场进行干预。通常，当本国货币贬值过度时，央行在市场上买入本币、卖出外币，从而增加外汇供给和对本币的需求，抑制市场对本币贬值的预期；当本国货币过度升值时，中央银行的行为与此完全相反，从而增加本币供给和对外汇的需求，抑制市场对本国货币升值的预期。

二、外汇市场的组织形式

各个国家的外汇市场，由于各自长期的金融传统和商业习惯，其外汇交易方式不尽相同。外汇市场的组织形式基本上可分为两种：一种是柜台市场形式，另一种是交易所形式。

柜台市场形式无一定的开盘收盘时间，无具体场所，交易双方不必面对面地交易，只靠电传、电报、电话等通信设备相互接触和联系，最后达成交易。这种交易方式的参加者必须对市场充分了解，并以正式或其他某种形式获得认可。英国、美国、加拿大、瑞士等国的外汇市场均采取这种柜台市场的组织方式，因此这种方式又称为英美体制。

交易所形式有固定的交易场所，如德国、法国、荷兰、意大利等国的外汇交易所，这些外汇交易所有固定的营业日和开盘收盘时间，外汇交易的参与者于每个营业日规定的营业时间集中在交易所进行交易。由于欧洲大陆各国多采用这种方式组织外汇市场，故又称这种方式为大陆体制。

柜台交易形式是外汇市场的主要组织形式，这不仅是因为世界上最大的两个外汇市场——伦敦外汇市场和纽约外汇市场——是用这种方式组织运行的，还因为外汇交易本身具有国际性。由于外汇交易的参加者多来自各个不同的国家，交易范围广泛，交易方式也日渐复杂，参加交易所交易的成本显然高于通过现代化通信设备进行柜台交易的成本。因此，即使是欧洲大陆各国，其大部分当地的外汇交易和全部国际性交易也都是用柜台方式进行的，而交易所市场通常只办理一小部分当地的现货交易。

三、外汇市场的运行机制

外汇市场是由多种要素组成的有机整体，它有自己的形成和运行机制，包括供求机制、汇率机制、效率机制及风险机制等。

1. 供求机制

外汇的供求关系是市场汇率形成的主要基础，汇率又反过来调节外汇的供求，这是供求机制的核心。

外汇供求的形成有其不问的原因，是因为参加外汇交易的不同单位和个人有着不同的动机或目的。要了解外汇市场供求的形成及变化，就必须了解外汇市场的不同参与者及其不同的动机，这是了解外汇市场供求机制的主要线索。

首先，各国中央银行直接参与外汇市场买卖的最主要目的，是维护官方认为对国家有利的汇率水平和转移官方外汇储备的风险。当中央银行认为当前市场汇率有害于国内经济及国际收支平衡时，就会直接干预外汇市场，其主要干预手段是在外汇市场上大量买进或卖出本国货币或外币。当市场上对本国货币需求过度，形成本国货币对外币升值压力过大时，中央银行可能会抛出本国货币买入外币；反之，如果市场本币过多，形成对内和对外严重贬值的压力时，中央银行则会抛出外币回笼本币，以使汇率趋于稳定。当中央银行抛出本币买入外币时，就形成了对外汇的需求；而当中央银行抛出外汇回收本币时，就相应形成了对外汇的供给。

其次，外汇银行参与外汇市场，一是受客户委托从事外汇买卖，其目的是获取代理佣金或交易手续费；二是以自己的账户直接进行外汇交易，以调整自己的外汇头寸，其目的是减少外汇头寸可能遭受的风险，以及获得买卖外汇的价差收入。外汇银行是外汇汇集的中心，集中了外汇的供给和需求，并最终决定汇率水平。因此，外汇银行在外汇市场上起着组织和创造外汇市场的作用。当外汇银行以外汇交易的代理人或委托人参与外汇市场交易时，它们既是外汇供给者的集中代表，同时也是外汇需求者的集中代表；而当它们以自己的账户为自己进行买卖外汇时，如果是售出盈余的外汇头寸，则形成外汇市场的供给，如果是买入外汇弥补外汇头寸的不足，则形成外汇的需求。因为外汇银行所进行的外汇交易占外汇市场交易总量的90%以上，所以以外汇银行为主体形成的外汇供求，已成为决定市场汇率的主要力量。

第三，外汇经纪商参与外汇市场，主要是为外汇银行之间或外汇银行与外汇市场其他参与者之间进行外汇买卖交易充当中介，它们自己并不买卖外汇，而是促进外汇供求双方之间的交易，是外汇市场的纽带或催化剂，是外汇市场供求机制形成过程所不可缺少的要素，有时它们也被称为货币经纪商。

第四，进出口商是外汇市场上最大的外汇供给者和需求者。一方面，出口商出口商品后，取得外币或外汇债权票据，它们为了保值或取得本币资金等目的，需要售出所取得的外汇，由此形成外汇的供给；另一方面，当进口商进口商品时，一般需要支付对方国家的货币或对方愿意接受的第三国货币，这时，进口商就需要从外汇市场（外汇银行）买进外汇以支付进口货款，由此形成外汇的需求。

第五，跨国公司也是外汇市场的重要参与者，是形成外汇市场供求的重要成分。跨国公司需要经常在各国的分公司之间调拨资金，为了规避汇率风险，或者为了投机获利等目的，需要经常地进行外汇交易，时而卖出某种货币，时而买进某种货币，从而形成对某种货币的供给和需求。

第六，居民个人也是外汇市场的重要参与者。居民个人也会从工资、劳务及亲属汇款等方面取得一部分外汇，出于保值等目的，需要将外汇存入银行或卖出；同时也会因出国旅游、探亲等需要取得一部分外汇，从而形成外汇的需求。

实际上，从以上描述可以看出，外汇市场主要由中央银行、外汇银行、外汇经纪商和外汇市场客户等组成，形成外汇市场的5大交易或供求关系：① 外汇银行与外汇经纪人或客户之间的外汇交易；② 同一外汇市场的外汇银行之间的外汇交易；③ 不同外汇市场的各外汇银行之间的外汇交易；④ 中央银行与各外汇银行之间的外汇交易；⑤ 各中央银行之间的外汇交易。

2. 汇率机制

汇率机制是指外汇市场中汇率升降同外汇供求关系变化的联系及相互作用。外汇汇率的变化能够引起外汇供求关系的变化，而供求关系的变化又会引起外汇汇率的变化。过高的汇率（这里采用直接标价法，下同）意味着购买外汇成本过高，由此导致对外汇需求减少，外汇供给相对过多从而促使汇率趋于跌落；当汇率跌落到均衡点或均衡点以下时，对外汇的需求会迅速增加，外汇供给会大大下降，这时外汇汇率又会上升。过低的汇率意味着购买外汇成本过低，会导致对外汇需求过旺，供给相对不足，由此将推动汇率的回升。

各国中央银行正是利用外汇供给与汇率之间的这种相互联系、相互作用的机制，通过在外汇市场上买卖外汇来调节外汇市场的供求关系，进而调节汇率的实际水平，使之更有利于或无害于国内经济的健康增长及国际收支关系的改善。虽然市场自身也具有自我调节、自我平衡的机制，但靠其自我平衡，不仅需要有一定的过程，而且平衡的方向及水平，不一定符合货币管理当局的期望和国家的经济利益，也就是说，汇率在使外汇供求达到新的平衡之前，可能会出现较大幅度的波动，可能会损害国内及国外经济，甚至会造成金融或货币危机，导致金融、经济恐慌。因此，中央银行有必要干预外汇市场，通过买卖外汇来调节外汇供求，以求得汇率的基本稳定。

3. 效率机制

效率机制是外汇市场交易中能够促使实现公平竞争、公正、快速交易，同时能够促进资金合理配置的机制。通常的市场效率是指市场价格能反映和促进资源的正确分配，及时提供充分、准确的信息，为投资者决策提供参考。外汇市场的效率机制主要体现在：外汇市场的远期汇率能够准确地反映未来即期汇率的变化，为外汇交易者提供准确的信息作为其交易的参考。

外汇市场的上述效率机制对外汇交易者交易决策的影响在于：当远期汇率表明未来的即期汇

率将上升时，谨慎的交易者就会根据手中持有的外币负债买进相同数额的远期外汇，从而保证到时以外币债权的增加抵消汇率上升造成的外币负债的增加，实现外汇债权、债务的平衡。而冒险的交易者则会凭一纸合同和少许的保证金进行远期买空交易，以期未来汇率上升时牟取暴利。而当远期汇率表明未来的即期汇率将下降时，交易者一般会低价补进现汇以交割期汇。大胆的交易者则可能会凭一纸合同和少量保证金进行远期卖空交易，以到期时低价补进外汇，赚取汇差。

然而，由于未来即期汇率受许多未知因素的影响，因此远期汇率不一定完全能表明未来即期汇率的升降及幅度，甚至会出现相反的变化。这时，谨慎的交易者运用套期保值技术，结果可能会盈亏抵消，而投机者则会发生严重损失，但这并不能说明市场无效率或效率不高，而只能说明效率机制的市场性和非人为性。

4. 风险机制

外汇市场运行中的风险机制，主要是指外汇交易中风险的增减与汇率变动之间的相互联系、相互作用。从客观上分析，外汇市场交易风险主要来自三个方面。

一是外国货币购买力的变化。在浮动汇率制度下，两种货币的比价即汇率的变动，在很大程度上取决于两国货币购买力的变化。一般情况下，外国发生严重的通货膨胀，货币购买力下降，这不仅意味着外国货币对内贬值，也意味着对外贬值，反映到汇价上，就会出现一定单位的外国货币只能换取较少的本国货币，即汇率下降，外国货币贬值。如果外国的通货膨胀率下降，货币购买力上升，这意味着外国货币对内、对外升值，反映到两国货币的汇率上，就会出现一定单位的外国货币可换取比原来较多的本国货币，即汇率上升。由于外国货币购买力何时变化、变化幅度多大，他国外汇交易者是难以及时、准确地掌握和预测的，由此增加了对未来即期汇率预测的难度，从而增加了外汇交易的风险。

二是本国货币购买力的变化。国内出现通货膨胀，物价开始上涨，意味着本国货币购买力下降，在其他情况不变时，会导致汇率上升，本币贬值。反之，本国货币购买力上升，外汇供过于求，最后使汇率下降，本币升值。由于本国货币购买力的变化也受多种因素影响，有些因素甚至是未知的、不可控的，因此对本国货币购买力及汇率变化的预测也不可能是非常准确无误的，这样，外汇交易风险也就难以完全避免。

三是国际收支状况。当一国国际收支发生顺差时，外汇供过于求，汇率会下降；当国际收支发生逆差时，外汇供不应求，汇率则会上升。然而，国际收支状况的统计及公布要有一定的过程和时限，其对每日汇率的影响是难以觉察和预知的，由此会增加外汇交易的风险。 而从主观上分析，汇率及外汇交易风险主要产生于两个方面：一方面是政府的人为干预。一国政府或其货币当局会通过调节利率，吞吐外汇，以及人为贬低本国货币的办法，使汇率朝着有利于本国经济的方向变化。由于外汇交易者难以准确判断政府干预的时间和程度，从而难以正确判断市场汇率的变化，难以把握和控制外汇交易的风险。另一方面是外汇投机活动的干扰。外汇投机者常利用外汇市场的动荡不定，凭借自己对未来汇率变动的预测牟取暴利。然而，外汇投机常常会加剧外汇市场的动荡，加大汇率的波动，从而会使外汇交易者遭遇更大的风险。

当然，外汇市场的上述 4 种机制并不是相互孤立的，而是相互联系、相互作用的。正是这种相互联系和相互作用的关系，调节着外汇市场的运行，保持着外汇市场自身的秩序。外汇供求的变化，引起市场汇率的变化，汇率的变化又引起供求关系的变化。外汇供求关系的变化，不仅影响即期汇率，而且影响着远期汇率。远期汇率的变化是外汇交易决策的主要参考，影响着外汇资金的分配过程。即期汇率与远期汇率的差异及波动，促进了套期保值交易和投机交易的形成，而外汇投机交易又造成外汇市场新的波动和风险。

第三节　外汇市场的交易方式

在外汇市场上，由于交易的动机不同，技术手段不同，政府管理制度的不同，从而产生了许多不同的交易方式。其中最重要的、最典型的交易方式有即期外汇交易、远期外汇交易、外汇期货交易、外汇期权交易等。

一、即期外汇交易

即期外汇交易也称现汇交易或现汇买卖，是指外汇交易双方在外汇买卖成交后，于当日或2个营业日内按成交时的汇率进行交割的一种交易方式。这里所说的成交，是指双方已就外汇买卖的汇率（价格）、数额、币种等达到一致或达成协议，或者是口头协议或者是书面协议。这里说的交割，是指购买外汇者支付某种货币资金，出售外汇者交付指定的外汇的行为。即期交易是外汇市场上最常见、最普遍的一种外汇交易方式，这是因为交割时间较短，所面临的外汇风险较小。因为时区不同，同一天交割的交易在东方外汇市场（如新加坡、东京外汇市场）开始较早，在欧美则开始较晚，所以一定程度上存在结算风险。

1．即期交易的方式

在即期交易中，一般有两种主要交易方式，即顺汇买卖方式和逆汇买卖方式。 顺汇买卖方式是指汇款人委托银行以某种信用工具，通过其国外分行或代理行将款项付给收款人，受托银行在国内收进本币，在国外付出外汇。因其汇兑方向与资金流向一致，故称为顺汇买卖方式。这种方式一般要涉及4个当事人：① 汇款人，通常称为付款人；② 收款人，也称债权人或受益人；③ 汇出行，是受汇款人委托向收款人汇款的银行；④ 解付行，也称汇入行，是受汇款行委托，接收汇出行的汇款并向收款人解付款项的银行。外汇银行收妥本币卖出外汇后，按照客户的要求，采用电汇、信汇和票汇的方式通知债权人或收款人所在国的分支行或其代理行，按当时当地汇率将其外币存款账户上一定金额外汇支付给收款人。这样，该外汇银行在自己账户上增加了客户支付的本国货币，而在国外的外币账户存款则减少了相应的外币。

逆汇买卖方式，也称托收方式，是指由收款人出票，通过银行委托其国外分支行或代理行向付款人收取汇票上所列款项的一种方式。因该方式的资金流向与信用工具的传递方向相反，故称为逆汇买卖方式。在逆汇方式下，客户向银行卖出汇票，等于银行付出本币，买进外汇。外汇银行接受收款人的托收委托后，即通知其国外分支行或代理行，按照当日汇率向付款人收取汇票所载的外币金额，并将收入记录在国外银行的外汇账户上。其结果，该外汇银行国内本币存款账户余额减少了，而其外币存款账户上的外币余额却相应增加了。

不论是进行顺汇买卖，还是逆汇买卖，最终都会使外汇银行自己持有的各种外币账户的余额即外汇头寸发生变化。会出现买大于卖或卖大于买的情况。如果外币头寸卖大于买，称为“空头”或“超卖”；反之，买大于卖，称为“多头”或“超买”；买卖恰好相抵称“轧平”。外汇银行为了避免汇率变动带来的风险损失，当外汇头寸处于“超卖”地位时，必须及时补进；反之，处于“超买”地位时，必须及时抛出。这一过程也成为外汇即期买卖的重要组成部分。

2．即期交易的报价

外汇即期交易的报价，是指银行向同业或客户报出的买入或卖出外汇时的汇率。各外汇银行在外汇市场每日开市时，都必须综合各方面的因素，确定并报出本行的开盘汇率。一般来讲，只有那些外汇资金实力雄厚，外汇买卖量大的主要外汇银行才有能力报出买卖价，并不断按此价格进行交易。

外汇银行一般都采取“双挡报价”的方式，即外汇报价行在交易中同时报出买入价和卖出价，买价与卖价都是从银行角度出发的，并反映银行外汇需求和经营状况。买价（即买入汇率）是指外汇银行向同业或客户买入外汇时使用的汇率；卖价（即卖出汇率）是指外汇银行卖出外汇时使用的汇率。银行的买卖价格之差就是外汇银行买卖外汇的收益，一般为1‰～5‰，这一比率并不包括买卖手续费率。

银行报价的买卖差价一般反映出银行的交易成本，买卖差价越小，表明银行承担的风险越低，货币的交易性或流动性越高。但由于买价低于卖价是外汇交易的一个基本原则，因此任何货币交易都必须保证买价低于预期的卖价。银行买卖差价的大小除考虑成本因素外，主要决定于外汇市场的成熟程度和货币的流动性。在实行浮动汇率制后，汇率波动性增大，外汇交易的风险和成本增加，各银行的买卖差价也相应扩大了。

外汇银行在外汇买卖报价单上，有时还专门报出外币现钞价。现钞价不等于外汇汇率，其买入价要低于外汇汇率，卖出价要等于或高于外汇汇率。这是因为外币现钞一般不能在本国流通，存放在本国没有意义，必须将其运送到发行国境内存放生息或充当流通手段和支付手段，而在运送过程中需要支出一定的运费、保险费等，而且要承担一定的风险。

一笔完整的即期外汇交易程序一般有4个环节：① 询价。询价内容一般包括交易货币、起息日和交易的金额等。② 报价。一般要同时报出买价和卖价。③ 成交。询价方首先表示买卖的金额然后由报价银行承诺。④ 确认。交易双方互相确认买或卖的汇率、金额、交割日期以及资金结算办法。在这4个环节中，外汇交易双方均应明确表示出买卖外汇的金额、买入价和卖出价、买卖的方向以及交割日等。这些环节中，银行的报价程序是关键，以下对其进行具体介绍。

第一步，银行确定当前的开盘汇率。确定开盘汇率的主要因素有：前一交易日外汇市场的收盘汇率、世界政治和经济的新变化以及银行持有的外汇头寸情况。

第二步，开始对外报价。银行确定当天的开盘汇率后，银行的交易员就可以对其他银行、客户和外汇经纪人进行报价。银行交易员对外报出某种外汇汇率的同时，也就承担了以这种汇率买进或卖出一定数额外汇的义务。

需要注意的是，当银行交易员接到对方银行交易员或经纪人询价，而他又无意做这笔外汇买卖时，他可只报出参考汇率，参考汇率与当时的市场行情差别较大，对对方极为不利，因此一般不可能成交。参考汇率在外汇市场上往往被业内人士视为“已停止该种外汇的买卖业务”或“该日不办理该种外汇的买卖”的另一种说法。此时不能将参考汇率误认为是即期汇率。

第三步，修订原报价。银行开盘进行交易后，交易员要随买卖中外汇头寸的变化情况，不断修订报出的即期汇率和买卖的币种，尽量避免产生多头或空头的现象。

报价完成后，银行可能接到别的银行的询价。如果询价行对报价行的报价答复满意，这笔交易就会迅速成交。然后，银行再重新报价，再接受询价，再成交或不成交。即期外汇交易就是在这样不断循环的询价、报价和买卖成交过程中进行的，而即期汇率也是在这样的过程中形成的。在外汇市场上可供交易者利用的交易工具主要有路透社终端、美联社终端等。

二、远期外汇交易

远期外汇交易是指在外汇买卖成交时，双方先签订合同，规定交易的币种、数额、汇率以及交割的时间、地点等，并于将来某个约定的时间进行交割的一种外汇买卖方式。远期交易中买卖双方签订的合同称为远期合约。远期合同的期限一般是按月计算，最常见的为1个月、2个月、3个月或6个月，也可长达12个月，但通常为3个月。只要交易双方同意，远期交易可以延期，也可以在规定的期限内提前交割，形式十分灵活。

1．远期交易的特点

相对于即期外汇交易而言，远期外汇交易有以下几个特点：

一是买卖双方签订合同时，无须立即支付外汇或本国货币，而是按合同约定延至将来某个时间交割。

二是买卖外汇的主要目的，不是为了取得国际支付手段和流通手段，而是为了保值和规避外汇汇率变动带来的风险。

三是买卖的数额较大，一般都为整数交易，有比较规范的合同。

四是外汇银行与客户签订的合同必须由外汇经纪人担保，客户需缴存一定数额的押金或抵押品。当汇率变化引起的损失较小时，银行可用押金或抵押品抵补损失；当汇率变化引起的损失超过押金或抵押品金额时，银行就应通知客户加存押金或抵押品，否则合同为无效，客户所存的押金，银行视为存款并予以计息。

2．远期交易的类型

远期交易按交割日是否固定，可分为两种类型：即固定交割日的远期交易和选择交割日的远期交易。

固定交割日的远期交易，是指事先具体规定交割日期的远期外汇买卖，其目的是为规避一段时间内汇率变动造成的风险，但这种远期交易具有一定的局限性。按规定时间交割的前提是，进出口商或其他进行远期交易的人必须确知他在什么日期将会收到外汇或需要支付外汇，否则就会因违约而受损、受罚。但在实际生活中，进出口商及其他进行远期交易的人是很难确知收汇或付汇的具体时间的，这就有可能要订立新的远期合约或对原合约进行展期，这样不仅麻烦和易出现违约，而且也达不到通过远期交易避免外汇风险的目的。为此，择期远期交易就产生了。

选择交割日（择期）的远期交易，是指交易的一方可在成交日的第 3 天起至约定的期限内的任何一个营业日，要求交易的另一方按照双方约定的远期汇率进行交割的一种外汇交易。其特点是：实际交割日并不固定，客户可以在择期的第 1 天，也可以在最后一天履行交割手续；银行将选择从择期开始到结束期间最不利于顾客的汇率为选择交割日远期交易的汇率。这是因为该交易对客户有利，而对银行不利。

3．远期交易的不同目的

从根本上说，远期交易是为适应国际贸易和国际投资活动中规避和利用汇率风险的需要而产生的。不同的参与者，在进行远期交易时有着不同的动机和目的。具体来讲：进出口商买进或卖出远期外汇，主要是为了避开汇率风险，保障安全。在浮动汇率制下，外汇市场上的汇率是经常波动的，在国际商品贸易往来中，时间越长，由汇率变动带来的风险就越大。而进出口商从签订合同到交货、付款又往往需要相当长一段时间（一般为1～3 个月），进出口商为避免汇率波动所带来的风险，可利用外汇远期交易这种方式，实现在收取或支付款项时，按商品成交时的汇率办理交割。例如，一日本出口商向美国出口 10 万美元的商品，其成本为 1 200 万日元；合同规定 2 个月后付款，签订合同时的汇率为 1 美元＝130 日元；按此汇率计算，日本出口商出口此批商品可获得 1 300 万日元，扣除成本 1 200 万日元，可获利 100 万日元。但由于 2 个月后美元与日元的汇率发生了变化，美元贬值，日元升值，其汇率变为 1 美元＝120 日元。若按此汇率计算，扣除成本及其他费用，出口商就可能发生亏损。为避免汇率变动带来的损失，日本出口商在签订进出口合同时，就按 1 美元＝130 日元的汇率，卖出 2 个月、10 万美元的远期外汇合同，即把双方约定的、远期交割的 10 万美元外汇售给日本的银行，届时就可收回 1 300 万日元的货款，从而避免了汇率变动的风险。

在上面同一商品交易中，作为美国进口商，为了避免美元与日元汇率变动所带来的风险损失，就应采取相反的行为，即应该从外汇银行买进 2 个月的 1 300 万日元的远期外汇合同。

然而，进出口商通过远期外汇交易规避或转嫁风险的同时，外汇银行却在承担风险。当然，外汇银行为了避开或分散风险，也会及时地买进或卖出即期和远期外汇合同。

外汇银行进行远期外汇买卖，主要是为了平衡其远期外汇持有额，抵消汇率变动所带来的风险损失。所谓远期外汇持有额，实际上就是外汇头寸。进出口商为避免汇率风险而进行远期外汇交易，只是把汇率变动的风险转移给外汇银行。外汇银行之所以承担风险，是因为每天它在与客户进行大量的即期和远期外汇交易后，会形成外汇头寸（余额），会出现远期外汇和即期外汇的超买（多头）或超卖（空头）现象，从而使外汇银行处于汇率变动的风险之中。为此，外汇银行要设法把它的外汇头寸予以平衡，对不同期限、不同货币头寸的余缺进行抛售或补进，以求得远期外汇头寸的平衡。

投资者买卖远期外汇，主要目的是为了避险保值或投机牟利。为了实现避险保值，投资者就要进行套期交易，即对预期的外汇收入或支出、外币资产或负债保值进行远期交易，也就是在有预期外汇收入或外币资产时，卖出一笔金额相等的同一外币的远期外汇；或者在有预期外汇支出或外币债务时买入一笔金额相等的同一外币的远期外汇。目前，套期保值技术不仅被进出口商用来对预期的外汇收入或支出进行保值，被银行或外汇经纪商用于对远期外汇头寸进行保值，而且也被用于对国际借贷进行保值。

投资者为牟取暴利而进行投机性远期外汇买卖，主要是在预测外汇汇率将要上升时先买进即期外汇，后卖出远期外汇；在预测外汇汇率将要下降时先卖出远期外汇，后买进即期外汇。

4．远期交易汇率的形成

要了解远期外汇交易汇率的形成，首先必须了解两个非常重要的概念，即远期升水和远期贴水。

所谓远期升水，是指一种货币的远期汇率高于即期汇率的差价；所谓远期贴水，是指一种货币的远期汇率低于即期汇率的差价。如果远期汇率等于即期汇率，就称为远期平价。就交易的两种货币而言，一种货币的升水必然是另一种货币的贴水。

如果远期汇率高于即期汇率，则有：

$$\text{远期汇率} = \text{即期汇率} + \text{升水}$$

如果远期汇率低于即期汇率，则有：

$$\text{远期汇率} = \text{即期汇率} - \text{贴水}$$

由上可见，在即期汇率一定的情况下，远期汇率水平主要决定于升水或贴水水平。这也就是说，决定远期贴水或升水的因素，也就是决定远期汇率的因素。

一般来讲，远期汇率升水或贴水，主要决定于两国之间的利率差；从量上讲，两国的利率差基本上与两种货币的升水、贴水相一致。可以这样推论：两种交易货币之间的短期投资利率差是构成两国货币远期升、贴水的基础。这是因为，银行与客户进行远期外汇交易时，有可能因两国利率的差异而蒙受损失，为此，银行就想把这个风险转嫁给交易者，转嫁的方式就是提高或降低远期汇率。

简而言之，利率与远期汇率或升、贴水之间的关系是：利率高的货币，其远期汇率表现为贴水；利率低的货币，其远期汇率表现为升水。其计算关系式为：

$$\text{即期汇率} \times \text{两地利率差} \times \text{月数} \div 12 = \text{远期升（贴）水}$$

在其他条件不变的情况下，远期汇率是以成交时的即期汇率为基础的，是根据两国的利率差计算出来的；一种货币远期汇率的升水或贴水幅度，与两国利率差大致相等；一国或两国利率发生变化，则远期汇率也相应发生变化。

应该指出的是，两国货币的利率差是决定升水或贴水及其幅度的主要因素，但不是唯一的因素。某国货币的远期升水或贴水幅度，还会受其币值变化，经济、金融政策调整，中央银行对外汇市场干预程度，人们对市场心理预期，外汇投机及国际政治经济形势变化等因素的影响，从而有可能使远期外汇的升水或贴水完全脱离市场利率运动或两地利率水平的差异。

三、外汇期货交易

1．外汇期货交易的概念和作用

期货合约是交易所制定的标准化合同，它是交易双方在集中的交易市场以公开竞价的方式成交后，承诺在未来某一时间按约定的条件交收一定数量的商品、货币或有价证券的标准化协议。现代期货交易起始于 19 世纪中期的芝加哥交易所（CBOT），标的物主要限于一般商品，直到 1972 年 5 月美国芝加哥国际货币市场（简称 IMM）成立，并首次开始经营外汇期货业务，才出现了以商品交易的媒体——货币（外汇）作为标的物的期货交易，即外汇期货交易。外汇期货交易有时也称为货币期货，它是指交易双方在有组织的交易市场（一般为交易所）上，以公开叫价的拍卖方式进行的、买卖在未来某一日期按约定价格交割一定数量外汇的期货合约的交易。由此可见，外汇期货交易并不是实际外汇的交换，而是期货合约的买卖。

外汇期货交易的目的和作用与远期外汇交易类似，主要是套期保值，避免未来外汇资金流入或流出遭受汇率不利变动的影响。事实上，正是由于 20 世纪 70 年代浮动汇率制逐渐替代了固定汇率制度，使汇率波动加剧，为了有效防范汇率风险才产生了外汇期货交易。

2．外汇期货交易与远期外汇交易的区别

外汇期货目前主要被企业和金融机构用于外汇的套期保值，尽管在原理和作用上与远期外汇类似，两者之间仍存在若干差别，主要体现在以下几个方面：

（1）合约内容不同

外汇期货合约是由交易所制定的标准化合约，它主要包括的内容有：① 币种与合约金额。外汇期货合约中标的货币仅限于集中流动性较高的货币，以美国芝加哥国际货币市场为例，它的外汇期货合约仅限于加拿大元、日元、瑞士法郎、欧元、英镑、澳大利亚元等。外汇期货合约中的交易金额也是标准化的，如在芝加哥国际货币市场上，5 种货币期货的合约金额分别为 100 000 加拿大元、12 500 000 日元、125 000 瑞士法郎、125 000 欧元、62 500 英镑。② 最小价格变动和最高限价。外汇期货交易中，每种货币期货合约都规定有最小价格变动和日价格波动最高限价。最小价格变动是指外汇期货买卖时，合约每次变动的最小数额。最高限价是指一个营业日内期货合约波动的最大幅度，一旦期货合约价格波动到或超过这一限额，该种货币的期货交易即自动停止。③ 交割日期。交割日期是指到期外币期货合约进行现货交割的日期，期货合约规定了固定的合约到期日，如 IMM 规定外汇期货合约的交割日期分别为 3 月、6 月、9 月、12 月的第三个星期的星期三。

而远期外汇合同中的内容则更加灵活。例如，交易币种根据双方情况可以多种多样，合约金额、交割日期由交易双方商讨决定即可，更不会规定价格变动的最小幅度和最高限价。

（2）交易和交割方式不同

期货交易有固定的交易场所，如芝加哥的国际货币市场和伦敦国际金融期货交易所（LIFFE），只有交易所的会员才能进场执行交易，交易还要受到交易所规章制度和相关政府机构的约束。而远期外汇市场则相对松散，它没有固定的交易场所，交易双方可以通过电话、电传等通信工具进行买卖，交易也无须会员资格。

从交割方式上看，远期合约到期时，客户需要与银行直接进行资金清算和过户；相反，外汇期货合同最终进行实际交割的很少，绝大多数期货合同都会在到期日之前结清，即合同持有人做一笔方向相反、合同数量与到期日相同的交易，这样合同到期时便不再需要与对方进行货币实际交割，因为两笔交易金额恰好抵消，双方只需结清差价即可平仓了结。

（3）成本不同

进行外汇期货交易的客户需要在交易所缴纳初始保证金、开立账户，并且根据每天的市场价格计算保证金账户盈亏，必要时须增补保证金。没有会员资格的交易者请经纪商做代理还要向其支付佣金。进行远期外汇交易时，不需要支付这两项费用，但银行将根据客户的资信状况确定价格，资信状况好的客户获得的价格条件一般优于资信差的客户。

（4）违约风险不同

外汇期货交易采取保证金制度和盯市（marked to the market）制度（即日结算制度），且有清算公司的介入，因此一般不存在违约风险。而远期外汇交易多数仅凭银行对客户的信用评价达成，交易双方都可能面临违约的风险。

四、外汇期权交易

1．期权

期权是一种选择权，期权的买方向卖方支付一定的费用（期权费）后，就获得了在一定时刻或时期内以一定价格（执行价格）出售或购买一定数量标的物（实物商品、证券或期货合约）的权利。期权的买方可以选择按照合约规定行使购买或出售标的物的权利，也可以选择不行使该权利，这时仅损失期权费而已；卖方则必须按期权合约规定的内容履行义务。总之，期权的买方拥有执行期权的权利，无执行的义务；而期权的卖方只承担履行期权的义务。这是期权与期货交易的最大不同之处，因为在期货交易中，买、卖双方拥有对等的权利和义务。近年来，期权交易的发展速度很快，根据国际清算银行 2003 年的数据，全球交易所交易的期权总量从 2002 年以来已经超过了相应的期货交易量。

2．外汇期权交易

（1）概念

外汇期权是一种交易双方约定在未来某一时刻或时期按某一约定价格以一种货币交易另一种货币的合约。买方按照合约规定买入或卖出外币所使用的价格，称为执行价格或履约价格。期权买方为获得期权而支付给卖方的费用，称为期权费或期权价格。

期权交易是从期货交易演变而来的，最早始于股票期权交易。1978 年，荷兰的“欧洲期权交易所”首次推出期权交易，1982 年 12 月美国费城股票交易所又第一次将外汇期权交易引入了外汇市场。目前，世界上已形成一个以伦敦和纽约的银行间市场为中心，以费城、芝加哥等地的交易所为联系网络的国际性外汇期权市场，外汇期权市场发展迅猛，交易所期权交易的日交易量已超过了 30 亿美元。

（2）外汇期权交易种类

从不同角度可将外汇期权交易进行如下分类：

① 按交易方式可分为交易所外汇期权交易和场外外汇期权交易，后者又称为柜台交易。同外汇期货合约一样，在交易所进行交易的外汇期权合约是标准化的合约，到期日、合约金额、执行价格、交割地点、保证金制度等都由交易所事先确定。持有标准化合约的客户可参与二级市场的买卖，因此合约具有较高的流动性。场外交易期权合约允许合约的卖方或开立者（银行）与买方就合约内容进行协商决定，从而可以满足不同客户的特别要求。但由于不是标准化的合约，场外市场上的合约流动性不高，也没有相应的二级市场供合约转让流通。

② 按期权性质可分为看涨期权交易和看跌期权交易。看涨期权亦称多头期权、购买期权，期权购买者具有在未来以确定汇率（即执行价格）购买一定数量外汇的权利，其出售者有应购买者的要求出售或保留外汇的义务；看跌期权又称为空头期权或卖出期权，期权购买者具有在未来以确定汇

率（即执行价格）出售一定数量外汇的权利，其出售者有应购买者的要求购买或不购买外汇的义务。

③ 按照到期日可分为欧式期权交易和美式期权交易。欧式期权是指只有在合约到期日才能执行的期权，不能提前交割，大部分场外交易采用的都是欧式期权。美式期权是指可以在合同到期日或到期日之前任何一个营业日被执行的期权，多为交易所交易采用。与欧式期权相比，美式期权的买方在执行合约上更具有灵活性，享受的权利更多，因而支付的费用也更高。

（3）外汇期权交易的作用

外汇期权交易的一个重要作用就是套期保值，客户可以根据自己的需要选择看涨或看跌期权以满足保值的要求。例如，某日本客户 3 个月后将有一笔美元收入，为了避免到时候美元贬值的风险，他向银行支付期权费购买了美元的 3 个月看跌期权。如果 3 个月后美元真的贬值，其市场价格小于或等于（执行价格+期权费），该客户就会选择执行合约；否则将无利可图，他会放弃执行合约的权利。这样交易者承受的汇率风险大为减少，甚至带来了潜在的获利可能。因此，外汇期权常被视为一种有效的避险工具。

与前面介绍的远期交易、期货交易相比，外汇期权交易对于不确定的外汇流量具有更大的灵活性和方便性。比如说，该日本客户无法确定 3 个月后是否会有一笔美元资金流入，或者不确定将有多大数量的美元收入，那么想利用外汇远期合同或外汇期货合同规避风险就十分不便，而这时外汇期权就成了更为理想的套期保值工具。

复习思考题

一、名词解释

外汇　外汇市场　汇率　基础汇率　套算汇率　即期汇率　远期汇率　固定汇率　浮动汇率　直接标价法　间接标价法　美元标价法　即期外汇交易　远期外汇交易

二、简答题

1．简述外汇的含义及特点。

2．什么是汇率？汇率的标价方法有几种？

3．什么是外汇市场？外汇市场的功能有哪些？

4．远期交易汇率有哪些类型？如何计算远期交易汇率？

三、论述题

1．请举例说明影响汇率的因素。

2．论述外汇市场的运行机制。

四、拓展阅读

1．人民币为什么加入 SDR_人民币加入 SDR 的原因（https://www.baidu.com/link?url= bp9_TNIpBczA1RI0pe075SaRYHhNagUblK9yRey-XxZCWrPh2LLHAMaBjQJ4wvjCmR8Fr2aF0M-C7CyACr5_ha&wd=&eqid=d9c841c7000266bd000000035804d533）

2．美元涨欧元跌汇市波动加大（http://news.163.com/16/1017/08/C3IJS2O500014AED.html）

3．如今外汇市场的主要逻辑（http://wallstreetcn.com/node/267551）

扫描二维码阅读文章

第五章　黄 金 市 场

学习目标：

了解黄金市场的基本特征、功能以及基本分类；

掌握影响黄金市场价格波动的主要因素；

理解黄金市场的主要交易品种；

熟悉黄金市场的基本投资策略。

第一节　黄金市场概述

一、国际黄金市场的产生与发展

在19世纪之前，黄金极其稀有，基本是王室独占的财富。公元前6世纪就出现了世界上的第一枚金币，但由于其稀有性，一般平民很难拥有黄金。黄金矿山也为王室所占有，黄金是由奴隶、囚犯在当时极其恶劣的条件下开采出来的。抢掠与赏赐成为黄金流通的主要方式，自由交易的市场交换方式是不存在的。黄金的专有性限制了黄金自由交易市场的形成。

黄金在货币金融体系中发生作用，最早起源于16～18世纪被各新兴资本主义国家所广泛采用的金银本位制或复本位制。复本位制分两种形式，一种是金银两种货币按其各自实际货币价值流通的“平行本位制”，如英国的金币“基尼”与银币“先令”就同时按市场比价流通；另一种是金银两种货币按国家法定比价流通的“双本位制”。

到19世纪后期，西方各国普遍采用金本位制，于是形成了一个统一的国际货币体系——国际金本位制。传统的国际金本位制，以黄金作为货币体系的基础。金本位制的特点是：国家按法定重量和成色铸成的金币在市场上流通，其他金属辅币和银行券可以自由兑换成金币；准许黄金自由买卖、储藏和输出入国境；国家的货币储备和国际结算都使用黄金；外汇汇率由各国货币含金量确定，汇率波动受黄金输送点限制；各国国际收支通过“物价与现金流动机制”自动调节，金融当局无须干预。金本位制最大的缺陷是黄金存量的增长跟不上国内生产和流通对黄金需求的不断扩大和社会财富的快速增长，国民经济的发展与货币基础的矛盾日益尖锐。

随着金本位制的形成，黄金承担了商品交换的一般等价物的责任，成为商品交换媒介，黄金的流动性得到增加，黄金市场的发展有了客观的经济条件和实际需求。在金本位时期，各国中央银行都可以按各国货币平价规定的金价无限制地买卖黄金，实际上是通过市场买卖黄金，从而使得黄金市场得到一定程度的发展。但此时的黄金市场受到官方的严格控制，所以市场不能得到自由发展。直到第一次世界大战之前，世界上只有英国伦敦黄金市场是唯一的国际性市场。

20世纪初，第一次世界大战的爆发严重地冲击了金本位制。“一战”后，除美国实行金本位制外，英、法实行金块本位制，其他国家多实行金汇兑本位制。无论金块本位制或金汇兑本位制，都是削弱了的金本位制，很不稳定。

实行金块本位或金汇兑本位制，大大削弱了黄金的货币功能，使之退出了国内流通支付领域，但在国际储备资产中，黄金仍是最后的支付手段，充当世界货币的职能，黄金仍受到国家的严格管理。由于黄金官价长期受到严格控制，以及国与国之间森严的贸易壁垒，导致黄金的流动性很差，市场机制被严重抑制，黄金市场发育受到了严重阻碍。

“二战”后形成了以美元为中心的国际货币体系，即布雷顿森林体系。布雷顿森林体系的核心是：以黄金为基础，以美元为主要的国际储备货币，实行美元—黄金本位制；美元直接与黄金挂钩，规定了以 35 美元兑 1 盎司的官方金价，其他国家货币与美元挂钩，各国可按官价向美国兑换黄金；实行固定汇率制，各国货币与美元的汇率一般只能在平价1%上下幅度波动，各国央行有义务在汇率超过规定波动幅度时进行干预。

布雷顿森林体系的建立使美元取得了等同于黄金的地位，成为世界各国的支付手段和储备货币。在该体制中，黄金无论在流通，还是在国际储备方面的作用都有所降低，而美元成为这一体系的核心。但因为黄金是稳定这一货币体系的最后屏障，所以黄金的价格及流动仍受到较严格的控制，各国禁止居民自由买卖黄金。国家对黄金市场的干预时有发生，黄金市场仅是国家进行黄金管制的一种调节工具，市场机制不能有效发挥资源配置的作用，黄金市场的功能发挥是不充分的。

布雷顿森林体系的顺利运转依赖于美元的坚挺地位。20 世纪 60 年代，美国陷入越南战争的泥潭，财政赤字巨大，国际收支情况恶化，美元的信誉受到极大的冲击。60 年代后期，美国的国际收支进一步恶化，美元危机再度爆发，美国再也没有维持黄金官价的能力。1973 年 3 月因美元贬值，引发了抛售美元、抢购黄金的风潮。最后根据达成的协议，西方国家放弃固定汇率，实行浮动汇率，布雷顿森林体系完全崩溃，黄金非货币化的改革由此发端。

1976 年 1 月，国际货币基金组织达成“牙买加协议”，废除黄金条款，实行“黄金非货币化”，各会员国中央银行可按市价自由进行黄金交易，使黄金与货币完全脱离关系。但从法律的角度看，国际货币体系的黄金非货币化到 1978 年正式确立。国际货币基金组织在 1976 年修改了《国际货币基金协定》（以下简称《协定》），并于 1978 年 4 月生效。该《协定》很大程度上改变了基金章程中的黄金地位。黄金不再作为货币定值标准，废除黄金官价，可在市场上自由买卖黄金。《协定》大大地削弱了黄金在货币体系中的地位，从此开始了黄金非货币化的进程。

国际黄金非货币化的结果，使黄金成了可以自由拥有和自由买卖的商品，黄金从国家金库走向了交易市场，其流动性大大增强。黄金交易规模的增加，为黄金市场的形成、发展提供了现实的经济环境。实践表明，黄金非货币化的近 40 年也正是世界黄金市场得以高速发展的时期。可以说，黄金非货币化是当今黄金市场得以发展的制度条件。

但是，法律上的黄金非货币化与实际的黄金非货币化进程并不同步。在国际货币体系中，黄金非货币化的法律制度已经完全形成，但是黄金在实际经济生活中远远没有退出金融领域，黄金仍作为一种公认的金融资产活跃在投资领域，充当国家或个人的储备资产或货币工具。在目前的黄金市场上，除了一部分黄金发挥着商品的功能外，另一部分仍然扮演着金融工具甚至货币的角色。各国放开黄金管制不仅使商品黄金市场得以发展，同时也极大地促进了金融性黄金市场的迅速发展。到目前为止，全球仍有相当数量的黄金存在于金融领域，发挥着货币的某种职能。对于国际货币基金组织和各国央行来说，黄金仍是非常重要的储备资产，国际货币基金组织拥有上亿盎司的黄金储备，世界各国央行也保留了高达 3.4 万吨的黄金储备。同时，由于黄金衍生工具的不断创新，黄金市场规模的高度扩张，现在黄金金融衍生物占有 90%以上的黄金市场份额，黄金的非货币化进程还远没有结束。因此，不能完全将当代黄金市场的发展原因归结为黄金非货币化的结果，也不能把黄金市场视为单纯的商品市场。在国际货币体制黄金非货币化的条件下，黄金开始由货币属性主导的阶段向商品属性阶段回归。国家放开了黄金管制，使市场机制在黄金流通及黄金资源配置方面发挥了日益重要的作用，但目前黄金仍是一种具有金融属性的特殊商品，并且在未来相当长的时期内，黄金并不会真正失去货币金融工具的历史作用，实现完全的商品化。

今后，黄金在国际货币金融体系中的作用和地位仍是十分重要的。

二、黄金市场的特点

1. 黄金市场是一个多层次的体系

按照组织化、公开化程度的高低，国际黄金市场可分为：① 从事黄金期货/期权交易的期货交易所，如NYMEX、TOCOM、CBOT、巴西商品交易所等。银行和机构投资者的参与提高了市场流通性，并为黄金企业提供风险管理服务。② 从事全球性的现货—远期黄金批发业务的市场，伦敦金银市场协会（LBMA）是全球最大的黄金OTC市场，它既是全球现货黄金有形的定价中心，又是联系全球黄金无形市场的最大枢纽。LBMA的会员、跨国矿业公司、黄金经纪商、各国中央银行、国际金融组织是这个市场的主要成员。③ 纽约、苏黎世、东京、中国香港等地的区域性现货市场的特点是以银行、黄金经销商、综合性财团为市场主体，受各自所在国中央银行的监管，在本地区组织黄金买卖。④ 在黄金主要生产国的黄金市场，如南非的黄金市场，长期以来由国家特许黄金银行和黄金公司专营，最近出现市场自由化的趋势。⑤ 在欠发达地区的黄金市场，如中东迪拜、印度孟买，由当地特许经营权的财团经销黄金，现在进行改革，趋向更加公开的市场。

2. 黄金市场有不同的分工，相互衔接

期货交易所提供的黄金期货、期权交易，提高了整个世界黄金市场的流动性，黄金银行和黄金经纪可以借助这些工具以管理黄金脱离国际货币体系后的价格风险。黄金的现货定价仍然集中在伦敦黄金市场，为生产商、冶炼商、黄金银行之间的大宗现货交易服务。特别是伦敦国际金融中心的地位和发达的银行业务，为黄金场外衍生交易、融资安排以及中央银行的黄金操作带来便利。瑞士是世界上最大黄金转运中心，世界矿产黄金的60%直接运入苏黎世市场。东京的黄金市场主要为日本的工业和首饰用金服务，中国香港的黄金市场则主要针对中国内地、中国台湾等地的黄金转运和东南亚首饰业的需要。所以，国际黄金市场本身就是国际分工不断深化的服务体系，没有特色的孤立市场会被逐步取代。

3. 黄金的实物流向基本上是由官方机构流向私人持有者

20世纪70年代中后期，美国和IMF曾经多次拍卖库存黄金，一些黄金主要被私人机构买入。在90年代后期官方售金活动明显活跃。

4. 各类黄金业务相互交叉、渗透

例如，交易所内交易的和场外交易的衍生工具之间的功能界限越来越模糊，两类交易之间的替代性越来越强。场内期货/期权的标准性，通过会员和黄金银行转化成更加灵活多样的场外合约交易；而场外的活跃交易又增强了场内合约的流动性。

三、国际黄金市场的分类

黄金市场是买、卖双方集中进行黄金买卖的交易中心，通常提供即期和远期交易方式，允许交易者进行黄金实物交易，或者黄金期权、期货交易以达到套期保值或投机、套利的目的，是各国完整的金融市场体系的重要组成部分。

按照不同的分类标准可将黄金市场划分为不同的类型。

1. 按黄金市场国际影响和规模划分

按照黄金市场国际影响和规模可分为主导性市场和区域性市场。

主导性黄金市场的交易范围和参与者涉及全球，交易量比较集中，市场确定的价格水平和交

易量对其他市场具有深远的影响力。最有代表性的主导性市场有伦敦、苏黎世、纽约、芝加哥和中国香港的黄金市场，统称五大黄金市场。

区域性市场的交易只涉及某一地区或某一国家，而且对其他国际黄金市场影响不大，主要满足本国本地区黄金交易的需求。东京、巴黎、法兰克福黄金市场等都是区域性市场。

2．按交易类型和交易方式划分

按交易类型和交易方式可分为现货市场和黄金衍生品市场。

黄金现货市场是指在成交两个交易日内，进行黄金实物交割的交易市场。交易标的主要是金条、金锭、金币，以及黄金饰品等。黄金现货市场主要分布在欧洲，也称欧洲型市场。

黄金衍生品是指以黄金为基础产品而派生的金融产品，黄金衍生品包括黄金期货、黄金期权、黄金远期、黄金掉期等。黄金衍生品市场是指以黄金衍生产品为交易对象的市场。黄金衍生品市场主要分布在纽约、芝加哥、中国香港地区，又称美国型市场。

世界上有的黄金市场只有现货交易，有的只有衍生品交易，但大多数市场既有衍生品交易又有现货交易。

3．按有无固定场所划分

按有无固定场所可分为无形黄金市场和有形黄金市场。

无形黄金市场又称场外市场，主要指黄金交易没有固定的交易场所，如主要通过金商之间的联系网络形成的伦敦黄金市场、以银行为交易平台的苏黎世黄金市场。

有形黄金市场又称交易所市场，主要指黄金交易在固定的交易场所内进行交易。这类市场又可以分为有专设黄金交易所的黄金市场和设在商品交易所之内的黄金市场。前者，如中国香港金银业贸易场、新加坡黄金交易所等；后者，如设在纽约商品交易所（COMEX）内的纽约黄金市场、设在芝加哥商品交易所（CME）内的芝加哥黄金市场，以及加拿大的温尼伯商品交易所内的温尼伯黄金市场。

4．按交易管理制度划分

按交易管制程度可分为自由交易市场、限制交易市场和国内交易市场。

自由交易市场是指对黄金输出入国境的交易不加限制，居民和非居民都可以自由买卖的黄金市场，如苏黎世黄金市场。

限制交易市场是指黄金输出入受到管制，只允许非居民，而不允许居民自由买卖黄金的市场，这类市场通常存在于实行外汇管制的国家。

国内交易市场是指禁止黄金输出入交易，只允许居民，不允许非居民买卖黄金的市场，如巴黎黄金市场。

5．按参与交易对象的不同划分

按照参与交易对象的不同可分为一级市场和二级市场。

一级市场是指黄金大宗批发市场，是由各种机构参与交易的市场，包括中央银行、金矿公司、用金企业、黄金商、商业银行等，如上海黄金交易所就是一个一级市场。

二级市场是指黄金小额零售市场，是专门为中小银行、社会法人、非法人居民与黄金机构之间交易黄金而设立的市场。

6．按交易标的物的不同属性划分

按照交易标的物的不同属性可分为黄金货币商品市场和黄金饰品市场。

黄金货币商品市场交易的标的物为金条或金块，交易者将金条或金块视为一种金融资产而进行投资。

黄金饰品市场上交易的标的物为黄金首饰、黄金纪念章等装饰物。

四、黄金市场的功能

黄金市场的发展不但为广大投资者增加了一种投资渠道，而且还为中央银行提供了一个新的货币政策操作的工具。

1．黄金市场的保值增值功能

因为黄金具有很好的保值、增值功能，这样黄金就可以作为一种规避风险的工具，这和贮藏货币的功能有些类似。黄金市场的发展使得广大投资者增加了一种投资渠道，从而可以在很大程度上分散投资风险。

2．黄金市场的货币政策功能

黄金市场为中央银行提供了一个新的货币政策操作的工具，也就是说，央行可以通过在黄金市场上买卖黄金来调节国际储备构成以及数量，从而控制货币供给。虽然黄金市场的这个作用是有限的，但是由于其对利率和汇率的敏感性不同于其他手段，从而可以作为货币政策操作的一种对冲工具。随着黄金市场开放程度的逐步加深，它的这个功能也将慢慢显现出来。可以说，通过开放黄金市场来深化金融改革是中国的金融市场与国际接轨的一个客观要求。

第二节　黄金市场价格

一、黄金价格的类型

由于黄金不同于一般的商品，所以黄金价格与一般商品相比有其特殊性。

目前，世界上黄金市场上的主要价格类型有生产价格、市场价格和准官方价格。其他各类黄金价格均由此派生。

1．生产价格

生产价格是根据黄金生产的成本计算的价格标准，它反映了黄金的内在价值，是确立各种黄金价格的最基本的标准。随着黄金找矿、开采、提炼等技术的进步，黄金的生产成本呈下降趋势。

但是，受各种因素的影响，生产价格并不能完全反映黄金市场的价格走势。1996 年以来，各国中央银行的大规模抛金行为，使国际市场的金价从 418 美元/盎司的高位一路下降，一直跌到 258 美元/盎司，甚至低于当期的黄金生产成本。

2．市场价格

黄金的市场价格是买、卖双方达成交易的即时价格，又称为市场行情。市场价格包括现货价格和期货价格。这两种价格既有联系，又有区别，两者都受供需等各种因素的制约和干扰，变化大，而且价格确定机制十分复杂。一般来说，现货价格和期货价格所受的影响因素类似，因此变化方向和幅度基本趋于一致，并且黄金的基差（即黄金的现货价格与期货价格之差）会随期货交割期的临近而不断减小，到了交割期，期货价格和交易的现货价格大致相等。但由于决定现货价格和期货价格的因素错综复杂，可能使世界黄金市场上黄金的供求关系失衡，出现现货和期货价格关系扭曲的现象。有时，由于黄金供不应求，持有期货的成本无法得到补偿，甚至形成基差为正值，现货价高于期货价、近期期货价格高于远期期货价格的现象。

由于受各种因素的作用，世界市场上的短期黄金市价经常剧烈变动。中、长期的平均价格在很大程度上中和了各种外界因素，是一个能比较客观反映黄金受中、长期供求因素影响的市场价格。

3．准官方价格

准官方价格是被中央银行用做与黄金有关的官方活动而采用的一种价格。在准官方价格中，又分为抵押价格和记账价格。

二、影响世界黄金价格的主要因素

20 世纪 70 年代以前，黄金价格基本由各国政府或中央银行决定，国际市场上的黄金价格比较稳定。70 年代初期，黄金价格不再与美元直接挂钩，黄金价格逐渐市场化，影响黄金价格变动的因素日益增多。具体来说，可以分为以下几方面。

1．供给因素

（1）经常性供给

经常性供给的来源是世界主要产金国，这类供给是稳定的、经常性的。经常性供给量同产金国的生产能力、产量，以及生产成本有直接关系。由于受生产成本上升和通货膨胀的影响，世界黄金产量呈现增长缓慢的趋势。

（2）偶发性供给

此类供给是由于外界因素刺激作用而导致的供给。例如，黄金生产国的政治、军事和经济的变动状况，导致金价的上涨，使黄金持有者为获利而抛售，或导致黄金矿山为扩大供给而提高生产能力。

（3）调节性供给

这是一种阶段性不规则的供给，主要来自中央银行的黄金抛售行为。中央银行是世界上黄金的最大持有者，在某些情况下，为了达到特定的经济目的而在国际黄金市场上抛售黄金，如为稳定本国经济和保持本币币值稳定，或为清偿对外债务和改善国际收支状况。国际货币基金组织为履行职责，帮助重债国走出困境也会出售黄金储备。

2．需求因素

黄金的需求与黄金的用途有直接的关系。

（1）黄金的工业用与民用需求

随着世界经济的发展，黄金的工业用与民用需求不断增大。例如，在微电子、医学及建筑装饰等领域，尽管科技的进步使得黄金替代品不断出现，但黄金以其特殊的金属性质使其需求量仍呈上升趋势。

（2）央行黄金储备的需求

黄金储备一向被各国央行作为防范国内通胀、调节市场的重要手段。特别在经济不景气的时期，由于黄金相对于货币资产价值更为稳定，黄金储备需求上升，会导致金价上涨。例如，在“二战”后的三次美元危机中，由于美国的国际收支逆差趋势严重，各国持有的美元大量增加，市场对美元币值的信心动摇，投资者大量抢购黄金，直接导致黄金价格上涨，以致布雷顿森林体系破产。又如，2005 年 10 月俄罗斯中央银行宣布计划将黄金储备从 400 吨增加到 800 吨，推动了当时的金价上升；2009 年 4 月，中国外汇管理局表示，从 2003 年开始中国利用国内杂金提纯和国内市场交易等方式增加了 454 吨黄金储备，已将黄金储备从 600 吨提高到 1054 吨，成为全球第五大黄金储备国。

（3）投资性或投机性的需求

投资性黄金需求包括两方面：一方面，在通货膨胀情况下，投资黄金可以达到保值的目的；另一方面，人们在不同经济形势下，可在黄金与其他投资工具之间互为选择。例如，当美元贬值、油价上升时，黄金需求量便会有所增加；如股市上涨，吸引大量资金，黄金需求可能会相应减少。

投机性需求是指黄金交易者利用金价波动，入市赚取投机利润的行为。最为常见的情况是，投机者根据国际、国内形势，利用黄金市场上的金价波动，加上黄金期货市场的交易机制，大量“沽空”或“补进”黄金，人为地制造黄金需求假象。大规模的黄金投机活动往往造成黄金价格的剧烈波动，在黄金市场上，几乎每次大的涨跌都与对冲基金的投机有关。

3．其他因素

（1）美元汇率

美元汇率是影响金价波动的重要因素之一。从长期看，金价与美元汇率之间基本上呈现此消彼长的负相关关系。一方面，黄金以美元标价，美元升值金价跌，美元贬值金价扬。另一方面，美元坚挺一般表示美国国内经济形势向好，国内证券市场投资旺盛，黄金投资的价值相对削弱；而美元汇率下降则往往与通货膨胀、股市低迷等有关，黄金的保值功能此时会比较明显地体现出来。

（2）各国的货币政策

当某国采取宽松的货币政策时，由于利率下降，该国的货币供给增加，加大了通货膨胀的可能，会造成黄金价格的上升。如 20 世纪 60 年代，美国的低利率政策促使国内资金外流，大量美元流入欧洲和日本，各国的金融机构和投资者由于持有的美元净头寸增加，出现对美元币值的担心，于是开始在国际市场上抛售美元、抢购黄金，并最终导致了布雷顿森林体系的瓦解。但在 1979 年以后，利率因素对黄金价格的影响日益减弱。

（3）通货膨胀

短期内的通货膨胀会造成货币购买力下降，从而增加对黄金保值的需求，导致金价明显上升。从长期来看，年通胀率若是在正常范围内变化，则它对金价的波动影响并不明显。从 20 世纪 90 年代以后，世界进入低通胀时代，黄金保值功能日益缩小，但是从长期看，黄金仍然是应对通货膨胀的重要手段。

（4）原油价格

黄金价格与原油价格之间存在间接关系。油价已经成为全球经济的“晴雨表”，高油价意味着经济增长的不确定性增加，以及通货膨胀预期升温，会持续推升黄金价格。

（5）国际政治局势

国际上重大的政治、战争事件都会影响金价。政府为战争或为维持国内经济的平稳而支付费用，大量投资者转向黄金保值投资，这些都会扩大对黄金的需求，刺激金价上涨。比如“9•11”恐怖组织袭击事件曾使黄金价格飙升至每盎司近 300 美元。

（6）股市行情

通常情况下，股市下挫，金价上升；股市上扬，金价下跌。这主要取决于投资者对经济发展前景的预期，如果大家普遍对经济前景看好，则资金大量流向股市，股市投资热烈，金价下降。

除了上述影响金价的因素外，国际金融组织的干预活动也会对世界黄金价格的变动产生重大的影响。

第三节　黄金市场投资

一、黄金市场的交易品种

1．实物形式的交易品种

（1）标金

标金是按规定的形状、规格、成色、重量等要素精炼加工成的标准化条状金，俗称“金条”。标金是黄金市场最主要的交易品种。按国际惯例，用于黄金市场实物交割的标金，在精炼厂浇铸成型时必须标明其成色、重量，一般还应标有精炼厂的厂名及编号等。

目前，国际黄金市场上比较常见的标金规格有：400 盎司标金、1 千克标金、111 克标金、1 盎司标金等。各国黄金市场上的标金成色也各有不同，有 99.5%，也有 99%和 99.99%。

标金的最大优点是流通性强，可以立即兑现，可在世界各地转让，还可以在世界各地得到报价；从长期看，金条具有保值功能，是应对通货膨胀的理想投资工具。

（2）金币

金币分为投资金币和纪念金币两种。投资金币又称纯金币，一般由各国政府或中央银行发行。纯金币的价值基本与黄金含量一致，价格也基本随国际金价波动。纯金币投资与金条投资一样，都是良好而安全的投资保值方式。

纪念金币是各国政府或中央银行，为某一纪念题材而限量发行的铸金货币。由于纪念金币具有相应的纪念意义，因此其价格构成除了纯金币的价格要素以外，还应考虑其历史价值、艺术价值、教育价值和收藏价值，因此其价格要比纯金币高。

（3）黄金饰品

黄金饰品具有广义和狭义之分，广义的黄金饰品是泛指含有黄金成分的装饰品，如金杯、金质奖牌等纪念品；狭义的金饰品是专指以成色不低于58%的黄金材料制成的装饰物。

从投资理财的角度看，金饰品的实用价值大于投资价值。因此，从严格意义上来讲，金饰品只是一种保值手段。

2．凭证形式的交易品种

（1）黄金账户

黄金账户是商业银行为黄金投资者提供的一种黄金交易品种，又称为黄金请求账户。黄金投资者选择黄金账户通过商业银行进行黄金买卖交易时，可在指定的资金账户上进行资金运作，在黄金账户上做交易记录，而无须进行黄金实物的提取交收。因此，黄金账户具有周转速度快、存储风险小、交易费用低的优点。

（2）纸黄金

纸黄金又称为黄金凭证，这种凭证代表了持有者对黄金的所有权，因此纸黄金交易实质上就是一种权证交易方式。常见的纸黄金类型有黄金储蓄存单、黄金交收订单、黄金证券，以及黄金账户单据等。

采用纸黄金进行交易，可以节省黄金实物交易中必需的保管费、储存费、保险费、鉴定及运输费等费用支出，有效降低黄金交易价格。而且纸黄金交易还可以加快交易速度。

纸黄金一般是由黄金市场上资金雄厚、资信良好的金融机构发行，如商业银行发行的不记名黄金储蓄存单、黄金交易所发行的黄金交收订单或大的黄金商所发行的黄金账户单据等。

（3）黄金股票

黄金股票是黄金矿业公司发行的上市或不上市的股票。由于买卖黄金股票不仅是投资黄金矿业公司，而且还间接投资黄金，因此这种投资比单纯的黄金投资或股票投资更为复杂。投资者不仅要关注黄金矿业公司的经营状况，还要关注黄金市场的行情。

（4）黄金基金

黄金基金是黄金投资共同基金的简称，即专门以黄金实物、黄金类证券或黄金类衍生交易品种作为投资对象的一种共同基金。黄金基金的投资风险较小、收益比较稳定，在通货膨胀时期有较好的保值增值功能。黄金基金还可以起到分散投资风险、稳定投资价值的集合理财作用。在黄金基金中，交易所交易黄金基金（黄金ETF）是以黄金为投资对象的ETF，它由大型黄金生产商向基金公司寄售实物黄金，基金公司以实物黄金为依托，在交易所内公开发行基金份额，销售给各类投资者。投资者可以在基金存续期内自由赎回。黄金基金已成为国际市场上受欢迎的新型黄金投资产品。

二、黄金的投资策略

1．对黄金价格知识有详细了解

黄金是货币、是商品也是投资品，其价格的形成比一般投资商品都要复杂，因此黄金投资并不像表面所显示的一样简单易操作。要对黄金进行投资，首先要对黄金价格知识有详细了解。黄金的价格受经济、货币、政治等多种因素的影响，投资者需要对这些因素有所了解才能对黄金走势有更好的把握。这些因素在市场上都有所体现，主要表现在：美元的价格走势会对黄金价格产生影响；国际原油的价格变化会对黄金价格产生影响；国际商品市场的变化会对黄金价格产生影响；除此之外，各国的货币政策等也会对黄金价格产生影响。这些因素都有很明显的外在表现，投资者要对此投以足够的重视。

2．把握技术分析要点

技术分析是指对已经产生的交易数据、价格等进行分析，以对未来的价格走向进行预测的方法。影响黄金价格的因素有很多，在对此做出分析时，应该将基础面与技术面结合才能对影响黄金价格的主导因素有更准确的把握。技术分析能够适用于任何时间尺度与交易媒介。比如在从事黄金的大宗商品交易时，技术分析可不受单一品种市场的局限同时对多种商品进行跟踪。通过对不同品种的跟踪，投资者可以选择机会最好或者把握性最高的品种进行交易，提高胜算。

3．结合自身实际情况选择投资品种

在黄金投资中，投资者要明确自己的投资方向，并结合自身实际情况选择适合自己的投资品种。投资者要从黄金商品的交易渠道、交易成本、流动性、定价系统、加工成本以及其他方面进行综合考量。通常情况下，实物黄金几乎适合所有的投资者做投资，普通投资者也一样；纸黄金适用于具备一定资金能力并且具有一定风险承受能力的投资者；黄金衍生品适合风险承受能力较强或者具有较强风险偏好的投资者；黄金期货则适应于具有一定专业能力和较高风险承受能力的投资者。投资者要对投资需要、投资方向与偏好做出综合考量，确定投资产品并选择口碑较好的投资平台进行交易，并且要持续保持良好心态。

4．分散投资并合理控制资产比例

每一个投资者都是厌恶风险的，而降低风险的有效方法就是分散投资。根据资产组合理论，组合资产间的相关性越小，组合资产风险也就越低。黄金的投资不但要考虑横向分散投资，也要考虑纵向分散投资。所谓横向分散，是指投资者在投资黄金的同时，还应该横向考虑股票、基金、债券、定期存款等其他投资产品。所谓纵向分散，是指在投资黄金的过程中，可以选择多种黄金投资品，如实物黄金、黄金期货、商业银行推出的纸黄金等其他黄金理财产品，根据自身的风险偏好和承受能力，选择适合自己的资产组合，并根据市场情况，合理调配各种投资品的权重。

5．理性长期的持有

由于风险承受能力，资金量有限和市场信息不对称等客观原因，一般的个人投资者很难准确预测黄金的价格变动趋势，更有投资者采用购买“巴菲特股票”方式（即将资产按伯克希尔哈撒韦公司公布的投资组合或持有比例选择股票）投资黄金，最终造成损失。在客观市场环境下，个人投资者应理性抑制投机冲动，将黄金在整个资产配置中控制在 20%～25%的比例，并采取稳健及长期的持有方式，才能最大程度发挥黄金保值增值的作用。

6．多重思路投资

由于国内金融市场交易机制仍不健全，使得国内投资者在进行投资的时候往往仅采纳“多头策略”，也就是低买高卖的单向操作。而在上海黄金交易所交易的黄金延期交收产品，以及上海期货交易所交易的黄金期货合约，都是带有做空机制的双向交易品种，这为投资者在投资时提供了多空双向操作的可能。做空是指在预期行情下跌时，投资者先行售出合约，后再低价买入合约平仓，获取差价利润。在黄金市场上，当市场上出现明显的金价下跌行情或带动金价下行的消息，投资者可以通过做空来实现盈利。而在黄金价格变动不明显的情形下，投资者也可以在购入现货黄金的同时，在期货市场做空等量的黄金期货合约，这样在金价上升时，实物黄金的上涨可以弥补空头期货合约的损失；而在金价下跌时，空头期货合约的盈利可以补偿现货黄金价值的损失，从而实现套期保值操作。

复习思考题

一、判断题

1．金的工业需求主要来自黄金首饰制作业。

2．黄金市场上的黄金交易具有二重性，即一方面属于国际贸易性质，另一方面属于国际金融性质。

3．伦敦黄金市场上的黄金现货交易价格，分为定价交易和报价交易两种。报价交易是世界黄金行市的“晴雨表”。

4．布雷顿森林体系是以美元为中心的国际货币制度。

5．当外汇市场美元汇价出现波动时，国际市场上的黄金价格就会相应地出现同方向波动。

二、单向选择题

1．以下价格中，最能反映黄金的内在价值的是（　　）。

A．生产价格　　B．市场价格　　C．准官方价格　　D．投机价格

2．下列不属于纸黄金的是（　　）。

A．黄金账户　　B．黄金储蓄存单　　C．黄金证券　　D．黄金账户单据

3．标金的最大优点是（　　）。

A．规格标准　　B．成色高　　C．流通性强　　D．价格稳定

4．以下黄金市场中，属于无形市场的是（　　）。

A．伦敦　　B．芝加哥　　C．中国香港　　D．新加坡

三、名词解释

生产价格　市场价格　准官方价格　标金　金币　黄金账户　纸黄金　黄金基金
黄金一级市场　黄金二级市场

四、简答题

1．黄金市场的特征有哪些？有哪些功能？

2．国际黄金市场是怎样分类的？

3．黄金价格有哪些类型？

4．黄金市场主要的交易品种有哪些？

五、论述题

1．论述黄金价格的影响因素。

2．论述黄金的投资策略。

六、拓展阅读

1．全球经济向好，贵金属夹缝求生？（http://www.91jin.com/Gxyj/detail/i/36012.html.）

2．国际黄金市场发展趋势概述（http://www.doc88.com/p-2082064880533.html）.

3．黄金市场连续三周收跌 上海期金回到近 4 个月低点(http://www.sh.xinhuanet.com/2016- 10/17/c_135759852.htm).

扫描二维码阅读文章

第六章　抵押与证券化市场

学习目标：

了解抵押贷款的定义、类别，以及抵押贷款中的参与方；

掌握抵押贷款中的固定抵押贷款和可调利率抵押贷款，包括利率的确定及其风险特征，并通过两者的比较，认识到各自的优势，知道如何分别从借款人角度进行选择；

重点掌握在抵押贷款市场上交易的转手抵押贷款证券、担保抵押贷款证券、剥离抵押贷款证券的概念和运作流程；

详细了解资产证券化的内涵、特点、发展历史和趋势，掌握资产证券化的作用和操作原理；

通过美国、英国、法国、中国香港的住宅抵押贷款证券化的例子，了解我国住宅抵押贷款证券化市场的发展情况。

第一节　初级抵押市场

一、基本概念

1. 初级抵押市场

初级抵押市场是产生和形成抵押贷款关系的市场。在抵押贷款关系中，享有抵押权的债权人称为抵押权人；提供担保财产的债务人或第三人，称为抵押人；抵押人提供的担保财产，称为抵押物或抵押财产。在初级抵押市场中，借款人向抵押贷款机构申请抵押贷款，抵押贷款机构经过审查借款人信用，即向其提供贷款，形成抵押贷款债权债务关系。初级抵押市场是二级抵押市场的基础，它与二级抵押市场一起组成抵押市场。

2. 抵押贷款

抵押贷款是指将借款人或第三人的房屋、土地和其他不动产作为抵押物发放贷款。当债务人不履行还款责任时，贷款人有权按照法律规定处理抵押物，以所得价款优先受偿。

抵押的最初贷款人称为抵押发起人，抵押贷款的发起人可以是储蓄机构、商业银行和抵押银行，也可以是人寿保险公司、养老基金等。

抵押贷款占用大量的资金，且占用时间长，因而对金融风险的防范十分重要。为防范抵押贷款所产生的金融风险，可以采取以下 4 种措施：① 对借款人施以严格的资信调查；② 加强对抵押物的评估管理；③ 抵押贷款的担保，是指由债务人或债务人委托的第三人向债权人做出的保障其债权实现的承诺；④ 抵押贷款的保险，是指投保人根据合同约定向保险人支付保险费，保险人对合同约定的事项承担给付保险金责任的行为。

二、固定利率抵押贷款

固定利率抵押贷款是被广泛运用的最基本的抵押贷款方式。根据付款方式的不同，固定利率抵押贷款可分为：固定还本的抵押贷款（Constant Amortization Mortgage，CAM）、固定支付的抵押贷款（Constant Payment Mortgage，CPM）、累进支付的抵押贷款（Graduated Payment Mortgage，GPM）。

1. 固定还本的抵押贷款

固定还本的抵押贷款是最早出现的长期抵押贷款方式。固定还本抵押贷款的特点是定期、定额摊还本金。由于每期的贷款余额以定额减少，因此每期支付的利息也相应地减少。固定还本抵押贷款的每期还款额可通过如下公式计算得出：

$$每期还款额=\frac{贷款总额}{(贷款年限\times每年还款期数)}+\frac{当年期贷款余额\times年利率}{每年还款期数}$$

如果每年还款期数为 12，则

$$每期还款额=\frac{贷款总额}{(贷款年限\times12)}+\frac{当期贷款余额\times年利率}{12}$$

每期还款额由两部分组成：一部分是清偿的本金，它等于将贷款总额按期均摊，这部分是固定的；另一部分是当期应付的利息，这部分按一定的速率逐期递减。

固定还本的抵押贷款方式并不很流行，这是因为：一方面，虽然每期固定偿还本金，但每期偿还的本息总额并不固定，造成诸多不便；另一方面，每期还款额呈递减趋势，而借款人的付款能力大多会随着时间的延续而逐渐增加，两者之间存在着明显的不匹配。

2. 固定支付的抵押贷款

固定支付的抵押贷款是现在世界上最为普遍的抵押贷款方式。它与固定还本的方式相似，利率在贷款期间固定不变，所不同的是每期还款额是固定的。

固定支付抵押贷款的每期还款额可通过如下公式计算得出：

$$每期还款额=贷款总额\times\frac{年利率/每年还款期限}{1-(1+年利率/每年还款期限)-每年还贷期限\times贷款年限}$$

固定支付抵押贷款中，在贷款初始阶段，每期还款额中大部分为利息支出。随着贷款余款的减少，每期还款额中的利息支出部分逐渐减少，还本部分逐渐增多。在这种支付方式下，贷款利率越高，贷款本金的清偿速度就越慢。

固定支付的抵押贷款，由于其每期还款额是固定的，因而易于操作。在期初时固定支付方式的付款要远低于固定还本方式，因而有利于吸引更多的借款人。正因为有这些优点，固定支付的抵押贷款被广泛使用。

3. 累进支付的抵押贷款

累进支付的抵押贷款是为降低通货膨胀对借款人付款能力的冲击而创造出的一种新的抵押贷款方式。累进支付的抵押贷款是指适当降低现期的每期还款额，然后根据预先设置的比率逐步提高，若干年之后再转化为固定支付的抵押贷款。

累进支付的抵押贷款的优点在于减轻了借款人的期初负担，并且累进增加的每期支付额能较好地与借款人的收入递增趋势相匹配。适用这种方式的前提条件是借款人的收入必须稳步增加。

但使用累进支付的抵押贷款方式，会出现一种负分期付款（negative amortization）现象。在累进支付的抵押贷款中，在支付初期，每月付款额不足以清偿当月贷款利息，未被清偿的利息就会自动增加到贷款本金当中，于是随着付款次数的增加，贷款本金不是减少，而是逐月增加。

值得注意的是，在负分期付款引起贷款余额增加的同时，抵押品的市场价值也可能增加。因此，贷款人仍享有一定的“安全边界”（margin of safety），即抵押品市场价值超出贷款余额的部分。即使发生违约，通过处置抵押品，仍能收回相应的贷款余额。但是，与固定还本方式和固定支付方式相比，累进支付方式的安全边界要小得多。因而，累进支付方式有更大的贷款风险。

4. 三种固定利率抵押贷款方式的比较

（1）支付方式的比较。固定还本抵押贷款、固定支付抵押贷款和累进支付的抵押贷款的支付方式是不一样的。固定还本抵押贷款的每期还款额是逐年减少的，固定支付抵押贷款的每期还款额是在贷款期内固定不变的，累进支付的抵押贷款的每期还款额在起初一段时期内按一定速度递增而在后一段时期内保持不变。尽管三者的支付方式不同，但其收入流的现值是完全相等的。

（2）贷款余额的比较。在还贷期间，由于固定支付抵押贷款月清偿本金的比率低于固定还本抵押贷款，因此，固定支付抵押贷款的余额总是大于固定还本的抵押贷款，而且，其递减的速度也相对较慢。累进支付的抵押贷款由于存在负分期付款现象，这使得抵押贷款余额在初始的一定时期内不是减少反而是增加了。

三、可调利率抵押贷款

1. 可调利率抵押贷款的提出

可调利率的抵押贷款（Adjustable Rate Mortgage，ARM）是依据市场利率指数不断调整的抵押贷款方式。随价调整的抵押贷款反映的是以往通货膨胀率的变化，因而存在着时间滞后等方面的问题。与此相比，市场利率指数反映的是未来的实际利率、通货膨胀率和各种金融风险等综合因素，因而更适合作为调整抵押贷款利率的依据。

可调利率的抵押贷款以利率指数化为特征，并具备许多的特征变量：① 初始利率；② 调整周期；③ 利差；④ 上限；⑤ 下限；⑥ 负分期付款；⑦ 贷款费用率；⑧ 提前付款权。可调利率的抵押贷款的各特征变量可灵活组合，构成了多种可选择的组合方式。以下介绍三种基本的组合方式。

（1）分期付款额和利率均无上限的方式。最简单方式的可调利率的抵押贷款是对分期付款额和利率的变化均不设置上限的情况，在这种情况下，分期付款额随着利率的变化而变化。

这种调整可以将利率的风险转嫁给借款人。但由于不设上限，借款人支付额的变化幅度可能很大。若支付额超出其收入和实际资产的支付能力，会造成拖欠贷款等问题，同样也会使贷款人陷入呆账坏账过多的困境。

（2）设付款额上限并要求负分期付款的方式。此种方式的可调利率的抵押贷款是对分期付款额的增幅设置上限，并且要求负分期付款。

由于未来利率波动可能引起分期付款额的增幅过大，从而使得借款人难以承受，于是借贷双方可在贷款合同中对分期付款额的增幅设置一定的上限。由此出现的每期还款额与每期应付利息的差额，按复利计算出负分期付款的数额，并将其加到贷款余额中。利用这种方式，贷款人承担了比上一种支付方式更大的风险。

设置支付上限和实行负分期付款制度，是可调利率的抵押贷款较常用的方法。支付上限在某种程度上减少了借款人的利率上升风险，但贷款人却要承担由负分期付款所带来的损失，因而贷款人往往会要求调高初始利率。

（3）设利率上限的方式。此种方式的可调利率的抵押贷款是对利率的增幅设置上限的可调利率抵押贷款。

由于设置了利率增幅上限，当综合利率（利率指数＋利差）大于利率上限时，每月实际付款额将根据该上限来计算，不存在负分期付款。此时贷款人将损失超过上限部分的利息。为防止这种利率风险，这种方式的初始利率比以上两种方式都要高。但在还贷的中后期，抵押贷款利率因为有利率上限的限制，可能趋低。

2. 随价调整的抵押贷款

随价调整的抵押贷款（Price Level Adjusted Mortgage，PLAM）是金融机构为了减少通货膨胀和其他风险对贷款收益的影响，从而采取按物价水平来调整贷款利率的一种抵押贷款方式。

这种抵押贷款方式的基本思路是用反映通货膨胀率的某种价格指数对贷款余额加以校正。最早被用来校正抵押贷款余额的指数就是物价指数，但用得最多的价格指数是消费者价格指数，即CPI。

随价调整的抵押贷款的优点有：① 它能够使初始付款低于固定利率抵押贷款，从而能吸引贷款；② 贷款利率随着市场的变化而不断地进行调整，减少了贷款人因利率波动等因素所带来的风险，当然也同时减少了借款人因利率向下波动可能蒙受的损失。

但是，随价调整的抵押贷款也存在一些缺陷：① 在抵押贷款按市场消费价格水平进行调整时，存在着不准确性；② 当借款人的还贷能力不能随价格水平上涨而提高时，或不能以相同的幅度上升时，会增加借款人还贷的困难；③ 价格指数的统计是建立在历史数据基础上的，反映的是过去的情况，这会引起贷款余额调整的滞后。

虽然与固定利率抵押贷款相比，随价调整的抵押贷款更能够使贷款收益与储蓄成本相匹配，但由于存在上述问题，这种方式未能得到广泛利用。

3. 可调利率的抵押贷款

固定利率抵押贷款在各国得到广泛的应用，但在很长的还贷期限内，市场环境的变化会带来许多问题，因而提出了可调利率抵押贷款。

（1）通货膨胀率的不确定。固定利率抵押贷款的利率是以贷款人对未来利率变动的估计为基础的，但未来市场的通货膨胀率带有不确定性。这种难以预测的变动，无论对于借款人还是贷款人都意味着很大风险。

（2）存贷利差空间的变化。由于长期抵押贷款利率固定不变，而短期的存款利率却时刻在变。如果存款利率上升，贷款利率与存款利率之间的差额将缩小，甚至出现存贷利率倒挂的问题，一旦出现这种情况，就会使银行陷入收不抵支的困境。

（3）存贷期限的不匹配。银行的贷款资金多来自居民储蓄，其期限一般较短，而银行发放的抵押贷款一般期限相当长。这种存贷期限的不匹配，会给银行带来信贷资金不足的问题，引发流动性危机。

总之，固定利率抵押贷款方式存在一定的缺陷，它不能顺应市场的变化而及时调整，可调利率抵押贷款就是应这种变化的需要而产生的。这种抵押贷款以特有的浮动利率和灵活支付方式，将风险在借款人和贷款人之间分配，它能更好地顺应市场变化，满足人们不同的风险偏好。

第二节　抵押证券化市场

一、基本概念

1. 二级抵押市场

二级抵押市场是对初级抵押市场上产生的抵押贷款进行买卖的场所。抵押贷款产生以后，抵押贷款机构出于各种需要将贷款关系转让出去，由第三者购买。第三者购买到抵押贷款，将抵押贷款进行组合包装，并以该组合为支撑，发行抵押证券，收回投入。抵押贷款组合所收取的本息偿付扣除服务费用后转交给抵押证券持有者。

从广义上来说，二级抵押市场包括：① 向抵押贷款机构提供以抵押贷款为担保的信贷支持；② 抵押贷款机构创造抵押贷款后，将其整体或部分出售给投资者，债权关系发生转移，与之相关的风险也随之转移给投资者；③ 抵押贷款证券化。

2．抵押贷款证券化市场

抵押贷款证券化是二级抵押市场为初级抵押市场提供抵押资产流动性的主要方式，我们将着重介绍抵押贷款证券化市场。

在抵押贷款证券化市场中，抵押贷款机构出售证券后，或投资者购买抵押贷款后，以所持有的抵押贷款为基础，发行抵押支持证券。抵押支持证券一般采取特殊的信用提高方式，可以针对不同目的的投资者设计证券，证券的流动性高，因而能够为投资者所接受。

二、转手抵押贷款证券

1．转手抵押贷款证券的概念

转手抵押贷款证券（mortgage pass through securities）是抵押贷款证券最基本的形式之一。转手抵押贷款证券，简称转手证券，也称过手证券，代表着对一个抵押贷款组合及其还款流量的直接所有权。由于相应的抵押贷款组合归投资者所有，因而转手证券不是发行人的债务，不出现在发行人的资产负债表上。抵押贷款的管理人按期收取借款人偿还的利息和本金，在合理扣除费用后，将剩余部分“转手”给投资者。

2．转手抵押贷款证券的运作方式

转手抵押贷款证券的基本运作方式大体上有三个环节：① 证券发行商从抵押贷款银行、商业银行和其他信贷机构购买抵押贷款，将若干种抵押贷款组合形成一个集合；② 证券发行商以这些抵押贷款组合为担保，以这个集合的抵押贷款的本利收入为基础，发行抵押贷款证券；③ 该抵押贷款证券的发行商负责或委托其他机构收取抵押贷款本金和利息，并在扣除服务费和担保费等成本之后，将抵押贷款的本息收入全部“转手”交给抵押证券的投资者。

在具体运作过程中，需要有各方的参与和配合，如抵押银行、商业银行、储蓄贷款机构、证券商经纪人、人寿保险公司、养老基金等。

转手抵押贷款证券运作的关键是如何保证抵押贷款的收入流与证券投资者的收入相匹配，它不仅影响着证券发行机构的信誉和收益，也影响着投资者的信心和收益，从而影响着整个抵押证券化市场的发展。

3．固定利率的转手抵押贷款证券

转手抵押贷款证券分固定利率抵押贷款证券和可调利率抵押贷款证券。固定利率抵押贷款证券是基础，我们将重点介绍。

固定利率的转手抵押贷款证券的收入流主要由两部分组成：抵押贷款的本金收入和贷款的利息收入。证券投资者的收入是从每期还款额中扣除担保服务费后的本息收入。由于担保服务费是按贷款余额计算的，并从每期应付利息中扣除，所以，当贷款余额下降时，服务费的支付也随之下降，而支付给证券投资者的部分将随之上涨。

在有提前还贷的情况下，固定利率的转手抵押贷款证券的收入流中还包括了提前还贷的收入。提前还贷额具有不确定性，因而会造成收入流的波动。

4．提前还贷风险预测

借款人提前偿还原有的贷款，会导致抵押贷款收入流突然增大，使原来贷款的平均期限缩短，不仅会影响证券投资者的收益，而且会影响整个市场的稳定性。

为了防止提前还贷给投资者带来的损失，对贷款的提前还贷风险进行预测具有十分重要的意义。证券发行机构在转手证券的设计中，可根据组合中抵押贷款的种类和特点，采取一定的方法来预测提前还贷风险。

（1）有条件的提前偿付率。有条件的提前偿付率假定抵押组合中剩余本金的一部分在抵押的剩余期限内每月提前偿付。一个组合的假定的提前偿付率被称为有条件的提前偿付率（conditional prepayment rate，CPR），它是以该抵押组合的特征为基础的，主要是依据历史上的提前偿付率和对未来经济环境的预期。

有条件的提前偿付率是年提前偿付率，如果需要计算月提前偿付率，可用以下公式换算：

月提前偿付率 ＝1－(1 年提前偿付率）1/12

月提前偿付额＝月提前偿付率×（月初余额-当月本金支付）

（2）提前偿付基准（PSA 基准）。提前偿付基准是用每月计算的一系列年提前偿付率表示。假定一个 PSA 基准有以下的 CPR：第一个月的 CPR 为 0.2%，以后的 40 个月每月增长 0.2%，达到每年 8%时，以后剩余年份均为 8%。

三、担保抵押贷款债券

担保抵押贷款债券（Collateralized Mortgage Obligations，CMO）是以抵押贷款组合为基础发行的多种期限、多种利率、多种组合的抵押证券。它吸引了众多机构投资者，存款金融机构热衷于期限短、抗利率功能强的抵押证券，以满足其调整资产组合、抵御市场风险的需要；而老年基金和保险公司则偏爱期限长、收入稳定的证券品种。

1. 顺序支付

顺序支付（Sequential Pay Classes，SPC）的 CMO 由两级或两级以上的证券组成，证券可以是固定利率，也可以是浮动利率。顺序支付的 CMO 的最大特点是其本金的支付方式是按证券组别的排列次序 A、B、C、…、Z 进行的，只有当 A 级证券获得本金支付后，B 级证券才有资格获得本金收入，以此类推。

在顺序支付的 CMO 中，Z 级证券多为无息证券，这不是指 Z 级证券没有利息收入，而是指只有在其他各级证券都获得本金和利息收入之后，Z 级证券才可获得本金和利息收入。

在证券组合中的各种证券，其期限、利率和发行金额都有所不同。其中，Z 级证券的利率高于 A、B、C……级证券的利率，有的甚至高于抵押贷款资产组合的利息率。由于 Z 级证券的发行金额占证券发行总额的比例一般不大，这样发行债券的加权利率仍低于抵押贷款组合的利息标准，因而发行商仍可获利。

顺序支付的担保抵押贷款债券为投资者提供了多种选择。如在一组多级证券中，A 级证券的期限最短，可满足商业银行和货币市场基金等短期投资的需求；Z 级证券的期限较长，能满足共同基金等长期投资的需求；而 B、C 等级证券则是中期投资的理想工具。

2. 按计划分期支付

按计划分期支付（Planned Amortization Classes，PAC）的担保抵押贷款债券，是根据市场利率走势和组合中贷款的特点，通过预期最高和最低提前还贷比率来把握证券收入流的总体变化。按计划分期支付的 CMO 由按计划分期支付证券和辅助证券组成。只要实际提前还贷比率在最高和最低提前还贷比率范围内，组合中按计划支付证券就能按预订的安排获得全部本金和利息收入。

辅助证券要承受市场变化的风险，一种风险是萎缩风险，即提前还贷比率高于预订计划，造成本金支付大于计划的还贷额和证券平均期限的缩短；另一种风险是延期风险，即提前还贷比率低于预订计划，造成本金支付小于计划还贷额和证券平均期限的延长。

按计划分期支付的 CMO 可以用不同的组合方式组成。可以由一个按计划分期支付证券和一个辅助证券组成，也可以由多个按计划分期支付证券和一个辅助证券组成，还可以由多个计划分期支付证券和多个辅助证券组成。多种组合方式可以满足投资者对期限、风险程度的不同偏好，从而更好地顺应市场的变化。

值得注意的一点是：辅助证券的保护能力是有限的。只有当收入流在一定波动范围内，辅助证券才能有足够的实力吸纳收入流中多余的部分或弥补收入流中不足的部分。但当超出了既定的浮动范围时，辅助证券就会过早退出，那时整个证券设计的结构和收益将随之发生变化。

3．定向支付的担保抵押贷款债券

定向支付的担保抵押贷款债券（Targeted Amortization Classes，TAC）也是一种有稳定收益的抵押证券。它也由一个或多个辅助证券承担组合风险，这点与按计划分期支付的担保抵押贷款债券相似。

但与按计划分期支付的 CMO 不同的是，定向支付的担保抵押贷款债券是按提前还贷的最高比率设计的，它只能防范提前还贷比率高带来的萎缩风险，而不能防范提前还贷比率低所造成的延期风险。也就是说，按计划分期支付的 CMO 具有抗拒萎缩风险和延期风险的双重功能，而定向支付的 CMO 只具有抗拒萎缩风险的单项功能。

四、剥离抵押支持证券

剥离抵押支持证券（Stripped Mortgage Backed Security，SMBS）指把现金流的利息和本金分开，同时发行两种利率不同的债券，资产组合产生的现金流分别按不同比例支付给两类债券的持有者。剥离的形式主要有：纯本金债券（Principle Only，PO），指零息的转手证券；纯利息债券；（Interest Only，IO）指以按揭资产现金流中的利息部分支付本金的转予证券。

由于这两种证券有不同的特点，可成为投资者进行套期交易的工具。纯利息证券的收入流在还贷初期比较大，并随着贷款余额的下降而递减，投资者在市场利率看涨时多选择纯利息证券；纯本金证券的收入流在还贷初期比较小，但随着贷款余额和利息支付的下降而呈现增长的趋势，当投资者预期市场利率走低时多选择纯本金证券，以减少未来市场利率下降带来的风险。

第三节　资产证券化市场

一、基本概念

1．资产证券

资产证券化是近 30 年来国际金融领域最重要的金融创新之一。它首先出现在美国，经过多年的发展，资产证券化已成为美国资本市场最重要的融资工具之一，美国资产证券化市场也成为规模超过联邦政府债券市场的固定收益债券市场。

广义的资产证券化是指一种满足资金供需双方需求的金融工具，从而使得资金需求者及时获得所需资金，资金供给者借此获取合理报酬的资金融通过程。狭义的资产证券化是指为提高金融资产的流动性，以金融资产为担保，设计、发行证券，公开销售给一般投资者，从而实现筹措资金目的的过程。

经济学家加德纳对资产证券化的定义是，使储蓄者与借款者通过金融市场得以部分或全部匹配的一个过程或工具。这个定义强调了资产证券化是一种以市场为基础的信用中介，这与机构中

介不同。开放的市场信誉通过金融市场取代了由银行或其他金融机构提供的封闭市场信誉。

资产证券化是抵押贷款证券化的延伸。在金融创新的浪潮中，受抵押贷款证券化的启发和影响，资产证券化近年来在金融市场上悄然兴起。资产证券化与抵押贷款证券化有相似之处：它们都是将某种有稳定收入流的资产聚集起来，形成一个资产组合，然后以此为基础发行证券。但资产证券化比抵押贷款证券化包含的内容更加广泛。

2. 资产担保证券

资产担保证券是以有稳定收益的金融资产或非金融资产为担保，以形成的资产组合为基础所发行的证券。适合资产证券化的资产种类很多，既可以是金融资产，如汽车贷款、信用卡应收款和住宅产权贷款，也可以是非金融资产，如收费公路和客机租赁等。

世界上第一个资产担保证券是在 1985 年 3 月由美国一家金融租赁公司以 1.92 亿美元的计算机租赁票据作为担保品发行的。在这之后各种资产支持证券相继问世，如汽车贷款担保资产证券、联营公司票据支持证券、贸易应收款支持证券、消费者贷款支持证券等，种类繁多。

目前，发行额最大的三种资产担保证券是：汽车贷款担保资产证券、信用卡担保资产证券、住宅产权担保资产证券。

二、资产证券化的作用

资产证券化主要有以下几种作用。

（1）提供新的融资方式和融资渠道。对于发行机构来说，资产证券化提供了一种新的融资方式和融资渠道，适应了金融市场发展的需要。

资产证券化把资产分离出来并把它们用做证券发行的担保品，这样能使发行者以较低的筹资成本获得资金。因为此时投资者更为关注基础资产组合的信用质量，而不仅仅是资产担保证券发行者的信用质量。

（2）解决资产与负债期限结构的匹配问题。对于银行等存款性机构来说，其资金来源即负债主要是短期存款，而发放的贷款一般期限较长，从而造成资产与负债期限结构之间的不匹配，也就是以短期负债支持长期资产的问题。

当利率提高时，金融机构的筹资成本会上升，而投资的资产利率由于受到合约的限制而不能随意调整，这就使金融机构面临很大的风险。通过资产证券化，金融机构可以实现资产负债期限结构的匹配，也就解决了短存长贷的矛盾。

（3）提供新的投资工具。对于投资者而言，资产证券化提供了多品种的、多组合的新型投资工具。由于不同投资者的风险偏好和对投资期限的要求是不同的，因而资产证券化所提供的多种选择能更好地满足投资者的需要，并能顺应市场的发展。

（4）有效地规避风险。在资产证券化过程中，通过资产汇集降低了资产组合中的系统性风险；通过资产转让，将集中的风险转移和分散到资本市场上；通过划分风险档次，将不同信用级别的资产证券匹配给不同风险偏好的投资人。由此形成一个有效规避风险的体系。

进行证券化的资产一般是流动性较低的资产，金融机构若将大量资金投入此类低流动性资产，会面临较大的流动性风险。资产证券化将流动性较低的资产转变为流动性较高的证券，使金融机构可不断获得新的资金来源，降低了金融机构流动性风险和破产风险。

三、常用的资产担保证券

1. 汽车贷款担保资产证券

美国的马林·米德兰银行在 1985 年 5 月发行了汽车贷款担保资产证券，这是世界上第一笔由汽车贷款担保的资产担保证券。

汽车贷款担保资产证券可以通过汽车制造商的金融分支机构、商业银行或独立的财务公司和较小的专事汽车贷款的金融机构来发行。

汽车贷款担保资产证券的借款人可以按计划偿还本金和支付利息，也可以提前偿还。汽车贷款担保资产证券的提前偿还的原因可能有：出售旧车换新车的需要、汽车因事故而破损和在利率下降时贷款的重新融资等。尽管有多种原因会造成贷款的提前偿还，但事实证明，汽车贷款担保资产证券的现金流并没有很大的不确定性。在实际生活中，汽车贷款不仅提前还贷的风险小，而且坏账的比率比较低。

在一些发达国家，汽车贷款普及率高、贷款规模大、违约率低、收入流稳定。 汽车贷款的期限通常为 3～8 年。借款人可以按期支付贷款本金和利息，并允许提前还款，构成了汽车贷款担保资产证券的收入流。以汽车贷款担保的资产证券的期限多为 1～5 年期，发行商按期支付给证券投资者的本息收入，构成了汽车贷款担保资产证券的支出流。汽车贷款担保资产证券是一种受投资者欢迎的金融工具。

2. 信用卡担保资产证券

信用卡担保资产证券在 1987 年 1 月被首次推出，作为融通资金的一种方式。信用卡担保资产证券向其持有人定期支付利息。与汽车贷款担保资产证券相比，本金不是分期支付，而是在规定的期限，信用卡借款人的本金支付通过受托人而保留和重新投资到其他应收款。规定期限之后，本金不再重新投资只是支付给投资者。

在信用卡普及率高的国家，平均每 2～3 人就有一个持卡人。以巨大的信贷余额为基础发行的资产证券，具有很强的信用基础。信用卡的持有者按月支付所欠款项，信用卡证券发行者便可用以保证信用卡担保资产证券的投资者按月得到利息收入，并按约定的期限得到本金收入。通常，愿意获得高收益并承担高风险的投资者，可以选择期限长的信用卡担保资产证券；反之，则选择期限短的信用卡担保资产证券。

3. 住宅产权担保资产证券

住宅产权担保资产证券是由一组住宅产权贷款作为担保的资产证券。住宅产权贷款（HEL）可分为封闭式的和开放式的。封闭式的住宅产权贷款是以与固定利率、完全分期付款的住房抵押贷款相同的方式构建的住宅产权贷款。开放式的住宅产权贷款是一种产权贷款，在此贷款中，根据借款人在其财产中的产权数量，房屋业主能够在一定期限内在规定额度借入资金。房屋业主被给予了一个信用额度，可以开支票或可以在信用额度内使用信用卡。在贷款期限末，房屋业主可以一次性支付以偿还所借数额，或分期偿还未偿余额。

四、信用提高

信用提高是资产证券化市场迅速发展的催化剂，是降低证券发行整体风险的媒介。为了保证投资者能够获得其应得收益，信用提高措施被广泛采用。

在实际操作中，根据资产证券化交易的不同特点，可采用不同的信用提高方法或者混合使用。按照信用提高来源，可以将信用提高分为内部信用提高和外部信用提高。

1. 内部信用提高

内部信用提高是指由发行人提供的信用提高。

（1）超额抵押。发行人用以担保发行证券的资产价值超过所发行证券的面值，一旦出现违约现象，只要损失限制在担保的资产价值与发行证券价值的差额以内，对投资者就不会造成损失。

（2）担保。由发行人为其发行证券的偿付提供保证，也就是承诺当用以担保发行证券的资产发生支付短缺时，发行人会被要求支付短缺的金额。但是这一方式受到发行人资信评级的限制。

（3）直接追索权。这是发行人提供的信用提高措施中最简单、最直接的一种。也就是发行人允诺在资产售出后一定条件下承担回购的义务或承担一定的担保责任。直接追索权又可以分为两种形式：一是承担回购义务，即发行人承诺购回所有的或特定数额的违约应收款项；二是承担担保，对资产的全部或部分付款义务做出担保。

（4）储备金账户。由发起人设立专门的储备金账户，一旦出现违约导致损失而无法按期偿还投资者利息和本金时，就从储备金账户中提出资金偿还投资者本息。储备金的来源很多，超额抵押可以通过储备金账户的形式设立，即在转让资产时特别留出一定金额作为储备；也可以由发起人设立储备基金。

（5）优先/次级划分。资产证券化经常涉及优先及次级证券的同时发行。在多种级次结构证券的情况下，获得本金支付分配的权利按其优先顺序进行排列。次级证券一般由发起人持有，这样违约损失先由发起人承担，当损失超过发起人持有的额度之后，才由投资者承担，从而利用这种方式来提高信用等级。

2．外部信用提高

外部信用提高是指由发起人之外的第三方提供的信用担保。

（1）担保、信用证和保证契约。这是第三方信用提高最普通的方式。参与担保的机构有金融担保公司、保险公司、银行等。此种方式可以采用部分信用提高或完全信用提高的方式。部分信用提高是由银行提供的第一损失信用证担保或由保险公司提供的第一损失金融担保。完全信用提高是第三者提供100%信用证担保或100%金融担保保险，它可以完全消除投资者承担的信用风险，但它的成本非常高。

（2）现金抵押账户。使用第三方贷款资金设置现金抵押账户，以此担保相关证券的付款。使用现金抵押账户的优点有：不需要拨款的担保承诺，不受第三方机构评级的影响。但现金抵押账户在初期要求第三方注入资金，其创建费用较高。

（3）利率掉期。利率掉期是金融市场上经常使用的工具。在资产证券化中，当担保资产的利率与证券利率有所不同时，多用利率掉期。如担保资产是浮动利率，而资产担保证券却是固定利率，这时就可用掉期交易将固定利率转为浮动利率。涉及利率或汇率掉期的大部分资产证券化都要求掉期方具有评级机构最高评级。

第四节　美国、英国、法国和中国香港地区住宅抵押证券化市场

一、美国住宅抵押证券化市场

1．美国住宅抵押证券化市场的建立

美国住宅抵押证券化市场的建立始于20世纪30年代。在经济大危机中，由于资产负债期限不匹配及较长贷款期限所带来的抵押贷款的高风险得以充分暴露。美国政府认识到住宅抵押贷款市场的巨大风险是私营机构无法承受的，开始着手发展住宅抵押证券化市场。

（1）联邦住房贷款银行体系。联邦住房贷款银行体系在1932年成立。联邦住房贷款银行体系包括12个地区性联邦住宅贷款银行，由联邦住宅贷款银行董事会负责管理。联邦住房贷款银行体系的资金来源部分是由加入该体系的私人贷款机构提供，主要来源则是依靠发行债券筹集资金，然后向本系统内的住宅抵押贷款机构提供信贷支持，所提供的贷款必须以发放的抵押贷款为担保。

联邦住宅贷款银行体系通过为成员提供贷款，使资金能在全国范围内流动，为资金短缺地区的贷款机构补充贷款资金，提高了抵押贷款的流动性。

（2）住宅贷款保险计划。住宅贷款保险计划主要由两个机构来实施。第一个机构是根据 1934 年的《住宅法》成立的联邦住宅管理局，其目的是为住宅抵押贷款提供贷款保险，稳定住宅抵押市场。被联邦住宅管理局保险的贷款要求住宅抵押贷款的贷款价值比率和利率达到一个规定的水平。

第二个机构是 1944 年成立的联邦退伍军人管理局，它主要向退伍军人及其家属提供住宅融资担保。联邦退伍军人管理局的担保是一种绝对担保，一旦发生违约，联邦退伍军人管理局就对被担保贷款承担责任。该担保同样要求住宅抵押贷款符合法定的贷款价值比率和利率限制。

（3）住宅抵押证券化市场政府机构的发展。联邦全国抵押贷款协会于 1938 年成立，它的建立是为联邦住宅管理局保险的住宅抵押贷款提供一个交易市场。美国国会规定联邦全国抵押贷款协会的职能有：① 联邦保险或担保的住宅抵押贷款证券化市场的操作；② 对购买的住宅抵押贷款进行管理和清算；③ 实施联邦政府制订的特别援助计划。

政府全国抵押贷款协会成立于 1968 年，隶属城市与住宅发展部。政府全国抵押贷款协会是一个完全归属政府所有的机构，除了承担政府对中低收入居民的特别援助功能以外，还承担对其拥有的抵押贷款的管理和清算，但其最主要的职能则是为抵押支持证券提供担保。

联邦住宅抵押贷款公司是在 1970 年根据《紧急住房金融法》建立的，其目的是为住宅抵押贷款证券化市场服务。其职能有：① 促进资本由充裕地区向缺乏地区的流通；② 在信贷紧缩时期发展新的资金来源；③ 发展新的融资工具，促进私人抵押证券化市场的发展。

2. 美国住宅抵押证券化市场的运作模式

（1）住宅抵押贷款的创立。在美国，住宅抵押贷款机构主要是商业银行和储蓄性机构，包括储蓄贷款协会、互助储蓄银行，等等。由于美国拥有发达的信用体系，贷款机构对借款人进行的信用审查又十分严格。

联邦机构的保险和担保提高了抵押贷款资产的安全性。私人抵押保险近来在抵押保险市场上迅速发展。较之联邦住宅管理局和退伍军人管理局担保的抵押贷款，这种纯私人部门之间的抵押贷款称为常规抵押贷款。私人抵押保险公司在提供抵押贷款保险的方式上更为自由、灵活，使贷款机构不必受严格限制，促进了常规抵押贷款的发展。

（2）抵押贷款出售。贷款人利用联邦全国抵押贷款协会或联邦住宅抵押贷款公司提供的市场将抵押贷款转让给这两个机构。这两个机构购买抵押贷款的方式主要是竞标拍卖，在竞标中出价最高者获得购买承诺，即约定在未来某一个时间以一定的价格购买住宅抵押贷款创始人的贷款。

贷款者在这里获得的是一个卖权期权，它可以选择到期是否卖出抵押贷款。如果到期时市场利息率上升，超过约定价格，贷款者可以使用其承诺，以约定价格卖出贷款，避免损失。反之若市场利息率下降，低于约定价格，贷款人可以不使用期权而以较高的价格卖给其他买主。利用这一体系，贷款人可以有效地规避市场利率风险，灵活选择，提高了资产的流动性。

（3）住宅抵押贷款证券化。政府国民抵押贷款协会创造了第一笔转手证券，它是以担保的独户住宅抵押组合为支持的。此后储贷协会、商业银行和多种储蓄机构相继以各类住宅抵押组合为担保发行各式证券。

政府机构的介入也促进了私人抵押贷款证券的发展。私人抵押证券主要是由大型金融机构发起，它们或是购买贷款，发行证券；或是自己创立抵押贷款，再发行证券。

3. 美国住宅抵押证券化市场的创新动力

（1）期限的不匹配。商业银行和储蓄机构的资金来源基本上是储蓄存款，短存长贷的矛盾推动贷款机构寻求提高资产流动性的途径。

（2）地理的限制。美国限制银行跨州经营的规定实行了很长时间，通过贷款出售和证券化，同时购买其他银行发起的证券化资产，使资产组合的地理多元化组合，降低经营风险。

（3）Q 条款封顶利率的限制。美国金融监管 Q 条款规定，商业银行和储蓄机构的浮动利率不得超过某一上限。在通货膨胀时期，储蓄机构受 Q 条款封顶利率的限制，存款利率无法同时上涨，造成资金从储蓄机构流出。储蓄机构面临着资金大量外流的危机，单靠贷款整体出售不足以解决资产负债期限不匹配的根本矛盾，在这种情况下，住宅抵押证券应运而生了。

（4）监管因素。美国对银行业住宅抵押贷款的风险权重规定为 50%，而对联邦住宅管理局和联邦住宅抵押贷款公司发行的抵押证券的风险权重规定为 20%，因而促使银行业将本身的抵押贷款证券化，转而购买其他银行发起的、经由政府担保或资助的抵押担保证券。

4．美国次级贷款危机

2007 年 8 月开始 ，美国次级贷款问题开始初露端倪，并且引发了全球性的金融危机，产生了极坏影响，而且预计影响将持续多年。

（1）次贷危机简介

次级按揭贷款是相对于给资信条件较好的按揭贷款而言的。如果按揭贷款人没有（或缺乏足够的）收入或还款能力证明，或者其他负债较重，那么按揭贷款给这类人的房地产按揭贷款，就被称为次级按揭贷款。

次级按揭贷款与美国投资市场以及全球经济和投资环境过去一段时期持续积极、乐观的情绪有关。大家知道，进入 21 世纪，世界经济金融的全球化趋势加大，全球范围利率长期下降、美元贬值以及资产价格上升，使流动性在全世界范围内扩散，激发追求高回报、忽视风险的金融品种和投资行为流行。作为购买原始贷款人的按揭贷款并转手卖给投资者的贷款打包证券化投资品种，次级房贷衍生产品客观上有着投资回报的空间。在一个低利率的环境中，它能使投资者获得较高的回报率，这吸引了越来越多的投资者。

美国金融市场的影响力和投资市场的开放性，吸引了来自各国的投资者，大大刺激了需求的增长。面对巨大的投资需求，许多房贷机构降低了贷款条件，以提供更多的次级房贷产品。这在客观上埋下危机的隐患。事实上，不仅是美国，包括欧亚，乃至中国在内的全球主要商业银行和投资银行，均参与了美国次级房贷衍生产品的投资，金额巨大，使得危机发生波及全球金融系统。

部分美国银行和金融机构违规操作，是这场危机的一个重要原因。在美国次级房贷的这一轮繁荣中，部分银行和金融机构为一己之利，利用房贷证券化可将风险转移到投资者身上的机会，有意无意地降低贷款信用门槛，导致银行、金融和投资市场的系统风险增大。在过去几年，美国住房贷款一度出现首付率逐年下降的趋势。历史上标准的房贷首付额度是 20%，这在过去几年中也一度降到了零，甚至出现了负首付。房贷中的专业人员评估，在有的金融机构那里也变成了计算机自动化评估，而这种自动化评估的可靠性尚未经过验证。

有的金融机构还故意将高风险的按揭贷款，“静悄悄”地打包到证券化产品中去，向投资者推销这些有问题的按揭贷款证券。突出的表现是在发行按揭证券化产品时，不向投资者披露房主难以支付高额可调息按揭付款及零首付的情况。而评级市场的不透明和评级机构的利益冲突，又使得这些严重的高风险资产得以顺利进入投资市场。

自 2001 年“9•11”事件后，美联储的货币政策开始了从加息转变为减息的周期。这一阶段持续的利率下降，是带动 21 世纪以来的美国房产持续繁荣、次级房贷市场泡沫被吹大的重要因素。

而从 2004 年 6 月起，美联储的低利率政策开始了逆转；连续升息提高了房屋借贷的成本，开始发挥抑制需求和降温市场的作用，促发了房价下跌，以及按揭违约风险大量增加。随着美联储不断提高利率，房地产泡沫破裂、次贷市场贷款拖欠比例直线上升。2008 年 2 月 22 日，《纽约时报》报道，全美国将有占总数 10.3%的约 880 万个家庭的按揭面临负资产的风险，这一数字比 1 年前多了 1 倍以上，负资产按揭的价值总额约 2.6 万亿美元。美国的房价可能从峰值水平下跌 20%～30%，使 4 万亿家庭的 6 万亿美元财富消失。

2007 年七八月的时候，很多人认为次贷危机只是流动性问题，只需央行出手注资、减息，所有问题都能得到解决。但事实上，危机比预想的要严重得多。包括花旗银行和美国银行在内的很多商业银行都涉入了次贷或与次贷相关的投资领域，它们操作的资产数额相当于自身资本金的 15 倍，它们在次贷危机中的损失也在这个“杠杆效应”下被相应放大。杠杆活动在扩大动荡方面起着关键作用。某些银行和其他投资工具，包括对冲基金，由于难以定价的抵押物做担保借债能够容易地用在流动性低的市场交易中，在市场流动性蒸发的时候使情况大大恶化，导致被迫以“甩卖”价格实行非杠杆化的过程，并导致某些基金的倒闭。2007 年第三季度标准普尔 500 指数中，金融股全体收益下滑 22%，是 10 个行业里表现最差的板块。次贷危机后可能造成更多与消费相关的贷款的坏账率增加，如信用卡、汽车贷款等银行需要再次提高坏账准备金，收缩信贷；企业开始缩减开支，导致失业率增加；民众消费力减弱，美国经济丧失动力。

为了抵消危机造成的影响，美、欧央行多次注资、降息，美联储年内 3 次降息累计 100 个基点。美联储的降息政策及政府的经济刺激方案能否起到急效，人们正拭目以待。

次贷引发了美国和全球范围的一次又一次信用危机。它被有的经济学者视为“美国可能面临 1929 年以来最严重的金融冲击”。这给中国与全世界政界、经济学界人士都敲响了金融风险的长鸣警钟。

二、英国住宅抵押证券化市场

1．概述

20 世纪 80 年代以前，英国的住宅抵押贷款证券化业务没有获得多大发展，这主要是因为抵押贷款多半由住宅建设公会提供，住宅建设公会受到法律的严格限制，筹措资金的能力很有限，并有义务保持相当金额的资产，因此没有资产证券化的动机。

80 年代以后，英国掀起购置住宅的热潮，商业银行及抵押公司、住房贷款公司、抵押融资公司等均开始从事住宅抵押贷款业务，需要抵押证券化市场来融入资金，住宅抵押证券化市场就此发展起来了。

英国在 1985 年 2 月首次发行英镑抵押贷款担保证券，在卢森堡证券交易所上市。在这以后，英国抵押证券化市场迅速发展。但是，由于英国抵押证券化市场发展时间不长，与美国相比，其市场规模仍较小。

2．英国住宅抵押贷款证券

英国的住宅抵押贷款证券一般采取记名登记形式，并在伦敦或卢森堡证交所以公开募集方式发行并上市。抵押贷款担保证券期限的长短随担保抵押贷款期限而异，一般以 5～10 年为主，但如果原抵押贷款提前还款，则该抵押担保证券也必须提前清偿。英国的抵押担保证券，投资者可以按自己的需要进行选择。抵押担保证券一般以伦敦银行间拆放利率为基准而采取浮动利率。

英国的住宅抵押证券的发行市场中，发行人向原始债权人购入抵押贷款组合，再以此为担保发行抵押贷款担保证券，发行时均由证券公司承销，卖给投资人。发行市场参与者包括发行人、原始债权人、服务公司、受托人。其中服务公司负责抵押贷款担保证券本金利息的回收，以及该抵押贷款担保证券在到期日以前有关回收资金的运用管理，并负责对投资人支付本利等事务。受托人代表投资人监视发行人的资产结构，并确认服务公司是否依抵押证券有关本金利息的回收契约进行操作。

3．信用保证、会计处理及信用评级

（1）信用保证。英国没有类似美国的政府性质的抵押担保机构，其所采取的信用保证，主要由私人抵押保险机构承担。

（2）有关住宅抵押贷款担保证券的会计处理。① 出售与融资。英国会计准则委员会在1990年公布了《交易实体资产、负债的处理》草案，对有关出售的认定最少要符合下列条件之一：i. 抵押贷款转让时合同条件不变；ii. 抵押贷款转让后，原始债权人对原来持有的抵押贷款就没有了利害关系，该抵押担保证券的发行人对原始债权人无请求权；iii. 原始债权人对于转让后的抵押贷款没有买回选择权；iv. 在发行人与债务人之间的条件发生变动时，抵押贷款的转让契约应遵照变动之后的条件。② 损益认定。如果抵押贷款的转让被视为出售，那么原始债权人在会计处理时，应将账面价格与售价之间的差额作为损益处理。

（3）信用评级。英国没有建立信用评级制度，由美国两大信用评级机构标准普尔及穆迪公司进行信用评级。

4．法律规定

（1）证券交易有关法规。① 发行披露原则。按规定要做下列披露：抵押贷款证券以一般投资人为发行对象，并且在伦敦证券交易所上市时，对有关资产的结构、原始债权人、风险等资料应予以披露。② 持续披露原则。在伦敦证券交易所上市时，按规定要报送有关会计报表，并分送公司债权人。此外，每半年应提出报告，如未在伦敦证券交易所上市，则只要依公司法的持续披露原则即可。

（2）相关税法规定。关于原始债权人的会计处理方法，有出售方式与融资方式两种，税法上的处理方法也因此而不同。出售方式可免除印花税，融资方式中原始债权人支付的利息可以以损失入账，各有利弊。

在以出售方式处理时，发行人在税法上的处理又分为交易公司及投资公司两种。如果除了向原始债权人购入抵押贷款外，还向第三人追加购入抵押贷款，本身也积极进行抵押贷款，那么该公司属税法上的交易公司。如果从原始债权人那里购入抵押贷款组合，仅持有而不主动处理，则为投资公司。投资公司在享受税收优惠方面处于不利地位。

三、法国住宅抵押证券化市场

由于法国实行全能银行制，银行经营的自由度比较大，融资问题不是很严重，因而住宅抵押证券化市场的发达程度远不如美国。在法国的住宅抵押证券化市场中，互助性储蓄机构、土地银行和商业银行是主要的住宅抵押贷款机构。

1．抵押证券化市场的发展

法国在1966年建立了一个分散性的抵押证券化市场，它是由法国土地信贷银行负责管理，发行以抵押贷款为担保的证券。要经过严格的抵押贷款标准的审核，才能成为这个抵押证券化市场的成员。

在法国，抵押融资长期是由法国土地信贷银行所主导。法国土地信贷银行发行债券，并购买抵押贷款机构的抵押贷款。它既是一个竞争性的私人贷款机构，又承担一定的政府职能。

抵押证券化市场的这一体系使初级抵押贷款机构即使在管制严格的金融环境下也能从机构投资者处得到长期资金。但是，由于债券的流动性差、期限短，抵押证券化市场的融资功能未能充分发挥出来。

2．再融资抵押银行的发展

法国的再融资抵押银行建立于1985年，是一个私人机构，它由法国主要的抵押贷款银行所拥有。再融资抵押银行发行债券，购买其成员的抵押贷款，并向其成员提供以住宅抵押贷款为担保的贷款。

再融资抵押银行日前拥有超过100亿美元资产，它在功能上类似于美国的联邦住宅贷款银行系统。

再融资抵押银行的主要职能包括：对贷款机构进行审查，确定是否符合成为再融资抵押银行成员的条件；发行债券，在成员机构面临资金压力时向其提供信贷支持；如果出现用做担保的抵押贷款违约的情况时，进行抵押追索程序。

再融资抵押银行在相当长的一段时间内促进了法国住宅抵押贷款市场的发展。再融资抵押银行的优势在于拥有简单有效的运作模式和简明安全的机制。这些机制具体包括：住宅抵押贷款的标准化、超额抵押、成员机构破产拥有财产优先权、贷款和债券之间的匹配等。

四、中国香港地区的住宅抵押证券化市场

1. 概述

香港地域狭小，土地资源紧张，居民住宅需求旺盛，房地产市场一直很发达。在私人住宅总数迅速增长的同时，个人对住宅按揭需求大增，按揭贷款余额更是迅猛增长。

由于受到香港金融管理局的限制，金融机构的抵押贷款不得超过其贷款总额的40%，因此香港银行所能提供的贷款与贷款需求之间存在有近8000亿港元的供求差额。因此需要寻求一条可以出售贷款并获得资金来源的途径，按揭证券公司应运而生，从而促进了住宅抵押证券化市场的发展。

2. 香港按揭证券公司

香港金融管理局在1997年3月20日宣布香港按揭证券公司成立，它由香港政府通过外汇基金全资拥有，注册资本10亿港元。

香港按揭证券公司的运作策略分两个阶段进行。第一步依靠政府拨付10亿港元营运资本，并向退休基金及其他机构投资人发行无抵押债券筹资，以此款项来购买香港银行按揭贷款。第二步是将所购人的按揭贷款进行资产重新组合，经包装后转换成按揭证券，并为按揭证券提供担保，保证按揭证券上市后为更广大的投资者选购。

香港按揭证券公司设计了两大制度保证模式系统。

（1）业务操作模式系统。该结构为：① 银行将资金贷给借款人支付发展商或房屋买家；② 银行再将按揭资产出售给按揭证券公司；③ 按揭证券公司将收购的按揭进行资产重组后包装成按揭证券上市发行，收回收购银行按揭资产所花费的资金；④ 按揭证券公司将服务费、手续费给付银行；⑤ 投资者将按揭证券交付受托人；⑥ 受托人扣除费用后，将按揭证券全额交付按揭证券公司；⑦ 按揭证券公司将盈余资金拨入监管账户，再从监管账户中将剩余资金给付银行；⑧ 大量流动资金不断由借款人通过按揭证券公司、受托人、按揭证券投资人、资金监管账户等一系列环节，不断流向银行，为银行发展按揭贷款业务提供资金来源。

（2）具有可操作性的风险防范制度模式。该模式主要包括按揭证券发行前的按揭物业质量评估系统和按揭证券发行后的信贷评级提升系统。对按揭物业的评估主要是对经营按揭物业的公司资信和按揭资产的质量做出判断。对按揭证券信贷评级提升工具的运用会大大提高按揭证券的发行质量和速度。可供按揭证券运用的信贷评级提升工具有：楼宇保险、公司担保、第三人担保、信用证、息差专户、储备金、超额抵押等。运用这些工具，可以大大降低按揭资产的风险，增强按揭证券的信贷评级水平，吸引更多的机构投资者和私人投资者。

第五节　中国资产证券化市场的发展

我国资产证券化的起步较晚，但在监管当局的大力推进和金融机构的积极参与下，资产证券

化经历了从无到有、快速发展和不断突破的过程。这对于深化我国金融体制改革、处置银行不良贷款、化解金融风险都有十分重要的现实意义。

2005 年 3 月，国家开发银行和中国建设银行获准作为试点单位，分别进行信贷资产证券化和住房抵押贷款证券化的试点，这也标志着我国本土证券化的试点正式开始（见表 6-1）。2005 年年底，国开行 41.772 7 亿元的信贷资产支持证券和建行 30.19 亿元的个人住房抵押贷款支持证券在银行间市场顺利发行。这也是我国首批政策规范下的资产支持证券，标志着我国信贷资产证券化试点工作取得了阶段性成果，此外，2005 年还有两期专项管理计划产品面世，我国的证券化市场迈开了从理论走向实践的重要一步。

2006 年以后资产证券化市场规模不断扩大，发行品种不断增多。

表 6-1　资产证券化试点范围不断扩大 、发行流程

时　　间	资产证券化进程	资产试点范围/规模
2005 年 3 月	10 部委组成信贷资产证券化工作协调小组，信贷资产证券化试点启动	国家开发银行和中国建设银行
2007 年 9 月	第二批信贷资产支持证券试点启动	大型股份制商业银行
2012 年 5 月	信贷资产证券化试点重启，国开行、工行等发行第三批信贷资产支持证券	国开行、工行等发行第三批信贷资产支持证券/试点总规模 500 亿元
2013 年 8 月	国务院常务会议进一步扩大资产证券化试点	政策性银行、大型商业银行、股份制银行、城商行、农商行、资产管理公司、汽车金融公司、财务公司、金融租赁公司等多类银行业金融机构/新增试点总规模 4000 亿元
2014 年 11 月	银监会推出资产证券化备案制	27 家银行获资产证券化业务资格，发行产品“事前实施备案登记”
2015 年 4 月	央行公告	信贷资产支持证券发行实行注册制
2015 年 5 月	国务院常务会议	新增试点规模 5000 亿元

2014 年信贷资产支持证券发行量出现井喷。

在多项政策刺激之下， 2014 年资产支持证券发行量出现井喷，全年发行 2828 亿元信贷资产支持证券。2015 年 1～4 月，已发行 518 亿元资产支持证券，超 2014 年以前全年发行量。另外，可证券化的基础资产类型也不断丰富，租赁租金、信用卡应收款、不良贷款等都在逐步加入证券化行列。未来，随着政策逐步落地，资产证券化或将迎来真正的春天。

总体上来说，首先，资产证券化有利于改善银行盈利模式，提高资本充足率，发展业务，也能促进资本市场发育、成长；其次，资产证券化有利于利率市场化。资产证券化产品横跨银行间市场与信贷市场，有效地将两者利率联系起来，一并形成有效的均衡，有利于中国利率市场化早日实现。但是在中国推进资产证券化的过程中，需要学习各国的先进经验、借鉴教训，并结合中国实际，尤其注意风险控制方面的问题。美国的次贷危机尤其值得中国借鉴。

复习思考题

一、名词解释

初级抵押市场　抵押贷款　累进支付的抵押贷款　随价调整的抵押贷款　可调利率的抵押贷款　二级抵押市场　转手抵押贷款证券　担保抵押贷款债券　剥离抵押支持证券　资产证券化　资产担保证券　信用卡担保资产证券　住宅产权担保资产证券

二、简答题

1．什么是抵押贷款？可以采取哪些措施来防范抵押贷款所产生的金融风险？

2．固定利率抵押贷款有哪些类型？它们之间有何区别与联系？

3．转手抵押贷款证券、担保抵押贷款证券及剥离抵押支持证券之间有何区别与联系？

4．什么是资产证券化？它有何作用？

三、计算题

1．假设某人欲购一套住房，以 CAM 的方式贷款 120 000 元。贷款年限是 10 年，年利率为 12%，每月复利一次，试求：

（1）每月应还本金　　（2）每月月初贷款余额

（3）每月应付利息　　（4）每月支付贷款

2．假设某人欲购一套住房，需 CPM 贷款 120 000 元。贷款年限是 10 年，年利率为 12%，每月复利一次，试求：

（1）每月支付贷款本息总额　　（2）每月还本额

四、论述题

1．比较固定抵押贷款和可调利率抵押贷款，并从借款人角度对两者进行优势选择。

2．论述国际住宅抵押证券化市场的发展对中国的启示。

五、拓展阅读

1．从次贷危机看资产证券化（http://www.cnfinance.cn/magzi/2013-11/05-18325.html）。

2．我国资产证券化市场潜力非常巨大（http://money.163.com/15/0516/16/ APOIPB8900253B0H. html）。

3．中国资产证券化市场发展概述（http://bond.hexun.com/2014-08-06/167297732.html）。

扫描二维码阅读文章

第七章 金融衍生工具市场

学习目标：

了解金融衍生工具产生、发展以及演化的历史过程；

深刻理解金融衍生工具市场的发展以及金融衍生工具的特点、功能；

熟悉和掌握金融远期市场、金融期货市场、金融期权市场和金融互换市场基本运行原理以及发展趋势。

第一节 金融衍生工具市场的产生和发展

一、衍生产品市场的产生

衍生金融市场不是作为一个独立的金融市场而存在的，它是金融市场在发展过程中，伴随着远期、期货、期权、互换等金融工具创新而派生的市场。可以说，衍生金融市场实际上就是金融衍生工具交易市场，其历史虽然很短，但却因其在融资、投资、套期保值和投机行为中的巨大作用而获得了飞速的发展。

1. 金融衍生市场的形成

衍生金融市场的兴起和快速发展始于20世纪70年代，当时世界经济金融背景形势出现了如下的一些新特点。

（1）风险推动金融创新

20世纪70年代，维系固定汇率制度20多年的布雷顿森林体系发生崩溃，通货膨胀的压力与日俱增，浮动汇率的推行、石油价格的冲击、欧洲美元市场的快速发展，使市场更趋动荡，利率和汇率风险威胁着世界各主要经济体。无论是发达国家还是发展中国家都对利率及汇率风险规避产生强大需求，从而推动金融不断创新，金融衍生工具不断涌现。

（2）金融管制放松

各国在20世纪70年代不断放松金融管制，为金融市场创新提供了非常宽松的制度环境。随着金融机构竞争的加剧，使得金融衍生工具在交易双方规避风险和投机获利的强大动力下不断孕育和诞生。

（3）技术进步

现代科学技术在当时迅猛发展，计算机和信息技术在金融市场的广泛应用下，极大地促进了金融衍生工具的定价和交易。

（4）证券化的兴起

“脱媒”已成为金融市场的新现象，证券化融资方式以其成本低、流动性高等特点，取代银行贷款而成为融资方式的主流。证券化的发展拉动了金融衍生工具创新。

在这样的背景下，衍生金融市场应运而生。1972年，美国芝加哥商品交易所的IMM率先推出英镑、德国马克等6种国际货币的期货合约，1981年场外交易中出现了货币互换交易，利率互换交易紧随其后，1982年货币期权交易在费城股票交易所问世。基于汇率、利率、股票之上的一系列衍生产品作为避险保值的工具相继出现。金融衍生品作为风险管理型创新工具的最主要代表（以交易所金融期货、期权交易的兴起，加上利率、货币互换以及外汇远期等场外交易的扩展为最基本的形式）至此全部引入金融市场。但这时的全球金融衍生工具市场与其他国际金融市场相比，还是个比较小的、不发达的市场。

在 1986 以后的 10 年间，金融衍生工具市场经历了一个迅速扩张的时期，一跃成为主要的国际金融市场之一。从金融衍生工具的种类上看，根据 BIS 统计，至 1994 年国际金融市场上的各种金融衍生工具已从最初的几种简单形式发展到 1 200 多种，而由它们衍生出来的各种复杂的产品组合更是不计其数。从金融衍生市场规模的扩张速度来看，全球交易所金融衍生工具的交易量在这一阶段平均每年递增 40%，而场外市场的增长速度更快。

近几年来，全球金融衍生工具市场，特别是场外市场的交易规模仍保持着较快的增长速度。随着美国贸易赤字的不断累积、欧元诞生、亚洲金融危机、西方主要股票市场的强劲上扬，整个国际金融市场近年来的利率、汇率以及股价的波动越来越剧烈，同时也为金融衍生工具的交易提供了肥沃的土壤。市场上保值和投机的需求越来越强；同时，金融机构风险管理技术也上了一个新的台阶并走向升级和应用阶段，金融衍生工具的交易也日渐活跃。

二、金融衍生工具市场的发展

金融衍生工具是 20 世纪国际金融市场最重要的创新和发展，是国际金融形势变化、发展的产物。虽然金融衍生工具市场只有 30 多年的历史，但是随着金融衍生工具的广泛应用，成交量屡创新高，市场规模不断扩大，现代国际金融市场体系已经形成货币市场、资本市场和金融衍生工具市场三分天下的格局。金融衍生工具市场的产生和快速发展，有着深刻的社会经济原因和历史背景。

1. 国际金融市场风险加剧

1972 年，第二次世界大战后各主要国家维持固定汇率制度的布雷顿森林体系发生动摇，并最终随着美国停止美元与黄金的兑换而崩溃。从此，各国货币汇率开始剧烈波动，为了稳定汇率，各国货币当局纷纷调整利率，使利率的波动幅度也随之加大。由此开始，西方主要国家逐步放松或废除了对利率、汇率的金融管制，导致股市、债市、汇市发生了前所未有的波动，市场风险急剧扩大。这些变化迫使跨国公司、贸易公司、金融机构，甚至各国政府为规避汇率和利率风险而积极寻求保值方法。在布雷顿森林体系瓦解和国际金融市场利率、汇率急剧波动的背景下，产生了外汇和利率的期货、期权交易，并在全球得到迅速发展。

2. 金融行业竞争加剧

金融自由化的实施和金融管制的放松，导致了金融市场的全球化。全球化使金融业之间的竞争更加激烈，金融机构必须参与到各种金融创新中去，不断研究企业和客户的需求，设计和提供新的金融产品和金融技术。这些新兴金融衍生工具具有风险成本大、交易效率高、市场吸引力强的特点，具有很强的市场竞争力。金融衍生工具的出现，不仅给金融机构带来了更大的收益，也给金融机构的经营注入了活力。进入 20 世纪 90 年代以后，世界各大金融机构将开展衍生工具业务的收入视为主要的收入来源，从衍生工具业务中得到的利润已占总利润的非常重要的份额。以 J.P.Morgan 公司为例，从衍生工具得到的收入是其总收入的 20%。同时，衍生金融工具也是金融创新的一部分，是提高和巩固金融中心的重要因素，各国金融管理当局积极扶持衍生工具的推出，以促进本国金融业的发展，巩固金融中心的地位。

3. 科技革命和技术进步

在科技革命和技术进步的浪潮中，发达的通信设备、先进的互联网技术和计算机的广泛使用，使大量信息的处理和传播变得十分迅捷。首先是打破了少数大型金融机构垄断金融信息的局面，并且随着彭博（Bloomberg）、路透社（Reuters）和德励（Telerate）等金融专业电子信息提供商的出现，投资者可以及时了解市场行情，信息处理能力得到大幅度提高。其次是科技进步降低了市场交易成本，缩短了交易过程和清算时间，使得交易员能快速进行交易。再次是科技革命使金融工具突破了地域性限制，使巨额资金在世界范围内的调拨在瞬间就能完成，并使全球金融市场连为一体，市场运作更具效率。最后是计算机技术和新兴的金融工程理论的结合，为开发设计金融衍生工具奠定了坚实的技术基础。

4. 金融理论的发展

金融理论的发展直接推动了金融衍生工具的产生与发展。1896 年，美国经济学家欧文·费雪提出了关于资产的当前价值等于其未来现金流贴现值之和的思想，这标志着金融理论的启蒙。1934 年，美国投资理论家本杰明·格兰罕姆（Benjamin Graham）的《证券分析》一书，开创了证券分析史的新纪元。1938 年，弗里德里克·麦考莱（ Frederick Macaulay）提出“久期”的概念和“利率免疫”的思想。1952 年，啥里·马柯维茨发表了著名的论文《证券组合分析》，为衡量证券的收益和风险提供了基本思路。1958 年，莫迪利安尼（F. Modigliani）和默顿·米勒（M.H.Miller）提出了现代企业金融资本结构理论的基石——MM 定理。20 世纪 60 年代，资本资产定价模型（CAPM）与同时期的套利定价模型（APT）标志着现代金融理论走向成熟。

进入 20 世纪 70 年代，金融工程理论开始出现并迅速发展。70 年代初，美国经济学家罗伯特· 默顿（Robert Merton）在金融学的研究中总结和发展了一系列理论，为金融的工程化发展奠定了坚实的数学基础，取得了一系列突破性的成果。1972 年 12 月，美国著名经济学家米尔顿·弗里德曼（ Milton Friedman）发表了题为《货币需要期货市场》的论文，为货币期货的诞生奠定了理论基础。1973 年，费雪·布莱克（Fisher Black）和麦隆·舒尔斯（Myron Scholes）成功推导出期权定价的一般模型；为期权在金融工程领域内的广泛应用铺平道路，成为在金融工程化研究领域最具有革命性的里程碑式的成果。80 年代，达莱尔·达菲（Darrell Duffie）等人在不完全资本市场一般均衡理论方面的经济学研究，为金融工程的发展提供了重要的理论支持，将现代金融工程的意义从微观的角度推到宏观的高度。

三、金融衍生工具的特点和功能

1. 金融衍生工具的特点

金融衍生工具与传统金融工具相比，有以下特点。

（1）杠杆比例高

金融衍生工具的交易，一般只需要支付少量的保证金或权利金就可以签订大额合约或交换不同的金融工具。商品期货的保证金比率一般小于 10%，这意味着交易者可以将手中的资金放大 10 倍以上进行投资；而金融期货和期权的杠杆比率往往比商品期货还大，某些特殊金融衍生产品的杠杆比例甚至可以高达 50 倍以上。高杠杆产生的初衷是为了降低套期保值的成本，从而更有效地发挥金融衍生工具风险转移的功能，但高杠杆比例是一把双刃剑，在收益可能成倍放大的同时，风险与损失也会成倍放大。

（2）定价复杂

金融衍生工具是由基础金融工具或金融变量的未来价值衍生而来，而未来价值是难以预测的。例如，在期权定价的过程中，需要运用复杂的数学模型，这种数学模型是基于历史数据的分析而对未来价格进行预测，本身就有一定的不准确性。金融衍生工具的价值与基础产品或基础变量紧密联系，但这种联动关系可以是简单的线性关系，也可以为非线性的函数关系。现在的金融衍生工具发展非常迅速，为了迎合客户的需要，投资银行把各种期货、期权和互换进行组合，创造出新的衍生产品，这在提高金融衍生工具的应用弹性和适用范围的同时，也提高了对这些工具定价的难度，使一般投资者难以理解和使用这些工具。

（3）风险大

创造金融衍生工具的初衷是用来转移风险，但是金融衍生工具无法消除风险。相反，金融衍生工具高杠杆比例的特点放大了它的风险，金融衍生工具的交易结果取决于交易者对基础工具（或基础金融变量）未来价格（或数值）的预测准确程度，而基础工具（或变量）价格的变幻莫测使这一预测很难把握，而高杠杆比例又使基础工具（或变量）的轻微变动会导致金融衍生工具价格大起大落。金融衍生工具的风险往往要持续很长时间。例如，某公司发行一种长期可转换债券，该债券的风险必须等债券持有人行使转换权利才能得到释放，而债券持有人可能 10 年，甚至 20 年后才执行转换条款，在此之前该发行公司必须承担转债风险。金融衍生工具不仅仅要承担基础金融工具的市场价格风险，还要承担信用风险和流动性风险。例如，1998 年美国长期资本管理公司（LTCM）发生巨额亏损，该公司几乎亏损了所有的资本，所欠下的债务高达 800 亿美元，甚至比很多国家的债务还多，并与很多银行及券商间订立了复杂的合约，所以没有人能准确计算出其衍生债务之规模，据估计可能累计达 1 万亿美元之巨，一旦 LTCM 倒闭将会产生连锁反应，损害整个金融体系。最后美联储不得不联合各主要贷款金融机构，组织一个由 16 家公司组成的银行团，增资 36.25 亿美元注入 LTCM，以避免其倒闭。

（4）跨期交易

金融衍生工具的交易，通常是双方约定在未来某一时间、按照约定的条件进行交易或是否交易。跨期交易的特点要求交易双方对利率、汇率、股价等基础工具价格或金融变量的未来变动趋势做出预测和判断，而判断的准确与否又将直接决定交易双方的交易盈亏。

（5）交易成本低

由于交易成本低，保值者和投机者都可以用相当低廉的成本来规避风险或者投机。金融衍生工具的杠杆比例高，衍生工具市场交易效率高、费用低，是导致金融衍生工具交易成本低的主要原因。例如，货币期货合约、股票指数期货合约的杠杆比例非常高，交易者用很少的资本就可以实现分散风险或投机获利的目的。再如，互换或远期交易，则是在未来进行结算的，只要凭借商业信用和很少的手续费就可以开始交易。

（6）全球化程度高

与股票和债券主要受发行人所在国家或地区经济和政策的影响不同，金融衍生工具已经形成了一个世界范围的市场。随着电子化交易的兴起，交易者可以迅速、低成本地进入任何一个市场进行交易，这使得各个市场之间互相影响的程度大大提高。尽管每个交易所每天只开放一定的交易时段，但由于几大主要交易所分布在世界各地，所以交易者可以实现 24 小时不间断交易，如在伦敦市场买入美元期货，在日本市场将其卖掉，这种跨市场套利也使得市场之间的价格差距变得很小，提高了交易的公平与效率。

2．金融衍生工具的功能

在今天的金融市场上，衍生工具非常受欢迎，获得了巨大的发展，这显然是和衍生工具的功能和作用分不开的。当然这并不是说，所有的衍生工具都具有完全相同的应用和功能，它们各有所长，也各有所短，因而在市场中都具有独特的地位和作用。我们主要从市场完善、风险管理、投机等方面介绍衍生工具基本具有的一些功能和作用。

（1）市场的完善

在金融理论中，对于金融市场可能出现的各种情况，如果市场中具备足够数目的独立金融工具来进行完全的套期保值，从而转移风险，则这个市场就是完全的。如果在市场中的金融工具不够多、不够分散，无法实现这个过程，那么这个市场就是不完全的。完全市场是金融市场不断追求的一种理想状态，因为越接近完全市场，经济中的市场主体所获得的福利就越大，市场主体的处境就越能够改善。而衍生证券的存在，可以从分担风险、准确定价和增加信息揭示三个方面促进市场的完善。

① 市场上的投资者面临着众多的风险，由于这些风险对不同投资者未来收益的影响程度不同，对于一些投资者很糟糕的风险对于另一些投资者而言却可能影响不大甚至是好的结果。因此，市场上可得的产品越多，不同产品所具备的风险收益特征越多，投资者就可以通过这些证券产品的买卖，将对自己不利的风险转让出去，买入对自己有利的风险。所以，衍生工具的开发可以实现对风险的有效分担，提高市场主体的效用，促进市场的完善。

② 资产价格是否合理是市场是否完善的一个重要标志。市场上的证券产品越多，使得市场上复制某种资产的途径就越多，资产的价格就越可能接近准确价格。因此，证券衍生工具的开发和引入，可以有效地发现价格，减少市场上的定价偏误，促进市场的完善。

③ 信息不对称对投资者的投资决策产生很大的影响，尽可能降低信息不对称的程度，通过各种机制最大限度地促进各种信息的揭示，对促进市场完善具有积极的意义。具有不同风险收益特征的金融衍生产品实际上代表着发行者的不同信息，可以有效地帮助投资者了解企业的性质和风险收益状况，促进市场的信息揭示，从而能够有效地降低企业和投资者之间的信息不对称以及由此引起的代理成本，促进市场的完善。

（2）风险管理功能

尽管衍生工具自身的价格波动很大，风险性较高，但衍生工具的重要功能之一就是风险管理，这也是其诞生的原动力。金融衍生工具可以将分散在社会经济各个角落里的市场风险、信用风险等集中到衍生品交易市场中集中匹配，然后分割、包装并重新分配，使套期保值者规避营业中的大部分风险，不承担或只承担极少一部分风险。

归纳起来，利用衍生工具进行风险管理，与传统的风险管理手段相比在三个方面具有比较明显的优势。一是它具有更高的准确性和时效性。我们知道衍生品的价格受制于基础工具价格的变动，且这种变动趋势有明显的规律性。以期货为例，由于期货价格就是现货价格的终值，影响现货价格变动的诸因素同样也在左右着期货价格的变动，所以期货价格与现货价格具有平行变动性。平行变动性使与期货交易金额相等但方向相反的逆向操作可以方便地锁定价格风险。所以，成熟的衍生品市场上的产品交易可以对基础资产的价格变化做出灵活反应，并随基础交易头寸的变动而随时调整，较好地解决了传统风险管理工具处理风险时的时滞问题。二是它的成本优势。这与衍生品交易中的高杠杆性有关。衍生品交易操作时多采用财务杠杆方式，即付出少量资金即可控制大额交易，定期进行差额结算，动用的资金相对于保值的对象而言比例很低，可以减少交易者套期保值的成本。对于在场内交易的衍生品而言，由于创造了一个风险转移市场，可以集中处理风险，大大降低了寻找交易对手的信息成本。而交易的标准化和集中性又极大地降低了交易成本。三是它的灵活性。比如期权交易购买者获得了履约与否的权利；场内的衍生品交易可以方便地由交易者随时根据需要进行抛补。还有一些场外的衍生品，多是由金融机构以基本金融工具为素材，随时根据客户需要为其“量身定做”金融新产品，这种灵活性是传统金融工具无法比拟的。

（3）投机功能

衍生工具往往以高风险著称，其高杠杆的交易特征是主要原因之一。但是，衍生工具的高风险性并不一定是不好的，因为衍生工具的存在向那些希望进行投机、追逐利润的投资者提供了非常强大的交易工具，而适度的投机是金融市场得以存在的重要基础之一。

从经济学的角度上看，投机是建立在预期心理上，通过主动承担风险以期获取利润的理性行为。市场上出现的投机活动对经济发展有着正反两方面的作用，不能全盘否定。其最显著的正面作用是可以增加市场的流动性，使各类交易进行得更频繁、顺利，使市场能更有效地发挥其应有的职能。我们知道，在经济活动中，风险的产生是不可避免的。在市场的参与者中，有些人属于风险回避者，他们不希望承担风险，并且想把已经产生的风险通过交易转移出去。但是，经济整体的风险只能转移而不能消除，既然有人想转移风险，就必定有人来承担风险。假如市场上没有风险爱好的投机者，那么就有可能发生只有买入者没有卖出者，或者反过来只有卖出者没有买入者的情况。所以说，市场上存在一定数量的投机者是至关重要的。对于那些经过认真研究的投资者来说，持有一个或多个衍生工具的相应头寸，可以让他们对利率的涨跌、整体股票市场或单只股票的风险变化、某国货币汇率的上升下跌等进行巧妙的投机，以实现成本最小和收益最大化。当然，投机也有其负面影响，过度投机可能带来市场的剧烈波动，而由于金融衍生工具的投机失败造成的巨大财务损失案例比比皆是，因此衍生工具的投机功能是一个需要把握得当的工具。

第二节　金融远期市场

一、金融远期合约的定义和特点

1. 金融远期合约的定义

金融远期合约（Forward Contracts）是一种最为简单的金融衍生工具。它是指双方约定在未来某一个确定的时间，按照某一确定的价格买卖一定数量的某种金融资产的协议。在合约中，双方约定买卖的资产称为“标的资产”，约定的成交价格称为“协议价格”或“交割价格”，同意以约定的价格在未来卖出标的资产的一方称为“空头”或“空方”，同意以约定的价格在未来买入标的资产的一方称为“多头”或“多方”。

远期市场是商品经济发展的产物，是生产者和经营者在商品经济实践中创造出来的一种规避或减少交易风险、保护自身利益的商品交换形式。也正是由于远期交易具有的避险功能，在金融资产价格出现大幅度波动以后，人们很自然地将远期合约也应用于规避金融资产的交易风险，形成当今国际金融市场上重要的金融远期市场。

金融远期最主要的优点在于它是由交易双方通过谈判后签署的非标准化合约，因此合约中的交割时间、交割价格、合约的规模等细节都可由双方协商决定，具有很大的灵活性，可以尽可能地满足双方的要求。但金融远期合约也有明显的缺点：首先，远期合约不在交易所内交易，没有固定集中的交易场所，不利于信息的交流和传递，从而不利于形成统一的市场价格，市场效率较低；其次，由于合约的具体条款都由交易双方协商决定，因此每份远期合约千差万别，给远期合约的流通造成了较大的不便，流动性较差；再次，远期合约到期时必须履行实物交割的义务，而无法在到期前通过反向对冲等手段来解除合约义务；最后，远期合约的违约风险较高，当价格变动对一方有利时，对方有可能无力或无诚意履行合约。

2. 远期合约的特点

（1）远期合约是非标准化的合约，交易双方可以就交易的基础金融工具、合约规模、交割价格、交割时间和地点等交易事项协商确定，较为灵活，能满足交易双方的需要。

（2）由于每份远期合约的具体条款不尽相同，使远期合约的流动性较差，一般不能流通转让，交易双方到交割日必须履行实物交割和资金交收。

（3）远期合约只是一种约定在未来某一时间买入或卖出基础金融资产的协议，合约签订时没有价值，也不需付款，履约没有保证。当合约到期基础金融资产的价格变动对一方有利时，对方可能无力或无诚意履行合约，因此远期合约的信用风险较高。

（4）远期合约是银行之间、银行和客户之间通过电话、网络等现代通信方式在场外市场采取“一对一”的交易方式进行交易的。由于没有固定的、集中的交易场所，不利于信息交流和传递，不利于形成统一的市场价格，市场效率较低。随着远期市场规模的扩大，部分市场出现了专业经纪人或报价商，有助于提高市场效率。

二、金融远期合约的种类

1．金融远期合约的种类和特点

金融远期合约主要有远期利率协议（Forward Rate Agreements，FRAs）、远期外汇合约（Forward Foreign Exchange Contracts）和远期股票合约（Equity Forwards）三类。

远期利率协议是买卖双方同意从未来某一商定的时期开始，在某一特定时期内按协议利率借贷一笔数额确定、以具体货币表示的名义本金的协议。

远期外汇合约是指双方约定在将来某一时刻，按约定的远期汇率买卖一定金额外汇的合约。在金融远期合约中，远期外汇合约是发展最成熟、规模最大的品种。远期外汇合约的特点是，在交割时双方只交割合同中约定汇率与当时的即期汇率之间的差额。按照远期的开始时期划分，远期外汇合约又分为直接远期外汇合约（Outright Forward Foreign Exchange Contracts）和远期外汇综合协议（synthetic agreement for forward exchange，SAFE）。

远期股票合约是指在将来某一特定日期，按约定的价格交付一定数量单个股票或一揽子股票的协议。由于远期股票合约交易规模小，发展得远不如股票期货和期权成熟，市场份额较小，不具备代表性。

金融远期合约作为场外交易的衍生工具与场内交易的期货、期权等衍生工具比较具有以下特征：

（1）金融远期合约是通过现代化通信方式在场外进行的，由银行给出双向标价，直接在银行与银行之间、银行与客户之间进行。

（2）金融远期合约交易双方互相认识，而且每一笔交易都是双方直接见面，交易意味着接受参加者的对应风险。

（3）金融远期合约交易不需要保证金，双方风险通过变化双方的远期价格差异来承担。金融远期合约大部分交易都导致交割。

（4）金融远期合约的金额和到期日都是灵活的，有时只对合约金额最小额度做出规定，到期日经常超过期货的到期日。

以下以远期利率协议为例，介绍一下金融远期合约的交易机制。

2．远期利率协议

（1）远期利率协议的定义

远期利率协议（FRA），从使用者角度来看，远期利率协议是双方希望对未来利率走势进行保值或投机所签订的一种协议。买卖双方商定将来一定时间的协议利率，并规定以何种利率为参照利率，在清算日时，双方并不实际交换本金，而是根据期限和名义本金额，由交易一方支付给另一方协议利率和参照利率之间的差额的贴现金额。

远期利率协议是防范将来利率波动风险而预先固定远期利率的金融工具。该项交易的买方是为了规避利率上升的风险，希望在当前就确定将来的利率，锁定负债成本；相反，卖方则是为了防范利率下跌的风险，希望资产不要因为利率的下跌而遭受收益的损失。由于远期利率协议交易的本金不用交付，利率是按差额结算的，因此资金流动量较小，这就给银行提供了一种管理利率风险而无须通过大规模同业拆借来改变其资产负债结构的有效工具。

远期利率协议没有固定的份额标准，可以适用于一切可兑换货币，交易金额和交割日期都不受限制，也不需要保证金，因此远期利率协议与利率期货相比更具灵活性，尤其是对一些没有利率期货的货币来说，远期利率协议更富吸引力。但相比较期货而言，远期利率协议的不足之处是，期货是标准化合同，可以买进卖出，而远期利率协议买入后不能出售，只能与另一笔远期利率协议对冲。期货在交易所交易通过统一的清算所清算，信用风险较小，而远期利率协议的交割则取决于交易对手方的信誉，信用风险较大。

（2）远期利率协议的交易形式

远期利率协议的报价形式与货币市场中的同业拆放利率表达方式类似，只不过多了合约指定的远期期限。例如："3×6，8%"表示的是：于 3 个月后起息的 6 个月期协议利率为 8%。

一般远期利率协议以伦敦银行间同业拆放利率（LIBOR）作为参照利率。到交割日，先计算远期利率协议中规定的协议利率和参照利率的差额，将差额乘上协议中规定的期限和本金，然后按参照利率进行贴现，得出的金额就是实际交付的金额。交付金额用以下公式表示：

$$S=\frac{(\text{LIBOR}-K)\times P\times\dfrac{\text{days}}{360}}{\left(1+\text{LIBOR}\times\dfrac{\text{days}}{360}\right)}$$

式中，S 为交付金额；LIBOR 为参照利率；K 为远期利率协议的协议利率；P 为远期利率协议中的名义本金；days 为远期利率协议中规定的期限实际天数（这里假设一年按 360 天计）。从以上公式可以看出，到期日当协议利率 K 低于参照利率 LIBOR，则 S 为正数，远期利率协议卖方将支付利差金额的贴现值给买方；反之，S 为负数，则买方将支付贴现值给卖方。

（3）远期利率协议交易实例

甲银行按计划将在 3 个月后从其他银行拆借入一笔 3 个月期的 1 000 万美元资金。现在的市场利率为 8%，该银行预测市场利率不久可能上升，为避免拆借成本增加，买入了一个"3×6，8%"的远期利率协议，协议利率为 8%，参照利率为届时的 3 个月期 LIBOR 利率，以期锁定未来的拆借成本。

3 个月后，市场利率上升，3 个月期的 LIBOR 利率为 9%。将有关数值代入上述公式，可得：

$$S=\frac{(9\%-8\%)\times 10\,000\,000\times\dfrac{90}{360}}{\left(1+9\%\times\dfrac{90}{360}\right)}=24\,449.88\text{（美元）}$$

S 为正数，即在交割日甲银行作为远期利率协议的买方从卖方获得了 24 449.88 美元。

再看远期利率协议交易的实际效果。

在交割日，由于甲银行已从远期利率协议交易中获得了 24 449.88 美元，甲银行只需按 9%从其他银行拆借入 9 975 550.12 美元（即 10 000 000–24 449.88），即可满足 1 000 万美元的资金需求。由此可以计算出甲银行的拆借利息支出为：

$$9\,975\,550.12\times 9\%\times 90\div 360=224\,449.8\text{（美元）}$$

因从远期利率协议中赚取了 24 449.88 美元，故甲银行实际承担的利息成本只是：

$$224\,449.88-24\,449.88=200\,000\text{（美元）}$$

折为年利率：

$$200\ 000 \div 10\ 000\ 000 \div 90 \div 360 = 8\%$$

由此可以看出，甲银行通过远期利率协议交易，在市场利率上升的情况下，仍将其借款利率成本锁定到原来 8%的水平，从而避免了利率风险。

如果 3 个月后，市场利率下降，3 个月期的 LIBOR 利率为 7%，情况则正好相反。将有关数值代入上述公式，可得：

$$S = \frac{(7\% - 8\%) \times 10\ 000\ 000 \times \dfrac{90}{360}}{\left(1 + 7\% \times \dfrac{90}{360}\right)} = -24\ 570.02 \quad \text{（美元）}$$

S 为负数，即在交割日甲银行作为远期利率协议的买方要向卖方支付 24570.02 美元。这样，甲银行实际的筹资金额为：

$$10\ 000\ 000 + 24\ 570.02 = 10\ 024\ 570.02 \text{（美元）}$$

3 个月到期支付利息相当于：

$$10\ 024\ 570.02 \times 7\% \times (90 \div 360) = 175\ 429.98 \text{（美元）}$$

因在远期利率协议中损失了 24 570.02 美元，实际承担的利息成本为：

$$175\ 429.98 + 24\ 570.02 = 200\ 000 \text{（美元）}$$

折为年利率：

$$200\ 000 \div 10\ 000\ 000 \div (90 \div 360) = 8\%$$

可见，当甲银行购买了远期利率协议后，即锁定了利率成本，无论市场利率上升还是下降，都不会影响其利息支出，利率风险得到了有效管理。但是，此类交易不能忽视信用风险。一旦市场利率朝不利于某一方的方向变化时，远期利率协议就存在违约风险，上例中，市场风险上升了1%，正常履约情况下甲银行可获得利息差额补偿，但如果远期利率协议的卖方在交割日违约，甲银行就无法锁定利率风险了。避免这种信用风险的关键是选择信用等级良好的对手方进行交易。

（4）远期利率协议的功能和利弊分析

远期利率协议通过将未来某一时间借入或借出资金的实际利率提前锁定在协议利率上而成为交易者防范利率风险的有效工具。例如，甲公司希望固定其未来借款成本，它可以购买远期利率协议，这样，当利率上升时，甲公司由该协议所获得的收益将抵消因利率上升而导致的成本增加，达到防范利率上升的风险的目的。又如，乙公司希望固定其未来资金的收益，它可以出售远期利率协议，这样，当利率下降时，乙公司由协议所获得的收益将抵消因利率下降而导致的收益下降，达到防范利率下降的风险的目的。但是，甲、乙两家公司在达到规避风险效果的同时，也放弃了利率向有利于己方流动所可能带来的收益。

远期利率协议的优缺点在前文分析远期时已有所涉及。这里再将远期利率协议的优点概括如下：① 灵活性强。远期利率协议与金融期货相比较，具有灵活、简便和不需支付保证金等特点。它无须在交易所成交，没有固定的交割日和标准的金额，同时远期利率协议仅凭信用，无须支付保证金即可成交。② 交易便利。由于远期利率协议的本金小，且利率也是差额结算，故资金流量较小。与同业拆放市场相比，远期利率协议用来削减银行同业往来账面具有明显优势，有些银行利用该交易能削减其同业往来账面的 40%，这样对增加资本比例和改善银行业务的资产负债率十分有益。同时，远期利率协议作为一种表外业务，使银行能够不改变资产负债表的流动性而调整其利率风险。

当然，远期利率协议也存在一些缺点。比如它作为一种场外交易，与期货、期权相比其信用风险较大。银行对远期利率协议交易一般用本金的 5%来测算其信用风险限额。另外，远期利率协议不能进行对冲交易，每笔交易都是相对独立的交易，它仅能与另一笔远期利率协议调换，而不能出售或冲销原协议。

第三节 金融期货市场

一、金融期货交易的定义、特点和功能

1．金融期货交易的定义

金融期货交易是指以金融期货合约为对象进行的流通转让活动。在实践中，金融期货主要有外汇期货、利率期货以及股票价格指数期货三种。

金融期货交易是在商品期货交易的基础上发展起来的。产生于20世纪70年代初期。当时以美元为中心的固定汇率体系瓦解，西方主要工业国家实行了浮动汇率制。在这种体系下汇率与利率相互影响，波动剧烈，给资本投资、国际贸易及经济生活带来巨大风险。1972年5月16日，美国芝加哥商品交易所下属的国际货币市场开办了第一笔金融期货——货币期货交易。以后，又陆续开办了黄金期货、抵押存款证期货、公债期货、商业票据期货以及股票指数期货等交易。美国首创金融期货交易后，其他一些国家相继仿效。特别是80年代以来，由于美国利率波动加剧，金融期货交易有了很大发展，并逐渐扩展到世界各主要金融市场。

2．金融期货交易的特点

金融期货交易具有一般期货交易的特点。

① 成交与交割不同步，允许在成交的一定时期之后再进行交割。

② 由于金融市场行情经常发生变化，而期货交易必须按事先约定的价格进行清算，这就必然会发生交割时的行市与成交价格不一致，如果交割时价格上涨，买者即可得利，反之买者就会遭受损失。

③ 交割时买卖双方可以采用清算方式相互轧抵，不一定进行实物交换。

④ 由于期货交易本身的时间差和价格差，会给交易者带来收益，所以参加期货交易的既有希望通过它来保护投资，避免因行市变动而造成损失的投资者，也有企图利用这种交易的时间差和价格差，贱买贵卖，赚取投机利润的投机者。

金融期货交易又具有与商品期货交易不同的特点：

① 交易对象不是物质产品，而是金融商品，在美国，主要交易对象是财政部库券、商业票据以及包括普通股在内的其他证券。

② 交易量大、交易标的物种类繁多，包括黄金、外汇、利率、股票指数4大类，其中以利率期货种类最多。

③ 不仅采用有形市场的形式（即通常是在证券交易所内进行），而且实行一套有效的押金制度，故交易比较安全可靠。所谓押金制度，就是做成一笔交易后，交易者不仅要向由资信卓越的会员组成的清算所缴付一笔原始押金，而且还要在合同交割前的时间里根据行情变化每晚随市清算。

3．金融期货交易的功能

概括来讲，金融期货交易主要具有以下功能。

（1）套期保值，转移风险

利用金融期货市场进行套期保值、转移风险，主要是利用期货合约作为将来在期货市场上买卖金融证券的临时替代物，对其现在拥有或将来拥有的资产、负债予以保值。更确切地讲，利用期货市场进行套期保值，就是在现货市场上买进或卖出金融资产的同时，在期货市场上卖出或买

进同质同量的期货合约，从而实现以期货的盈亏来抵消现货的亏盈。也就是说，在期货市场上进行套期保值交易，其目的不是为了赚取利润，而是使现在或将来拥有的资产、负债得到保值，不致因金融产品价格变化而遭受损失。

为了达到以赢补亏的目的，若对未来行情看跌，就可做期货空头，即在期货市场上卖出期货，待行情真的下跌后再以低价买进期货以平仓，用期货市场高卖低买的收益来弥补现货市场上因价格下跌后卖出现货的损失。若对未来行情看涨时，应做期货多头，即在期货市场上买进期货，待行情真的上涨后再以高价卖出以平仓，用期货市场低买高卖的收益来弥补现货市场上因价格上涨后买进现货的损失。

（2）投机牟利，承担风险，润滑市场

金融行情的变化，使投机者可以利用期货市场进行投机活动，通过保证金交易在期货市场的价格波动中牟取巨额利润，同时也承担巨大的风险。实际上，由于价格、汇率、利率的波动是经常的，因而获取高额利润与承担巨大风险损失的机会应该是并存的。期货市场上的投机者，是那些自以为可以正确预测市场未来趋势，利用自己资金不断地买进或卖出期货合约，期待从价格的波动中获取利润的人。

期货市场上的投机活动，既有助长价格波动的作用，同时也有润滑市场及造市、稳定市场的作用。没有投机者及投机活动，期货市场就缺乏流动性，缺乏活力和效率，也难以形成一定的规模。从另一方面讲，套期保值与投机是相互依存的，是市场统一体的两个方面，如果没有投机者，就没有人来承担套期保值者要转移的风险。正是由于对未来行情预测存在着差异，当套期保值者在期货市场上卖出或买进期货时，才会有人做方向相反的交易——买进或卖出期货；正是由于投机者在市场上经常变换角色，不断地买进和卖出，才使得套期保值者的合约不断转手，使得套期保值成为可能。

当然，如果投机者过多，投机活动过盛，投机交易的数量大大超过了套期保值者能够转移价格风险所需要的量，期货市场的流动性会大大降低，甚至会导致期货市场崩溃。因此，具有活力和效率的期货市场应该是套期保值者与投机者双方均能自由参与、力量相对均衡的市场。

（3）使供求机制、价格机制、效率机制及风险机制的调节功能得到进一步的体现和发挥

期货市场上的价格是由双方公开竞争决定的，并具有一定的代表性和普遍性，代表了所有市场参加者对于未来行情的综合预期。所有的交易者都有同等的机会在其现有的供给和需求情况下，根据各自对未来行情走势的预测，公开报出自己的理想价格，通过讨价还价，最后以双方最合适、最愿意接受的价格成交。因此，交易成交的价格，可以说是一个真正反映双方意见、需要和预测的价格；它是市场参与者对当前及未来资金供求，某些金融商品供求、价格的变化趋势、风险程度及收益水平的综合判断，是生产者和投资者进行生产和投资决策的重要参考，是确定合理生产、投资及价格的依据，从而也是调节资源分配的重要依据。

当然，由于市场上投机者的参与和主观心理因素的影响，期货市场价格并不能时时准确地与未来的实际价格相吻合。但是，由于期货市场配备有最先进的通信设备系统，从而可以避免由于时空局限所造成的各地价格的过大差异，保持期货价格的公开性和竞争性，也保持着对供求反映和调节的灵敏性。

二、金融期货合约的种类

目前国际市场上最主要、最典型的金融期货交易品种有利率期货、外汇期货和股票价格指数期货。

1．利率期货

利率期货的基础资产为价格随市场利率波动的债券产品，以美国利率期货市场为例，主要包

括短中长期国库券、住房抵押债券、市政债券、欧洲美元存单及商业单据等。这些交易对象所具有的一个共同特征是：它们都属于有息证券，价格都受到市场利率变化的影响，存在利率波动的风险。因此，我们把上述交易品种统称为利率期货。利率期货交易利用了利率下降（上升）变动导致债券类产品价格上升（下降）这一原理，采取与其现货市场相反的方向买卖利率期货，以对冲自己现在持有或将来计划拥有的债券类资产的价格风险。投机者也可以利用利率期货从事高风险的投机交易。

运用利率期货交易进行套期保值时，贷款者或金融债券持有者，应在预期利率要下降时进行多头套期保值交易，即买进有关利率期货，当市场利率下降时，金融债券的价格将上升，从而以利率期货的收益抵补现货的损失。反之，在预测利率将上扬时进行空头套期保值交易，即卖出有关的利率期货合约，当利率上涨时，有关的金融债券价格会下跌，由此可以防止因市场利率上涨而发生的损失。

下面以美国短期国库券期货为例说明：

美国短期国库券（T–bill）期限为 1 年以内，采用贴现方式发行，其价格是以贴现方式按面值的折扣形式出现。短期国库券期货一般以 90 天期的国库券为基础资产，每份合约的规模为 100 万美元。

短期国库券期货的报价以百分比表示，例如当短期国库券的收益率为 6.25%时，则期货报价=100%–6.25% = 93.75%，在交易所的显示屏上显示为 93.75，这又被称为 IMM 指数。当收益率上升为 6.35%时，报价变为 93.65；当收益率下降为 6.15%时，报价为 93.85。从该公式可以看出，当市场利率（收益率）上升，IMM 指数下降，期货价格将下跌；反之，市场利率下降，IMM 指数上升，期货价格上升。但上述 93.85 仅是 IMM 指数报价形式，并非利率期货的价格。每 1 份（100 万美元）的短期国库券期货价格公式为：

$$F=\left[1-\frac{90}{360}\times(1-\text{IMM指数\%})\right]\times 1\,000\,000$$

当 IMM 指数为 93.75 时，按照上述公式计算的期货价格为 984 375 美元。根据交易规则，90 天期限的国库券期货合约最低价格波动幅度为 1 个基点（0.01%），对应金额为 25 美元。也就是说，当收益率上升 10 个基点，则每份标准的利率期货合约价值将下降 250 美元。当市场利率上升 10 个基点，IMM 指数为 93.65，期货价格将减少 250 美元到 984 125 美元。

假设投资者计划 1 个月后以 90 天国库券收益率借入 3 个月期的 1 亿美元资金，当前 90 天国库券收益率为 6.25%，因担心 1 个月后利率上升增加借款成本，该投资者决定用利率期货进行套期保值：卖出 100 份 3 个月后交割的短期国库券期货合约，价值为 98 437 500 美元。3 个月后，90 天国库券收益率上升到 6.35%，该投资者按计划借款 1 亿美元，利息成本将增加 25 000（90/360×0.1%×1 亿）美元。但该投资者可在期货市场上买入 100 份当月交割的短期国库券期货合约，价值为 98 412 500 美元，将原有空头期货头寸平仓，获利 25 000 美元，正好抵消了增加的利息成本，有效地规避了利率风险。

当然，作为投机者，虽然没有未来借款计划且无保值需求，但如果预测市场利率将上升，通过期货交易可以获得净利润。

2. 外汇期货

外汇期货也称货币期货，是规定将来在指定月份买入或卖出规定金额外币的期货合约。目前，外汇期货的标的主要包括美元、日元、英镑、欧元、瑞士法郎、澳大利亚元、加拿大元等。上述货币之所以作为外汇期货交易的主要对象，是因为它们具有一个最基本的特性，即都属于可自由兑换的货币，是国际上接受程度较高的货币，具有国际性货币的声誉。外汇期货主要被企业和金融机构用于外币套期保值，避免汇率波动带来的外汇风险。

外汇期货的套期保值交易，主要是通过空头和多头两种交易方式进行的。

所谓空头交易，是指外汇交易者在现货市场上买进外汇，在期货市场上卖出同等数额的同种货币，以防止或抵消因汇率变化带来的损失。例如，某外贸公司在出口贸易中将收入一笔外汇货款，货到付款，该公司届时将出售这笔外汇，为避免外汇汇率波动可能造成的损失，该公司将在外汇期货市场上卖出这笔外汇收入的期货合约。

所谓多头交易，是指将预期要支付的外汇款项，先行在外汇期货市场上购进同等数量的外汇期货合约，等到将来在现货市场上购进所需外汇时，卖出购进的期货合约，从而避免购进外汇时付出更多的本币或其他货币。

外汇期货的投机交易，主要是通过买空卖空交易及套利交易等方式进行的。

买空交易，是指投机者预测某种货币将升值，于是先买进某一月份的外币期货合约，一旦预测成为现实，就可以将先前买进的合约卖出，从中赚取价差收益。

卖空交易，是指与买空相反的操作过程，即当投机者预测某种货币将贬值时，于是先售出该种货币的期货合约，一旦该种货币真的贬值了，他就可以将先前卖出的合约再买进平仓，从中赚取差价收益。

当然，如果投机者预测错误，实际结果与预测相反，投机者就将遭受净损失。买空卖空方式的外汇期货投机，关键是能否正确地判断和把握未来价格变动的方向。

外汇期货投机交易的另一种形式是套利交易。所谓套利交易，又称利息套汇或时间套汇，是指投资者把资金从低利率国家调往高利率国家，从中赚取利差收益。某一时间国际间短期市场利率的差异，会导致短期资金在国际间的大量和频繁移动，形成大量的套利外汇投机交易。

3. 股票价格指数期货

股票价格指数期货（又称股指期货）是以反映股票价格水平的股票指数为基础资产的期货交易合约。最早的股指期货交易发生在20世纪80年代初的美国，最早的指数产品称“价值线”（Value Line），包含1 700种股票。目前作为期货交易主要对象的股票价格指数主要包括：美国的道琼斯工业平均数和标准普尔500种股价指数、英国的金融时报伦敦交易所100种股票指数、香港的恒生指数、日本的日经225种股票指数等。

股票价格指数之所以能够成为金融期货市场上进行交易的主要对象，是因为股票价格大幅度波动，给股票持有者带来巨大的风险，同时也给投机者带来巨大的收益。为了转移股票风险和实现投机收益，就自然产生了股价指数期货交易。因为股票价格指数是根据股票价格变动情况所编制的指数，一般来讲，股票价格的变动是与股票价格指数的变动保持同方向、同幅度的，所以在股票现货市场和股票价格指数的期货市场做相反的操作，就可一定程度抵消股票价格变动的风险损失。

股票指数期货同其他各种期货一样，兼有套期保值和投机的功能，它不仅向拥有股票资产者和买入或卖出股票者提供了转移股票价格风险、避免或减少损失进行套期保值的工具，而且还为手中没有股票资产的投机者提供了投机获利的机会。

股票指数期货的套期保值交易。进行这种交易者主要是手中已经持有股票的投资者，也可能是预期将持有股票的投资者。

在未来股市的走势无法把握的情况下，为防止股价波动的风险，可以通过出售或购买股票指数期货合约来保值。股票指数套期保值的原则是：股票持有者若要避免或减少股价下跌造成的损失，应在期货市场上卖出指数期货，即做空头，假使股价如预期那样下跌，空头所获利润可用于弥补持有的股票资产因行市下跌而引起的损失。如果投资者想购买某种股票，却又因一时资金不足无法购买，那么他可以先用较少的资金在期货市场买入指数期货，即做多头，若股价指数上涨，则多头所获利润可用于抵补当时未购买股票所发生的损失。

三、金融期货合约与金融远期合约的区别

虽然金融期货交易是在金融远期合约交易的基础上发展起来的，两者均采用先成交、后交割的交易方式，但它们有很大的区别。简言之，金融期货是标准化了的金融远期。具体体现在以下几个方面。

1．交易场所不同

期货必须在指定的交易所公开交易，交易所提供交易设施、制定交易规则、发布交易信息，并对交易实施一线监管，使期货交易公开、高效、有序进行。远期为场外交易，没有集中交易地点，市场组织较为松散。

2．合约标准化程度不同

金融期货合约是符合交易所规定的标准化合约；而远期合约对于交易商品的品质、数量、交割日期等均由交易双方协商决定，没有固定的规格和标准。

3．价格决定方式不同

期货交易是通过公开竞价确定成交价格的，价格较为合理；远期合约是交易双方协商定价的，价格的代表性、连续性、权威性低。

4．交易保证和结算方式不同

远期合约交易通常不缴纳保证金，合约到期后才结算盈亏。期货交易则不同，必须在成交时缴纳合约金额的一定比例为保证金，并由清算公司进行逐日结算，如有损失且账面保证金低于维持水平时，必须及时补足。因此，期货交易的违约风险远低于远期交易。

5．履约方式不同

结束金融期货头寸的方法通常有对冲（买卖与原头寸数量相等、方向相反的期货合约）、采用现金或现货交割、实行期货转现货交易（在期货转现货交易中，两位交易人承诺彼此交换现货与以该现货为基础金融工具的期货合约），绝大多数期货合约是通过对冲的方式平仓了结的；而远期交易由于是交易双方依各自需要而达成的一对一协议，倘若一方中途违约，通常不易找到第三者能无条件接替承受该权利义务，违约一方只有提供额外的优惠条件才能要求解约或找到第三者接替承受原有的权利义务，正因为如此，绝大多数远期合约是到期通过实物交割来履约的。

6．交易的参与者不同

远期合约的参与者大多数是专业化生产商、贸易商和金融机构；而期货交易更具有大众意义，市场的流动性和效率都很高。

第四节　金融期权市场

一、金融期权的定义和特点

1．金融期权的定义

金融期权（financial option），是指赋予其购买方在规定期限内按买卖双方约定的价格（简称协议价格或执行价格）购买或出售一定数量某种金融资产（称为标的资产）的权利和合约。期权购买方为了获得这个权利，必须支付给期权出售方一定的费用，称为期权费或期权价格。

2. 金融期权的特点

与金融期货相比，金融期权的主要特点在于它仅仅是买卖双方权利的交换。期权的买方在支付了期权费后，就获得了期权合约所赋予的权利，即在期权合约规定的时间内，以事先确定的价格向期权的卖方买进或卖出某种金融工具的权利，但并没有必须履行该期权合约的义务。期权的买方可以选择行使他所拥有的权利；期权的卖方在收取期权费后就承担着在规定时间内履行该期权合约的义务。即当期权的买方选择行使权利时，卖方必须无条件地履行合约规定的义务，而没有选择的权利。

二、金融期权的种类

金融期权的种类可以根据不同的标准进行多种不同的分类，如表 7-1 所示。

表 7-1 金融期权分类表

分类标准	期权种类
期权履约时间	欧式期权和美式期权
期权购买方的权利	看涨期权和看跌期权
期权内在价值	实值期权、虚值期权和平价期权
期权合约的基础金融工具	现货期权、期货期权和复合期权等
交易场所	场内期权和场外期权
期权卖方履约保证	有担保的期权和无担保的期权
期权产品结构	常规期权和奇异期权

1. 根据期权履约时间不同分

根据期权履约时间不同，可以分为欧式期权和美式期权。欧式期权只能在期权到期日执行；美式期权，则可以在期权到期日或到期日之前的任一交易日执行。另有一种修正的美式期权，也称百慕大期权或大西洋期权，可以在期权到期日之前的一系列规定日期执行。

2. 根据期权买方的权利不同分

根据期权买方的权利不同，可以分为看涨期权和看跌期权。看涨期权（call options）是指在到期日或在到期日为止的期间内，买方拥有按照事先约定的执行价格购买一定数量基础金融工具的权利。看跌期权（Put Options）是指在到期日或在到期日为止的期间内，买方拥有按照事先约定的执行价格出售一定数量基础金融工具的权利。

3. 根据期权内在价值的不同分

根据期权内在价值（Intrinsic Value）的不同，可以分为实值期权、虚值期权和平价期权。所谓内在价值是指期权买方行使期权时，可以获得的收益。内在价值是由期权合约的协定价格和该期权基础金融工具市场价格的关系所决定的，且因协定价格和市场价格关系的不同可分为实值、虚值和平价期权。实值期权（In The Money），是指内在价值为正的期权；虚值期权（Out Of the Money），是指内在价值为负的期权；平价期权（At The Money），是指内在价值为零的期权。因此，对于看涨期权而言，市场价格高于执行价格为实值，市场价格低于执行价格为虚值；对于看跌期权而言，市场价格低于执行价格为实值，市场价格高于执行价格为虚值。若市场价格等于执行价格，无论看涨还是看跌期权均为平价期权。一般而言，只有当期权为实值时，期权持有人才会执行期权。而期权为虚值和平价时，持有人会自动放弃期权。同时，只要期权合约没有到期，即使期权为平价或虚值，期权费也仍将大于零。这是因为，期权费除了需要考虑内在价值外还要考虑时间价值。

4．根据期权合约的基础金融工具不同分

根据期权合约的基础金融工具不同，可以分为现货期权、期货期权和复合期权等。现货期权是指以基础性金融工具本身作为期权合约基础金融工具的期权，它又可分为股权期权、货币期权、利率期权等。股权类期权可分为单只股票期权、指数期权和股票组合期权。股票期权（Stock Options）是指以单一股票作为基础金融工具的期权合约。指数期权（Index Options）根据其基础指数的不同而不同，大部分指数期权都是股票指数期权，其中最著名的是在CBOE交易的S&P100和S&P500指数期权。股票组合期权是以一揽子股票为基础资产的期权，最具代表性的是交易所交易基金（ETF）的期权。利率期权（Interest Rate Options）是指以各种利率相关资产（如各种债券）作为基础金融工具的期权。货币期权又称外币期权、外汇期权，是指以美元、欧元、日元、英镑、瑞士法郎、加拿大元、澳大利亚元等为期权合约基础资产的期权。期货期权（Futures Options），指以各种金融期货合约作为期权合约基础金融工具的期权，同样可以进一步分为基于利率期货、外汇期货和股权类期货等基础金融工具的期权，其基础金融工具为各种相应的期货合约。期货期权的重要特点之一在于其交割方式：期货期权的买方执行期权时，将从期权卖方处获得基础期货合约的相应头寸（多头或空头），再加上执行价格与期货价格之间的差额，由于期货合约价值为零，并且可以立即结清，因此期货期权的损益状况就和以期货价格代替基础金融工具价格时相应期权的损益状况一致。由于交割期货合约比交割基础金融工具本身往往更为方便和便宜，期货期权产生以后，受到市场的广泛欢迎，成为最主要的期权品种之一。复合期权则是期权的期权，即期权的基础金融工具本身是一种期权合约。

5．根据交易场所的不同分

根据交易场所的不同，可以分为场内期权和场外期权。场内期权（Exchanged-Traded Options，Exchanged-List Options，Traded Options）又称交易所交易期权，是指在集中性的金融期货市场或金融期权市场所进行的标准化的金融期权合约的交易；场外期权（Over-The-Counter options，OTC options）又称柜台式期权，是指在非集中性的交易场所进行的非标准化的金融期权合约的交易。由于场外期权交易场所分散，没有统一的交易制度和结算制度，监管较宽松，因此在带来巨大利益的同时，也蕴含着很高的系统性风险。

6．根据期权卖方的履约保证状况不同分

根据期权出售方的履约保证状况不同，可分为有担保的期权和无担保的期权。对于期权出售方来说，将来只有以执行价格买卖基础金融工具的义务，如果在卖出看涨（看跌）期权的同时，出售方实际拥有该期权合约所规定基础金融工具的相反头寸，就被称为“有担保的期权”；反之，就是无担保的期权。实际中，由于期权出售方存在违约风险，所以经纪人会要求无担保的看涨期权出售方缴纳保证金，以确保履约；而有担保的期权卖方可免缴保证金。

7．根据期权产品结构设计的不同分

根据期权产品结构设计的不同，可分为常规期权和奇异期权。一般而言，前面所述的欧式和美式期权都是比较标准和常规化的（Vanilla Options），在产品结构上更为复杂的期权通常称为奇异期权（Exotic Options）。奇异期权往往是金融机构根据客户的具体需求开发出来的，对常规期权的部分或全部特点做了变换，其灵活性和多样性是常规期权所不能比拟的，如复合期权和百慕大期权就属于奇异期权。

三、期权合约的盈亏分布

这里讲的盈亏分布是指看涨期权和看跌期权在不同市场价格情况下的盈亏状况，下面以欧式

股票期权为例说明期权的盈亏分布。

1．看涨期权购买者的盈亏分布

假设某股票市场价格为 28 元，敲定价为 30 美元，到期日为 3 个月的看涨期权的期权费为 5 美元。购买一份期权的成本为 500 元（100 股）。如果到期日的股票价格低于 30 美元，则看涨期权价值为零，投资者将放弃执行期权，其最大损失是期权费 500 元（不考虑佣金和其他交易费用，下同）。当股票价格大于 30 美元时，投资者的损失逐渐减少，当股票价格高于敲定价与期权费之和 35 美元时，达到盈亏平衡点。当股票价格高于 35 美元时，投资者开始盈利，随着股价的不断上涨，投资者的盈利没有上限。相比较而言，直接购买并持有股票的损益是无限大的。盈亏分布如图 7-1 所示。

2．看跌期权购买者的盈亏分布

如果投资者预期股票价格下跌，可以购进相应股票的看跌期权。假设某股票市场价格为 28 元，敲定价为 30 美元，到期日为 3 个月的看跌期权的期权费为 5 美元。购买一份期权的成本为 500 元（100 股）。如果到期日的股票价格高于 30 美元，则看跌期权的价值为零，投资者损失期权费。盈亏平衡点为 30–5 = 25 美元，即股票价格低于 25 美元时，投资者开始获利。相比较而言，直接出售股票的损益是无限大的。盈亏分布如图 7-2 所示。

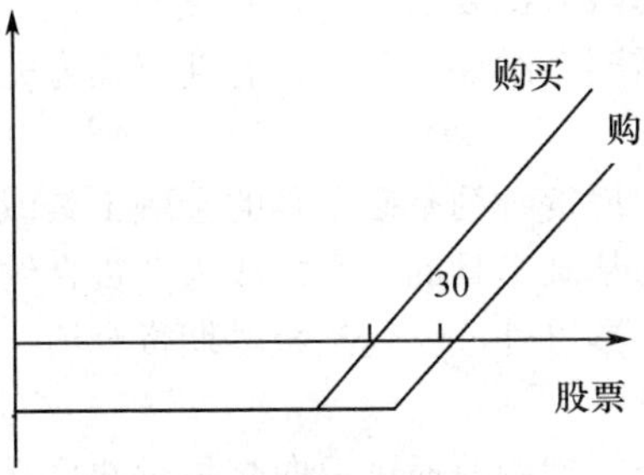

图 7-1　看涨期权购买者的盈亏分布

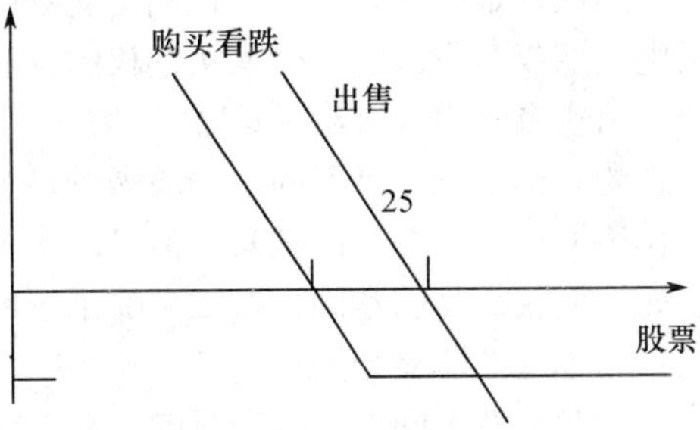

图 7-2　看跌期权购买者的盈亏分布

3．看涨期权出售者的盈亏分布

如果投资者预期股票价格下跌，可以出售看涨期权赚取期权费。假设某股票市场价格为 28 元，敲定价为 30 美元，到期日为 3 个月的看涨期权的期权费为 5 美元。出售一份期权的成本为 500 元（100 股）。如果到期日的股票价格低于 30 美元，则看涨期权价值为零，购买期权者将放弃执行期权，期权出售者获得期权费收益 500 元。只要股票价格不超过 35 元，出售者仍将保持获利，当股价超过 35 元时，看涨期权出售者将面临损失。盈亏分布如图 7-3 所示。

4．看跌期权出售者的盈亏分布

循着以上分析思路，我们可以勾勒出看跌期权出售者的盈亏分布情况，如图 7-4 所示。看跌期权出售者判断股票价格不会大幅下跌，并希望赚取期权费。

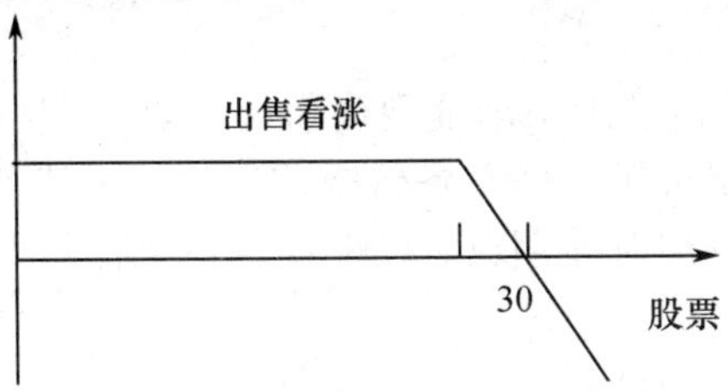

图 7-3　看涨期权出售者的盈亏分布

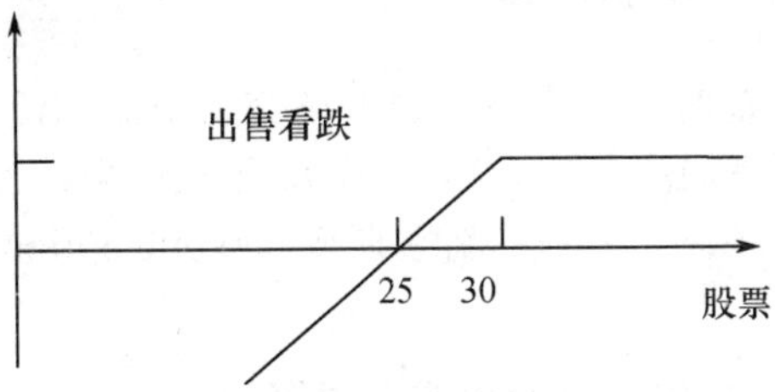

图 7-4　看跌期权出售者的盈亏分布

当股票价格高于30美元时，出售者赚取5美元期权费，当股价下跌低于25美元时，出售者将面临亏损。

从盈亏分布分析可以看出，期权的良好特性在于它仅代表着一种获得或出售金融资产的权利，但随着基础金融资产的价格波动，期权的损益将被放大。通过将现货与期权、期权与期权的结合可以得出很多具有不同盈亏模式的投资方式，获得不同的风险/收益组合。

四、期权交易与期货交易的区别

金融期权和金融期货作为20世纪的两大金融创新，两者具有密切的联系。虽然两者的交易对象都是标准化合约，但一般认为，大规模的期权交易是在期货交易的基础上发展起来的，是以期货市场的发育程度与规则的完备为前提的。期权在为交易者提供更多的选择工具的同时，也推动了期货市场的发展。

期权交易是一种以特定权利为买卖对象的交易，与期货交易的主要差别在于以下几点。

（1）买、卖双方的权利义务的对称性不同，这也是金融期权与金融期货的最重要区别。在期货交易中，买、卖双方都被赋予了相等的权利和义务；而在期权交易中，买方有权在认为合适的时候行使或放弃权利，而卖方却只有满足买方要求履行合约时买入或卖出一定数量的基础金融工具的义务。

（2）履约保证金的规定不同。在期货交易中，买、卖双方都要缴纳一定数量的保证金；而在期权交易中，期权买方只需支付购买期权的权利金，不需要缴纳保证金，只有期权卖方尤其是无担保期权的出售者才需要缴纳保证金。

（3）合约基础金融工具不同。一般来讲，凡可以作为期货合约基础工具的金融工具或金融变量都可以作为期权合约的基础工具，但可以作为期权合约基础工具的未必能成为期货合约的基础工具。例如，期权交易的基础金融工具除了一般的金融工具以外，还包括金融期货合约，甚至于金融期权合约本身，即复合期权。

（4）盈亏对称性不同。金融期货的交易双方只能在合约到期前通过反向交易对冲平仓或到期进行实物交割，此时价格的变动必然使一方盈利、另一方亏损，双方盈亏的程度取决于价格变动的幅度。理论上，金融期货双方潜在的盈利和亏损都是无限的。在金融期权交易中，由于交易双方的权利、义务不对称，导致双方的盈利和亏损也具有不对称性。理论上，买方的最大亏损是所支付的期权费，而潜在的盈利是无限的；期权卖方的盈利限于所收取的期权费，而潜在的亏损是无限的。

（5）现金流转不同。金融期货交易成交时，双方不发生现金收付，但由于实行保证金账户逐日清算制度，双方必须持有一定数量的流动性资产，以备补充保证金账户之需。金融期权在成交时，买方必须向卖方支付一定的期权费，但在成交后除了到期履约外，交易双方将不发生其他现金流转。

五、新型期权

随着期权工具在金融市场交易中的广泛应用，市场上不断涌现出新的需求，期权产品的创新更是层出不穷。20世纪90年代以来，市场上出现了一些具备传统期权的基本特征，但形式上存在较大差别的新型期权（exotic options），也称奇异期权。以下仅选择4种新型期权进行介绍。

1. 平均价格期权或亚式期权

平均价格期权（average rate options）或亚式期权（asian options）的突出特点是，期权合约的价值取决于敲定价格（或执行价格）与基础资产价格在一段时间内的平均值的比较，而不是像传统期权那样只看执行日的市场价格。

2．回溯期权

回溯期权（Look back Options）的收益取决于期权有效期内基础资产的最高价格或最低价格。例如，回溯式看涨期权的价值决定于有效期内所观察到的基础资产的最有利价格与敲定价的差额，而不是像传统期权那样决定于到期日基础资产的现价与敲定价的差额。此类期权因为能给持有者带来最佳盈利，因此其期权费也更贵。

3．挡板期权

挡板期权（barrier options）合约中往往规定当基础资产的价格达到一定上限或下限（挡板）即被强制执行而不复存在。以股票期权为例，挡板式股票期权存在的前提是基础股票的价格没有触及挡板价格。例如，对于“下跌敲出”式看涨期权（down-and-out call），如果基础股票价格跌落至某一预先确定的挡板水平时，期权将失效。“上涨敲出”式看涨期权（up-and-out call）则规定基础股票价格上涨到挡板价格以上时失效。这些期权也被称为“敲出期权”（knock-out Options），当然，与此对应的就是“敲入期权”（Knock-in Options）。由于此类期权可能在到期日前失效而一文不值，其期权费要相对便宜一些。

4．数字期权或二元期权

数字期权（digital options）或二元期权（binary options），因其损益是不连续的，或者盈利或者为零，有点像计算机的数字式代码和二进制算法，因此叫数字期权或二元期权。其最大的特点是期权的收益水平是预先确定的，但收益可能性则不确定。只有基础资产的价格达到触发价格点，期权持有人才能获得盈利。

第五节　金融互换市场

一、金融互换的定义及其特点

1．金融互换的定义

金融互换（financial swaps）是约定两个或两个以上当事人按照商定的条件，在约定的时间内，交换不同金融资产或负债的合约。不同于其他金融衍生工具往往是一次性交易，互换是一系列现金流的交换，会持续一段时期。

2．金融互换的特点

互换是一种单独磋商的场外交易，等价于一系列同样远期价格的远期合约。互换与期权/期货有着显著的区别，表 7-2 列出了主要的区别。

表 7-2　互换与期权/期货的区别

期权/期货	金融互换
交易所交易	场外交易
标准化合约	非标准化合约
私人投资者可以参加	仅大企业和金融机构可以参与
交易双方是匿名的	交易双方彼此认识
清算所保障交易没有信用风险	有信用风险

互换最大的缺点在于其有较大的信用风险。由于互换是两个公司之间的私下协议，因此包含信用风险。当互换对公司而言价值为正时，互换实际上是该公司的一项资产，同时是合约另一方的负债，该公司就面临合约另一方不执行合同的信用风险。将互换合约的信用风险和市场风险区分开是十分必要的。信用风险是互换合约对公司而言，价值为正时对方不执行合同的风险；而市场风险是，由于利率、汇率等市场变量发生变化引起互换价值变动的风险。市场风险可以用对冲交易来规避，信用风险则比较难避免。而且有的互换，如货币互换需要交换本金，这种形式互换的风险比远期交割利差的信用风险要大得多。

二、金融互换的种类

根据基础金融工具的不同，金融互换一共有 4 种主要类型：利率互换（Interest Rate Swap, IRS）、货币互换（currency swap）、商品互换（commodity swap）和股权互换（equity swap）。利率互换和货币互换是最重要的两种互换。商品互换是一种特殊的互换协议，其中至少一种支付是按商品价格或商品价格指数支付的。商品互换被许多商品的消费者和生产者用于对冲长时期内的价格上涨。例如，饼干生产商使用粮食互换来对冲粮食价格的上涨，航空公司使用汽油互换来对冲飞机燃料的上涨。股权互换是指以股票指数产生的收益与固定利率或浮动利率或其他的股票指数产生的收益进行交换，为基金经理和机构投资者提供了一种转化资产的方法。可以用股权互换把债券投资转换为股票投资，或者把本国的股票投资转换为外国的股票投资，以避免外汇管制、税收等问题。

1．利率互换

利率互换（Interest Rate Swap，IRS），是指双方在未来一定时期内将同种货币的同样名义本金的现金流相互交换，是以不同的利率指标（包含浮动或固定利率）作为交换的基础金融工具。一般来说，其中一方的现金流以浮动利率计算，而另一方的现金流以固定利率计算。利率互换不需要交换本金，只需要在每期进行利差交割，而且期限通常在 2 年以上。

在利率互换中，初期或到期日都没有实际本金的交换，交易双方只是按照事先商定的本金交换利息的支付。在利率互换市场中，市场浮动利率是以伦敦银行同业拆借利率为基准的，参与交易的各方根据自己的情况在 LIBOR 上浮动作为自己的浮动利率。名义本金额通常是 5 000 000 美元的倍数，金额更大的交易也很常见。利率互换在一定时间内进行，利率互换标准期限从 1 年到 10 年不等，30 年与 50 年的交易也较常见。

许多因素促进了互换市场的巨大发展。平行贷款、背对背贷款、英国取消外汇管制都对互换市场的发展起了一定的作用。尽管这些因素与事件十分重要，但互换市场快速发展最主要的驱动力量是各个借款人按不同利率筹资的能力，这种筹资和投资差异性，使商业银行与投资银行能够为客户创造节省借款成本的机会。

最基本的利率互换是固定利率对浮动利率的互换，这种交换一般是债务交换，交易的双方在各自的市场（固定利率市场和浮动利率市场）上比较有优势。下面用一个例子来说明这种利率互换的交易过程，如表 7-3 所示。

表 7-3　A、B 公司的利率成本

	固定利率	浮动利率	实际融资成本
A 公司	8.0%	LIBOR+0.5%	LIBOR+0.3%
B 公司	8.8%	LIBOR+0.9%	8.6%
B—A 利差	0.8%	0.4%	

A、B两公司的固定利率差为0.8%，A、B两公司的浮动利率差为0.4%，因此A公司在固定利率市场有相对优势，而B公司在浮动利率市场有相对优势。

A公司需要浮动利率资金，B公司需要固定利率资金，它们所需本金的币种和金额相同。利用双方的比较优势分别为对方借款，然后互换，以实现降低融资成本的目的。由于本金相同，双方无须交换本金，只需交换利息的现金流。在互换交易中，A、B公司进行如下交易：

（1）双方在其具有相对成本优势的市场上融资，即公司A以固定利率8.0%借款，公司B以浮动利率LIBOR+0.9%借款；

（2）A、B公司进行互换，即A向B支付LIBOR利率，B向A支付7.7%的固定利率。

这一交换过程如图7-5所示。

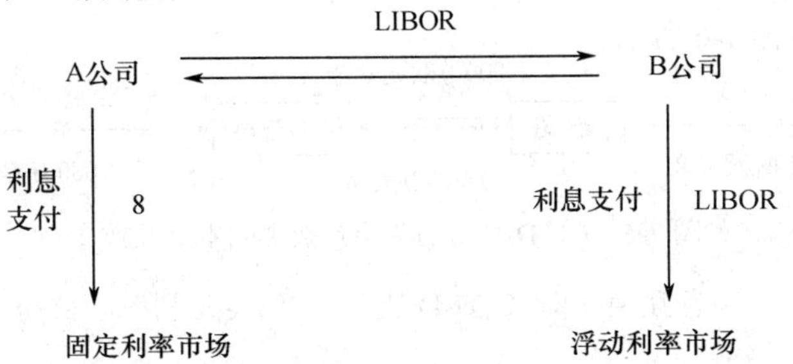

图7-5　A、B公司的利率互换交易

通过互换，双方的总融资成本降低了0.4%，即

（8.8%+LIBOR+0.5%）–（8.0% +LIBOR+0.9%）

假设这个互换没有通过中介机构，而且双方平分收益，那么可得到：A公司的实际融资成本为LIBOR+0.5%–0.2% = LIBOR+0.3%；B公司的实际融资成本为8.6%。

设A公司向B公司支付数额为LIBOR的利息，那这时B公司应该支付多少利息给A公司，才能符合其真实的融资成本呢？

我们设B公司付给A公司的固定利息为X。对A公司的利息收支进行分析，A公司的资金成本为LIBOR–X+8.0% = LIBOR+0.3%，得到X = 7.7%。

此时B公司的资金成本为LIBOR+0.9%+7.7%–LIBOR = 8.6%，符合理论值。

2. 货币互换

货币互换是交易双方在未来的一段时间内，交换两种不同货币的本金和现金流的交易。货币互换和利率互换很相似，但是有两个不同点：首先，货币互换通常在合同开始与期满时都有本金的交换（这些交换大多按即期汇率进行），而利率互换是没有本金交换的；其次，货币互换的利息是以不同货币进行交换的，而利率互换是使用同一种货币。

货币互换的主要原因是双方在各自国家中的金融市场上具有比较优势。货币互换的双方既可以按两种货币的固定汇率交易，也可以按浮动汇率进行交易；既可以用固定利率，也可以用浮动利率进行交易。下面我们用固定利率、固定汇率的例子说明。

假设1美元 = 0.8欧元，C公司需要美元资金1 000万，D公司需要欧元资金800万，C公司的信用等级高于D公司。

从表7-4可以看出，D在欧元市场上比C的成本高1.6%，而在美元市场上高1%，显然D公司在美元市场上具比较有优势。

表 7-4　C、D 公司的利率成本

	美元固定利率	欧元固定利率	实际融资成本
C 公司	8.0%	10.4%	7.7%
D 公司	9.0%	12.0%	11.7%
D　C 利差	1%	1.6%	

为了降低它们各自的融资成本，C、D 公司进行如下交易：

（1）双方在其具有相对成本优势的市场上融资，即 C 以欧元利率 10.4%借入欧元 800 万元，D 以美元利率 9.0%借入美元 1 000 万元；

（2） C、D 公司进行本金互换，C 公司将借来的 800 万欧元本金与 D 公司借来的 1 000 万美元本金进行交换，如图 7-6 所示。

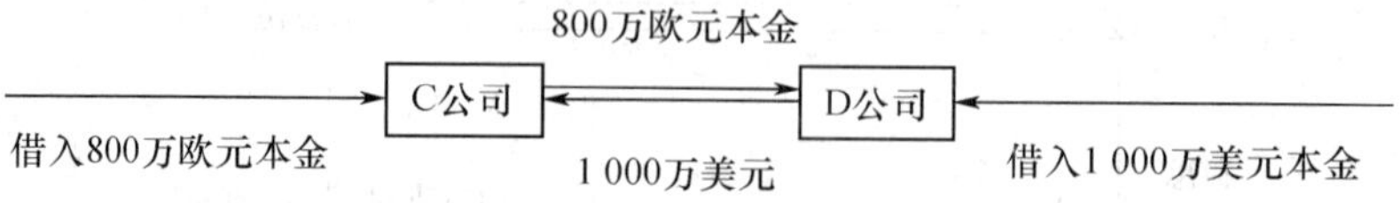

图 7-6　C、D 公司的货币互换中的本金互换

（3） C、D 公司进行利息互换，即 C 向 D 支付 5.3%美元利率，公司 D 向公司 C 支付 8.0%的欧元利息，如图 7-7 所示。

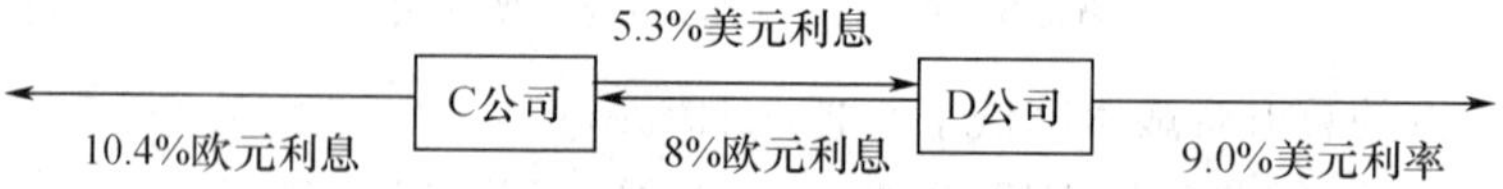

图 7-7　C、D 公司的货币互换中的利息互换

通过互换，双方的总融资成本降低了 0.6%，即（8.0% + 12%）−（9.0% + 10.4%）。假设这个互换没有通过中介机构，而且双方平分收益，那么可得到：C 公司的实际融资成本为 8.0% − 0.3% = 7.7%；D 公司的实际融资成本为 12.0% − 0.3% = 11.7%。

设 D 公司向 C 公司支付数额为 8%的欧元利息。这时我们设 C 公司付给 D 公司的美元利息为 X。对 C 公司的利息收支进行分析，C 公司的资金成本为 10.4% + X − 8.0% = 7.7%，得到 X = 5.3%。请注意，此处假定汇率不变，如果担心汇率变动造成损失，可以通过套期保值来避免风险。

此时 D 公司的资金成本为 9.0% + 8.0%−5.3% = 11.7%，符合理论值。

（4）在互换结束的时候，双方再次交换本金，C 公司支付给 D 公司 1 000 万美元本金，D 公司支付给 C 公司 800 万欧元，如图 7-8 所示。如果美元升值，则 C 公司损失汇率差；反之，亦然。

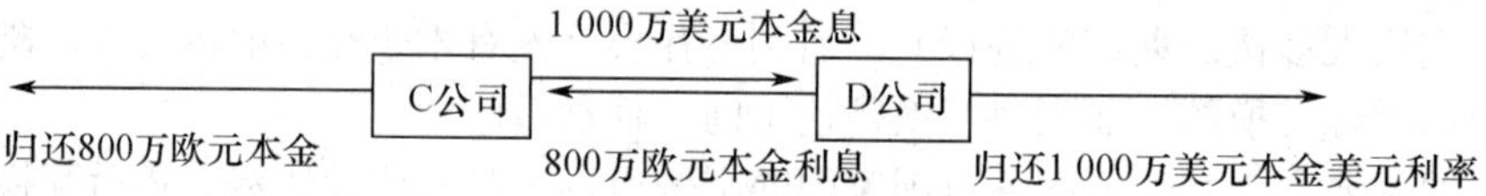

图 7-8　C、D 公司的货币互换中的本金互换

三、新型互换

从最普遍的意义来说，互换实际上是现金流的交换。由于计算或确定现金流的方法有很多，因此互换的种类也很多。除了上述最常见的利率互换和货币互换外，其他主要的互换品种有以下几个。

1．交叉货币利率互换

交叉货币利率互换（cross-currency interest rate swaps）是利率互换和货币互换的结合。它是以一种货币的固定利息交换另一种货币的浮动利息。标准的交叉货币互换与利率互换相似：①互换双方的货币不相同；② 到期需要交换本金；③ 在生效日本金可以交换也可以不交换；④ 互换双方既可以是固定利率互换，也可以是浮动利率互换，或者是浮动利率与固定利率互换。

换言之，我们也可以把利率互换理解成双方使用同种货币的交叉货币互换。从这个角度看，本金的交换是无关紧要的，因为采用同种货币，其本金互换的最终结果总是为零。本金在期末总是交换的，这是交叉货币互换的一个显著特点。本金既可以是实际金额也可以是名义金额。最初互换本金后，根据本金计算利息。接下来是一连串的利息互换，在到期日，再按事先决定的汇价换回本金。

2．增长型互换、减少型互换和滑道型互换

在标准的互换中，名义本金是不变的，而在以下三种互换中，名义本金是可变的。即可以在互换期内按照预定方式变化。

（1）增长型互换（accreting swaps）的名义本金在开始时较小，而后随着时间的推移逐渐增大。增长型互换比较适合借款额在项目期内逐渐增长的情形，例如，建筑工程融资。

（2）减少型互换（amortizing swaps）则正好相反，其名义本金随时间的推移逐渐由大变小。近年来，互换市场又出现了一种特殊的减少型互换，即指数化本金互换（indexed principal swaps），其名义本金的减少幅度取决于利率水平，利率越低，名义本金减少幅度越大。减少型互换则比较适合于以发行债券来融资的借款方。

（3）滑道型互换（roller-coaster swaps）的名义本金则在互换期内时而增大，时而变小。就项目融资来看，初期借款可能逐渐增加，此后，随着对承包者的阶段性支付的累积，借款额会逐渐减少。因此可以考虑采用滑道型互换与各期借款本金相对应。

在上述每一种情况下，名义本金的变化不一定是有规律的，可以在每一期互换开始之前对名义本金加以确定。

3．基础互换

在普通的利率互换中，互换一方是固定利率，另一方是浮动利率。而在基础互换（basis swaps）中，双方都是浮动利率，只是两种浮动利率的参照利率不同，通常一方的浮动利率与某一时期的伦敦银行同业拆放利率挂钩；而另一方的浮动利率则与另一类市场利率相联系，如商业票据利率、存款利率或联邦基金利率等。例如，某公司通过商业票据的滚动发行筹集资金，并将筹得的资金投资于收益率为伦敦银行同业拆放利率的资产，那么一笔基础互换交易就可以防范或消除由于采用不同利率而产生的收入流与支出流不相吻合的风险。或者，发行商业票据的公司可能希望锁定借款成本，那么，该公司可以将基础互换与普通互换相结合，先把浮动商业票据利率转化成浮动伦敦银行同业拆放利率，再把伦敦银行同业拆放利率转变成固定利率。

还有一种基础互换与上面所述的基础互换略有不同，双方的浮动利率与同一种市场利率挂钩，但期限不同。比如，1 月期 LIBOR 与 6 月期 LIBOR 互换。在这种情况下，付息次数或频率也会出现不一致。因此，对于按 6 月期 LIBOR 收取利息并按 1 月期 LIBOR 支付利息的一方来说，在收取半年期利息减去支付的最后 1 月期利息的净额之前，要连续 5 个月支付月息。与付息次数或频率相同的互换相比，此类互换来自对方的风险要大一些。

4．议价互换

大多数互换的初始定价是公平合理的，不存在有利于交易一方而不利于交易另一方的问题，也就是说，没有必要从互换一开始就由交易一方向另一方支付利息差。然而在议价互换交易中，固定利率不同于市场的标准利率，因此，交易一方必须向另一方进行补偿。议价互换（off-market swap）的应用价值在于：当借款方以发行浮动利率债券筹资，并希望利用互换既能将浮动利率债券转换成固定利率债券，又能支付发行债券的前端费用时，就可以设计一种议价互换。借款方（债券发行公司）收取一笔初始资金和定期浮动利息，同时以略高于普通互换市场利率的固定利率支付利息。高出固定利率的边际额可以在互换期内将发行债券的前端费用有效地加以分摊。

5．零息互换与后期确定互换

在零息互换（zero-coupon and back-set swap）中，固定利息支付流量被一次性的支付所取代，一次性支付可以在互换初期，但更常见的是在期末。在后期确定互换（back-set swap），互换确定日不是在计算期开始之前，而恰好是在结束之际。所以浮动利率的确定是滞后而不是提前，因此这种互换也称之为伦敦银行同业拆放利率滞后互换（LIBOR-in-arrears swap）。如果某交易方认为利率走势将与市场预期有出入，那么这种互换就很有吸引力。例如，在收益率曲线上升的条件下，远期利率要高于当前的市场利率，在制定互换固定利率时就要反映出这一点，后期确定互换的定价就可以定得更高一些。如果固定利率的收取方认为市场利率的上升要比远期利率所预期的慢，那么后期确定互换同样要比常规互换更为有利。

6．边际互换

边际互换（margin swap）所采用的浮动利率是在 LIBOR 基础上再加上或减去一个边际额，而不是直接用伦敦银行同业拆放利率本身，因此被称为边际互换。一个按伦敦银行同业拆放利率 LIBOR +50 个基点筹资的借款人当然希望能从互换中获得伦敦银行同业拆放利率 LIBOR+50 个基点的利率，而不仅仅是伦敦银行同业拆放利率，否则浮动利率的现金流量就不一致。

因此，边际互换的结果类似于普通互换中对固定利率加上一个边际额。例如，一个普通互换是 7.00%的固定利率对伦敦银行同业拆放利率，则与此相应的边际互换的报价可能就是 7.50%的固定利率对伦敦银行同业拆放利率 LIBOR +50 个基点。只有当互换双方天数计算惯例或付息次数各不相同时，如固定利率方以“实际天数/365”计算，而浮动利率方以 30/360 计算，边际互换与普通互换的结果才会出现差异。

7．差额互换

差额互换（differential swap）是对两种货币的浮动利率的现金流量进行交换，只是两种利息的现金流量均按同种货币的相同名义本金计算。在 20 世纪 90 年代初期，差额互换非常流行，当时美元利率很低，但收益率曲线上升得非常陡直；而马克利率很高，收益率曲线却向下大幅度倾斜。例如，在一笔差额互换交易中，互换一方以 6 个月期美元伦敦银行同业拆放利率对 1 000 万美元的名义本金支付利息；同时对同样一笔数额的名义本金以 6 个月期马克伦敦银行同业拆放利率减去 1. 90%的浮动利率收取以美元表示的利息。因此，按美元伦敦银行同业拆放利率付利息，并按马克伦敦银行同业拆放利率 LIBOR–1.90%收取以美元表示的利息的交易方在互换初期会有净收入。如果利率按远期收益率曲线所示发生变化，那么这些净收入最终会转变成净支出。但是许多投资者坚信美元利率会低于远期利率所示的水平，而德国马克利率依然会维持在高水平上。所以，通过差额互换获利的时间将大大延长，甚至可能在整个互换期间都获利。

差额互换究竟属于货币互换还是属于利率互换很难加以定义，因为它既像交叉货币互换一样涉及两种货币的利率，又像利率互换一样仅以一种货币支付或收取利息。另外，当银行要为差额互换进行保值时，还会涉及一种复杂的金融工具——数量调整期权（Quantity adjustment Option）的定价问题。

8．远期启动互换

远期启动互换（forward-start swap）是指互换生效日不是在交易日后一两天，而是间隔几周、几个月甚至更长时间。这种互换适用于未来某时进行的浮动利率融资，但希望在现在就确定实际借款成本的借款人。例如，某家公司可能刚刚获得对一个项目的委托管理，并正忙于筹集资金以备将来之用。如果这家公司拖到以后才安排互换交易，就可能面临利率上升的风险。

9．互换期权

互换期权（swap option）本质上属于期权而不是互换，但该期权的标的物为互换。例如，利率互换期权本质上是把固定利率交换为浮动利率，或把浮动利率交换为固定利率的权利。但许多机构在统计时都把互换期权列入互换的范围。

10．股票互换

股票互换（equity swaps）是以股票指数产生的红利和资本利得与固定利率或浮动利率交换。投资组合管理者可以用股票互换把债券投资转换成股票投资，反之亦然。

复习思考题

一、名词解释

金融远期合约　远期利率协议　远期股票合约　金融期货交易　外汇期货　空头交易　多头交易　买空交易　卖空交易　股票价格指数期货　金融期权　看涨期权　看跌期权　金融互换　利率互换　货币互换

二、简答题

1．简述金融衍生工具市场的发展。

2．金融衍生工具的特点有哪些？具有哪些功能？

3．什么是远期利率协议？它有什么优点和缺点？

4．什么是金融期货？它有哪些功能？

5．什么是金融互换？它有何特点？

三、论述题

1．举例说明货币互换和利率互换的交易过程。

2．论述金融期货合约与金融远期合约的区别。

3．简述期权合约的盈亏分布。

四、拓展阅读

1．资产负债表未必可信（http://www.ftchinese.com/story/001066308）

2．衍生品清算所不是魔杖（http://www.ftchinese.com/story/001029664）

3．金融衍生品案例研究:高盛金融欺诈案（http://xueshu.baidu.com/s?wd=paperuri:(7c896e6c753c425a29f5d4854e40a802)&filter=sc_long_sign&sc_ks_para=q%3D 金融衍生品案例研究%3A 高盛金融欺诈案&tn=SE_baiduxueshu_c1gjeupa&ie=utf-8&sc_us= 17355330521271899087）

扫描二维码阅读文章

第八章　天气衍生品市场

学习目标：

了解天气衍生品市场的基本特征及运行原理；

掌握主要天气衍生品的分类、主要特点及其交易程序；

熟悉并掌握天气期权、天气期货以及天气互换的交易特点及其原理。

第一节　天气衍生品市场概述

天气衍生品的产生是多种因素作用的结果，但最主要的原因是天气事件带来的损失太大。由于天气风险对经济发展的影响非常明显，天气风险管理已经成为企业风险控制的重要组成部分，而天气衍生品作为天气风险管理的一个重要方式，为企业提供了规避风险的有效途径。

一、天气与天气风险

天气对人类经济活动有着巨大影响，天气的不确定性是政府、企业、个人都会面临的要风险。天气对农业的作用众所周知，在农业中历年都有着说法，靠天吃饭。许多企业的产销量往往与天气有很大关系。实际上，国民经济中的能源、交通、建筑、保险等经营情况也几乎都和天气有关。

天气风险是指天气事件给人们生命财产和经营带来的不确定性。天气风险对于企业的影响是多种多样的。天气风险甚至也影响金融业的收益。如果降水量过少而导致大面积的干旱，提供农业旱灾保险的保险公司将遭受损失。

由此可见，天气的不确定性是企业管理经营中的一个不可避免的课题。为此，天气衍生品应运而生，今年得到迅速发展。

二、天气衍生品的生产和发展

天气衍生品是一种防范天气风险的创新产品。交易双方就天气风险转移达成协定，而形成天气生产品合约，其内容通常包括合约类型、期限、指数水平和交易货币等要素。

能源企业对天气风险管理的需求催生了天气衍生品的发展。天气衍生品始于 1996 年，当年美国解除了电力供应的管制，电力供应市场变成竞争的区域性批发市场。在新的监管制度下，天气决定需求和供给。在解除管制的初期，当天气风险首次量化时，能源市场必须自己解决问题的办法；然而，保险业却不能提供非灾难保险。能源公司认识到市场变化，采取措施控制天气风险，并围绕天气风险创造了新的业务。天气衍生品完全是柜台交易的私下合同，它的出现标志天气风险管理已经成为一种可交易的商品。

三、天气衍生品市场的发展特点

1. 全球化趋势明显

尽管天气衍生品在美国建立，但是越来越多的国家参与和建立该市场，天气衍生品的发展逐渐全球化。欧洲和亚太地区的一些国家都已经开始出现天气衍生品市场，一些国家正在考虑推出天气衍生品的场内交易。

2．市场规模不断扩大

建立之初，天气衍生品的规模得到极大发展。美国天气协会统计，2006 年其市场规模高达 452 亿美元。2010—2011 年，在 OTC 市场中，天气衍生品合约价值增长到 24 亿美元，而整个天气衍生品合约价值达 118 亿美元。

3．市场参与者类型日益多样化

天气衍生品的需求方主要是套期保值者和投机者。套期保值者大都属于对天气比较敏感的农业、能源和交通等行业企业，它们利用天气衍生品对冲或者平滑面临的风险；投机者则包括对冲基金和投资银行等机构。天气衍生品的供给者为银行、交易商和其他中介机构。

4．市场交易的风险和品种日渐多元化

天气衍生品以美国的温度指数合约为主，但是其他类型的天气风险交易所占的比重逐渐增加。除温度指数外，市场还包括湿度、降雪量等指数。从交易品种来看，天气衍生产品的品种繁多，还包括各种天气期货、期权和套包等。

四、主要天气衍生产品市场

天气衍生产品市场于 1996 年首次出现在美国，到了 1998 年后期，欧洲和亚太地区陆续出现了该市场。到了 1999 年，CME 正式将天气衍生品市场引入场内交易，此后，天气衍生品市场得到长足的发展。

1．美国天气衍生品市场

美国天气衍生产品主要在芝加哥进行交易，芝加哥商业交易所是美国最大的期货交易所，也是世界上第二大买卖期货和期权合约的交易所。芝加哥交易所提供了多项金融风险管理工具。CME 从 1999 年开始交易天气指数期货，首先，交易所内交易的天气风险工具不存在信用问题。其次，在提高天气期货流动性方面，CME 通过做市商为买卖双方的成交提供便利，是企业能够方便进出市场。最后，交易所的天气期货为 OTC 天气风险交易双方提供了一种参与对照机制。CME 的天气指数包括制热日指数期货、制冷日指数期货、制冷季节指数期货和制热季节指数期货 4 种。

2．英国天气衍生产品市场

伦敦国际金融期货交易所于 2001 年推出天气期货交易，该交易所所推出的天气期货合约依据该交易所每月和冬季指数结算交割。指数的计算为伦敦、巴黎和柏林三地日平均气温。通过该交易所的天气期货合约来化解天气风险。欧洲天气市场和美国不同。美国市场表现为很强的季节性需求，因此分为制冷日和制热日交易标的。而欧洲夏季没有相应的降温需求，因此欧洲市场开展天气交易就需要不同的方法。选择日平均温度和冬季温度作为交易标的，这两种温度指数在 OTC 市场都有交易。

3．世界其他国家天气衍生品

除了上述两个比较重要的天气衍生产品市场外，还有一些国际和地区开展了天气衍生市场。如日本的东京金融期货期权交易所退出了日本 4 个城市平均气温的期货，东京上商品交易所也推出了气温指数期货。一些发展中国家也考虑将天气衍生品作为一种金融创新，如埃塞俄比亚热衷于天气衍生产品。

五、天气衍生产品与金融衍生品比较

天气衍生品是防范天气风险的金融工程创新产品，有独特性质。由于同属于金融衍生品，天气衍生产品和传统金融衍生产品存在许多相似之处，但又存在许多不同。为此将二者做出比较，从而更好地认识天气衍生产品。

天气衍生产品与传统金融衍生产品既有相同点又有不同点。首先，两类衍生品存在相似之处：

（1）两者都存在标准化的集中交易场所。不论天气衍生品还是传统的金融衍生品，都可以集中在交易场所内交易，信息透明度高，道德风险低，交易成本也低，都可以发挥杠杆作用。

不论天气衍生品还是金融衍生品都存在基差风险，基差风险是指保值工具与被保值商品之间价格波动的不同所带来的风险，基差风险给套期保值者带来了巨大风险。

（2）两者都具有价格发现和套期保值的功能，可以最大限度地规避风险。

（3）两者都具有很高的流动性和投机性。

（4）两者都可以分为远期、期权、期货和互换 4 种形态，具有不同的交易方式。

天气衍生品与传统金融衍生品的交易模式都分为场内交易和场外交易。

从社会福利的角度看，衍生产品的出现无疑增加了社会中的福利水平，两者都具有帕累托改进的性质。

天气衍生品与传统的天气保险的差异体现在以下几个方面：

（1）天气衍生品主要作用是补偿天气风险事件而带来的损失。而传统的天气保险则用于应对高风险、低频率的天气事件，如雪灾和飓风等。

（2）只要达到合约的指数值，企业便可以从天气衍生产品汇总迅速获得支付。而企业投保天气保险则必须提供损失证明，才能获得赔偿。

（3）购买天气衍生品后，投资者可以提供对冲效果而决定继续持有或者出售合约，而天气保险往往不具有可转让性。

由于存在上述的不同，天气衍生产品相对传统的天气保险，有许多优势。首先是信息公开，极大地降低了道德风险。其次，天气衍生品的管理和经营成本很低，天气衍生产品的赔付依赖气象部门公布的数据，边际理赔成本低。而传统天气保险的理赔定损于数据收集工作，成本高。最后，天气衍生品扩大了风险转移的范围。而传统的天气保险往往将风险高发区人群排除在外，也就是传统的天气保险中存在的逆向选择问题。

第二节　天气衍生产品的种类

天气衍生品主要有期权和期货。而这些产品中，一般以气温、降雪、降雨量和风力作为标的。

一、温度指数期货

天气期货是一种指数期货。它与其他指数期货没有太大区别。主要是标的变量不同，天气期货的变量是天气指数，其中以温度指数最为普遍。

1．制热日指数与制冷日指数

通过日平均温度与华氏温度的比较来测量寒冷程度，也就是采取的指数 HDD = MAX（0，华氏 65 度–日平均温度）。如果日平均温度是华氏 40 度，那么日 HDD 就是 25，如果日平均温度是华氏 67 度，那么日 HDD 就是 0.CME 的指数是一个月的日 HDD 指数的累计，在最后结算日每一指数点为 100 美元。

2．制热日指数期货与制冷日指数期货

芝加哥商业交易所（CME）的 HDD 和 CDD 期货合约（见表 8-1，表 8-2）在规定的期货交易日买入或卖出 HDD 和 CDD 指数价值的协定，采取现金交割。CME 选取了芝加哥、纽约、费城、波兰特等 10 个城市作为交易标的。

表 8-1　美国月度 CDD 指数期货合约

合约标的	美国各城市的月度 CDD
合约乘数	每点 20 美元
报价单位	美元
最小变动价位	1 指数点
合约月份	4～10 月
最后交易日	合约到期月以后至少两个自然日后的第一个交易日 9:00
交割方式	现金结算

表 8-2　美国月度 HDD 指数期货合约

合约标的	美国各城市的月度 HDD
合约乘数	每点 20 美元
报价单位	美元
最小变动价位	1 指数点
合约月份	10 月，11 月，12 月，1 月，2 月，3 月，4 月
最后交易日	合约到期月以后至少两个自然日后的第一个交易日 9:00
交割方式	现金结算

合约规格：CME 的 HDD 和 CDD 期货合约的名义价值为 100 倍 HDD 或 CDD 指数，合约以指数点报价。

合约月份：在任一交易时间，分别有 7 个连续的合约和 5 个连续期权交易。

结算：每一月份合约的结算价格依据地球卫星有限公司计算的 HDD 和 CDD 指数得出。

交易系统：HDD 和 CDD 期货采用电子交易系统进行全天交易。

3．季节性天气期货合约

CME 在推出日温度指数期货以后，于 2003 年 5 月开始上市交易季节性天气产品。季节性天气指数期货以制热日天气指数和制冷日天气指数为基础，是日温度指数期货的延伸，它包括制冷季节指数期货和制热季节指数期货。季节性天气指数期货的长度为 5 个月，夏季合约从 5～9 月，冬季合约从 11 月到次年 3 月。季节性合约可以使交易者在一个价格上交易整个季节的温度指数，从而提高交易效率并减少交易成本。

二、霜冻指数期货合约

在温度指数期货合约获得成功后，CME 霜冻指数期货合约于 2005 年 9 月上市。现在，霜冻指数期货合约只有一个，即荷兰的阿姆斯特丹；合约类型包括月度和季节性两种。

为了计算霜冻指数期货合约，从每年 11 月的第一个星期一开始到次年的 3 月的最后一个周五，每天都需要在当地时间早晨 7 点和 10 点测量指定地点的气温。因为霜冻指数期货合约标的城市有限，所以目前主要的市场参与者以欧洲人为主，有部分套期保值和投机者。

表 8-3　欧洲月度霜冻指数期货合约

合约标的	欧洲各个城市的月度霜冻指数
合约乘数	每点 10 000 欧元
报价单位	欧元
最小变动价位	0.01 指数点
合约月份	11 月，12 月，1 月，2 月，3 月
最后交易日	合约到期月以后至少两个自然日后的第一个交易日 9:00
交割方式	现金结算

表 8-4　欧洲季节性霜冻指数期货合约

合约标的	欧洲各个城市的季节性霜冻指数
合约乘数	每点 10000 欧元
报价单位	欧元
最小变动价位	0.01 指数点
合约月份	3 月（对于 11 月至次年 3 月这个季节）
最后交易日	合约到期月以后至少两个自然日后的第一个交易日 9:00
交割方式	现金结算

三、降雪指数期货合约

在温度指数期货和霜冻指数期货合约基础上，芝加哥商业交易所（CME）紧接着推出了面向美国的降雪指数期货。最初标的城市只有波士顿和纽约，2009 年又增加芝加哥奥黑尔国际机场、明尼阿波利斯国际机场、库特律国际机场、纽约拉瓜迪亚机场 4 个标的地区。目前，合约类型包括月度和季度性两种，合约细则见表 8-5 和表 8-6。

表 8-5　美国月度降雪指数期货合约

合约标的	美国各城市的月度降雪指数
合约乘数	每点 500 美元
报价单位	美元
最小变动价位	0.1 指数点
合约月份	11 月，12 月，1 月，2 月，3 月，4 月
最后交易日	合约到期月以后至少两个自然日后的第一个交易日 9:00
交割方式	现金结算

表 8-6　美国季节性降雪指数期货合约

合约标的	美国各城市的降雪指数
合约乘数	每点 500 美元
报价单位	美元
最小变动价位	0.1 指数点
合约月份	从 11 月至次年 4 月
最后交易日	合约到期月以后至少两个自然日后的第一个交易日 9:00
交割方式	现金结算

为了计算降雪指数，首先得到每天的降雪量数据。日降雪量是指在标的地区每天从凌晨到午夜的降雪量，该指数有地球卫星有限公司自动测量站提供。月度降雪指数是合约每个自然日降雪量的总和，季节性降雪指数是最短 2 个月，最长 6 个月的季节性连续的所有自然日降雪量的总和。

降雪量指数期货在规避天气风险中应用较为广泛，主要的风险对冲包括政府部门、滑雪场、航空公司等。此外，也有部分投机者参与其中。

第三节　天气衍生产品的应用

天气衍生产品的买卖双方是如何通过天气衍生产品来达到降低天气风险的目的，通过本节学习，就很清楚了。通常用于防范天气风险的金融工具有：期货、期权、互换和套保期权。与传统的金融衍生品不同，天气类衍生品的结算是以一个或多个天气因素为交易对象，比如降水量、积雪深度、气温或风速等。目前温度指数交易量占绝大比例，笔者主要介绍温度指数类天气衍生品。标准的温度指数衍生品是以取暖指数（HDD）和制冷指数（CDD）来核算的。HDD 和 CDD 通过将日平均气温与基础温度对比得到。日平均温度则是取每日最高温度及最低温度的平均。在美国，标准基础气温是华氏 65 度，即摄氏 18.3 度。低于这一温度，取暖需求增加，此时形成 HDD 高于这一温度，制冷需求增加，此时形成 CDD。因此，HDD 和 CDD 实际上衡量了人们对取暖和制冷以及支持着取暖设备和制冷设备的能源的需求量。

一、天气期货的应用

在天气期货中，交易标的物并不是天气指数，而是基于该指数的货币价值，合约通过现金交割结算。例如，假设某一城市 11 月份的日均 HDD 为 25（华氏 65 度–华氏 40 度），在 11 月份的 30 天内，HDD 指数为 750（25 日 HDD 为 30），在最后结算日每一指数点为 100 美元。则期货合约的名义价值就为 75 000 美元（750HDD 指数 ？100 美元）。天气期货合约是标准化合约，只是价格、交易方式和交割日期、指数来源地不同。主要的天气指数期是取暖指数（HDD）和制冷指数（CDD）等温度指数期货。HDD 和 CDD 是用日平均气温（ADT）与基础温度进行比较得到的。对于任何一个给定的日子，可用如下两个公式计算 HDD 和 CDD：

$$每日\,\mathrm{HDD}=\max\left[0,\left(65-\frac{T_{\max}+T_{\min}}{2}\right)\right]$$

$$每日\,\mathrm{CDD}=\max\left[0,\left(\frac{T_{\max}+T_{\min}}{2}\right)-65\right]$$

式中，$T_{\max}$ 是一天中记录的最高气温，$T_{\min}$ 是一天中记录的最低气温。给定了计算每天 HDD 和 CDD 的方法，确定较长时期的累积数，如每周、每月、每季或年度的累积数就可用如下公式进行计算：

$$\mathrm{HDD}=\max\left[0,\left(65-\frac{T_{\max}+T_{\min}}{2}\right)\right]$$

$$\mathrm{CDD}=\max\left[0,\left(\frac{T_{\max}+T_{\min}}{2}\right)-65\right]$$

CME 的天气指数期货包括制热日指数期货、制冷日指数期货、制冷季节指数期货和制热季节指数期货 4 种。目前芝加哥商交所推出的天气衍生品期货和期权合同主要是以 18 个美国城市、9 个欧洲城市和两个亚太地区城市的气温情况为基础。

二、天气期权的应用

天气期权是一种期货期权，表示投资者在未来某一日有权买卖某一个天气指数期货合约。天气期权是欧式期权，即买方只能在到期日行使权利，不能提前执行。在期权合约的执行日期，一旦官方发布天气记录，期权合约就进行结算。天气期权包括买入期权和卖出期权两种。期权提供选择权买方有限损失，并保留上方无限获利的优点。期权买方必需事前支付一定金额即期权费给卖方。期权买方的正收益表明，买方可以部分或全部（ 视购买期权数量而定）避免天气状况带来的风险，甚至还可能拥有非常大的收益。

1. 看涨期权

与一般金融资产的看涨期权类似，合约规定，期权买方有权在约定的时间（到期日）以约定的“执行价格”购买一份指定的资产或指数等，如到期的资产价格或指数高于执行价格，那么看涨期权的买方行权将在期权市场获得赔偿以弥补现货市场上的损失，若放弃行权将损失期权费。对于那些希望避免因为可以量化的天气风险因子上涨带来损失的公司来说，他们可以购买一份相应的看涨期权来锁定收益。比如，我们假设日最大降水量高于 170 mm 时，就有可能引发农田受灾 ， 使某农场主损失 10 万美元。此时，该农场主可以购买一份“执行价格”为 170 mm 的看涨期权，当日降水量大于 170 mm 时，农场主通过执行看涨期权可获得 10 万美元的补偿。当降水量低于 170 mm 时，放弃执行期权，仅损失期权费。通过购买看涨期权，取得以小博大的效果，改变了传统农业靠天吃饭的情况，保护了农民的利益。

2. 看跌期权

与一般金融资产的看跌期权类似，合约规定，期权买方有权在约定的时间（到期日）以约定的“执行价格”购买一份指定的资产或指数等，如到期的资产价格或指数低于执行价格，那么看跌期权的买方行权将在期权市场获得赔偿以弥补现货市场上的损失，若放弃行权将损失期权费。如果整个夏季气温凉爽，将使空调生产企业的产品销量和利润水平下降。假设该厂商能承受的风险是 $5M$ 美元， 换算成∞D 数量，相当于 2115 个 CDD 指数。此时，该厂商可以购买一份看跌期权，当 CDD 指数低于 2115 时，获得赔偿，当 CDD 高于 2115，放弃行权。

三、天气互换的应用

互换是指交易双方为了交换风险而签订的一种合约。在合约签订中, 双方均不支付保证金。互换要求交易者在天气指数上升到某一特定水平之上（或下降到某一个特定水平之下）时进行赔付, 同时也授权该交易者在天气指数下降到同样的水平之下（或上升到同样的水平之上）时获得赔付。也就是说，该交易者既可能是赔付者也可能是受赔者。

当企业希望锁定其收益，可以购买一个互换合约以使其收入与预期无较大偏误。当某天气指数高于（或低于）一个特定执行价格时，该企业有获得合约的另一方赔偿的权利，同时，某天气指数低于（或高于）一个特定执行价格时，也有赔付合约的另一方的义务。签订互换合约的双方可以是冷饮企业与雨具制造厂商，当持续的雨天使气温下降，必会影响到冷饮业的收入，但对雨具制造厂商扩大销量无疑是好事。相反，持续的高温酷暑天，对冷饮行业是利好，但对雨具制造商却是不利。所以冷饮企业和雨具制造商就可以签订一个基于气温指数的互换合约，以实现双方都能对冲天气带来的收入不确定的风险。

四、天气套保

套保期权又称上下限选择权，是结合买权与卖权的天气衍生性金融商品。利用套保期权可将公司营收锁住于特定上下限范围，举例说明：一制造厂购买一个低履约水平的卖权，其标的为温度指数，该制造厂同时出售一高履约水平的买权，标的仍为温度指数。假若温度指数在两个履约水平内，则期权买方与卖方均不会有任何现金支出，然而假如温度指数低于卖权履约水平时，则该制造厂可获利。假若温度指数超出买权之履约水平，则制造厂需支付现金给买权买方。因此，套期保权可以在两个履约水平以外的天气状况将收入稳定在一定范围之内。

当企业希望其收入是稳定的，为了避免因为天气波动而使收入出现大幅度的上下波动，企业可以购买一份套保期权，套保期权包含了两个执行价格（假设为 1000}Ⅱ]D 与 1500}Ⅱ]D），相当于买入一个看涨期权与卖出一个看跌期权的组合（或者相反）。第一种情况，当厂商为了对冲 HDD 高于 1000 造成损失，可购买一份执行价格为 1000HDD 的看涨期权，同时向寻求天气变热保护者出售一份行权为 1500HDD 的看跌期权，从而将自己的收益锁定在 1000HDD 与 1500 卜Ⅱ]D 之间。

思考讨论题

一、名词解释

天气风险　天气衍生品　温度指数期货　霜冻指数期货合约　降雪指数期货合约　天气期货　天气期权　天气互换

二、简答题

1．简述天气衍生品市场的基本特征。

2．简述天气衍生品的分类及其主要特点。

3．天气衍生品与天气保险的区别。

三、论述题

1．请分析一下天气衍生品与金融衍生品的相同之处与不同之处。

2．天气衍生品与传统的金融衍生品虽然存在一定差别，但是它们在形式上却有一定的共性，分析一下天气衍生品的主要形式。

四、拓展阅读

1．金融工程创新案例分析天气衍生产品 81-2(http://3y.uu456.com/bp_4ut230dd8n44s0w0dy1u_ 2.html)

2．华尔街天气衍生产品遭遇寒冬之谜 http://www.fortunechina.com/investing/c/2014-01/08/content_190125.htm

3．天气金融衍生品市场亟待建立(http://futures.hexun.com/2016-06-21/184503702.html)

扫描二维码阅读文章

第九章　碳金融市场

学习目标：

了解碳金融市场的发展历史及其未来发展趋势；

理解碳金融交易的基本原理、交易工具以及运行机制；

熟悉全球主要碳金融市场的交易体系结构设计、特点。

第一节　全球气候变化与碳金融的产生

全球气候变化是人类迄今面临的最重大环境问题，解决气候变化问题的根本措施是减少二氧化碳（CO_2，简称碳）的排放。自2005年《京都议定书》生效以来，碳排放权成为了一种稀缺资源，作为价格信号激励企业加大节能减排领域的研发与投资，以控制温室气体的排放。碳交易市场的快速发展衍生出与碳交易相关的金融需求，碳金融应运而生。碳金融是实现低碳经济的必要条件，而非充分条件。在金融危机的背景下，短期来看，碳金融创新是刺激金融市场复苏的良药，对金融业恢复元气和再发展有着重要意义。长期来看，碳金融是经济从传统高碳模式向低碳模式过渡的催化剂。随着总量管制和排放交易计划及其他监管措施的逐步完善，碳金融成为实现全球气候治理、能源结构转换与可持续发展的有效途径。

一、碳金融的产生

1．人类活动与全球气候变暖

近百年来，地球气候正经历一次以全球变暖为主要特征的显著变化，这种全球气候变化给人类生产和生活带来严峻的挑战，主要包括：全球性水资源短缺，居住环境不断恶化，海平面上升，气温升高导致地球两极冰雪融化，高山冰川萎缩；海平面将上升到威胁沿海地区人类生存的地步，海啸更加频繁；热浪袭击增加，各地区高温、干热引发的森林火灾事故不断增加；人类健康受威胁，许多通过昆虫传播的性疾病将扩大，极地冰雪融化可能释放史前病毒。

2．碳金融的产生

（1）联合国气候变化框架公约

为了应对全球气候变暖的威胁，1992年6月，150多个国家制定了《联合国气候变化框架公约》（UNFCCC，以下简称《公约》），设定2050年全球温室气体排放减少50%的目标，1997年通过的《京都议定书》（Kyoto Protocol）作为《公约》的补充条款，成为具体的实施纲领，设定了《公约》附录1中所列的发达国家在既定时期（2008—2012年）的温室气体减排目标，要求实现2012年底的温室气体排放量较1990年的水平降低5.2%，此外，还规定了各国所需达到的具体目标。

（2）《京都议定书》

《京都议定书》规定了三种相互补充的市场机制来降低各国实现减排目标的成本，即国际排放权交易（International Emission Trading，IET）、联合履行机制（Joint Implementation，JIⅡ）和清洁发展机制（Clean Development Mechanism，CDM）。国际排放权交易则是《公约》附录1发达国家之间针对配额排放单位的交易。各国根据国际合约分配到既定的碳排放指标，各国可以根据实际情况买卖该指标，保证达到排放标准。根据联合履行机制，附录 1 名单中的发达国家与东欧转轨国家之间可以交易和转让减排单位；清洁发展机制则涉及附录 1 的发达国家与发展中国家之间的交易，发达国家可以通过向发展中国家进行项目投资，或直接购买的方式来获得碳排放单位。《京都议定书》所列出的这三种灵活市场机制，使温室气体减排量成为可以交易的无形商品，为碳金融市场的发展奠定了基础。各缔约国接受《公约》所限定排放限额，根据自身需要来灵活应用上述三机制，通过买入碳排放权满足排放限额。三种机制的特点均是境外减排。《京都议定书》于 2005 年 2 月 16 日正式生效。随着《京都议定书》而诞生的排放交易制度，让全球稀缺资源的环境公共产品获得了产权，并由此产生了碳市场。

（3）后京都时代的成果

作为新兴的金融市场，碳交易市场在近几年发展迅猛。根据世界银行的数据，2005 年国际碳金融市场交易总额为 108 亿美元，到 2009 年已达到 1437 亿美元，5 年时间里增长了 13.3 倍。受金融危机的影响，2009 年的增长速度下降，项目市场有所下降。目前国际排放权交易市场并未形成统一市场。市场上交易着不同标的产品且存在着不同的合同结构，各市场对交易的管理规则也不相同，形成分散的区域市场。

在各区域市场中，欧盟排放交易体系（EUETS）担任全球引领者的角色，从成交量和金额来看，都是目前最为重要的碳金融市场，其价格和成交量是国际碳金融交易的重要指标。2008 年，该体系交易总量为 1185 亿美元，占配额市场的 96.5%，占全球交易总量的 82%左右。AAU 市场（主要涉及国家间的碳排放交易）2008 年开始正式投入运行，全年成交金额为 2.1 亿美元；美国部分州组成的区域温室气体计划（Regional Greenhouse Gas Initiative，RGGI）于 2008 年开始运行，具体数据见表 1，碳信用的缩写见表 2。在项目市场中，二级 CER 市场为 175 亿美元，是第二大细分市场，主要交易 CER 现货、期货和期权。

二、碳金融发展的理论基础

随着低碳经济和碳金融的快速发展，传统的金融不仅需要适应低碳经济的到来，同时碳金融机制的制定和发展的理念需要改变，金融市场发展理论也就应运而生。

1. 外部性

马歇尔（1890）在其巨著《经济学原理》中的首先提出了“外部经济”概念。如果生产者或消费者的一项经济活动会给社会上其他成员带来危害，但其自身却并不为他带来的危害支付足够抵偿的成本，那么他从其活动中所付出的私人成本就小于该活动所造成的社会成本。这种性质的外部影响就被称为“外部不经济”。在社会生产中温室气体排放造成的“外部不经济”无所不在、无时不有。而这种生产的“外部不经济”，即使是在完全竞争的市场环境中也会造成资源配置失当，无法实现帕累托最优的状态。

在对付负外部性的方法中，使用规定财产权的政策，是对科斯定理的一个具体运用。科斯定理认为：只要财产权是明确的，并且其交易成本为零或者很小，则无论在开始时将财产权赋予谁，市场均衡的最终结果都是有效率的。

当今世界，为了应对、减缓和适应气候变化的影响，必须针对社会产生大量温室气体排放的国家或企业的“外部不经济”采取一定的政策。减少温室气体排放和改善全球环境质量具有非排他性和非竞争性，容易给对社会造成一定负外部性的传统企业带来“搭便车”的机会，使私人成本不能完全内生化。科斯定理对基于市场机制下解决温室气体排放的外部性即“外部不经济”提供了方法上的指导。Crocker（1966）认为对于排放许可体系，只要环境当局确定可接受的排放总量，市场本身就能发现边际成本。市场经济活动主体（国家或企业）拥有排放一定温室气体排放的权力（即人均排放权），在碳排放产权清晰的市场经济条件下，通过碳交易所等市场，碳排放权交易、碳基金等手段，可以通过使外部成本内部化来实现碳减排目的。

2. “绿色金融”理论及环境金融学

“绿色金融”是现代金融发展的新领域，其内涵既包括金融对绿色经济的支持，也包括金融对生态环境所施加的影响。绿色金融强调金融机构将环境保护作为一项基本的工作原则，在提供金融服务是要充分评估其对环境的影响，在日常经营业务中，将对环境的回报、造成的风险、成本都考虑在内，并通过金融机构的这些工作，在为经济提供金融服务同时，引导社会资源流向有利于环境保护的渠道。

环境金融将环境保护的理念引入金融业，同时环境变化给金融服务也带来了众多风险和机会，通过金融为环境保护和经济发展提供一个绿色桥梁是环境金融的意义所在。环境问题不再局限于环境层面，环境变化是系统性的根本问题，它关系到经济的运行和我们获取能源的方式。与传统金融相比，环境金融的突出特点是从更长远的眼光来看待人类生存发展的环境。传统金融往往只将资源的有效利用作为衡量工作绩效的标准，而环境金融兼顾了环境保护和资源利用，它追求金融活动与环境保护、生态平衡的协调发展。

绿色金融和环境金融是研究碳金融市场的理论基础。随着气候变暖的趋势逐渐受到全球和经济领域的关注，碳金融市场逐渐形成，碳金融成为环境金融中的重要分支。碳金融成为环境金融的一个发展方向，将在限制温室气体排放的前提下通过碳金融市场提供金融服务，引导资源流向低碳领域，追求经济发展与减少问题气体排放双目标。

3. 气候风险管理理论

人类越来越认识到气候变换对人类经济发展、生产生活产生的重大影响，特别是因为温室效应，近年来极端气候发生越来越频繁，不仅威胁到人类自身的生存和发展，对很多企业、金融机构、风险投资者也带来巨大的风险。对容易受到极端气候影响的产业比如农业、电力等已经将气候风险作为其财务风险的重要考量；在已经实行碳限制的行业，企业因不能遵守碳减排承诺或相关的政策或程序，也会给企业造成巨大的声誉风险，直接影响其在金融市场的融资能力。投资者在金融市场的投资也越来越增加了气候风险的考量。对企业、金融机构、投资者而言都面临如何应对气候风险，增强气候风险管理的问题，于是气候风险管理理论应运而生。

碳金融市场为企业、金融机构、投资者提供了管理气候风险的渠道。企业可以通过金融机构提供的天气衍生品或巨灾债券来转移部分气候风险。金融机构增加气候风险评估及管理，并拓展了自身的业务，强化了金融业自身的发展。对风险持不同态度的投资者也可以从碳金融市场找到符合自己投资意愿的碳金融产品。气候风险已经成为影响碳金融市场各参与主体决策的重要因素，碳金融市场的发展以气候风险管理理论为基础。

第二节　碳金融市场的构成和运行机制

碳金融市场分为狭义和广义两个层次。狭义的碳金融市场是指由国际上的相关主体根据法律规定依法买卖温室气体排放权指标的标准化市场。广义的碳金融市场则在此基础上，还包括了与碳金融市场发展紧密相关的清洁能源的投融资市场以及节能减排项目的投融资市场。以下从碳金融市场的市场结构、参与主体、交易工具、市场功能方面探析碳金融市场的构成。

一、碳金融市场结构

近年来，随着低碳经济浪潮的崛起，全球各地交易所相继成立，碳交易制度不断完善交易额连续保持增长。目前，这一新型市场已形成了由“两类法律框架”、“两个典型市场”4 个交易层次”、“广泛建立的交易平台”构成的碳交易市场结构，如图 9-1 所示。

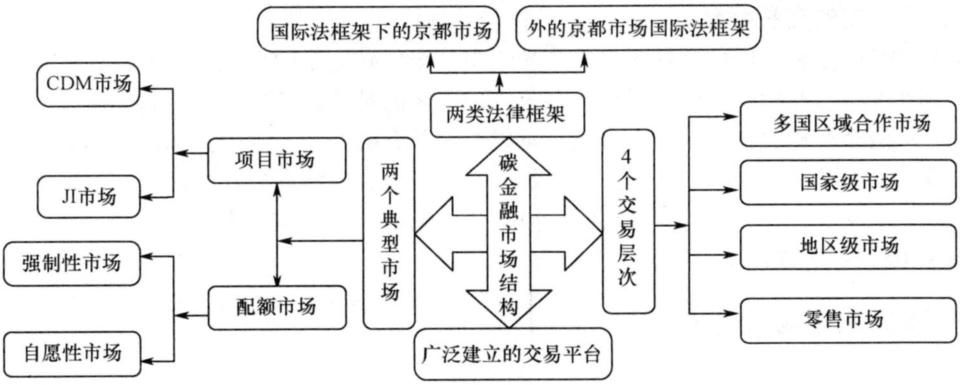

图 9-1　碳交易市场结构框架

1. 两类法律框架基础

一类是《全球气候变化框架公约》的国际法框架。国际法框架下的交易制度包括《京都议定书》下的碳排放权交易制度和欧盟的碳排放交易计划。《京都议定书》为工业化国家和经济转型国家设定了具有法律约束力的温室气体减排和限排目标，并为有效应对气候变化设计了以市场为基础的三种机制。由于有了《京都议定书》的法律约束，各国的碳排放额开始成为一种稀缺的资源，因而也具有了商品的价值和进行交易的可能性，并最终催生出一个以二氧化碳排放权为主的碳交易市场。另一类则是联合国气候变化公约之外的碳排放权交易，代表性的交易制度为美国区域温室气体减排倡议以及芝加哥交易所的自愿减量措施。

2. 两个典型市场

全球碳市场版图可依据交易机制不同划分为项目市场（Project-based Market）和配额市场（Allowance-based Market）。配额市场是基于总量限制与交易机制（Cap-and-Trade）创建的，指的是总量管制下所产生的排放权的交易，可以细分为强制性碳交易市场（如国际排放权交易市场、美国 RGGI 市场等）与自愿性市场（如芝加哥气候交易所、新南威尔士交易所以及其他没有固定减排任务国家的交易市场），如欧盟排放权交易制的"欧盟排放配额"（ European union allowances，EUA）交易，通常是现货交易，它在全球碳市场中占据绝对主导地位。项目市场的碳信用则是基于基线与信用机制（Baseline-and-Credit）创建的，指的是对减排项目所产生的减排量的交易，基于项目的市场，可以细分为清洁发展机制（CDM）和联合履行机制（JI）市场，如 CDM 下的"排放减量权证"（CERs）、联合履行机制（JI）下的"排放减量单位"（ERU），通常以期货方式预先买卖。这两类典型市场所产生的减排单位都属于可交易的碳信用范畴，由于其归属分配和实际使用并非发生在一个时间点上，使得碳信用具备了金融衍生产品的某些特性，为国际金融充分介入碳交易奠定了基础。

3. 4 个交易层次

目前全球已涌现出多个层次的碳交易体系，包括欧盟排放交易计划等多国区域合作交易体系，加拿大、英国、日本、新西兰等国家级的排放交易体系。澳大利亚的州政府正在筹建多个地区范围内的交易体系。美国则在芝加哥气候交易所（CCX）、区域温室气体减排行动（RGGI）等已经逐渐成熟的州级政府行动基础上，建立覆盖全国的碳交易体系。总的来看，全球的碳交易市场可以划分为多区域合作市场、国家级市场、区域（州市）级市场以及一些正在发展中的零售市场 4 个交易层次。

4．广泛建立的交易平台

碳交易所是碳金融市场的交易平台。为加快参与全球碳交易的步伐，欧洲、北美的发达国家以及澳大利亚等纷纷开始建立碳交易所。目前，最著名的是欧洲气候交易所和美国芝加哥气候交易所。依托这两个机构的深入、广泛发展，英国的伦敦金融城和美国的芝加哥气候交易所已经发展成为全球碳交易的两大中心。其他的新兴气候交易所还有蒙特利尔气候研究所、新加坡碳交易所、巴西期货交易所、新加坡商品交易所。2008 年以来我国在北京、上海、天津建立了三家交易所并发展了 10 余家分支机构。

二、碳金融市场参与者

碳金融市场的出现最早是一项协商下的政策工具，然而随着发展碳金融市场已经成功转型为具有经济机能的市场并向着金融与融资功能方向发展。碳金融市场的主要参与者从最初的政府出资机构、建立策略部门的大公司，意图培养市场的参与顾问、试图尽早取得商业优势的小型创新企业扩大到现在的大型工业温室气体排放者、国家金融机构、大型对冲基金、清洁能源科技提供商和专业经纪商、交易商以及专业服务供应商。以化石燃料投入产出，支撑日常的产业活动的工业企业是碳金融市场的履约主体，在欧盟碳金融市场上配额交易的主体包括水泥、陶瓷、钢铁、天然气、纸浆与造纸、电力、炼油等主要产业类别。这个市场上的投资者主要有碳基金、商业银行、对冲基金和私募基金。政府多以建立管理机构的形式参与，比如 CDM 项目审批和核证机构。国际金融组织，如世界银行、国际金融公司、欧洲投资银行是这个市场的推动者。在碳金融市场蓬勃发展的同时，也出现了很多为市场提高中介服务的机构，这包括碳资产管理公司、碳信用评级机构、碳审计服务机构、碳交易法律机构等新型的服务机构，如图 9-2 所示。

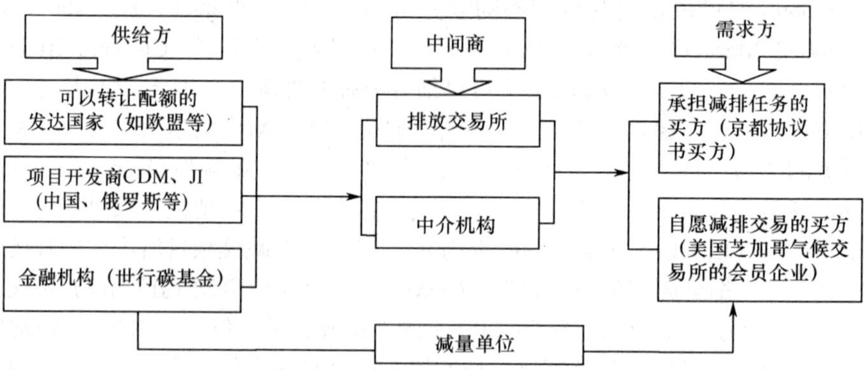

图 9-2　碳金融市场的参与主体

三、碳金融市场交易工具

碳金融交易工具是指市场上的交易对象，包括碳金融现货工具以及衍生碳金融工具。碳金融现货工具主要指碳排放许可证或碳信用。主要作用是将碳由储蓄性向投资性转化，或作为债权、债务清偿的凭证，使其可以在市场上进行交易。

衍生碳金融产品是在初始碳金融工具基础上派生出来的金融衍生品，与其他金融衍生品类似，包括了碳期货、碳期权、互换产品等。碳期货是买卖双方在未来某个时间以约定好的价格交易一定数量碳排放权的标准化合约，与传统期货产品的不同在于标的物的转变，它可以使碳排放核证减排量（CERS）、欧盟排放配额（EUA）以及道琼斯可持续世界指数（DJSI-W）等，碳期权与之类似，区别在于碳期权是一种“权力”。碳金融衍生品分类表如表 9-1 所示。

表 9-1　碳金融市场工具分类表

碳金融的目标指向	碳金融衍生品
抵抗和避免气候变化风险	碳保险、碳期货、碳期权、碳远期、天气衍生品、巨灾债券
益于低碳产业和碳交易融资	碳排放权交付保证、碳排放权质押贷款、银行“赤道原则”信贷产品、碳基金等
因促进或伴随碳交易市场发展	商业银行碳业务、碳信托等

四、碳金融市场运行机制

“碳交易”又称“碳排放权交易”，“温室气体排放权”交易，来源于两个国际公约——《联合国气候变化框架公约》和《京都议定书》。1992 年 6 月在巴西里约热内卢举行的联合国环境与发展大会上，150 多个国家制定了《联合国气候变化框架公约》，其目标是将大气中温室气体浓度稳定在不对气候系统造成危害的水平。1997 年 12 月 11 日，公约第三次缔约方大会在日本京都召开。149 个国家和地区的代表通过了《京都议定书》。在《京都议定书》的第一承诺期，即从 2008—2012 年期间，主要工业发达国家的以二氧化碳为代表的 6 种温室气体排放量要在 1990 年的基础上平均减少 5.2%。包括中国在内发展中国家则没有强制减排的义务。美国是目前唯一游离于议定书之外的发达国家。《京都议定书》建立了旨在减排温室气体的三个灵活合作机制：

（1）国际排放贸易机制（ET）：一个发达国家，将其超额完成减排义务的指标，以贸易的方式转让给另外一个未能完成减排义务的发达国家，并同时从转让方的允许排放限额上扣减相应的转让额度。

（2）联合履行机制（JI）：发达国家之间通过项目级的合作，其所实现的减排单位（简称 ERU），可以转让给另一发达国家缔约方，但是同时必须在转让方的“分配数量”（简称 AAU）配额上扣减相应的额度。

（3）清洁发展机制（CDM）：CDM 是《京都议定书》下面唯一一个包括发展中国家的弹性机制，发达国家通过提供资金和技术的方式，与发展中国家开展项目级的合作，通过项目所实现的“经核证的减排量”（CER），用于发达国家缔约方完成在议定书中的承诺。

第三节　全球主要碳金融市场

全球主要的碳金融市场包括欧盟排放权市场、英国的英国排放权交易所、美国芝加哥气候交易所和澳大利亚国家信托交易所 4 家，其中欧盟碳排放占据了市场的 60%以上，并掌控着碳期货定价权。

一、欧盟排放交易体系

1．概况

欧盟在 20 世纪 90 年代签订《京都议定书》后，在如何利用碳税或能源税来应对气候变化的问题上展开了激烈的争论，但一直没有定论。随后便出现了要求采用贸易机制来应对气候变化的提议。2003 年，欧盟议会投票决定内部开展排放贸易的提案，并被欧盟环境委员会采纳。2004 年 11 月，EUETS 发布指令允许有限度地与其他减排机制连接，排放设施可购买来自 CDM 和联合履行机制（JI）产生的减排量。这样，欧盟 ETS 与《京都议定书》下的 CDM 市场建立起了直接联系，一个真正意义上的国际碳交易市场被创造出来。这一举措不但给欧盟的排放实体提供了更多的配额购买渠道，而且极大地激发了发展中国家减排的热情。目前，欧盟 ETS 和 CDM 是全球碳交易市场中流动性最大的两个部分。EUETS 下的排放配额称为 EUA，而 CDM 产生的减排量称为 CER。欧盟允许排放实体购买一定比例的 CER 来抵消自身的排放量。如果某个排放设施的排放量超过发放的配额 EUA，则必须到市场上购买超出的数量，否则将面临每吨 CO_2 当量 100 欧元的严厉处罚。而目前市场上的 EUA 价格仅为 10～18 欧元/吨 CO_2 当量。2006 年 10 月，英国发布了《斯特恩回顾：气候经济学》（简称《斯特恩报告》）。《斯特恩报告》全面构建了气候变化问题的经济学基础，指出了欧盟的核心目标是“在全世界创造一个广泛相似的碳价格信号，并使用碳资金加速发展中国家的行动”。因为从减排经济学上讲，要降低减排的总体成本，就必须采用基本相似的碳价格。欧盟排放交易机制是世界上最大的碳市场。目前正在讨论该机制 2012 年以后第三阶段的结构。这是规划明确的长期愿景的机会，可使该机制成为未来全球碳市场的中心。

2．EUETS 的成功经验

EUETS 扩张的渠道主要有以下两种：一种是与其他新兴交易机制（包括美国和日本的交易机制）连接起来，同时保持和发展这些体系，使在发展中国家减少的排放量也能得到利用。第二种是拓宽对其他主要工业及航空业等的参与，增加使用拍卖的方法，从而提高效率。“欧盟排放交易机制的第三阶段现在做出的决定为该机制发挥影响，并为成为未来全球碳市场的核心提供了机会。由此可见，EUETS 在 2012 年之后的发展方向是：① 将 EUETS 与其他交易机制连接，包括发达国家，也包括发展中国家，当然其中也可以有自愿减排机制。② 向更多的行业扩展，其中航空业是切入点。

目前，尽管欧盟受到国际金融危机的影响，内部存在一些争议，但总体来说继续推动低碳经济发展的核心战略没有改变。其中，碳金融将是欧盟未来实施该战略的核心工具之一。欧盟推行这一战略采取的主要措施如下：

（1）改革 CDM 机制，主要目标是向行业减排方向靠拢。不止一位欧盟官员直言 CDM 产生的减排量不真实，效率低下，他们希望用行业减排来取代 CDM。如果 CDM 改革不能按照欧盟的目标有效进行，那么，他们可能会减少对 CDM 的支持力度。航空业将是欧盟推动行业减排、实施全球扩张的切入点。尽管欧盟承认航空业减排的成效将非常有限，但他们仍在大力推动，其目的是通过航空业来实施 EUETS 向全球的扩张。

（2）变革碳金融市场的技术基础，为行业减排做铺垫。碳交易市场分配排放配额的方式有三种，一是根据历史数据，如航空业 2004—2006 年的历史排放，根据历史数据大小来分配额度，但这种方法可能达到排放越多，获得的免费排放额度越高的不公平结果。二是根据技术效率，在行业中设定一个行业基准，达不到基准线的企业必须购买相关的配额。三是直接拍卖，由企业自行决定购买多少配额，欧盟的目标是到 2020 年拍卖所占比例增加到 60%。目前，欧盟主要是采用第一种方法，即根据历史数据，采取免费发放和少量排放相结合的方式来分配排放配额。而采用行业基准（Benchmark）方法将是 EUETS 下一轮改革的主要目标，这也是实施行业减排的技术基础。在 2012 年之后，欧盟将通过碳交易市场的全球扩张来强化其低碳经济发展的领导力。这种扩张包括行业减排、与其他 EUETS 系统的相互连接等。目前，欧盟正在集中力量进行准备工作。如果未来欧盟成功采用行业基准方法，那么，中国出口企业将面临非常严峻的挑战。采用行业基准的方法，要对一个行业的企业生产技术水平进行排队，那些生产效率较低、排放密度大的企业必须花钱购买足够的排放配额。倘若这一规则变成新的商业标准，那么，则预示着我国出口企业需要根据他们的标准来支付碳成本。

二、美国碳交易市场

1．概述

《京都议定书》正式生效后，全球碳交易市场出现了爆炸式的增长。2009 全球碳市场规模同比增长 6%，达到 1440 亿美元。据世界银行预测，2012 年全球碳交易市场将达到 1500 亿美元，有望超过石油交易成为世界第一大市场。美国作为全球第二大碳交易市场，已建立起丰富和成熟的区域性碳交易市场体系。据世界资源研究所（WRI）数据显示，近 5 年来，美国在配额和项目领域下的碳交易额已超过 10 亿美元。

目前，美国碳交易市场的参与者分为供给者、最终使用者和中介机构等三大类，涉及受排放约束的企业或州、减排项目的开发者、咨询机构以及金融机构等（见图 9-3）。排放权的最终使用者是那些面临排放约束的企业或州。这些最终使用者根据需要，购买排放权配额或减排单位，以确保达到监管要求，避免遭到处罚。

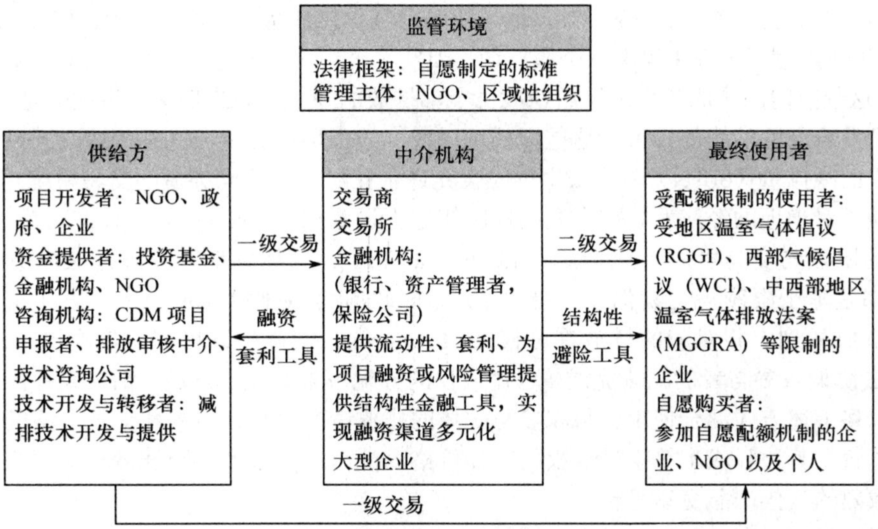

图 9-3　美国碳交易市场的参与者

已发放的减排单位可以进入到二级市场（如各种气候交易所）交易。在二级市场中，金融机构（包括商业银行、资产管理者以及保险公司等）扮演着重要的角色，如为碳交易提供必要的流动性；提供结构性产品满足最终使用者的风险管理需要；通过对远期减排单位提供担保（信用增级）来降低最终使用者可能面临的风险等。

近年来，随着碳交易机制的完善和交易工具的丰富，美国在碳交易市场上已经实现新的突破。根据世界银行（2009）统计，在基于配额的碳交易市场中，芝加哥气候交易所（CCX）交易额连续 2 年的增长速度都在 2～3 倍左右，2008 年的碳交易额达到 3.09 亿美元，较 2007 年增长 329%；2007 年 CCX 的交易额为 0.72 亿美元，较 2006 年增长约 2 倍。

2．美国发展碳交易市场的成功经验

（1）多样化的区域性减排法律

美国碳交易市场呈现出显著的区域性优势，即地方政府（州及市等）在碳交易政策的制定及行动方面发挥了积极作用，并正在形成“自下而上”的局面。目前，有超过 35 个州已经单独或者结成地区联盟通过或正在通过温室气体排放的法案，比较著名的有地区温室气体倡议（RGGI）和西部气候倡议（WCI）。

地区温室气体倡议（RGGI）。该法案是美国第一个强制性的、以市场交易为基础去减少温室气体排放的法案，来自美国东北地区和大西洋沿岸的 10 个州签订了 RGGI 的框架协议。该法案仅限于电力部门，将 2005 年后所有装机容量超过 25MW 的发电设施列为排放单位，并为其二氧化碳排放量设定了上限，要求它们 2018 年排放量比 2009 年减少 10%。为了防止出现市场失灵的情况，RGGI 对传统的市场运行规则进行了许多改进和创新，尤其是引入了两个“安全阈值”。

第一个安全阈值用来解决初次分配导致碳价过高的问题。例如，在某个履约期的前 14 个月中，如果市场价格的滚动平均值持续 12 个月超过安全阈值，则延长该履约期。该规定将使市场有足够的时间来吸收初始分配造成的价格失效风险，逐渐调整到最优。第二个安全阈值仍是解决供求关系严重失衡带来的风险。如果连续两次出现第一个安全阈值发生作用的情况，则说明碳配额供应严重不足。这时候将允许碳减排量的来源范围从美国本土扩展到北美或其他国际交易市场，并将其使用上限提高到 5%，在某些更严重的情况下可以提高到 20%。

西部气候倡议（WCI）。2007 年，美国西部的亚利桑那州、加利福尼亚州等 5 个州发起成立区域性气候变化应对组织，到 2009 年底总共有 11 个州或省份加入，其中还包括了 4 个加拿大省份。该组织法案的目标是，到 2020 年该地区的温室气体排放量比 2005 年降低 15%。这一系统计划于 2012 年开始运行，每 3 年为一个履约期，涉及 5 个领域：电力、工业、商业、交通以及居民燃料使用。这些部门的排放几乎占该组织成员全部排放的 90%。WCI 特别强调配额是没有产权的，只是政府颁发给企业的排放许可，这些配额可以在二级市场上交易，在某些情况下也可以购买其他地方产生的减排量（offset），将来也可能会允许企业购买其他同类型的交易系统。同时，WCI 允许认为减排对当地的经济发展更有利的地区制定更加苛刻的减排目标。

有效的限额与交易机制（cap-and-trade initiatives）：虽然各地区的限排法律不同，但运行机制几乎都是基于限额与交易倡议（见表 1），即政府为减排量规定一个上限（cap），然后，根据这一排放量划定相对应的排放许可权（allowances），排放许可权可以通过市场交易机制（trading）去协调各参与者的减排完成量。排放权的分配可采取免费发放、销售或者拍卖的方式进行，也可以将上述方式混合使用。每家参与实体的排放情况将受到监控和记录。该机制有助于削减其排放量直至其边际成本等于排放权的市场价格，从而最大限度地降低参与实体的履约成本。

（2）成熟的气候产品交易平台

芝加哥气候交易所（CCX）是全球第一个自愿性参与温室气体减排量交易并对减排量承担法律约束力的市场交易平台，也是美国唯一认可清洁发展（CDM）项目的交易系统，为美国碳交易市场的发展提供了成熟的气候产品交易平台：会员众多、子公司遍布全球，为碳交易提供了便利。CCX 现有会员近 450 个，分别来自航空、汽车、电力、环境、交通等近 30 个不同行业，其中还包括 5 家中国会员公司。旗下拥有芝加哥气候期货交易所（CCFE）、欧洲气候交易所（ECX）、天津排放权交易所（TCX）等子公司。CCX 积极的全球扩张步伐带动了其碳交易市场份额迅速增长。以其子公司 ECX 为例，仅经过 2 年的发展，ECX 碳汇交易量就达到 2.83 亿吨，占欧盟《京都议定书》气候贸易体系交易总量的 80%～90%，成为欧盟系统中最大的交易所。

积极开发碳交易产品和工具。CCX 目前已经拥有比较完备的碳交易产品体系，是全球唯一同时开展 CO_2、CH_4、N_2O、FCS、PFCS、SF_6 等 6 种温室气体减排交易的市场，既可以进行碳信用现货交易，也可以进行碳期货交易。CCX 的主要产品包括温室气体排放配额（GEA）、经过核证的排放抵消额度（CEO）和经过核证的先期行动减排信用（CEAC）。CCX 通过不断丰富交易产品和工具，为会员提供了多样化的交易选择。

3. 美国发展碳交易市场的启示

（1）建议推动建立多样化的东西部减排机制

考虑我国东西部地区经济发展水平的差异，建议首先推动建立区域碳交易体系。在东部地区采取更严格的减排政策，以此促进东部地区实现产业升级，而在西部地区则采取较为温和的排放控制政策，在以保持经济增长的前提下，通过政策引导，鼓励企业更多地采用低碳发展模式。

（2）加快完善碳排放权交易体系与平台

尽管北京、天津和上海已成立环境交易所，但其业务仍处于起步和探索阶段，主要是基于 CDM

项目的交易，并且这种基于 CDM 机制的交易完全依托欧美国家的交易平台、交易方式、交易价格、交易程序以及交易手续，我国没有定价权。因此，建议我国加快构建全国性与区域性的碳排放权交易体系与平台，积极开发碳交易产品和工具，增加参与国内碳交易市场的机构群体。同时，通过气候变化谈判以及其他各种方式，改变目前不尽合理的定价模式和交易规则，实现中国企业由单纯的排放权供应者到市场有效参与者的转变。

（3）密切关注国外的气候立法，完善我国碳排放权的法律制度

国外碳排放权交易的发展较为成熟，市场支配地位较为明显，且美国在国家立法过程中还常常附带一些关于干预他国温室气体排放的条款和规定，因此，需要对国外气候立法的相关进展加以审慎分析并早做应对准备。同时，建议加快完善我国的碳排放权法律制度，尤其要对碳排放信息统计监测与考核制度、碳汇制度等方面进行详细规定。

（4）充分利用限额与交易机制抑制温室气体排放

可以通过合理的限额与交易机制，充分利用市场化的运作方式，引导我国碳交易市场的发展，以更低的社会总成本达到减排目标。

复习思考题

一、名词解释

碳金融　市场、配额市场、碳金融交易工具、国际排放贸易机制

二、判断题

1. 《京都议定书》规定所有国家均有强制减排的义务。

2. 全球碳版图可依据交易机制不同划分为项目市场和配额市场。

三、简答题

1. 简述碳金融发展的理论基础。

2. 简述碳金融市场结构。

3. 简述美国发展碳交易市场的成功经验。

四、论述题

1. 在碳排放配额的分配上，欧盟的做法是怎样的？中国应该怎么做？

2. 分析为何中国碳交易缺乏动力？

五、拓展阅读

1. 中国首笔“碳债券”在深发行　市民尝鲜碳金融理财产品(https://www.baidu.com/link?url=uNdzWvuCd1QkYn72SrZ1N8DFm-_FP4E6OvUI-da6iW1kPi25I75NVCKR8cX0Ln-ZahuOTRH49k7kethtTte8eyfXK6Ly2QDSPh-TNk0551e&wd=&eqid=e9750cbc000457ef000000035804e84a)

2. 我国碳金融市场现状与发展趋势(https://www.baidu.com/link?url=8SUxIMMMJQFMXP 9kHylmYSQoRmNdxi3PtXl6V4ZqhvKzXxebGh875tfz6-Llkzb_&wd=&eqid=9b761a3700053a2a000000035804e6fa)

3. 国际碳金融市场的现状与前景（http://wenku.baidu.com/link?url= 14JYtvn1Olpb8jCDtsts oXZ3ptEwxJqe8Tw73GatiGVDVxfNiSVPty74G4iXqvkDGa9o-4Ko8OBogSNVUeHZOpIPfp9dl8aTTAH7JC9dKEy)

扫描二维码阅读文章

第十章　证券发行市场

学习目标：

了解发行市场的基本功能，主要参与主体及其特点；

掌握证券发行基本制度及其核心内容；

熟悉股票的发行方式及程序；

熟悉债券发行方式及其程序。

第一节　证券发行市场概述

证券发行市场又称证券的一级市场、证券的初级市场，是指新证券从发行者手中出售到投资者手中的市场，它包括政府、企业和金融机构发行证券时，规划、推销和承销等阶段的全部活动过程，是新证券首次问世的场所。发行市场可以细分为首次发行市场和增发市场。首次发行市场（IPO）是指证券第一次面向公众出售，增发是指已上市证券的再次增加发行。

证券发行市场有下列主要特征：

（1）它是一个无形的、抽象的市场，主要表现在两个方面：一是无固定场所，新发行证券的认购和销售一般不在有组织的证券交易所内进行，既可以在投资银行、信托投资公司和证券公司等指定的营业场所进行，也可以通过证券交易所交易网络进行，甚至有的由发行者自行向投资者销售；二是无统一时间，证券发行者根据自己的需要和市场行情走势来自行决定何时发行，没有例行的发行时间但每次具体的发行都有发行期限的限制，时间较集中，最长期限不得超过 90 天，且交易量较大。

（2）开放的市场。除定向发行及私募发行以外，发行市场一般没有准入制度和条件，投资者可自由出入。

（3）证券发行价格与证券票面价格较为接近，尤其是债券，常以票面价格发行。

一、证券发行市场的功能

证券发行市场作为重要的资本市场，其功能主要有以下 4 个方面：

1．为资金需求者提供筹措资金的渠道

证券发行市场拥有大量的运行成熟的证券商品供发行者借鉴，发行者可以参照各类证券的期限，收益水平、参与权、流动性、风险度、发行成本等不同特点，根据自己的需要和可能来选择、确定发行何种证券，并依据当时市场上的供求关系和价格来确定证券发行者的委托，利用自己的信誉、资金、人力、技术和网点等向公众推销证券，有助于发行者及时筹措到所需资金。发达的发行市场还可以冲破地区限制，为发行者扩大筹资范围和对象，为本地或外地面向各类投资者筹措资金，并通过市场逐步使筹资成本合理化。

2．引导促进资本形成

随着国民经济的发展和人们收入水平的提高，个人手中积蓄的货币越来越多。在资金运用上，人们不仅重视投资的安全性，更重视收益性。有价证券作为一种新兴的投资工具，由于有着多种

的收益风险组合，可以满足人们各种不同的投资需要，从而越来越受到人们的偏好。同时，在企业内部积累不断扩张，企业资金出现过剩时，企业也将证券投资作为重要的经营内容，使越来越多的企业成为证券市场投资者。可见，证券发行市场对于引导和促进资本形成发挥着重要作用。

3．为证券市场提供交易对象，并为流通市场的交易打下基础

证券发行市场是发行人以发行证券的方式筹集资金的场所，又称一级市场或初级市场。证券交易市场是买卖已发行证券的市场，又称二级市场或次级市场，证券市场的两个组成部分既相互依存，又相互制约，是一个不可分割的整体。证券发行市场是交易市场的基础和前提，有了发行市场的证券供应，才有流通市场的证券交易，证券发行的种类、数量和发行方式决定着流通市场的规模和运行。一般来说，发行规模直接影响流通市场的供求关系，并进而影响流通市场的总体价格水平。

4．促进资源配置的不断优化

在现代经济活动中，生产要素都跟随者资金流动，只有实现了货币资金的优化配置，才有可能实现社会资源的优化配置。证券发行市场通过市场机制选择发行证券的企业，那些产业前景好、经营业绩优良和具有发展潜力的企业更容易从证券市场上筹集所需资金，从而使资金流入最能产生效益的行业和企业，达到促进资源优化的目的。

二、证券发行市场的主要参与者

证券发型市场主要由证券发行人、证券投资者和证券中介机构三部分组成，如图 10-1 所示。证券发行人是资金的需求者和证券的供应者，证券投资者是资金的供应者和证券的需求者，证券机构是联系发行人和投资者的专业性中介服务组织。此外，证券市场的组成部分还包括证券担保人、证券监管机构。

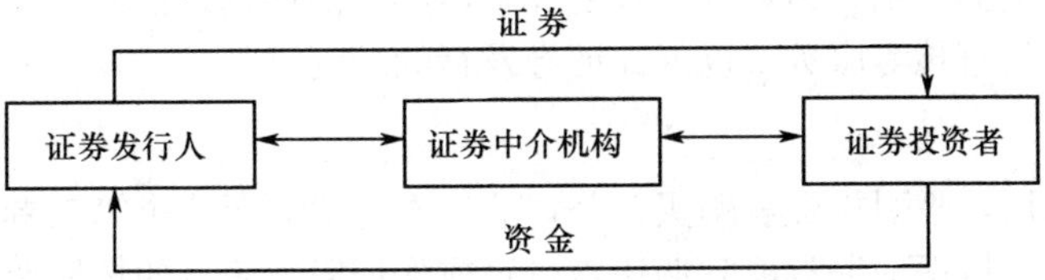

图 10-1　证券发行市场的基本结构

1．证券发行人

（1）政府

政府包括中央政府和地方政府，其资金来源主要是税收，其次是发行国债。一般情况下，中央政府为弥补财政赤字或筹集国民经济建设所需资金而在证券发行市场发行国债；地方政府为当地公共设施建设发行地方政府债券。在现代，政府发行债券已经成为财政收入的一个重要的、稳定的渠道。

（2）企业

企业是指除金融机构以外的企业。企业是证券发行市场的主要发行者。各类企业可以通过发行市场发行股票或债券来筹集资金，以满足企业自身对资金的需求。

（3）金融机构

金融机构作为证券发行主体，通常有以下两种情况：① 有些金融机构本身就是股份制企业，其经营资本是以发行股票方式筹集的；② 有些金融机构还以发行金融债券的方式筹集资金，借以扩大资产业务。金融机构还包括银行和非银行金融机构，前者有商业银行和政策性银行，后者包括保险公司、证券公司、信托投资公司等。

2．证券投资者

证券投资者是指以取得利息、股息或资本收益为目的而买入证券的机构和个人。证券市场上

的投资者包括个人投资者和机构投资者。

（1）个人投资者

个人投资者即从事证券买卖的居民，居民个人买卖证券是对其剩余、闲置的货币资金加以运用的一种方式。在收入水平较低的时期，居民储蓄主要采取银行储蓄存款形式。随着收入的增加，投资渠道的拓宽，居民越来越追求资金的盈利性，而证券投资以其高风险、高收益的特性越来越吸引个人投资者。个人投资者除了注重证券的收益性外，还对证券的流动性有较高的要求，一般都希望证券投资可随时变现以备急需。

（2）机构投资者

机构投资者是指从事证券买卖的法人单位，从广义上讲包括金融类机构和一般企业两大类。机构投资者主要是证券公司、保险公司、社保基金、证券投资基金、信托投资公司、企业单位、事业单位、社会团体等。与个人投资者相比，机构投资者一般具有以下特点：资金实力雄厚，收集和分析信息的能力强，能够分散投资于多种证券来建立投资组合以降低风险，对市场影响力较大。

我国现行证券发行市场的机构投资者主要包括以下几个：① 证券经营机构，主要是为了获取盈利，或是为了完成证券承销业务，或是为了在二级市场上营销证券而成为证券发行市场上的投资者。② 基金，为了实现投资多样化、获取盈利、追求资产增值，各种基金成为证券发行市场上的机构投资者。③ 工商企业。

3．证券中介机构

证券中介机构是证券发行的承购者，它代理证券发行，并向投资者推销证券。证券中介机构主要包括证券公司、会计审计机构、律师事务所、资产评估事务所等为证券发行与投资服务的机构。在证券发行市场上证券发行机构占有重要地位，新证券的发行大多数需要通过这些中介机构来完成，他们提供新证券承销、新证券发行主体资信等级的评定、证券发行各种文件资料的起草处理以及其他各种广告宣传等服务，以保证证券发行的顺利进行。

4．证券担保人

为了增强证券信用，吸引投资者购买，公司的证券一般需要一个第三者出面担保，通常是金融机构或另一家企业，以保证证券能到期还本付息或保证股票股息的按期偿付。

5．证券监管机构

任何国家都规定，发行证券必须取得证券主管机构审核批准，否则不允许进入证券市场筹集资金。证券监管机构对证券的发行进行审核、监管和管理，防止证券发行过程中的舞弊现象，能够使证券发行市场在公开、公正、公平的环境下顺利进行。在我国，对证券市场进行监管的机构有中国证券监管委员会（简称中国证监会）和自律性监管机构。

第二节　证券发行制度

证券发行制度是对新证券发行的审查控制和监管。证券发行制度是加强证券市场管理的重要环节，对证券市场的稳定、健康发展具有重要意义。

一、审核制度

证券发行审核制度是各国对证券发行实行监督管理的重要内容之一，是国家证券监督管理部门对发行人利用证券向社会公开募集资金的有关申报资料进行审查的制度。对证券发行的管理，首要的是对证券发行资格的审核，只有具备了证券发行条件，才能进入市场发行证券。世界各国对证券发行审核的方式主要有两种：一是注册制，以美国联邦证券法为代表；二是核准制，以欧洲各国的公司法为代表。

1．证券发行注册制度

注册制又称申报制或登记制，其核心内容是：发行人在准备发行证券之前，必须依法将公开的各种资料完整、准确地向证券主管机关呈报并申请注册。证券主管机关仅对申报文件的全面性、真实性、准确性和及时性进行形式审查。如果申报文件没有包含任何不真实的信息且证券主管机关对申报文件没有异议，则经过一定的法定期限，申请自动生效。注册制遵循的是公开管理的原则。

2．证券发行核准制度

核准制是指发行人在发行证券时，不仅必须公开所发行证券的真实情况，而且该证券必须经过证券主管机关审查，并符合若干实质条件才能获准发行。在这一过程中，证券主管机关有权否决不符合规定条件的证券发行申请。核准制要求的条件一般包括：公司营业性质、管理人员资格、资本结构、发行所得是否合理、各种证券权利是否平等、公开资料是否充分真实等。核准制遵循的是实质管理原则，它是在信息公开的条件下，把一些不符合要求的低质量发行人拒之于证券市场之外。

3．注册制和核准制的比较

注册制假定投资者都能够阅读并理解证券发行的说明书，能够自己做出正确的判断和选择，从而保护自己利益不受损失。注册制依靠健全的法律法规对发行人的发行行为进行约束。在注册制下，由于发行人自身以及外界的原因，投资风险并不能写进说明书，也不能保证把质量差、风险高的证券排除在证券市场之外。

在核准制下，证券主管机关在“实质条件”的审查过程中有权否决不符合规定条件的证券发行申请，并在信息公开的条件下，将一些不符合条件的低质量发行人排除在证券市场之外，以保护投资者的利益。但是，核准制容易导致投资者对政府产生完全依赖的安全感。另外，有时政府主管机关的意见并不一定完全正确，从而为证券的发行添加了更多的人为因素。

注册制比较适合证券市场发展历史较长、法律法规健全、行业自律性较好、投资者素质较高的国家和地区。而核准制比较适合那些证券市场处于发展初期、法律法规尚需进一步健全，投资者的结构不合理的国家和地区。从核准制过渡到注册制是证券发行市场走向成熟的表现。

二、强制信息公开制度

证券发行的强制信息公开制度又称信息披露制度或公开披露制度，是证券发行公司依照公司法和证券交易法规的要求，办理有关发行审核手续，将公司的财务信息资料及其他足以影响投资者决策的信息完全、准确、及时地公开，以供投资者做出合理投资判断参考的法律制度。

1．强制信息公开制度的主要内容

强制信息公开制度要求发行公司披露的信息内容相当广泛且技术性很强。一般而言，这些信息包括以下几个方面：

（1）一般公开资料

证券发行公司需要披露的一般公开资料主要包括五大部分：公司业务和生产设施状况的说明；公司证券及其市场信息的说明；公司的财务资料和财务报表；管理层对公司财务状况和经营业绩的讨论和分析；高级管理人员的经验、报酬及利益冲突等有关资料。也就是说，只要是对于从整体上理解公司经营状况起重要作用的所有资料都要加以详尽阐述。这些信息主要可使投资者充分明白公司所经营的业务，还能清楚地阐明那些与投资决策有关的营业风险，有助于投资者估计公司的将来。

具体而言，这些资料包括：公司目前的主要产品和服务；公司主要的市场和销售情况；公司

拥有的任何专利权、商标权、特许权等；公司资金的需求和使用状况；公司在市场上的竞争地位和市场策略；公司可能牵涉到的任何法律纠纷或诉讼；公司证券持有者所拥有的权利，如股息权、转换权、投票权以及其他权益。

（2）财务会计资料

证券发行公司有义务向投资者提供充足的财务会计信息，这些财务信息对投资者来说是十分重要的，因为这关系到投资者能否准确判断公司的过去和估计公司的将来走向，进而做出合理的投资决策，而投资者的这些投资决策又能直接影响社会资金和资源的配置。这些数据通常包括：公司过去 5 年每年的销售净额、营业收入或亏损、总资产、长期负债、净资产，以及其他任何有助于加强对公司财务状况和经营业绩的了解与突出其发展趋势的信息。需要公开的财务资料还包括公司的财务会计报告，因为它们也可提供极其详尽的财务信息，分析这些会计报告，投资者能得知公司的资产变现能力、债务偿还能力和资产盈利能力。财务会计报告通常包括：① 过去 2 年已由独立会计师审计的年度资产负债表；② 过去 3 年已经审计的年度损益表；③ 过去 3 年已经审计的年度现金流量表；④ 财务会计报表的附注。

（3）有关管理人员资料

一家公司的好坏，在很大程度上取决于管理层管理能力。公开管理人员及对公司具有影响力的大股东的经营有关资料，有助于投资者评估管理层的管理能力，以及他们的诚实和廉正程度。应公开的管理人员相关资料包括：① 所有董事会成员及公司高级管理人员的姓名、年龄和工作经历；② 所有董事和高级管理人员直接或间接的薪酬；③ 董事或高级管理人员牵涉法律诉讼或纠纷的有关详细情形；④ 董事、高级管理人员和大股东的控股情况；⑤ 任何其他有关资料。

（4）股票发行的有关资料。除了上面提到的一些信息外，证券发行公司应该向投资者阐明其股票的有关风险和投机因素，出售证券所筹资金的目的和使用方向以及证券发行的承销计划、承销方式和承销商的有关资料。

强制信息公开制度作为政府干预证券市场的重要工具，应该说对保障投资者利益、提高证券市场效率方面发挥了重要作用。但是自 20 世纪 60 年代以来，有些经济学家对该制度的存在价值提出了疑问。这其中的主要代表学说有：有效市场假说、成本效率分析说和公司自愿披露说等。

三、保荐制度

证券发行上市保荐制度是指公司公开发行证券及证券上市时，必须由具有保荐机构资格的保荐人推荐；保荐人应当勤勉尽责，对发行人进行充分的尽职调查；保荐人应当督导其推荐的发行人或上市公司持续规范运作。证券发行上市保荐包括发行保荐、上市保荐两个环节。

我国在 2003 年 12 月公布了《证券发行上市保荐暂行办法》及其配套管理制度，自 2004 年 2 月 1 日开始对股票和可转换公司债券实行保荐人制度。此后，中国证监会又把保荐人制度的适用范围扩大到上市公司子公司分拆上市的财务顾问保荐、股权分置改革的保荐等。

我国《证券法》第 11 条规定："发行人申请公开发行股票、可转换为股票的公司债券，依法采取承销方式的，或者公开发行法律、行政法规规定实行保荐制度的其他证券的，应当聘请具有保荐资格的机构担任保荐人。保荐人应当遵守业务规则和行业规范，诚实守信，勤勉尽责，对发行人的申请文件和信息披露资料进行审慎核查，督导发行人规范运作。"

《证券法》第 49 条规定："申请股票、可转换为股票的公司债券或者法律、行政法规规定实行保荐制度的其他证券上市交易，应当聘请具有保荐资格的机构担任保荐人。"

1. 保荐人的责任

保荐人制度是很多海外证券市场尤其是二级市场上设立的一种中介组织制度，其目的是通过连带责任机制把发行公司的质量和保荐人的利益形成直接挂钩，防范市场风险，规范上市公司行为，保护投资者利益。保荐人的主要职责是推荐符合条件的企业发行证券上市，并对申请上市企业是否符合法定条件、披露的信息是否准确完整、申请人董事是否知悉自身责任和义务等负有保证责任。具体地说，保荐人承担的责任大体上可分为以下两方面：

（1）公司上市保荐责任

公司上市保荐责任主要包括以下几点：

① 勤勉尽责地为被保荐人提供股票发行上市的专业指导意见；

② 核查被保荐人的基本情况，确保其具备相关法律、法规、规范性文件规定的发行上市条件；

③ 指导被保荐人按照规范要求制作股票发行上市申请文件，对股票发行上市申请文件的真实性、准确性、完整性承担连带责任；

④ 指导被保荐人建立规范的法人治理结构；

⑤ 确认被保荐人的全体董事具备担任董事所需的专业技能及经验，并确保全体董事充分了解其作为上市公司董事应遵循的法律、法规及相关责任；

⑥ 代表被保荐人报送发行上市申请文件并负责与监管部门和交易所进行沟通。

（2）上市后信息披露保荐责任

公司上市后，保荐人通常在2年内要持续履行下列信息披露保荐责任：

① 继续为被保荐人提供持续遵守相关法律、法规及交易所上市规则的专业指导意见并指导其规范运作；

② 督促被保荐人严格履行公开披露文件中承诺的业务发展、募集资金使用及其他各项义务；

③ 认真审核被保荐人拟公告的所有公开披露文件，督促并指导被保荐人按照法规，真实、准确、完整、及时地披露信息；

④ 对被保荐人公开披露文件的真实性、准确性、完整性有疑义时，应当向被保荐人指出并进行核实，发现重大问题时，及时向证券监管部门和交易所报告；

⑤ 代表申请人与证券监管部门、交易所进行沟通，参加被保荐人与证券监管部门和交易所进行的所有正式会谈；

⑥ 公司上市后，就被保荐人业绩状况、发展前景、市场表现等发表财务分析报告，为投资者决策提供参考意见。

2. 保荐制度的内容

在我国，证券发行上市保荐制度主要涵盖以下5个方面的内容：① 公司发行证券及证券上市，必须由保荐人推荐，中国证监会或证券交易所只接受由保荐人推荐的发行或上市申请文件；法律法规规定实行保荐制度的其他发行，国务院授权的有关部门也只接受保荐人推荐的申请。② 保荐人应当勤勉尽责，对发行或上市申请人的申请文件和信息披露资料进行审慎核查，并对相关文件的真实性、准确性和完整性负连带责任。③ 保荐人对其所推荐的公司上市后的一段期间内负有持续督导义务，并对公司在督导期间的不规范行为承担责任。④ 保荐人要建立完备的内部管理制度。保荐人应当按照保荐制度的要求建立保荐工作的内部控制体系、证券发行上市的尽职调查制度、对发行上市申请文件的内部核查制度、对发行人证券上市后的持续督导制度，使这些制度成为做好保荐工作的制度保障。⑤ 中国证监会对保荐人实行持续监管。

《证券法》没有对保荐人的资格做出具体规定，而是授权中国证监会制定保荐人的资格及相应的管理办法。证券经营机构要注册为保荐人，担任证券发行上市的保荐人应当具备以下条件：① 具备开展“承销和保荐”业务的资格。② 公司治理结构不存在重大缺陷，不存在风险控制制度不健全或者未有效执行的情况。③ 中国证监会规定的其他条件。

四、证券信用评级制度

证券信用评级制度是由专门的评级机构对证券的信用等级进行评定的一种制度。证券评级主要是对公司的信用进行评级。公司证券包括股票和公司债券，二者评级的内容有些差异，但主要精神和评级内容也有很多相似之处。美国拥有发达的证券市场，也相应建立了较为完善和有效的风险控制机制。证券信用评级制度是美国社会信用体系的重要组成部分。债券评级是信用评级制度的起源，它既是证券信用评级的核心业务，其评级方法也是其他种类评级的重要参考。

1. 证券信用评级的内容

证券信用评级包括长期债券、短期融资券、优先股、基金、各种商业票据等的信用评级。目前主要是债券评级，在我国已经形成制度，国家已有明文规定，企业发行债券要向认可的债券评信机构申请信用等级。关于股票评级，除优先股外，国内外都不主张对普通股票发行前进行评级，但对普通股票发行后上市公司的业绩评级，即对上市公司经营业绩综合排序，大家都持肯定态度，而且有些评估公司已经编印成册，公开出版。

2. 证券信用评级的作用

证券信用评级作为信用评估的一个项目，具有重要的作用。

（1）证券信用评级为投资者提供证券的信息，减少了投资者获取信息的成本，并成为投资者进行决策的重要依据。

（2）证券信用评级为上市公司之间的比较提供信息，促使其扩展资源，改善经营管理。

（3）证券信用评级能引导股民投资趋于理性化，促进证券市场健康发展。

（4）证券信用评级可对资本市场起到监督的作用，是市场经济正常运行的有利保证。

3. 证券信用评级的局限性

证券的信用评级制度虽然有诸多优点，但是也具有一定的局限性，主要表现在：

（1）信用评级采用的是一系列的规范的程序和评价标准，这虽然可以保证证券信用评级的科学性，但是由于具体的评估对象千差万别，如果都用统一的客观标准来评价，可能会出现评价结果不能反映真实情况的现象。

（2）在实际生活中，各种问题和现象是不断出现的，客观的评级标准不可能将所有的情况都预料到并做出分类，而这就往往会导致评级的结果与实际的信用状况不符，有一定的出入。

（3）信用评级制度归根到底只是根据事前的资料做出的一种预测，由于信息、人力等方面的原因，使其总是滞后于实际情况，于是不可避免的会出现不够准确的情况。

因此，虽然信用评级制度是证券市场一个非常重要的环节，但是也不能迷信于信用评级制度。当然，有没有高质量的信用评级与信用评级是否准确又是两个完全不同的问题了。

第三节　股票的发行方式与程序

股票发行市场是股份有限公司通过向投资者出售普通股或优先股股票筹集资本的市场，它一方面为资金需求者提供了筹资渠道，另一方面为资金供应者创造了投资机会，具有筹集资金、优化资源配置、转换企业经营机制和分散风险等基本功能。

一、股票的发行方式

股票发行方式，按发行对象可分为公开发行与非公开发行；按是否有中介机构（证券承销商）

协助，可分为直接发行与间接发行；按不同的发行目的，可分为筹资发行与增资发行；按认购有无代价，可分为有偿增资发行、无偿增资发行和混合增资发行；按发行公司有无发行经历，可分为首次公开发行（IPO）和现有公司的公开发行。

1．公开发行与非公开发行

（1）公开发行

公开发行又称公募，是指事先不确定特定的发行对象，而是向社会广大投资者公开销售股票，由于公开发行涉及众多的投资者，其社会影响很大。为了保证投资者的合法权益，政府对股票的公开发行控制很严，要求发行公司必须提供经过证券主管部门审核的股票发行说明书，以及经过注册会计师和审计师核实的财务资料。公开发行的股票由于其销售对象是非特定公众，因此股票持有人数众多，股权分散程度高，具有较高的流动性，因而易于被广大投资者接受。同时，公开发行也提高了发行者的知名度，使其能够在较短的时间内筹集到大量资金，因而也有利于发行者。不足之处在于其承销和推销很大程度上依靠承销商的协助，需要付给他们可观的手续费，这样使其发行成本较高。

（2）非公开发行

非公开发行又叫私募，是指发行公司只对特定的发行对象推销股票。如有些筹资企业在内部向职工个人发行证券，或向其他熟悉的单位（如金融机构或与发行人有密切往来关系的企业等）发行证券。非公开发行方式主要在以下几种情况下采用：① 以发起方式设立公司。当采取发起方式设立公司时，是由发起人全额出资认股，不必公开发行。② 内部配股。即股份公司按照股票面值向原有股东分配该公司的新股认购权。③ 私人配股。即股份公司将新股票分售给除股东以外的本公司职工、往来客户等与公司有特殊关系的第三者。非公开发行的特点是发行手续比较简单，有确定的投资者，这样节约了发行的时间和费用。但是由于非公开发行的股票通常不能在市场上转让出售，因此降低了股票的流动性。

2．直接发行和间接发行

（1）直接发行

直接发行是指发行人不通过证券承销机构而是自己发行证券的一种方式。发行人自己直接发行股票，大多数是非公开发行，如采用发起设立方式筹集资金。采取直接发行的方式可以使发行公司直接控制发行过程，程序比较简单，同时不经过中介机构，节省了发行的费用。但是它也存在着不足之处：社会影响小，不利于提高公司的知名度；筹集时间较长，当发行量较大时，很难迅速获得所需资本；当实际认购额达不到预定的资金额时，剩余部分必须由发行公司的主要发起人或董事承担，风险很大。因此，只有非公开发行的股票或因公开发行有困难的股票，或者是实力雄厚、有把握实现巨额私募从而节省发行费用的大股份公司股票，才考虑采取直接发行方式。

（2）间接发行

间接发行，又称委托发行是指发行人不直接参与证券的发行过程，而是委托证券承销机构出售股票的一种方式。一般而言，证券承销机构主要是投资银行、证券公司、信托公司等。间接发行对于发行人来说，虽然要支付一定的发行费用，但是有利于提高发行人的知名度，筹资时间较短，风险也较小。因此，一般情况下，证券发行大都采用间接发行的方式。股票间接发行的方式主要有全额包销、余额包销和代销。

3．有偿增资发行、无偿增资发行与并行增资发行

（1）有偿增资发行

有偿增资发行是指认购者必须支付现款，才能获得新发股票。这种方式通常用于原有股东的配股、对第三者配股以及发行新股时公开认购，采用这种方式能够直接增加股份公司的资本金。

（2）无偿增资发行

无偿增资发行是指认购者不必缴付现款就可以取得新发的股票。一般是股份公司通过将公司盈余结余、公积金和资产重估增益转为法定资本，发行与之对应的新股票，分配给公司原有的股东，原有股东无须缴纳认购股金款。这其实是一种增加内部股东累积，而不增加新股东，不公开发行新股票的发行方式，只在股票派息、股票分割和法定公积金或盈余转作资本配股时采用。

（3）并行增资发行

并行增资发行是有偿增资发行和无偿增资发行的结合。即投资者在购买新股的时候，只需以现金支付一部分的价款，其余部分由转账的公积金或者红利抵冲。

二、证券的承销方式

在证券发行市场上，根据是否有中介的证券承销机构可以将证券的发行方式分为直接发行和间接发行。一般情况下，证券大都通过承销机构进行承销推销。承销商可以是一家承销机构，也可以是多家承销机构。根据承销商承购证券方式的不同，承销分为以下几种方式：

（1）全额包销。金额包销是指承销商先以自己的名义和资金将发行人拟发行的证券全部认购下来，然后再按市场条件转售给投资者的一种发行方式。采用全额包销方式，承销机构要承担全部的发行风险，从而保证发行人及时得到所筹资金，作为承担发行风险的代价，承销商能以较低的价格从发行者手里一次性买下所有股票，再以较高的价格卖给公众，买价与卖价之间的差额构成承销者的收入，扣除发行费用即为承销商的包销利润。

（2）余额包销，又称助销，是指承销商与证券发行者签订承销合同，承诺在约定期限内，如果证券不能全额售出，其余下部分将由承销机构按协议价格全部认购的一种发行方式。采用余额包销方式，承销商要承担部分发行风险，从而保证发行人筹资计划的顺利实现。

（3）代销。代销发行又称委托推销，即承销者在约定的发行日期内，按照规定的发行条件尽力推销证券，期满后仍销售不出去的那部分证券要退还给发行者。由于全部发行风险都由发行公司承担，承销机构只是代理人，因此代销的手续费较低。一般来讲，当股份有限公司公开募集资本设立时，可采用代销方式。因为公司刚成立的时候在社会上知名度不高，不太熟悉市场情况，所以通常委托熟悉市场和投资者的承销商代理发行。

（4）证券承销的新形式。证券承销除了上面提到的几种传统方式外，在美国欧洲市场和其他市场上还出现了一些变体，包括买断法、拍卖法和优先权发行。

① 买断法：买断法于 20 世纪 80 年代中期在美国兴起，以后逐渐扩展到欧洲市场和其他国外市场。具体而言，买断法是指作为牵头的承销商或是承销集团向潜在的证券发行人提供一个按既定的利息（息票）率和到期日购买某一特定数量的证券的确定的出价，发行人可以考虑是否接受该出价，如果发行人接受该出价，包销机构就等于买断了这项交易。包销机构再将买断的证券卖给其他投资银行或直接卖给客户。一般而言，包销商会将其承销的大部分证券卖给它的机构客户。买断法使得发行人决定发行证券到实际发行证券的时间间隔大大缩短，相应地要求证券承销的及时性。在短期内承销商没有时间去组建承销团，所以买断法使整个承销商的风险加大，对承销商的实力提出了更高的要求。

② 拍卖法：拍卖法又称为竞价包销，是证券发行人对外公布证券发行的各项条件，有兴趣的承销商可以组成辛迪加参加投标，竞价购买新发行的证券，出价最低的辛迪加将获得整个证券的承销权。获得发行权的辛迪加再将获得的证券转售给公众投资者。这种方式一般用于一些受监管的公众设施投资的证券和许多市政债券的发行。

采用拍卖方式的好处是发行公司可以直接将新发行的证券分配给机构投资者，而不一定要通过包销机构，这样就将发行人与机构投资者直接联系在一起了。一般情况下，单个投资者愿意购买的数量比发行数量少得多，这样出价最好的承销商可以首先成交，然后是出价次优的投资者成交，直到全部债权数量出清。但这样就存在一个问题，最后一个投资者的出价虽能被满足，但报出的数量不一定能满足。因为剩下的证券数量往往不等于需求量，如果几个投标者并列报出最高的出价（收益率最低），则这几个投标者将共同获得证券剩余额。每一个投标者获得的数量取决于其投标数量的大小。

假定某证券发行数量为500亿元，报价情况如表10-1所示。则投标人1、投标人2、投标人3的愿望得到满足，投标人4、投标人5按各自投标的比例获得剩下的100亿元，即投标人4获得75亿元，投标人5获得25亿元。

表10-1　投标人的报价与数量

投标人	报价（收益率）	数量（亿元）
1	3.0%	100
2	3.2%	200
3	3.3%	100
4	3.4%	300
5	3.4%	100
6	3.6%	100

上例中拍卖法的价格决定方式有两种：第一种是单一价格拍卖，即所有的中标者统一支付最高的收益率价格，上例中，3.4%就是唯一的价格，这样对中标者有利，对发行人不利；第二种是多重价格拍卖，中标人各自根据自己的中标价格支付，这对发行人有利，对中标者不利。不过对于最后一个中标者而言，这两种方式没有区别。

③ 优先权发行：除了上面的方式以外，证券发行人还可以通过发放优先认股权直接向现有股东发行新股。优先认股权一方面可以使发行公司的现有股东以低于市场价的价格购买一定份额的新股，另一方面还可以使现有股东能够保持其在发行公司的权益比重。所以，优先认股权在一些国家相当普遍，甚至在有些国家成了发行新股的唯一手段。

由于优先认股权只是发行公司给予公司现有股东的一项权利，不是义务，如果获得认股权后股价下跌，或是其他原因导致公司现有股东不愿意认购新发行的股票，还可以通过公开市场将优先认股权转让，获得一定的溢价收益。所以优先认股权也有一定的价格，一般可用下面的公式来计算认股权的价值：

认股权价值＝出售认股权之前的股价–出售认股权之后的股价

如假设已发行股票的每股市价为25元，新股发行价为每股24元，则认股权价值就是1元（25–24＝1）。

三、股票的发行程序

股票的发行须严格遵循法律规定的程序，任何未经法定程序发行的股票都不具有法律效力。图10-2是股票发行的基本程序。不同的国家、不同的证券市场，其股票发行的程序也不同。另外，由于股票发行目的、发行方式不同，发行程序也有差异。一般可以将它们概括为两类：一类是为成立股份公司发行新股票，另一类是现有公司增发股票。

1. 公司成立发行股票的程序

公司成立发行股票的程序，也是股份公司以募集方式成立时发行股票的程序。

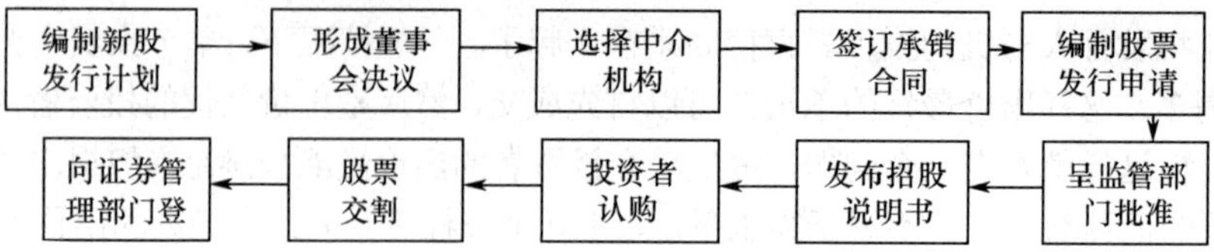

图 10-2　股票发行程序图

（1）发起人在被准予注册登记取得独立的法人资格后，订立招股章程，内容包括企业名称、负责人、经营范围及可行性预测分析、募集股票总额及各发起人认领的股份额、股票种类、每股面额、发行价格、发行期限及逾期的处理等，主要目的是供公众阅览，以便了解情况，作为认购股票的参考。

（2）发起人向发行主管部门提交招股申请书，除了上述招股章程的内容以外，还要列出已联系好的股票推销机构的名称及地点、开户银行的名称及地点、注册会计师证明等。

（3）主管部门同意后，公司与证券发行中介机构签订委托募集合同，内容包括推销募集方法、发行价格、推销股数、委托手续费等。

（4）投资者认购，公司或发行中介机构用广告或书面通知等方式招股，投资者在认购书上填写认购股额、金额、交款方式、住址等，然后签名盖章，有时为了保证认购者按时缴纳股金，还要预交一定比例的保证金。

（5）股票交割，投资者在认购以后，必须在规定的日期缴纳股金，才能领取股票，同样，发行者必须在认购后的规定日期交付所卖的股票，才能收受股金款，这种一手缴纳股金一手交付股票的活动称之为交割，股票从交割的翌日产生效力。

（6）登记，股票交割后一定时期（如 1 个月）公司董事会应向证券管理部门登记，内容包括发行总额和每股金额，募集期和股金收足日期，股东名单、公司董事和监事名单等，为日后增发新股和上市审查做准备。

2．公司增发股票的程序

增发股票的程序即现有股份公司增加股票发行的程序。

（1）制订新股发行计划，说明发行新股的目的，并就发行目的进行经济环境和市场预测，对人、财、物等条件和可能遇到的困难做出估价；在考虑了投资者的需求或偏好、股市行情及股东权益等因素后，拟订所发行股票的种类、发行方式和价格。

（2）形成董事会决议。增发股票的数额如果是在股东大会授予董事会的权限之内，只需召开董事会讨论发行计划，对新股发行的有关事项做出决议即可，但若股票发行量超过原定董事会发行权限的范围，必须先召开股东大会，变更原有章程，规定新的增股数量界限，授予董事会增发股票的权限，然后再由董事会具体执行。

（3）向证券主管部门提交发行申请书，为认购编制增股说明书。

（4）如果在现有股东之间进行分摊，则要冻结股东名簿，停止办理股票转让后的过户手续。

（5）签订委托推销合同。

（6）向现有股东发出通知或公告。

（7）股东认购或公开发行。

（8）股票交割。

（9）处理零股或失权股，零股是指按现有股东的持股比例分摊不足一股的份额，发行者可将所有零股集中起来出售，将所得款项按股东拥有的份额再加以分配。失权股是指有新股认购权的股东自动放弃认购权的那部分股票，对此种失权股票发行者多采用公开发行的方式处理。

（10）向证券管理部门报告发行情况和结果。

第四节　债券的发行方式与程序

债券发行市场是债券发行人初次出售新债券的市场，债券在此市场实现由发行者手中到投资者手中的转移。与股票发行市场一样，债券发行市场具有筹集资金的基本功能，是政府、企业、金融机构及公共团体筹集稳定性资金的重要渠道。债券发行市场为投资者提供了一种新的具有流动性与盈利性的金融商品。此外，对于特定发行主体，债券发行市场还具有特定的功能。

一、国债的发行

国债发行是指国债售出或被个人和企业认购的过程，它是国债运行的起点和基础环节，核心是确定国债售出的方式，即国债发行方式。

1. 国债的发行方式

一般而言，国债发行主要有 4 种方式：公募法、公卖法、包销法和摊派法。

（1）公募法。这是由国家财政部门或委托其他部门向社会直接公开募集国债的方式。这种方式的优点是发行面比较广泛，可以普遍吸取社会上的资金，缺点是发行所需时间一般较长。发达国家采用公募法发行国债时，常采用投标招标的方式进行。

（2）公卖法。又称销售发行法，是指政府将债券委托给证券市场代为销售。这种方式类似于公募法，但区别在于：在公募发行的条件下，债券的价格多采用投标招标方式决定后，通常就不改变了，直至发行工作完全完成；而在公卖法的发行条件下，债券的价格由证券市场的资金供求行市决定并且不断波动。公卖法的优点是政府可以根据需要随时到证券市场上推销债券募集资金，并且通过债券的买卖调节资金供求和货币流通。

（3）包销法。是指根据一定的发行条件，经过协商，先由金融机构将政府一次发行的国债全部承购，然后再向社会销售的方式。如若不能把全部国债销售出去，其差额部分由金融机构承担。目前发达国家国债的发行大都采用这种方式，它的优点是手续简便，发行时间也大大缩短，有利于政府迅速筹集大量资金。

（4）摊派法。这是一种强制性的发行方式，由政府根据情况向企业单位等分配购买国债的任务指标，必须保证完成。这种办法对保证完成国债发行任务，有一定意义；但如处理不慎会带来国债信誉下降、长期发行困难的不良效果。

2. 国债的发行规模

从理论上来讲，国内生产总值规模（如经济发展战略与效益，产业结构等）、国家财政支出的需求压力和偿还能力（如未来财政预测和已发行的国债债务总额等）、居民收入水平、国家货币流通情况以及国债的收益率高低等都是制约国债发行规模的重要因素。国际上通用的衡量国债发行规模的指标主要有：国债负担率、国债借债率、国债依存度、国债偿债率、国债限额的动态指标、衡量外债负担与限度的指标。

此外，要科学合理的确定国债发行规模，至少还应考虑以下几个因素：国家财政资金周转的需要；注意国债发行规模的最高客观界限；具体考虑和测量国民经济的应债能力；国家财政的偿债能力；国债资金的使用效率；外债负担与国民生产总值以及贸易、非贸易外汇收入的比率等。

3. 国债发行的期限结构

一般国债期限的设计要考虑以下几个因素：① 政府筹资用资的需要；② 要有利于还本付息在年度间的均匀分布；③ 要有利于降低利息支出成本；④ 要有利于促进经济的稳定发展；⑤ 要考虑市场投资者对国债的需求。

究竟发行国债的期限是长些还是短些，各发行多少，主要取决于政府的财政需要，政府对货币市场和资本市场的利率的中长期走势判断，及对国债市场长期建设的考虑。

政府发行 1 年期之内的短期国债，主要是满足政府短期资金周转的需要，而政府需要弥补长期收支差额及执行积极的扩张性财政政策（如罗斯福新政时那样）就会发行较大量的中长期国债。此外当一国处于高通胀及名义高利率阶段，政府往往会发行一些中短期国债，以免在通缩、利率回落时造成损失，但相反，在通缩与利率处于历史低位时，就会较多的发行一些中长期国债，以降低中长期筹资成本。但如果预期竞标形成的利率将低于将来实际利率，担心市场上国债价格跌至面值以下，影响国债信誉并会危及国债市场的健康发展时，政府应多发行中短期国债或发行由固定利率保底的浮动利率国债。

二、可转换债券的发行

与其他金融市场一样，可转换债券市场可分为发行市场和流通市场。发行市场，又称一级市场，是公司发行可转换公司债券给投资者的市场。通常，公司在符合一定的发行条件后，经过一定的发行程序，进行适当的发行设计，吸引足够多的投资者，才能成功地发行可转换公司债券，实现筹资目的。

1. 可转换公司债券的发行条件

为了保护投资者利益及保证债券发行后的正常交易，可转换公司债券的发行必须满足一定的条件，这些条件通常包括以下几种：

（1）盈利记录性。为了公司发行可转换公司债券后具有足够的盈利能力以按期支付债券本金和利息，证券市场的监管部门通常规定公司发行可转换公司债券前必须具有良好的盈利记录。

（2）资本结构的要求。为了避免公司资本结构中债务比例过高和财务风险过大，监管部门通常对资本结构有一定要求，以保证公司的偿债能力。

（3）发行规模的要求。为了使可转换公司债券发行后能正常交易，不易被操纵，监管部门一般对发行规模也有一定的要求。

（4）条款设计的要求。包括债券期限的要求、票面利率的要求等，根据各个国家的具体情况，对可转换公司债券条款设计的要求略有不同。

（5）其他要求。如对所募集的资金投向的要求。这主要与各国的商业政策及监管重点有关。

2. 可转换的公司债券的发行方式

按照目前的做法，发行人申请发行可转换公司债券，股东大会应决定是否优先向原股东配售；如果优先配售，应明确进行配售的数量和方式以及有关原则。可转换公司债券的发行方式由发行人和主承销商协商确定。

国内可转换公司债券的发行方式主要采取 4 种类型：① 全部网上定价发行；② 网上定价发行与网下向机构投资者配售相结合；③ 部分向原社会公众股股东优先配售，剩余部分网上定价发行；④ 部分向原社会公众股股东优先配售，剩余部分采用网上定价发行和网下向机构投资者配售相结合的方式。

3. 可转换公司债券的发行程序

可转换公司债券的发行程序与一般债券相同，都必须经过公司股东大会决议通过、聘请承销商及中介机构准备申请文件、向证券监管部门提出申请、待批准或核准后由承销商正式发行等几个步骤。由于发行债券币种和各国法律制度的不同，各个国家（地区）的发行程序稍有不同。

三、其他债券的发行

1. 债券的发行方式

与股票发行一样，债券发行有多种方式。

（1）公募发行和私募发行

按照发行对象不同，分为公募发行和私募发行。一般发行量大、信用水平高的发行主体，如政府发行的国债及著名大公司发行的债券大都采用公募发行方式。知名度较低、不符合公募发行条件的企业只能采用私募发行方式。

（2）直接发行和间接发行

按照是否借助中介机构，分为直接发行和间接发行。间接发行进一步分为代销和包销。代销是指债券承销商代发行人发售债券，在承销期结束时将未售出的债券全部退还给发行人的承销方式。承销机构不负承购剩余债券的责任，发行风险由发行公司自己承担。包销则是指债券承销商将发行人的债券按照协议全部购入，或者在承销期结束时将售后剩余债券全部自行购入的承销方式。包销方式可以使得发行人不承担发行风险，但不利之处是发行费用较高。

（3）协议发行和招标发行

按照发行条件如何确定，分为协议发行和招标发行。协议发行是发行者与承销商相互磋商确定承销资格和发行条件的发行方式。采取协议方式可以使双方通过充分的交流与合作设计出满意的发行方案，但它受人为因素（如双方的谈判能力）的影响较大，不利于得到公平的市场价格。

招标发行是通过竞拍招标方式来确定承销商和发行条件。其特点是采用竞争机制来确定价格，因而有利于发行者以低资金成本筹集资金。根据标的物不同，招标发行又可分为价格招标和收益率招标。价格招标主要用于贴现债券的发行，具体是按投标人所报买价从高到低的顺序排列，报价高者优先中标，直至满足预定发行额为止。若中标人以所有中标价格中的最低价格认购中标的债券数额，则为荷兰式招标，因其首先产生在荷兰而得名。若投标人在中标后分别以各自出价来认购债券，则为美国式招标，因美国最常采用而得名。收益率招标主要用于附息债券发行，它同样可以分为荷兰式招标和美国式招标两种形式，原理与价格招标相似。债券的票面利率由投资者以招标方式进行竞争，按照投标人所报的收益率由低到高依次中标，直到满足预定发行额为止。美国的国债发行主要采用招标发行。

2. 债券的发行程序

如图 10-3 所示，债券的发行程序与股票的发行程序类似，具体的程序包括以下几个方面：

（1）债券的承销商与证券承销商双向选择，签订承销协议，明确双方责任和义务。

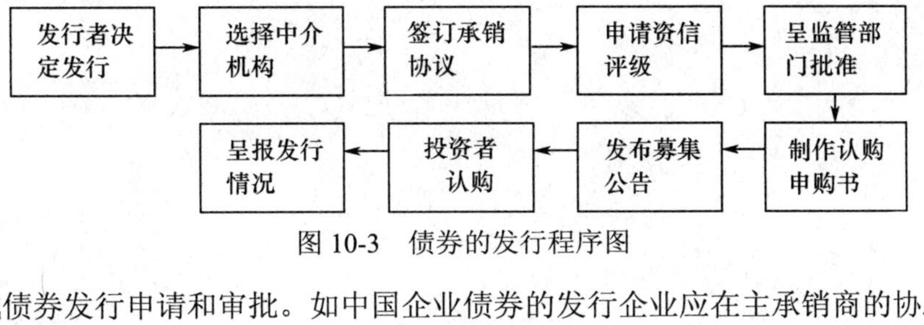

图 10-3 债券的发行程序图

（2）完成债券发行申请和审批。如中国企业债券的发行企业应在主承销商的协助下向中国人民银行交送有关文件，提出申请，中国人民银行对其进行审批，审批通过，方可发行。

（3）发布公告。在获得发行批复后，主承销商应当至少在发行前 10 日在中国人民银行指定的报纸上刊登广告，公布债券发行报告，公告信息不得与经中国人民银行审定的内容有任何不同。

（4）承销成员利用自己的销售网络，向金融机构、企事业单位及个人投资者销售。

复习思考题

一、名词解释

证券发行市场　首次公开发行　证券直接发行　证券包销　美国式招标

二、填空题

1．证券市场的主要参与者有_______、________、_________、______、_________。

2．证券传统的承销方式有_______、________、_________。

3．国债的发行方式主要有_______、_________、_________。

三、简答题

1．简述证券发行市场的功能及主要参与者。

2．股票的发行方式有哪些？各有什么特点？

3．比较股票发行管理的注册制和核准制。

四、论述题

1．试论述证券发行制度的主要内容。

2．结合本章内容谈谈目前我国股票发行市场和债券发行市场的基本状况。

五、拓展阅读

1．证券发行市场案例（http://wenku.baidu.com/link?url=XYtB5qwMJRRm7dmR7JAvX5HC4wZTkQX2icMWWbfygDyoxOYCAzRGWwWNJC2f3cnfFaiPtc_6cv6sgzzGb5bnvhpi4zhll14u_W76hkiPty7）

2．注册制改革背景下证券市场的发展理念更新（https://www.baidu.com/link?url=HuWVtcBa AOPjvnDRGI1YWpyluqzi3Bw3bWGvnlZ2ec-9UGXRPU4J7n30SifaelDK9iX8c_Rzow17Bf4FhT-4C_&wd=&eqid=d55e66a1000460270000000035804e244）

3．北京用友软件股份有限公司首次公开发行股票招股说明书摘要（http://www.cs.com.cn/ csnews/20010419/54750.htm）

4．中国资本市场的又一经典案例（http://news.hexun.com/2014-12-01/170968815.html）

扫描二维码阅读文章

第十一章　证券流通市场

学习目标：

了解流通市场的基本形式和功能；

理解并掌握流通市场的基本微观结构及相关模型；

熟悉流通市场的主要交易机制及其区别；

掌握流通市场的交易程序及方式。

第一节　流通市场的形式与功能

一、流通市场的形式

流通市场又叫二级市场，是供投资者买卖已发行证券的场所，主要通过证券的流通转让来保证证券的流动性，进而保证投资者资产的流动性。

流通市场有场内交易市场和场外交易市场两种形式。

1．场外交易

场外交易市场，即业界所称的OTC市场，又称柜台交易市场或店头市场，是指在证券交易所外进行证券买卖的市场。它主要由柜台交易市场、第三市场、第四市场组成。

（1）场外交易市场的特点

① 场外交易市场是一个分散的无形市场。它没有固定的、集中的交易场所，而是由许多各自独立经营的证券经营机构分别进行交易的，并且主要是依靠电话、电报、传真和计算机网络联系成交的。

② 场外交易市场的组织方式采取做市商制。场外交易市场与证券交易所的区别在于不采取经纪制，投资者直接与证券商进行交易。

③ 场外交易市场是一个拥有众多证券种类和证券经营机构的市场，以未能在证券交易所批准上市的股票和债券为主。由于证券种类繁多，每家证券经营机构只固定地经营若干种证券。

④ 场外交易市场是一个以议价方式进行证券交易的市场。在场外交易市场上，证券买卖采取一对一交易方式，对同一种证券的买卖不可能同时出现众多的买方和卖方，也就不存在公开的竞价机制。场外交易市场的价格决定机制不是公开竞价，而是买卖双方协商议价。具体地说，是证券公司对自己所经营的证券同时挂出买入价和卖出价，并无条件地按买入价买入证券和按卖出价卖出证券，最终的成交价是在牌价基础上经双方协商决定的不含佣金的净价。券商可根据市场情况随时调整所挂的牌价。

⑤ 场外交易市场的管理比证券交易所宽松。由于场外交易市场分散，缺乏统一的组织和章程，不易管理和监督，其交易效率也不及证券交易所。但是，美国的NASDAQ市场借助计算机将分散于全国的场外交易市场联成网络，在管理和效率上都有很大提高。

（2）场外交易市场的交易者和交易对象

在国外，场外交易市场的参加者主要是证券商和投资者。参加场外交易的证券商包括：

① 会员证券商，即证券交易所会员设立机构经营场外交易业务。

② 非会员证券商，或称柜台证券商，他们不是证券交易所会员，但经批准设立证券营业机构，以买卖未上市证券及债券为主要业务。

③ 证券承销商，即专门承销新发行证券的金融机构，有的国家新发行的证券主要在场外市场销售。

④ 专职买卖政府债券或地方政府债券，以及地方公共团体债券的证券商等。

2. 场内交易

场内交易是指通过证券交易所进行的股票买卖活动。证券交易所是设有固定场地、备有各种服务设施（如行情板、电视屏幕、电子计算机、电话、电传等），配备了必要的管理和服务人员，集中进行股票和其他证券买卖的场所。在这个场所内进行的股票交易就称为场内交易。目前在世界各国，大部分股票的流通转让交易都是在证券交易所内进行的，因此，证券交易所是股票流通市场的核心，场内交易是股票流通的主要组织方式。

（1）交易特点

① 有集中、固定的交易场所和固定的交易活动时间。证券交易所有固定的建筑物作为集中的交易大厅，大厅中设有专门的柜台和座位，以及现代化的电信设备，可有效地进行各种上市证券的交易。各证券交易所都有固定的开盘时间和收盘时间。纽约、东京和伦敦这三个世界上最大的证券交易所的开市交易时间是互相连接的，从而形成了一个全球性交易圈。

② 有严密的组织管理制度。在会员制交易所，只有取得交易所会员的资格，才能进入交易所进行证券交易。会员必须遵守交易所的各项规定。在公司制交易所，只有经过证券管理部门批准的证券商，才能进入交易所直接参加证券交易。上市证券必须符合一定条件并经过批准。

③ 采用公开竞价和双向拍卖的方式进行交易。一般的商品拍卖，有众多的买者，而仅有一个卖者，竞争只是在买者中间进行。交易所的证券拍卖则既有买者之间的竞争，又有卖者之间的竞争。采取这种交易方式，有利于形成公平合理的价格和保持场内交易的稳定。

（2）程序

① 投资者要买卖某种证券，首先应找经纪人公司开设账户。② 投资者委托证券商买卖证券，签订开户契约，载明委托人的姓名、住址、年龄、职业、委托人与经纪人之间的权利和义务。③ 证券商随即通过他们在交易所内的代表人和代理人，按照委托人的要求办理买进和卖出证券的一切事务。④ 成交后，由证券商于成交当天，通知委托人准备交割款项和证券。营业终了时，证券商按证券类别与交易所记录核对无误后，就委托成交的同种证券买卖双方就成交数额进行轧抵。将抵消后的差额与交易所办理清算交割手续，随后再与委托人按期办理交割。买者付出现金取得证券，卖者交出证券取得现金。有些交割在买卖成交后立即完成，有些交割则是在成交后几天或几十天内完成。

二、流通市场的功能

二级市场，指流通市场，是已发行股票进行买卖交易的场所。二级市场的主要功能在于有效地集中和分配资金。

二级市场的主要功能是：① 辅佐一级市场的融资功能；② 宏观经济调节功能；③ 企业价值评价功能；④ 提供大众投资场所的功能；⑤ 社会进化功能。

（1）辅佐一级市场的融资功能。股票交易源于股份有限公司的诞生以及债券的发行和流通。世界上最早发行股票的合资公司是创立于1553年的俄罗斯公司以及1600年建立的荷兰东印度股份有限公司。随着股份有限公司的不断发展，债券应用也有了空前发展。由于存在债券应用的需求，便出现了债券和股票的交易以及进行交易的场所，于是股票市场诞生了。

人们最初投资股票，只是为了获得红利回报，抛掉股票也是因为需要钱用，或者对该企业的远景不看好而已。但随着红利逐年减少以及人们发现利用股票交易中的差价可以获利，于是以获取差价为目的的股票交易在世界范围内越演越烈。所以严格地说，目前二级市场所谓的价值投资大多都已不是原来意义上的价值投资了，而是投机，充其量也只是一种价值投机而已。

社会之所以允许二级市场的股票交易和投机的存在，一个重要原因就是一级市场融资的需要。因为“股票投资”不同于债券投资和实体经济投资。股票的性质决定了它既不能兑换成现金，又不能退还给上市公司。只要市场不认可它的价值，也没人买股票，那么再好的股票，也只是一张花纸而已。人们之所以愿意花钱从一级市场买回一张张花纸，是因为通过二级市场的股票交易，手中的股票会升值。如果新股认购者不能在二级市场出售他们的股票，或者股票只能按认购价出售，那么新股便会无人问津，企业也无法融资。所以二级市场起到了辅佐一级市场融资功能的作用。

因此当股市充满生机，认购新股有利可图时，股民们便期盼新股发行，融资也将顺利进行。而当二级市场萎靡不振，流通市值减少，资金投入量日见枯竭时，人们便怨声载道，厌恶新股发行。而当新股发行过于频繁，上市的开盘价甚至跌破发行价时，投资者就不愿意认购新股，一级市场的融资功能便将发生障碍。

（2）宏观经济调节功能。我们知道资本主义经济的基础是资本，其动机是资本增值，而资本增值是通过商品生产和商品交换实现的。因此这种商品生产与以往任何时期的物质生产存在着一个很大的区别，即以往的物质生产是以满足人们的生活需求为目的，因此它没有过多的剩余产品可供交换。但是资本主义的商品生产可分为两部分：一部分商品是用于满足人们的生活需求的，而另一部分商品则是为了通过交换获取利润的。前者将在现实生活中被整个社会消费掉，而后者通常无人消费。

更确切地说，任何商品都包含成本和利润两部分，其中成本部分是各类劳动者的勤劳所得，而利润部分则是投资者的利益所得。前者除了劳动者的部分积蓄外，大部分商品都被消费掉。而后者利润部分除了投资者的消费外，还有相当数量的商品滞留在社会上。除了资本家的利润外，普通市民将积蓄存入银行，那部分商品及所得利息的部分商品也滞留在社会上。

同时在资本主义以前的社会，当人老了丧失了劳动能力时，他们所需的生活资料通常是由他们的子女提供的，而不需要在他们丧失劳动力之前储存。但是资本主义社会的福利制度规定了人老后的生活资料的大部分是在他们年轻时，以年金的方式储存于社会。换句话说，他们消费的生活资料的大部分或全部是他们年轻时创造的财富。问题在于那些物质，特别是食物等是无法储存许多年的，必须要有人将其消费掉，然后在他们老后需要时，再还给他们。所以诸如此类的商品便成为剩余商品而滞留在市场。如果没有人消费这些商品，其价值和利润就无法实现，社会上就会存在相当的过剩商品，生产这些过剩商品的企业便无法维持生产，企业职工的工资奖金便会减少，甚至没有收入。由于一部分人减少了收入，甚至没有收入，社会购买力便会下降，并波及其他产业，整个社会经济体系便会发生障碍。

所以当股票上涨时，人们就可以用“股票投资”赚来的钱将这部分剩余商品消费掉，以保证整个经济的繁荣和正常运行。因此当经济持续增长时，也就需要股市持续上升。一旦经济过热，需要调整了，显而易见，股票也不能再上涨了。因为股价上升的本质是资产溢价或资产架空。股价上涨过高、过久，必将产生虚幻消费需求，对产业机构的调整形成负面作用，破坏整个经济。所以任何国家的经济处于调整阶段时，其股市必然下跌。

有时虽然经济处于稳步上升阶段，但股市走得太快、过热，股价上升速度超过实体经济的增长速度时，股价在高位也不会持续太久。因为无论经济的发展速度多么迅猛，无论在什么历史阶段，滞留在社会上的过剩商品都不会是无限的，而是有限的。所以当实体经济不需要股市溢出那么多的钱来消费社会过剩商品时，过高的股价便会下跌。否则由过高的股价造成的资产溢价便会形成资产泡沫，导致通货膨胀，使资源的有效配置产生扭曲，并使社会经济处于不稳定状态。

（3）企业价值评价功能。社会为什么要对企业价值进行评价？因为企业是人类社会赖以生存的物质生产基地，企业的优劣直接关系到人类社会的进步。当今社会面临一大难题，即资源的稀少性和人们对物质需求的无限性。因此，社会期待企业能以更少的资源创造出更多的财富和价值。这就需要企业优化，并淘汰劣质企业。市场经济便是基于这一原理展开的。那么如此众多的企业，又如何一一评价呢？股票市场便体现了这一功能。

因为传统产业都是以货币资本、实物资本以及有形资产的多少来衡量企业的价值的。但随着知识型产业的发展，IT 产业的兴起以及经济全球化时代的到来，人的资本以及各类知识产权带来的无形资产、品牌效应等所创造的价值占据了企业产值和资产的相当部分。此时，如果我们仍然根据传统的净资产值来静态评价企业，就显得不那么妥当了。所以通过股市的动态评价，能更合理地给出企业的价值和对企业未来的估价。

对企业价值评价的现实意义：① 对企业经营管理的有效监督。先进国家的企业非常重视本企业的股价变动。在美国，人们往往根据某公司股票的市价来衡量该公司的经营状况。故股价连续下跌，公司的经理人员便会惊恐万分。受美国的影响，日本也提出了“市价革命”的口号。日本有些公司甚至将本公司股票价位的高低来作为判断各级管理人员的成绩以及赏罚的一项重要指标。② 为银行提供了安全基准。当企业需要通过银行融资时，银行便可根据该企业的股价表现来判断企业的实际价值，并在此基础上做出融资的决定。③ 为消费者提供了可靠情报。消费者可以根据企业的价值评价来判断该企业商品的可信度，尤其是在高档消费品和名贵商品的场合，更需要对企业状况和企业知名度有所了解。④ 为人才市场提供了有力依据，为选择者提供了有利资料。人们可以通过企业的价值评价来选择更适合自我才能发挥的企业，这有利于人才资源的合理配置和有效利用。⑤ 为企业兼并、重组提供了参考基准。兼并、重组双方根据各自股票市价，很容易判断出双方企业各自价值的多少，在此基础上可以很容易地做出决策。

（4）提供大众投资场所的功能。在市场经济发展初期，到处充满商机和投资机会。而当市场经济经过高速成长期，到了高度成熟期时，大规模的投资便告一个段落。对于已经参与投资活动的人来说，他们的投资行为受法律保护。即使他们的能力很差，即使你再有能力和资金，也不能强行取代他。而对于大多数后来者来说，便失去了许多投资机会和投资场所的选择，于是就会引起人们的普遍不满，同时也不符合公平竞争的原则。股市的存在，便为大众提供了新的投资场所。这是一个社会上任何人，无论男女老少、学历高低、贫富差异，都可以参与的投资场所。其投资对象的多样性及参与层次的广泛性，是其他任何投资场合都无法比拟的。

其次它为年金和各类社会保险基金提供了新的资金运用场所。对于年金和保险基金来说，资金运用场所是他们赖以生存的保障。然而随着大规模投资时代的结束，年金和保险基金也就同时失去了大规模资金运用的场所，股市便给他们提供了这种场所。

（5）社会进化功能。自有人类以来，大小规模的战争就一直伴随着人类社会的进化。绝大多数战争的出发点和最终目的是为了自身和集团的利益，以占有市场及掠夺他国的资源和财富为主要目的。随着第二次世界大战的结束以及资本主义的高速发展，尤其是金融市场的国际化趋势，使金融战争逐渐取代了大规模的人类战争。人们以直接的、赤裸裸的战争的手段掠夺资源和财富，转为以间接的、更加隐蔽的金融战争的形式来获得财富。20 世纪 90 年代爆发的东南亚金融危机在很大程度上是由金融战争造成的。股市表现出的金融战争虽然非常残酷，对经济的破坏以及对社会稳定的影响都非常大，但与人类战争中对生命的杀戮、物质的损耗和环境的破坏相比，仍然是社会的一大进步。

股市是博弈的场所，是参与者的智慧、勇气、胆量、判断力、决策力的较量。市场弱者，即市场的愚者、胆怯者、狂妄者、傲慢者将被逐步淘汰出局，唯有集智慧、勇气、胆量、判断力、决策力于一身的人才能获得最后成功，成为股市的王者。为了使自己成为佼佼者，就要不断学习和自我修炼。加之世界形势不断变化，企业经营和股市行情不断变化，投资者也要不断学习和提高。道高一尺，魔高一丈，社会就这样波浪式地向前进化。

资本主义前期，由于生产力低下，垄断的形成，社会福利不健全以及资本家残酷剥削和压榨工人，任意延长劳动时间等，使得社会矛盾激化，在世界许多国家出现了激烈的阶级斗争和轰轰烈烈的社会主义革命运动，以推翻资本家的剥削和压迫。但随着科学技术的进步以及社会生产力的发展、工人工资的提高和社会福利的改善，使得相当部分的工薪阶层都参与了股票交易，成为大大小小的股东。股票市场实现了资本社会化和出现了资本大众化趋势，这是人类社会的巨大进步。

以上我们介绍了股票二级市场的 5 种基本功能。正是因为这些功能的存在和需要，二级市场的股票交易才经久不衰，社会也才默认和允许了股票二级市场的存在和发展。对于股市，以上 5 种功能有时单独起作用，有时交替起作用，有时几种功能同时起作用。在不同的历史阶段，各种功能对股市起的作用各不相同，对股价变动的影响也各不相同。

（1）当“辅佐一级市场的融资功能”起作用时，新股上市，其股价必不按基本面变化。如果我们假设新股发行价是按基本面定价的，那么新股上市时的开盘价必大于发行价，偏离值越大，越有利于新股的发行。如果开盘价等于甚至低于发行价，那么新股便无人问津，一级市场的融资便无法实现。

但是当新股上市的开盘价过高，甚至数倍于发行价时，往往给日后的股价下跌留下了后患。尤其是当发行价偏高，开盘价过高，然后又是一轮炒作，最后导致股价持续下跌，就像中石油从 48.6 元的发行价一路下跌至 15.35 元那样。这将会在日后给投资者，尤其给不熟悉股市的新参与者带来无穷的灾难，同样不利于股市的长期稳定和健康发展。

（2）当“宏观经济调节功能”起作用时，股市起到了经济晴雨表的作用，因为股市行情常常是先行于宏观经济的变化，并随宏观经济发展的需要而变化。① 当经济持续稳定发展时，股指也将伴随着经济的发展，持续稳定向上攀升。即使因种种原因股指向下调整，事后仍然会向上突进。就正常股市而言，只要经济发展的趋势不发生变化，股市行情就不可能步入熊市，熊市通常出现在经济衰退期。② 当经济过热，需要宏观调控时，股市预先进入调整期，此时股价普遍下跌，平均市盈率下降。与调整相关的股票跌幅更大，调整时间也更长。③ 当经济衰退时，股市步入下降通道，漫漫熊市开始，有时也出现股市全面暴跌的局面，且没有像样的反弹。此时再好的基本面，再多的利好消息也止不住股价下跌的趋势。④ 当股市持续低迷，消费停滞不前，阻碍经济发展时，市场期待股市回升，并由此促进消费，带动整个经济的发展。于是政府将采取各种措施，刺激和激活股市，包括托市。此时几乎所有股票都上涨，无论是绩优股还是绩差股都会大幅上扬，尤其是跌幅大的股票和题材股涨幅更猛，平均市盈率上升。⑤ 当经济开始复苏时，股市行情也已悄然启动。在基本面并未发生大的变化的情况下，许多股票大幅上涨，似乎不合常理，却暗示着未来经济发展的趋势。

（3）当“企业价值评价功能”起作用时，在各个不同时期，股价的表现也各不相同。① 当企业处于正常运行状态时，在没有人为控制和操纵股价的情况下，股价变化基本上取决于基本面，同时按当时市场水准以及市场人气度、供求关系而定。② 当企业扭亏转盈时，由于企业亏损，股价长期不被看好从而持续下跌，甚至跌破净资值；而突如其来的利好消息，使股价迅速上升，甚至被机构或庄家利用来炒作，哄抬股价。③ 当企业稳定及股价处于相对较高水准时，诸如企业严重亏损等突如其来的利空消息，股价迅速下跌，甚至是暴跌。④ 当亏损企业被资产重组或被收购时，属于重大利好消息，股价迅速攀高。

（4）当“提供大众投资场所的功能”起作用时，其表现也各不相同。比如在美国，约 60%的国民参与了股票交易，金融理论和投资理念都比较成熟，又有像巴菲特、索罗斯、罗杰斯等一批世界顶级的投资大师。市场比较规范，法律比较健全，投资者的总体素质也比较高，所以股市相对比较理性。而日本，参与股票交易的人数只占总人口的 6%左右，也没有先进的投资理论和投资理念，所以东京股市的行情变化几乎都是受国外机构投资者的影响和控制，同时股市投机风气也相对比较浓。而中国股市正处于“新兴 + 转轨”的历史阶段，大规模的一级市场的融资还没有结束，法律及股市规章制度也不尽完善和健全，股民总体素质也不高，所以股市经常表现出非理性的暴涨和暴跌。投机要素要远大于投资要素，投机甚至接近于“赌一把，搏运气”。

同时无论是什么国家的股市，由于大众的参与，必表现出诸多的非理性，如盲从、狂热、羊群效应、悲观失望、恐慌等。这种种的非理性在不同时期都会在股价变化上表现出来，从而导致了股价变化的非理性。

通常在股市上升通道，大众投资者表现出三种心态。第一阶段，当股市行情从绝望的深渊中诞生时，表现为“人买股票”。此时大众投资者比较有理性，往往根据企业的基本面及市盈率和市净率等参数来选择股票。第二阶段，即当第一轮股票涨完后，市场已经开始热了，出现了轮涨局面，盲从心理和羊群效应也开始在大众投资者中蔓延。此时股市表现为“股票买股票”，即当某一个股票上涨时，人们立刻联想到买同类的股票，企业的基本面以及市盈率和市净率等都不显得那么重要了，只要涨的倍率高就是好股票。到了第三阶段，股市已经极度狂热，只要股票涨，人们便去追涨，就像 2007 年 5 月 30 日前，人们疯狂抢买 ST 股票一样，只要是 ST 股票，就连续涨停。此时市盈率和市净率都抛到了脑后，这叫“股票买人”。

同样在股价涨到相对高度和股市步入下降通道时，大众投资者通常也表现出三种心态。第一阶段，在股市正常状态下，当股票有了一定的涨幅后，人们往往都是比较理性地根据基本面，将赢利的高市盈率和高市净率的股票抛掉，这叫“人抛股票”。到了第二阶段，股市面临调整，恐慌情绪开始在大众投资者中蔓延，人们已经顾不上市盈率和市净率的高低了，只要某一股票被抛，同类股票便连锁反应地被抛，这次没有跌到的，下次补跌，这叫“股票抛股票”。最后到了第三阶段，投资者由狂热转化为失望，又由失望转化为绝望，市场已极度恐慌。只要有利空消息出台，股市一片绿，股票不分青红皂白，全线下跌，投资者似乎成了惊弓之鸟，市场利空消息被无限放大，利好消息又被无限缩小。这时市盈率和市净率也全都抛到了脑后，有些股票甚至跌破了净资产值，还在跌，这叫“股票抛人”。

（5）当“社会进化功能”起作用时，股市变化主要表现为：① 多空双方经常性的正常博弈。此时多空双方根据当时的天时、地利、人和的基本要素以及题材、利多利空消息、市场人气等，进行智慧、胆量、资金等的较量。此时股价可以按基本面变化，也可以不按基本面变化，完全取决于多空双方的综合力量对比。② 部分机构投资者或庄家利用有利条件，控制主动权，使其他跟风的中小机构投资者及散户处于不利地位的博弈。此时股价部分或完全受一种力量的控制，任何基本面、技术面以及各种消息等都是被庄家利用的筹码。其中最起作用的恐怕是具有诱惑力的各类题材，诸如 IT 革命、消费升级、新能源等。③ 世界金融大鳄或对冲基金利用资金、情报、技术的优势，发动的国际性金融大战，如东南亚金融危机时的金融大战等。此时股市经常处于极度恐慌或极度疯狂状态，股票已成为交战双方博弈的筹码，股价变化也不需要什么依据，任何基本面都不起作用。

第二节 流通市场交易机制及其比较

一、报价驱动机制

国际上，证券市场存在两种交易制度：一是报价驱动制度或称做市商制度，二是指令驱动制度。其中做市商是指在证券市场上，由具备一定实力和信誉的证券经营法人作为特许交易商，不断地向公众投资者报出某些特定证券的买卖价格（即双向报价），并在该价位上接受公众投资者的买卖要求，以其自有资金和证券与投资者进行证券交易。做市商自身则是通过买卖报价的适当差额来补偿所提供服务的成本费用，并实现一定的利润。由做市商参与并组织的市场交易制度称为做市商制度。

1. 类型

按照是否具备竞争性的特点，做市商制度存在两种类型：垄断型的做市商制度和竞争型的做市商制度。

垄断型的做市商制度，即每只证券有且仅有一个做市商，这种制度的典型代表是纽约证券交易所。垄断的做市商是每只证券唯一的提供双边报价并享受相应权利的交易商，必须具有很强的信息综合能力，能对市场走向做出准确的预测，因其垄断性通常也可以获得高额利润。这种类型的优点在于责任明确，便于交易所的监督考核，缺点是价格的竞争性较差。竞争型的做市商制度，又叫多元的做市商制度，即每只证券有多个做市商，且在一定程度上允许做市商自由进入或退出，这种制度的典型代表是美国的“全美证券协会自动报价系统”（NASDAQ 系统）。自 1980 年以来，该市场的平均单位证券的做市商数目不低于 7 个。最新的资料显示，平均每只证券有 10 家做市商，一些交易活跃的股票有 40 家或更多的做市商。多元做市商制的优点是通过做市商之间的竞争，减少买卖价差，降低交易成本，也会使价格定位更准确。在价格相对稳定的前提下，竞争也会使市场比较活跃，交易量增加。但由于每只证券有几十个做市商，使各个做市商拥有的信息量相对分散，降低了市场预测的准确度，减少了交易利润，同时也降低了做市商承受风险的能力。

根据权利义务的不同内容，一些交易所又将做市商分为指定做市商和一般做市商。如芝加哥期权交易所（CBOE）1643 个会员中，一般做市商 1177 个，指定做市商 349 个。一般做市商是个人或公司，在交易所登记，只能自营，不能代理，没有优先权。而指定做市商都是交易所会员，作为某种证券的做市商，既可以自营，也可以代理，还管理指定证券的报价工作。在股票、指数、利率类期权中，除了 SPX（S&P500 指数）和 OEX（S&P100 指数）以外，指定做市商在其中都有 30%的优先权。

2. 特点

（1）提高流动性，增强市场吸引力

在创业板市场上市的公司一般规模比较小，风险也比较高，投资者和证券公司参与的积极性会受到较大影响。特别是在市场低迷的情况下，广大投资者更容易失去信心。也许在创业板设立初期会出现一股投资热潮，但这并不能保证将来的市场不会出现低迷的现象。

如果有了做市商，他们承担做市所需的资金，就可以随时应付任何买卖，活跃市场。买卖双方不必等到对方出现，只要由做市商出面，承担另一方的责任，交易就可以进行。因此，做市商保证了市场进行不间断的交易活动，即使市场处于低谷也是一样。

（2）有效稳定市场，促进市场平衡运行

做市商有责任在股价暴涨暴跌时参与做市，从而有利于遏制过度的投机，起到市场“稳定器”的作用。此外，做市商之间的竞争也很大程度上保证了市场的稳定。

在 NASDAQ 市场上市的公司股票，最少要有两家以上的做市商为其股票报价，而一些规模较大、交易较为活跃的股票的做市商往往达到 40 多家。平均来看，NASDAQ 市场每一种证券有 12 家做市商。这样一来，市场的信息不对称问题就会得到很大的缓解，个别的机构投资者很难通过操纵市场来牟取暴利，市场的投机性大大减少，并减少了传统交易方式中所谓庄家暗中操纵股价的现象。

（3）具有价格发现的功能

做市商所报的价格是在综合分析市场所有参与者的信息以衡量自身风险和收益的基础上形成的，投资者在报价基础上进行决策，并反过来影响做市商的报价，从而促使证券价格逐步靠拢其实际价值。

（4）校正买卖指令不均衡现象

在单纯的指令驱动市场上，常常发生买卖指令不均衡现象。在做市商制度下，出现这种情况时，由做市商来履行义务，承接买单或卖单，缓和买卖指令的不均衡，并缓和相应的价格波动。如买单暂时多于卖单，则做市商有义务用自己的账户卖出。

（5）抑制价格操纵

做市商对某种证券做市，一般具有较强的资本实力和后续融资能力，具有较高的价值分析和判断能力，并在此基础上进行报价和交易，从而使得操纵者有所顾忌，一方面操纵者不愿意"抬轿"，另一方面也担心做市商的行为会抑制市场价格。

值得说明的是，做市商制度可以抑制其他交易者的价格操纵行为，但由于其本身具有较强的实力，受利益驱使，能够通过自身行为或者做市商之间联手来获取不正当利润。纳斯达克市场就被发现存在这种现象，这就需要通过对做市商行为的监督来防范。

二、指令驱动机制

指令驱动制度，指证券交易价格由买方订单和卖方订单共同驱动，市场交易中心以买卖双向价格为基准进行撮合。指令驱动机制本质上是竞价机制，证券买卖双方能在同一市场上公开竞价，充分表达自己的投资意愿，直到双方都认为已经得到满意合理的价格，撮合才会成交。在指令驱动制度中，价格的形成是以买卖双方的竞价指令为基础，由交易系统自动生成的，买卖不需要中间方。

例如，连续竞价交易制度（投资者通过网络，把买卖指令传输到交易所，交易所的计算机主机根据时间优先、价格优先的原则，将买卖指令撮合成交，形成连续的成交价格。根据这种交易方式下价格的形成机理，又可以叫做指令驱动制度，国外在 100 年前没有计算机的年代，就是通过交易员在交易池中，以公开喊价的方式来撮合买卖指令）和集合交易制度（由投资者按照自己所能接受的心理价格自由地进行买卖申报，计算机交易主机系统对全部有效委托进行一次集中撮合处理过程，在集合竞价时间内的有效委托报单未成交，则自动有效进入连续竞价）。

在指令驱动制度下，市场价格通过投资者下达的买卖指令驱动并通过竞价配对而产生。竞价配对方式可以是传统的公开喊价方式，也可以是计算机自动撮合方式。竞价市场的基本特征是，证券交易价格的形成是由买卖双方直接决定的，投资者交易的对象是不确定的其他投资者，而不是做市商。买卖指令的流量是推动市场运行和价格形成的根本动力。现国内两大证券交易所和三家期货交易所均采用此交易制度。

指令驱动机制中的开盘与随后的交易价格均是竞价形成的。以中国期货市场为例，所有投资者买卖指令都汇集到交易所的主机中，计算机自动让价格相同的买卖单成交，开盘价是在 9：25 时同时满足以下三个条件的基准价格，首先是成交量最大，其次是高于基准价格的买入申报和低于基准价格的卖出申报全部成交，再次是与基准价格相同的买方或卖方申报至少有一方全部成交。成交价格是在交易系统内部生成的。而报价驱动机制中，证券的开盘价格和随后的交易价格是由做市商报出的，成交价格是从交易系统外部输入的。在指令驱动制度中，大额买卖指令要等待交易对手的买卖盘，完成交易常常要等待较长时间。在指令驱动市场上，证券价格是单一的，投资者的交易成本仅仅是付给经纪人的手续费。

三、指令驱动机制与报价驱动机制的比较

目前世界上证券交易机制主要有两种：指令驱动制和报价驱动制。

完全的做市商制度是不同于竞价交易方式的一种证券期货交易制度。完全的做市商制度有两个重要特点：

（1）所有客户订单都必须由做市商用自己的账户买进卖出，客户与客户订单之间不直接进行交易。

（2）做市商必须事先报出买卖价格，而投资人在看到报价后才能下达订单。

因此，在金融理论中，实行做市商制度的市场机制被称为报价驱动机制（Quote-driven）；而与之相对应的是指令驱动（Order-driven）制度，又叫竞价交易制度。委托驱动制度，是指买卖双方将委托指令下达给各自的代理经纪人（交易所的会员），再由经纪人将指令下达到交易所。在汇总所有交易委托的基础上，交易所的交易系统按照价格优先和时间优先的原则进行撮合成交，完成交易。在指令驱动制度下，市场价格通过投资者下达的买卖指令驱动并通过竞价配对而产生。竞价配对方式可以是传统的公开喊价方式，也可以是计算机自动撮合方式。竞价市场的基本特征是，证券交易价格的形成是由买卖双方直接决定的，投资者交易的对象是不确定的其他投资者，而不是做市商。买卖指令的流量是推动市场运行和价格形成的根本动力。现国内两大证券交易所和三家期货交易所均采用此交易制度。

两种交易机制之比较：

（1）价格形成方式不同。指令驱动机制中的开盘与随后的交易价格均是竞价形成的。以中国期货市场为例，所有投资者买卖指令都汇集到交易所的主机中，计算机自动让价格相同的买卖单成交，开盘价是在9∶25时同时满足以下三个条件的基准价格，首先是成交量最大，其次是高于基准价格的买入申报和低于基准价格的卖出申报全部成交，再次是与基准价格相同的买方或卖方申报至少有一方全部成交。成交价格是在交易系统内部生成的。而报价驱动机制中，证券的开盘价格和随后的交易价格是由做市商报出的，成交价格是从交易系统外部输入的。

（2）交易成本不同。在不同的交易机制下，投资者的交易成本不同。在指令驱动市场上，证券价格是单一的，投资者的交易成本仅仅是付给经纪人的手续费。在报价驱动市场中，同时存在着两种市场报价：卖出价格（ask price）与买入价格（bid price），而两者之间的价差则是做市商的利润，是做市商提供“即时性服务”所索取的合理报酬。但投资者被迫担负了额外的交易成本——价差。

（3）处理大额买卖指令的能力不同。报价驱动制度能够有效处理大额买卖指令。而在指令驱动制度中，大额买卖指令要等待交易对手的买卖盘，完成交易常常要等待较长时间。

通过以上对比，可以发现两种机制互有优劣之处。从历史形成的渊源来看，完全的做市商制度与报价驱动机制联系紧密，在交易即时性、大宗交易能力以及价格稳定性方面具有优势，但在运作费用、透明性等方面不如指令驱动制度。值得说明的是，两种机制并不是对立和不相容的，在各自的发展过程中，二者正在不断吸取对方的优点而逐步走向融合，如美国的纽约证券交易所（NYSE）作为一个竞价市场而引入了专家经纪人制度，而NASDAQ在1997年引入了电子交易系

统后，价格决定已经由单纯的报价驱动走向“报价与指令”混合驱动。

第三节　流通市场交易程序及方式

一、证券交易程序

证券交易程序，是在证券交易市场买进或者卖出证券的具体步骤，主要有开户、委托、成交、交割和过户等。在不同的证券交易市场以及不同的证券商参加的证券交易关系中，证券交易程序不尽相同，但由证券经纪商参加的证券交易所交易程序最具有代表性，主要分开户、委托、成交、交割和过户等步骤。

1. 交易程序

开立证券账户和开立资金账户。投资者欲进行证券交易，首先要开设证券账户和资金账户。证券账户用来记载投资者所持有的证券种类、数量和相应的变动情况，资金账户则用来记载和反应投资者买卖证券的货币收付和结存数额。上交所实行全面指定交易制度，深交所实行托管券商制度。

开立证券账户和资金账户后，投资者买卖证券所涉及的证券、资金变化就会从相应的账户中得到反映。例如，某投资者买入甲股票1000股，包括股票价格和交易税费的总额用为10 000元，则投资者的证券账户上就会增加甲股票1000股，资金账户上就会减少10 000元。

2. 交易委托

在证券交易市场，投资者买卖证券是不能直接进入交易所办理的，而必须通过证券交易所的会员来进行，换而言之，投资者需要通过经纪商的代理才能在证券交易所买卖证券。在这种情况下，投资者向经纪商下达买进或卖出证券的指令，称为“委托”。开户后，投资者就可以在证券营业部办理证券委托卖。

委托指令有多种形式，可按照不同的依据来分类。从各国（地区）情况看，一般根据委托订单的数量，有整数委托和零数委托；根据买卖证券的方向，有买进委托和卖出委托；按委托价格限制，有市价委托和限价委托（我国现采用）；根据委托时效限制，由当日委托、当周委托、无期限委托、开市委托和收市委托等。

证券经纪商接到投资者的委托指令后，首先要对投资者身份的真实性和合法性进行审查。审查合格后，经纪商要将投资者委托指令的内容传送到证券交易所进行撮合。这一过程称为“委托的执行”，也称为“申报”或“报盘”。

证券交易所在证券交易中接受报价的方式主要有口头报价、书面报价和计算机报价三种 。采用口头报价方式时，证券公司的场内交易员接到交易指令后，在证券交易所规定的交易台前或者指定的区域，用口头方式喊出自己的买价或者卖价，同时辅以手势，直至成交。而在书面报价情况下，交易员将证券买卖要求以书面形式向证券交易所申报，然后按规定的竞价交易原则撮合成交。计算机报价则是指证券公司通过计算机交易系统进行证券买卖申报，其做法是：证券公司将买卖指令输入计算机终端，并通过计算机系统传给证券交易所的交易系统，交易系统接收后即进行配对处理。若买卖双方有合适的价格和数量，交易系统便自动撮合成交。我国通过证券交易所进行的证券交易均采用计算机报价方式。

在委托未成交之前，委托人有权变更和撤销委托，冻结的资金或证券及时解冻。而一旦竞价成交，买卖即到成交，成交部分不得撤单。

3. 竞价成交

竞价成交按照一定的竞争规则进行，其核心内容是价格优先、时间优先原则。价格优先原则是在买进证券时，较高的买进价格申报优先于较低的买进价格申报；卖出证券时，较低的卖出价格申报优先于较高的卖出价格申报。时间优先原则要求当存在若干相同价格申报时，应当由最早提出该价格申报的一方成交。即同价位申报，按照申报时序决定优先顺序。

我国证券交易所有两种竞价方式，即在每日开盘前采用集合竞价方式，在开盘后的交易时间里采用连续竞价方式。

4. 股权登记，证券存管、清算交割交收

清算是为了减少证券和价款的交割数量，由证券登记结算机构对每一营业日成交的证券与价款分别与以轧抵，计算证券和资金的应收或应付净额的处理过程。通过对同一证券经纪商的同一种证券的买与卖进行冲抵清算，确定应当交割的证券数量和价款数额，以便于按照“净额交收”的原则办理证券和价款的交割。

例行日交割是主要形式。A 股、基金、债券采用 T+1 交割，B 股采用 T+3 交割。

二、证券交易方式

证券交易方式可以按照不同的角度来认识。根据交易合约的签订与实际交割之间的关系，证券交易的方式有现货交易、远期交易和期货交易。在短期资金市场，结合现货交易和远期交易的特点，存在着债券的回购交易。如果投资者买卖证券时允许向经纪商融资或融券，则发生信用交易。

证券交易方式类型分为如下几种：

1. 现货交易

所谓现货交易，是指证券买卖双方在成交后就办理交收手续，买入者付出资金并得到证券，卖出者交付证券并得到资金。所以，现货交易的特征是“一手交钱，一手交货”，即以现款买现货方式进行交易。

2. 远期交易

远期交易是双方约定在未来某一时刻（或时间段内）按照现在确定的价格进行交易。期货交易是在交易所进行的标准化的远期交易，即交易双方在集中性的市场以公开竞价方式所进行的期货合约的交易。而期货合约则是由交易双方订立的、约定在未来某日期，按成交时约定的价格交割一定数量的某种商品的标准化协议。

3. 期货交易

期货交易与远期交易有类似的地方，都是现在定约成交，将来交割。但远期交易是非标准化的，在场外市场进行；期货交易则是标准化的，有规定格式的合约，一般在场内市场进行。另外，现货交易和远期交易以通过交易获取标的物为目的；而期货交易在多数情况下不进行实物交收，而是在合约到期前进行反向交易、平仓了结。

4. 回购交易

回购交易更多地具有短期融资的属性。从运作方式看，它结合了现货交易和远期交易的特点，通常在债券交易中运用。债券回购交易就是指债券买卖双方在成交的同时，约定于未来某一时间以某一价格双方再进行反向交易的行为。在债券网购交易中，当债券持有者有短期的资金需求时，就可以将持有的债券作质押或卖出而融进资金；反过来，资金供应者则因在相应的期间内让渡资金使用权而得到一定的利息回报。

5. 信用交易

信用交易是投资者通过交付保证金取得经纪商信用而进行的交易，也称为“融资融券交易”。这一交易的主要特征在于经纪商向投资者提供了信用，即投资者买卖证券的资金或证券有一部分是从经纪商借入的。

我国过去是禁止信用交易的。2005 年 10 月重新修订后的《证券法》取消了证券公司不得为客户交易融资融券的规定。随后，中国证监会发布《证券公司融资融券业务试点管理办法》，上海证券交易所和深圳证券交易所也公布了融资融券交易试点的实施细则。根据《证券公司融资融券业务试点管理办法》的规定，融资融券业务是指证券公司向客户出借资金供其买入上市证券或者出借上证券供其卖出，并收取担保物的经传活动。

第四节　流通市场微观结构

一、市场微观结构的内容

金融市场微观结构理论是现代金融学中一个重要的新兴分支。它产生于 20 世纪 60 年代末，真正发展于 20 世纪八九十年代，至今依然方兴未艾。并且它与金融学的其他分支，如行为金融学、实验金融学等有互相融合的发展趋势。一般认为，金融市场微观结构理论的核心是要说明在既定的市场微观结构下，金融资产的定价过程及其结果，从而揭示市场微观结构在金融资产价格形成过程中的作用。

金融市场微观结构的概念有狭义与广义之分。狭义的市场微观结构是仅指市场价格发现机制，广义的市场微观结构是各种交易制度的总称，包括价格发现机制、清算机制与信息传播机制等。显然，期货市场的微观结构概念比一般广义的微观结构概念还要宽泛一些，因为期货市场所交易的“资产”是一份合约，而不是有价证券。而合约中既包括了部分交易与清算机制的内容，也包括了影响其市场价格行为的其他条款。因此合约设计本身也构成期货市场微观结构的一项重要内容。

金融市场微观结构理论研究的核心是金融资产交易及其价格形成过程和原因的分析，因此目前对该理论的应用主要集中在资产定价领域，拓展开来，该理论在公司财务和收入分配等方面也将有广泛的应用前景。

金融市场微观结构理论是对金融市场上金融资产的交易机制及其价格形成过程和原因进行分析。一般认为该理论产生于 20 世纪 60 年代末，德姆塞茨 1968 年发表的论文《交易成本》奠定了其基础。但真正引起人们重视源于 1987 年 10 月纽约股市暴跌。这次事件使人们去思考股市的内在结构是否具有稳定性、股市运作的内在机理是如何的等有关股市微观结构问题。

从目前该领域的权威著作美国康奈尔大学奥哈拉教授（2002 年美国金融学会主席）的“*Market Microstructure Theory*”来看，市场微观结构理论研究的主要领域包括：① 证券价格决定理论：主要包括交易费用模型和信息模型。此分析证券市场价格决定中交易费用和信息的影响；② 交易者的交易策略研究：先验地将交易者分成两种类型（知情交易者和非知情交易者，根据是否有信息优势）或三种类型（将非知情交易者进一步分成相机性交易者和噪音交易者），从个体最优化的角度来分析不同交易者的交易策略选择；③ 价格序列的信息含量分析；④ 交易机制的分析与选择。

研究交易机制的目的就是如何改善我们对市场交易机制的设计，以使得市场更为有效地实现其资源配置效率和促进分工发展的职能。衡量证券市场的绩效有 6 个主要标准：流动性、透明度、稳定性、高效率、低成本、安全性，这 6 项标准构成设计证券交易制度目标的 6 个方面，证券交易制度的目标之间存在既统一又矛盾的辩证关系。因此，交易机制的选择是在这些指标之间进行某些权衡与选择。由于证券市场微观结构理论发展时间不长，还未形成较为成熟的理论体系，但其主要研究对象是确定的。它主要研究证券市场价格决定的微观机制及其相关问题。在传统的瓦尔拉斯均衡中，研究证券市场价格的决定因素是把市场作为一个整体来研究，充其量引入一个拍卖人，而没有考虑市场参与者作为微观个体在价格形成中的作用，因此，市场交易机制就像一个黑箱，具体里面的参与者如何从个体优化的角度进行互动博弈来影响价格的形成没有考察。而市场微观结构理论研究定价则是通过分析市场参与者之间如何利用信息进行互动博弈形成价格。事实上，传统理论隐含了证券市场是一个完全竞争的市场，而现实的市场由于存在交易费用（如存货成本）、不对称信息，是不完全竞争的。因此进行市场微观结构研究的多位学者注意到现实中证券交易机制的多样性以及交易者行为策略的复杂性，逐渐认识到不同交易机制在价格发现过程中所起的作用不同，对市场参与者的行为策略影响不同，不同交易机制下的市场质量也不同。因此金融市场微观结构理论的研究必然要涉及不同交易机制下价格形成机理、市场参与者行为策略和市场质量（markets quality），所以，金融市场微观结构理论的主要内容包括对证券交易机制，市场参与者行为和市场质量的研究。

二、市场微观结构的模型

金融市场微观结构理论以微观经济学中的价格理论和厂商理论作为其思想渊源，而在对其核心问题——金融资产交易及其价格形成过程和原因的分析中，则用到了一般均衡、局部均衡、边际收益、边际成本、市场连续性、存货理论、博弈论、信息经济学等多种理论与方法。根据研究方法的不同，金融市场微观结构理论的发展可分为两个阶段。

第一阶段，基于存货的研究方法由此得出的模型统称为存货模型。存货模型认为，作为市场中介的做市商在做市时将面临交易者提交的大量买入和卖出的指令，而这些指令本身所具有的随机性决定了在买入指令和卖出指令之间会存在不平衡，为消除这种不平衡以避免破产，做市商必须保持一定的股票和现金头寸，而这些头寸的保有又会为其带来相应的存货成本，所以买卖报价价差即是做市商为弥补存货成本而设定的。H.Stoll 等人在后来的研究中扩展了存货成本的范围，除因保有现金、股票头寸而产生的存货成本之外，还包括指令处理成本和由信息不对称产生的成本等。在存货模型中，所有交易者都是根据做市商的报价和自己的最优化条件来决定买卖行为，而做市商在避免破产（股票和现金头寸减少至零）的前提下，以最大化单位时间内的预期收益为目标来设定其买卖报价。因此，所有的交易者和做市商都不是知情交易者，他们拥有同质的信息。产生价差的原因是包括存货成本在内的交易成本，而不是由信息不对称引致的信息成本。根据分析方法的不同又可将存货模型分为三类：第一类以 M.Garmen 为代表，着重分析指令流的性质在证券交易价格决定中的作用。Garmen 于 1976 年认为由每个交易主体根据自身最优化而决定的指令流在市场上汇集时会产生量上的不相等，于是他假设市场主体的随机市场指令流是依据泊松过程而产生，并以此为基础建模描述资本市场中这种“时间上的微观结构”。第二类以 Stoll、Ho 等人为代表，通过分析做市商的决策最优化问题来考虑交易成本（包括存货成本在内）对证券价格行为的影响。Stoll 于 1987 年认为，市场价差反映了做市商承担由做市行为所导致的风险而付出的成本，但其研究仅限于单时期内的最优化问题。后来 Ho-Stoll（1981）和 O Hara-Oldfield（1986）通过多时期模型考虑了存货的时间作用。第三类以 Ho-Stoll（1983）为代表，着重分析多名做市商对价格决定的影响。存货模型的核心是指令流的不确定性问题，从而引起做市商的存货持有问题。由于这种研究方法得出的结果对现实的描述与解释能力有限，因此也就促使其他研究方法的引入。

第二阶段，基于信息的研究方法得出的模型统称为信息模型。其基本特征是用信息不对称所产生的信息成本（而非交易成本）来解释市场价差。它不仅可以考察市场动态问题，即市场价格的调整过程，还可以对知情交易者和不知情交易者的交易策略做出解释。Glosten 和 Milgrom（1985）提出的序贯交易模型首次将动态因素引入信息模型，从而将交易视为传递信息的信号。考察了做市商根据从指令流中学习到的信息对价格进行动态调整的过程，这一过程被称为贝叶斯学习过程，它也是信息模型中分析价格动态调整过程的重要工具。随后，Easley 和 O • Hara（1987）考察了交易规模对价格行为的影响，其研究表明，做市商的定价策略与指令规模有关，数量较大的指令往往以较差的价格成交。在 1992 年，他们又证明了交易的时间性对价格行为的影响，而且交易间隔会影响价差大小。这类信息模型主要是用于分析做市商的定价策略，而不能用于分析交易者的交易策略。以上的信息模型是以做市商的报价行为作为研究对象，而后来的模型则将对象拓展至知情交易者和不知情交易者的交易策略，交易模型也由序贯交易模型转为批量交易模型，相应地，其分析工具也由贝叶斯学习过程转为理性预期分析框架。其主要特点是行为主体根据观察到的市场数据所做的有关他人信息的推测将影响行为主体的决策问题。在以知情交易者为考察对象的信息模型中，知情交易者根据私人信息，按一定的交易策略进行交易，目的是使预期盈利最大化；而不知情交易者则出于流动性需要进行交易，而在以不知情交易者为对象的信息模型中，又将其细分为相机抉择交易者和流动性交易者，前者的交易目的是使预期损失最小化，而后者则出于流动性需要进行交易。

复习思考题

一、名词解释

场外交易与场内交易　报价驱动机制与指令驱动机制　做市商　远期交易与期货交易　回购交易　信用交易　市场微观结构

二、简答题

1. 简述流通市场的流通市场。

2. 简述指令驱动机制与报价驱动机制的差异。

3. 证券市场的交易程序都有哪些？

三、论述题

1. 论述市场微观结构的基本内容，并说明相关模型的内容。

四、拓展阅读

1. 从沪港通到深港通（http://business.sohu.com/20160818/n464913039.shtml）

2. 尴尬的做市商：新三板二级市场做市成交日渐冷清（http://money.163.com/16/0825/ 05/BV9QDF0H002580S6.html）

3. 2016 年二级市场进入新常态（http://money.jrj.com.cn/2015/12/17183420257563.shtml）

扫描二维码阅读文章

第十二章　证券价值分析

学习目标：

了解债券的基本概念、特征及定价分析方法；
理解权益价值的基本概念、理论及其计量方法；
掌握金融衍生工具价值分析的基本方法。

前面章节我们介绍了各类证券以及衍生品等市场，在实际投资中我们常常会遇到诸如以下问题：① 假设某公司在未来无限时期支付的每股股利为 5 元，必要收益率为 10%。当前股票市价为 45 元，则该公司的股票是否具有投资价值呢？② 去年某公司支付每股股利为 1.80 元，预计在未来日子里该公司股票的股利按每年 5%的速度增长，假定必要收益率是 11%，当今股票价格是 40 元，则投资者该买入还是卖出股票呢？③ 预计某公司今年年末每股收益为 2 元，每股股息支付率为 90%，并且该公司以后每年每股股利将以 5%的速度增长。如果某投资者在今年年初以每股 42 元的价格购买了该公司股票，那么一年后他售出该公司股票的价格至少不低于多少元时才能使内部收益率等于或超过 12%？为了回答诸如以上问题，我们必须进行证券价值的分析。实际上证券本身没有价值，但投资者购买证券能定期获取投资收益，因而证券具有投资价值，证券价值是证券市场价格的基础，证券的市场价格围绕证券价值而上下波动。

第一节　固定收益证券价值分析

固定收益证券（fixed-income securities）是一个并不太严格的定义，一般情况下是指在一定期限有固定的收益的证券。因此，除债券外，优先股、可转换债券、可赎回债券、浮动利率债券、抵押贷款担保证券等都可以称为固定收益证券。但是，债券是一种最基本的固定收益证券，我们只有在熟悉了债券价值分析的基础上，才可能对其他固定收益证券展开更深入的分析。沿着这种思路，本节以债券价值分析为主线，讨论固定收益证券价值的影响因素，并介绍固定收益证券的基本分析方法。

一、债券的定义和基本特征

1．债券的定义

债券是债券发行人依照法定程序发行的约定在一定期限还本付息的有价证券。

2．债券的票面要素

债券作为证明债权债务关系的凭证，一般是用具有一定格式的票面形式来表现。通常，债券票面上的基本要素有如下几个：

（1）债券的票面价值，指币种和票面金额。

（2）债券的偿还期限，指债券从发行之日起至偿清本息之日止的时间。

（3）债券的利率，指债券利息与债券票面价值的比率，通常年利率用百分数表示。

（4）债券发行者名称，指该债券的债务主体。

3．债券的性质

（1）债券属于有价证券。

（2）债券是一种虚拟资本。

（3）债券是债权的表现。

4．债券的特征

（1）偿还性，指债券有规定的偿还期限，债务人必须按期向债权人支付利息和偿还本金。

（2）流动性，指债券持有人可按自己的需要和市场的实际变动状况，灵活地转让债券以换取现金。

（3）安全性，与股票相比，债券通常规定有固定的利率。与企业绩效没有直接联系，收益比较稳定，风险较小。此外，在企业破产时，债券持有者享有优先于股票持有者对企业剩余资产的索取权。

（4）收益性，债券的收益性主要表现在两个方面：一是投资债券可以给投资者定期或不定期地带来利息收入；二是投资者可以利用债券价格的变动，买卖债券赚取差额。

二、债券的定价分析

债券投资的目的在于投资者在未来的某个时点可以取得一笔已发生增值的货币收入。因此，债券的价格必须包含债券的未来收益，体现未来收益的当前价值。债券当前价格可表达为投资者为取得这笔未来收入目前希望投入的资金。所以，对债券定价的核心问题围绕终值和现值展开。

1．简化的债券价值决定公式

假定当前使用一笔金额为 P_0 的货币按某种利率投资一定期限，投资期末连本带利累计收回货币金额为 P_n，那么称 P_0 为该笔货币的现在价值，简称货币的现值，称 P_n 为该笔货币的期末价值，简称货币的终值。假定当前一项投资的期限为 n 期。每期利率为 r，那么该项投资第 n 年末时分别按复利和单利计算的终值依次为

$$P_n = P_0(1+r)^n, \qquad P_n = P_0(1+nr)$$

相应地，复利、单利计算的现值公式分别为

$$P_0 = \frac{P_n}{(1+r)^n}, \qquad P_0 = \frac{P_n}{(1+rn)}$$

终值、现值的计算方法及两者之间的内在关系是收入资本化的核心，也是进行一切价值评估的基础，我们在了解货币基本价值决定的基础上来进一步研究债券的内在价值决定。

2．收入资本化法

基本而言，金融资产的内在价值取决于投资者对持有该资产预期的未来现金流现值。将这一基本理论运用到债券上，其内在价值由每一时期债息收入现金流量现值决定，即将每期债息收入的现金流量用一定的贴现率折为现值（为体现货币的时间价值，使用复利贴现），相加后计算的总和即为债券的内在价值，这种方法称为金融资产内在价值定价的收入资本化法。

收入资本化法（Capitalization of Income Method）又称现金流贴现法，是最基础、最常用的债券定价方法。该方法的核心是，任何资产的内在价值取决于该资产预期的未来现金流量的现值。

假设 V 为债券的内在价值，C_t 为第 t 年的债券利息（债券利率乘以债券面值），r 为债券的折现率（一般为市场年利率），A 为债券的面值，n 为债券的期限，则债券的价值用公式表示为

$$V = \frac{C_1}{(1+r)} + \frac{C_2}{(1+r)^2} + \cdots + \frac{C_t}{(1+r)^n} + \frac{A}{(1+r)^n}$$

3．收入资本化法在债券价值分析中的应用

债券按不同的标准可划分为不同类型，其中根据债券利息的支付方式不同，可将债券划分为零息债券、附息债券、永久公债。依据收入资本化法，可以计算以上三种债券的价值。

（1）零息债券

零息债券又称为贴现债券，指债券票面上不附有息票，发行时以低于债券面值的价格折价发行，到期按面值支付本息的债券。贴现债券的发行价格与其面值的差额即为债券的利息。我国从1981到1992年发行的国债就是零息债券。一张零息债券的现金流量相当于每期利息流都为零的附息债券，其估值公式为

$$V=\frac{A}{(1+r)^n}$$

【12.1】从现在起15年到期的一张零息债券，如果其面值为1000元，收益率为12%，它的价格为

$$P=\frac{1000}{(1+0.12)^{10}}=182.7\text{（元）}$$

（2）附息债券

附息债券，顾名思义是指附有息票的债券，或是按照债券票面载明的利率计算支付利息的债券。常见的附息债券有到期一次性还本付息的债券，还有按约定期限（通常为1年或6个月）付息、到期还本的债券。它的价值可直接套用收入资本化公式来计算。我国早期发行的债券多数为一次还本付息的零息债券，1993年第三期债券实行按年付息，成为我国第一期附息债券，2001年首次发行了每半年付息一次的债券。

【12.2】美国政府发行一种10年期的国债，债券面值为1000美元，息票利率为10%，每年支付一次利息，假设该债券的折现率为12%，计算该债券的内在价值。

$$V=\frac{\sum_{t=1}^{10}(1000\times10\%)}{(1+0.12)^t}+\frac{1000}{(1+0.12)^{10}}$$
$$=100\times5.6502+1000\times0.322=887.02\text{（美元）}$$

（3）永久公债

永久公债是一种特殊的债券，它和附息债券的相同点就是二者都按期支付利息，但一般附息债券每期的利息会随着时间的推移而变动且有固定的到期期限，永久公债则是每期等额付息并且没有到期日。这种无限期的付息债券类似于优先股股东。其价值决定公式为

$$V=\frac{C_1}{(1+r)}+\frac{C}{(1+r)^2}+\cdots=C^{\left[\frac{1}{1+x}+\frac{1}{(1+x)^2}+\cdots\right]}=C\times\frac{1}{r}=\frac{C}{r}$$

式中，C为每期等额的利息。

【12.3】美国发行一种永久公债，每年利息为100美元，假设收益率为10%，计算该永久公债的内在价值。

$$V=\frac{100}{10\%}=1000\text{（美元）}$$

三、债券的交易策略

我们在运用收入资本化法评估债券的内在价值时，应该注意到债券价值会由于一些因素的变动而变动，在选择债券交易策略时要考虑这些因素，一般说来，主要有以下8种因素：① 到期时间（期限）；② 债券的息票率；③ 债券的可赎回条款；④ 税收待遇；⑤ 市场的流通性；⑥ 违约风险；⑦ 可转换性；⑧ 可延期性。其中任何一种因素的变化，都会改变债券的到期收益率水

平，从而影响债券的价格。下面将采用局部均衡的方法，即在假定其他因素不变的条件下，分析某一种因素的变化对债券价格的影响。

1．到期时间 （Time to Maturity）

从上一节公式可以发现：当市场利率 r 和债券的到期收益率 y 上升时，债券的内在价值和市场价格都将下降。当其他条件完全一致时，债券的到期时间越长，债券价格的波动幅度越大。但是当到期时间变化时，债券的边际价格变动率递减。

例如，假定存在 4 种期限分别是 1 年、10 年、20 年和 30 年的债券，它们的息票率都是 6%，面值均为 100 元，其他的属性也完全一样。如果起初的市场利率为 6%，根据内在价值的计算公式可知这 4 种债券的内在价值都是 100 元。如果相应的市场利率上升或下降，这 4 种债券的内在价值的变化如表 12-1 所示。

表 12-1 内在价值（价格）与期限之间的关系

相应的市场利率	期限			
	1 年	10 年	20 年	30 年
4%	102	116	127	135
5%	101	108	112	115
6%	100	100	100	100
7%	99	93	89	88
8%	98	86	80	77

资料来源：黄亚钧·现代投资银行的业务和经营·立信会计出版社，1996 年，第 118 页，表 2.4 。

表 12-1 反映了当市场利率由现在的 6%上升到 8%，4 种期限的债券的内在价值分别下降 2 元、14 元、20 元和 23 元；反之，当市场利率由现在的 6%下降到 4%，4 种期限的债券的内在价值分别上升 2 元、16 元、27 元和 35 元。同时，当市场利率由现在的 6%上升到 8%时，1 年期和 10 年期的债券的内在价值下降幅度相差 12 元，10 年期和 20 年期的债券的内在价值下降幅度相差 6 元，20 年期和 30 年期的债券的内在价值下降幅度相差 3 元。可见，由单位期限变动引起的边际价格变动率递减。

下面分析随着到期时间的减少同一债券价格的变动情况，即动态的债券价格。

当债券息票率等于市场利率时，投资者资金的时间价值通过利息收入得到补偿。当息票率低于市场价值时，利息支付不足以补偿资金的时间价值，投资者还需从债券价格的升值中获得资本收益。

例如，几年前发行的某债券的市场利率和息票率都等于 7%，面值为 1000 美元，现在离到期日还有 3 年时间，市场利率变为 8%，则此时债券合理的市场价格应该是：

$$974.23=\frac{70}{(1+8\%)}+\frac{70}{(1+8\%)^2}+\frac{70}{(1+8\%)^3}+\frac{1000}{(1+8\%)^3}$$

1 年后，债券价格变为：

$$982.17=\frac{70}{(1+8\%)}+\frac{70}{(1+8\%)^2}+\frac{1000}{(1+8\%)^2}$$

所以，如果投资者以 974.23 美元的价格买入，这 1 年投资者获得的资本收益为 982.17−974.23 = 7.94（美元），总收益为 70+7.94 = 77.94（美元），持有期收益率为 77.94÷974.23 = 8%，正好等于市场利率。

可见，当债券价格由市场利率确定的现值决定时，折价债券将会升值，预期的资本收益能够补足息票率与市场利率的差异；相反，溢价债券的价格将会下跌，资本损失抵消了较高的利息收入，投资者仍然获得相当于市场利率的收益率。图 12-1 反映了这两种债券的价格变动轨迹。

本例说明，虽然利息收入与资本收益的比重有所不同，不同息票率的债券提供给投资者的收益率是相同的。在一个有效的资本市场上，经过税负调节和风险因素的调整后，各种债券的整体收益应该是相等的。否则，投资者就会卖掉收益率低的债券，买入收益率高的债券，导致相应价格的下降或上升，直到各种债券收益率相等为止。

零息票债券的价格变动有其特殊性。在到期日，债券价格等于面值，到期日之前，由于资金的时间价值，债券价格低于面值，并且随着到期日的临近而趋近于面值。如果利率恒定，则价格以等于利率值的速度上升。例如，30 年期的零息票债券，面值 1000 美元，市场利率等于 10%，当前价格为 $1000/(1+10\%)^{30}=57.31$（美元）。1 年后，价格为 $1000/(1+10\%)^{29}=63.04$（美元），比上一年增长了 10%。图 12-2 反映了这种债券价格的变动轨迹。

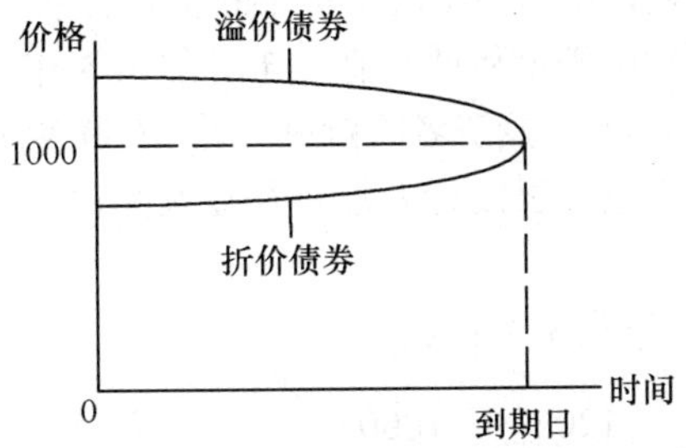

图 12-1　折（溢）价债券的价格变动

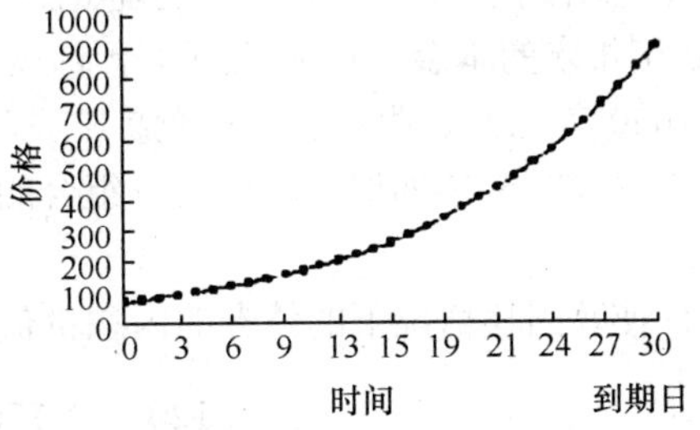

图 12-2　零息票债券的价格变动

2. 息票率（Coupon Rate）

债券的到期时间决定了债券的投资者取得未来现金流的时间，而息票率决定了未来现金流的大小。在其他属性不变的条件下，债券的息票率越低，债券价格的波动幅度越大。

例如，存在 5 种债券，期限均为 20 年，面值为 100 元，唯一的区别在于息票率，即它们的息票率分别为 4%、5%、6%、7%和 8% 。假设初始的市场利率水平为 7%，那么，可以利用式（12.2）分别计算出各自的初始的内在价值。如果市场利率发生了变化（上升到 8%和下降到 5%），相应地可以计算出这 5 种债券的新的内在价值。具体结果见表 12-2。

表 12-2　内在价值（价格）变化与息票率之间的关系

息　票　率	相应的市场利率			内在价值变化率（7%～8%）	内在价值变化率（7%～5%）
	7%	8%	5%		
4%	68	60	87	−11.3%	+28.7%
5%	78	70	100	−10.5	+27.1%
6%	89	80	112	−10.0%	+25.8%
7%	100	90	125	−9.8%	+25.1%
8%	110	100	137	−9.5%	+24.4%

资料来源：黄亚钧·《现代投资银行的业务和经营》，立信会计出版社，1996 年，第 119 页，表 2.5 。

从表 12-2 中可以发现，面对同样的市场利率变动，无论市场利率上升还是下降，5 种债券中息票率最低的债券（4%）的内在价值波动幅度最大，而随着息票率的提高，5 种债券的内在价值的变化幅度逐渐降低。所以，债券的息票率越低，债券价格的波动幅度越大。

息票率与债券价格之间的关系请详见本书所附光盘中题为“债券定价与久期”的模板。

3. 可赎回条款（Call Provision）

许多债券在发行时含有可赎回条款，即在一定时间内发行人有权赎回债券。事实上含有可赎回条款的主要是公司债券（Corporate Bonds），国家一般不再发行这种债券。这是有利于发行人的条款，当市场利率下降并低于债券的息票率时，债券的发行人能够以更低的成本筹到资金。这种放弃高息债券，以低息债券重新融资的行为称为再融资（Refunding）。发行人行使赎回权时，以赎回价格（Call price）将债券从投资者手中收回。初始赎回价格通常设定为债券面值加上年利息，并且随着到期时间的减少而下降，逐渐趋近于面值。尽管债券的赎回价格高于面值，但是，赎回价格的存在制约了债券市场价格的上升空间，并且增加了投资者的交易成本，所以，降低了投资者的投资收益率。为此，可赎回债券往往规定了赎回保护期，即在保护期内，发行人不得行使赎回权。这种债券称为有限制的可赎回债券（Deferred callable bonds）。常见的赎回保护期是发行后的5～10年。

例如，一种10年期的可赎回债券的息票率为12%，按面值1000美元发行，赎回价格为1050美元，赎回保护期为5年。如果5年后，5年期的债券的息票率降低为8%，该债券的发行人可能行使赎回权。这时，投资者的现金流发生了变化，即从原来的每年120美元利息（共10年）加第10年年末的本金（1000美元），改变为每年120美元利息（前5年）加第5年年末的赎回价格（1050美元）。假定在没有交易零股限制的情况下，投资者将赎回价格1050美元再投资于息票率为8%的5年期债券，该投资组合的内在价值也低于发行人没有行使赎回权的内在价值，详见下式：

未行使赎回权情况下的债券的内在价值（r是市场利率）：

$$D=\frac{120}{(1+r)}+\frac{120}{(1+r)^2}+\cdots+\frac{120}{(1+r)^{10}}+\frac{1000}{(1+r)^{10}}$$

行使赎回权情况下的投资组合的内在价值（r是市场利率）：

$$D=\frac{120}{(1+r)}+\frac{120}{(1+r)^2}+\cdots+\frac{120}{(1+r)^5}+\frac{84}{(1+r)^6}+\cdots+\frac{(84+1050)}{(1+r)^{10}}$$

所以，可赎回条款的存在，降低了该类债券的内在价值，并且降低了投资者的实际收益率。一般而言，息票率越高，发行人行使赎回权的概率越大，即投资债券的实际收益率与债券承诺的收益率之间的差额越大。为弥补被赎回的风险，这种债券发行时通常有较高的息票率和较高的承诺到期收益率。

下面具体分析可赎回条款对债券收益率的影响。例如，30年期的债券以面值1000美元发行，息票率为8%。在图12-3中，如果债券不可赎回，其价格随市场利率的变动如曲线AA所示。如果是可赎回债券，赎回价格是1100美元，其价格变动如曲线BB所示。随着市场利率下降，债券未来支付的现金流的现值增加，当这一现值大于赎回价格时，发行者就会赎回债券，给投资者造成损失。在图中，当利率较高时，被赎回的可能性极小，AA与BB相交，利率下降时，AA与BB逐渐分离，它们之间的差异反映了公司实行可赎回权的价值。当利率很低时，债券被赎回，债券价格变成赎回价格1100美元。

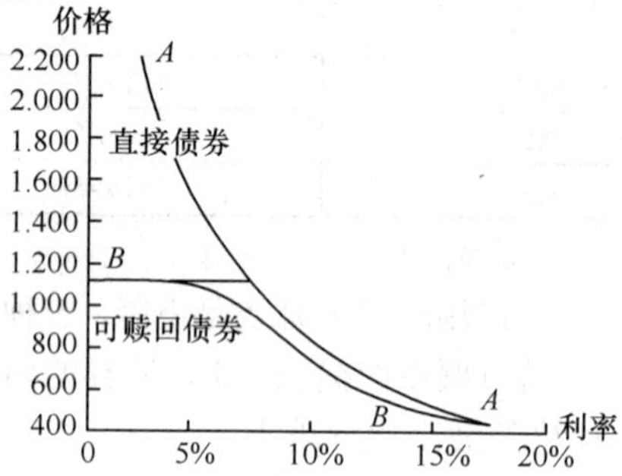

图12-3　可赎回条款对债券价格的影响

在这种情况下，投资者更关注的是债券的赎回收益率（yield to call）而非到期收益率（yield to

maturity）。下面举例说明两者的差异。例如，30 年期的可赎回债券，发行价为 1150 美元，息票率 8%（以半年计息），赎回保护期为 10 年，赎回价格 1100 美元。则赎回收益率为：

$$6.64\% = \frac{40}{(1+4\%)} + \cdots + \frac{40}{(1+4\%)^{20}} + \frac{1100}{(1+4\%)^{20}}$$

而到期收益率为：

$$6.82 = \frac{40}{(1+4\%)} + \cdots + \frac{40}{(1+4\%)^{60}} + \frac{1000}{(1+4\%)^{60}}$$

其中，赎回收益率也称为首次赎回收益率（yield to first call），它假设公司一旦有权利就执行可赎回条款。但债券的溢价折价发行也会影响公司的赎回决策。如果债券折价较多，价格远低于赎回价格，即使市场利率下降也不会高于赎回价格，公司就不会赎回债券，也即折价债券提供了隐性赎回保护；反之，溢价债券由于发行价较高，极易被收回。所以，对溢价债券投资者主要关注赎回收益率，而对折价债券主要关注到期收益率。

4．税收待遇（Tax Treatment）

在不同的国家之间，由于实行的法律不同，所以不仅不同种类的债券可能享受不同的税收待遇，而且同种债券在不同的国家也可能享受不同的税收待遇。债券的税收待遇的关键，在于债券的利息收入是否需要纳税。由于利息收入纳税与否直接影响着投资的实际收益率，所以，税收待遇成为影响债券的市场价格和收益率的一个重要因素。例如，美国法律规定，地方政府债券的利息收入可以免缴联邦收入所得税，所以地方政府债券的名义到期收益率往往比类似的但没有免税待遇的债券要低 20%～40%。此外，税收待遇对债券价格和收益率的影响还表现在贴现债券的价值分析中。对于美国地方政府债券的投资者来说，由于贴现债券具有延缓利息税收支付的优势，但实际上贴现的地方政府债券可以免缴联邦收入所得税，这使得贴现债券的税收优势不复存在，所以，在美国地方政府债券市场上，贴现债券品种并不流行。对于（息票率低的）贴现债券的内在价值而言，由于具有延缓利息税收支付的待遇，它们的税前收益率水平往往低于类似的但没有免税待遇的（息票率高的）其他债券，所以，享受免税待遇的债券的内在价值一般略高于没有免税待遇的债券。

下面分析税收待遇对债券持有者收益的影响。美国的税收当局认为，初始折价发行的债券（original issue discount bonds，OID），如零息债券，其价格升值对持有者是一种隐性的利息收入（implicit interest payment），即使没有发生债券交易或到期，也应归入该年度的税基。如果发生债券交易，由市场利率变动引起的额外的损失或收益被视为资本损益（capital gains）。

例如，某 30 年期的零息票债券，面值为 1000 美元，市场利率 10%，则发行价为 1000÷（1+10%）^{30}＝57.31（美元）。1 年后，市场利率不变时，债券价格为 1000/（1+10%）^{29}＝63.04（美元）。价差 63.04−57.31＝5.73（美元）作为利息收入来纳税。如果市场利率下降为 9.9%，债券价格变为 1000/（1+9.9%）^{29}＝64.72（美元）。若债券被卖掉，价差 64.72−63.04＝1.68（美元）作为资本收益以相应税率纳税；若债券没有卖掉，则 1.68 美元的价差作为未实现的资本收益（unrealized capital gains）不需纳税。

5．流通性（Liquidity）

债券的流通性，或者流动性，是指债券投资者将手中的债券变现的能力。如果变现的速度很快，并且没有遭受变现所可能带来的损失，那么这种债券的流通性就比较高；反之，如果变现速度很慢，或者为了迅速变现必须为此承担额外的损失，那么，这些债券的流动性就比较慢。例如，尽管凡高的作品在世界上享有很高的声誉，但是如果某收藏家计划在一个小时内出售其收藏的凡高作品，那么，他的成交价格一定大大低于该作品应有的价值。相比之下，债券的流动性远远高于上述收藏品。

通常用债券的买卖差价的大小反映债券的流动性大小。买卖差价较小的债券流动性比较高；反之，流动性较低。这是因为绝大多数的债券的交易发生在债券的经纪人市场。对于经纪人来说，买卖流动性高的债券的风险低于流动性低的债券，所以，前者的买卖差价小于后者。在其他条件不变的情况下，债券的流动性与债券的名义的到期收益率之间呈反比例关系，即流动性高的债券的到期收益率比较低，反之亦然。相应地，债券的流动性与债券的内在价值呈正比例关系。

6．违约风险（Default Risk）

债券的违约风险是指债券发行人未履行契约的规定支付债券的本金和利息，给债券投资者带来损失的可能性。债券评级是反映债券违约风险的重要指标。美国是目前世界上债券市场最发达的国家，所拥有的债券评级机构也最多。其中，最著名的两家是标准普尔公司（Standard & Poor’s, S&P）和穆迪投资者服务公司（Moody’s Investors Services）。尽管这两家公司的债券评级分类有所不同，但是基本上都将债券分成两类：投资级或投机级。投资级的债券被评定为最高的 4 个级别，例如，标准普尔公司和穆迪投资者服务公司分别将 AAA，AA，A，BBB 和 Aaa，Aa，A，Baa 4 个级别的债券定义为投资级债券，将 BB 级以下（包括 BB 级）和 Ba 级以下（包括 Ba 级）的债券定义为投机级。有时人们将投机级的债券称之为垃圾债券（junk bonds），将由发行时的投资级转变为投机级的债券形象地称为失落的天使（fallen angels）。标准普尔公司的债券评级标准详见表 12-3。在政府债券与公司债券之间，包括 AAA 级在内的公司债券的违约风险高于政府债券；在政府债券内部，中央政府债券的违约风险低于地方政府的债券；在公司债券内部，AAA 级的债券的违约风险最小，并随着评级的降低，违约风险不断上升。

表 12-3　标准普尔公司的债券评级标准

标准普尔公司的公司或地方政府债券评级是对某一债务人关于某一特定债务的信用水平的即期评估，该评估可能考察例如担保人、发行人或承租人等的债务人。
该债务评级不是对购买、出售或持有某一证券的建议，这是因为其不对证券市场价格和对某特定投资者的适合程度做出评论。
该评级建立于发行人提供的即期信息，或者标准普尔公司从它认为可靠的途径获取的即时信息的基础之上。标准普尔公司并没有为每次评级进行审计工作，并且有时可能依赖于未经审计过的财务信息。此种信息的改变、不可获得或者其他原因可能会导致评级被改变、暂停和撤回。
该评级在不同程度上基于以下考虑：
违约的可能性。债务人根据债务条款按时支付利息和偿还本金的能力和意愿。
债务条款的性质。
当发生破产、重组或者其他在破产法下或在其他影响债权人权利的法律下的调整行为时，该债务提供的保护条款和该债务的相对地位。
AAA：AAA 是标准普尔公司评定的债务的最高级别，说明支付利息和偿还本金的能力极强。
AA：说明支付利息和偿还本金的能力很强，与最高级别相比稍逊一点。
A：尽管 A 说明环境变更和经济条件变更比上述两种级别更易引起负面影响，但其支付利息和偿还本金的能力依然相当强。
BBB：被定义为 BBB 级的债务被认为有足够的能力支付利息和偿还本金。尽管在通常情况下其能得到足够的保护，但与前几级相比，变化的环境更可能削弱该级债务的还本付息能力。
定级为 BB、B、CCC、CC 和 C 的债务被认为还本付息有明显的投机特征。BB 表示最低程度的投资性，而 C 则表示最高程度的投机性。尽管这种债务很可能质量尚可，并且有某些保护性条款，但是其不确定性和可能受不利条件影响的程度则更为严重。
CI：CI 是为没有利息收入的收入债务（income bonds）准备的。
D：被定为 D 级的债务现在已经处于违约状态。

资料来源：Standard & Poor’s Bond Guide, November 1993, P.10。

债券评级机构以分析发行者财务指标的水平及趋势为基础，对其债券质量做出分类评定。依据的主要财务比率有：

（1）固定成本倍数（Coverage ratios），即公司收益与固定成本之比。如已获利息倍数（times-interest-earned ratio）是息税前收益（EBIT）与利息费用的比率。而扩大的利息倍数（fixed-charge coverage ratio）则把租赁费用和偿债基金（sinking fund）支出与利息费用加总作为分母形成一个新的比率。这些比率较低，或者比率下降，反映公司可能面临资金流动的困难。

（2）杠杆比率（Leverage ratio），即资产负债比率（Debt-to-equity ratio）。资产负债率过高，意味着公司负债过多，可能有偿债困难。

（3）流动性比率（Liquidity ratios）。常见的有流动比率（current ratio）和速动比率（quick ratio），前者是流动资产与流动负债之比，后者是速动资产与流动负债之比。速动资产是扣除了存货后的流动资产。这些比率反映公司用可调动资金偿还到期债务的能力。

（4）盈利性比率（Profitability ratios）。常见的是资产收益率（return on assets,ROA），即息税前收益与总资产之比，可反映公司的整体财务状况。

（5）现金比率（Cash flow-to-debt ratio），即公司现金与负债之比。

分析这些比率要以产业的整体水平为背景。对各比率的侧重不同，分析结果也会不同。但总体上，从经验数据看，比率越高，债券评级也越高。

关于这些指标是否能有效预测公司违约风险，有一个著名的试验，即 Edward Altman 的分离分析（discriminant analysis）。在分离分析中，根据各公司财务特征来打分。如果分值超过某个确定的值（cutoff value），就认为公司是可信的；否则，公司就有破产的风险。

假定我们收集了一组样本公司的财务数据，如 ROE（return on equity）和 Coverage ratio，并对其破产状况作出观测记录。在图 12-4 中，×代表最终破产的公司，O 代表保持了偿付能力的公司。结果表明 O 公司的两个比率都相对更高。

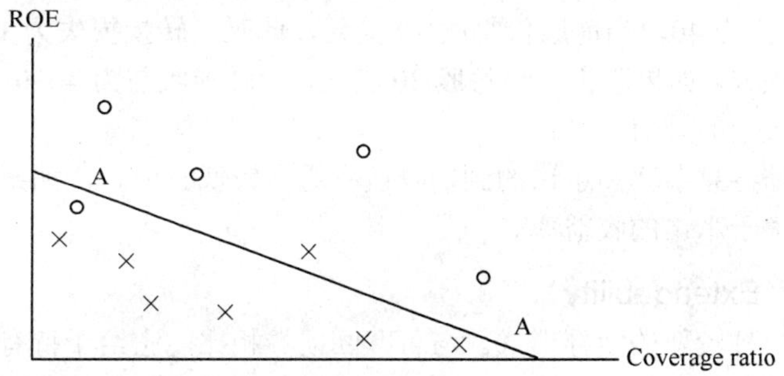

图 12-4　对债券违约风险的分离分析

分离分析要决定一条直线方程，即图中的直线 AA，以最好地分离×公司和○公司。假设直线方程为 $0.75 = 0.9 \times \text{ROE} + 0.4 \times \text{Coverage ratio}$，据此，每个公司可计算出一个值 $Z = 0.9 \times \text{ROE} + 0.4 \times \text{Coverage ratio}$。若 $Z > 0.75$，公司位置落在直线上方，可认为没有风险；反之，公司被认为有财务困难。

Altman 最终确定的直线方程是：

$$Z = \frac{3.3\text{EBIT}}{\text{总资产}} + \frac{99.9\text{销售额}}{\text{总资产}} + \frac{0.6\text{股票市场价值}}{\text{债务账面价值}} + \frac{1.4\text{保留盈余}}{\text{总资产}} + \frac{1.2\text{营运资本}}{\text{总资产}}$$

其中，EBIT 是息税前收益。

由各种工具可测定违约风险，那么，债券的违约风险与债券的收益率之间存在着什么关系呢？既然债券存在着违约风险，投资者必然要求获得相应的风险补偿，即较高的投资收益率。所以，违约风险越高，投资收益率也应该越高。在美国债券市场上，联邦政府债券的违约风险最低，地方政府债券的违约风险次低，AAA 级的公司债券的违约风险较高，D 级的公司债券违约风险最高。相应地，上述债券的收益率从低向高排列。但是，由于地方政府债券的利息收入可以免缴联邦政府收入所得税，所以，美国地方政府债券的投资收益率低于联邦政府债券的收益率，而联邦政府债券的投资收益率又低于 AAA 级的公司债券的收益率。在公司债券中，投资级债券的投资收益率低于投机级债券的收益率。

但由于违约风险的存在，债券承诺的到期收益率不一定能够实现，只是一种可能的最大收益率。故投资者更关注的是期望的到期收益率（expected yield to maturity）。例如，公司 20 年前发行的债券，面值为 1000 美元，息票率为 9%（以半年计息），还有 10 年到期。公司陷入了财务困境，投资者预期公司可保证利息支付，但到期公司将被迫破产，投资者只能得到面值的 70%。则承诺的到期收益率为 13.7%：

$$750=\frac{45}{(1+r)}+\cdots+\frac{45}{(1+r)^{20}}+\frac{1000}{(1+r)^{20}}$$

期望的到期收益率为 11.6%：

$$750=\frac{45}{(1+r)}+\cdots+\frac{45}{(1+r)^{20}}+\frac{700}{(1+r)^{20}}$$

如果公司保持了清偿力，有风险债券就会获得比无风险债券更高的实际收益率；如果公司破产，则前者获得的收益率可能会低于后者。

7．可转换性（Convertibility）

可转换债券的持有者可用债券来交换一定数量的普通股股票。每单位债券可换得的股票股数称为转换率（conversion ratio），可换得的股票当前价值称为市场转换价值（market conversion value），债券价格与市场转换价值的差额称为转换损益（conversion premium）。例如，债券价格为 1000 美元，转换率为 40，当前股价每股 20 美元，此时，转换损失为 1000−40×20＝200 美元，投资者不会实行转换权。如果股价升至每股 30 美元，则转换收益为 4030－1000=200 美元。可见，投资者可以从公司股票的升值中受益。

所以，可转换债券息票率和承诺的到期收益率通常较低。但是，如果从转换中获利，则持有者的实际收益率会大于承诺的收益率。

8．可延期性（Extendability）

可延期债券是一种较新的债券形式。与可赎回债券相比，它给予持有者而不是发行者一种终止或继续拥有债券的权利。如果市场利率低于息票率，投资者将继续拥有债券；反之，如果市场利率上升，超过了息票率，投资者将放弃这种债券，收回资金，投资于其他收益率更高的资产。这一规定有利于投资者，所以可延期债券的息票率和承诺的到期收益率较低。

表 12-4 是对本小节内容的总结，综合了上述 8 个方面的债券属性与债券价值分析之间的关系，我们在选择债券的交易策略时要注意考虑它们对债券价值的影响。

表 12-4　债券属性与债券收益率

债券属性	与债券收益率的关系
1.期限	当市场利率调整时，期限越长，债券的价格波动幅度越大；但是，当期限延长时，单位期限的债券价格的波动幅度递减
2.息票率	当市场利率调整时，息票率越低，债券的价格波动幅度越大
3.可赎回条款	当债券被赎回时，投资收益率降低。所以，作为补偿，易被赎回的债券的名义收益率比较高，不易被赎回的债券的名义收益率比较低

续表

债券属性	与债券收益率的关系
4.税收待遇	享受税收优惠待遇的债券的收益率比较低，无税收优惠待遇的债券的收益率比较高
5.流动性	流动性高的债券的收益率比较低，流动性低的债券的收益率比较高
6.违约风险	违约风险高的债券的收益率比较高，违约风险低的债券的收益率比较低
7.可转换性	可转换债券的收益率比较低，不可转换债券的收益率比较高
8.可延期性	可延期债券的收益率比较低，不可延期的债券收益率比较高

第二节　权 益 价 值

一、权益价值的定义

权益价值也称股东权益，通常是指公司总资产扣除负债所余下部分的市场价值。股票是股份公司发行的所有权凭证，是股份公司为筹集资金而发行给各个股东作为持股凭证并借以取得股息和红利的一种有价证券，因此，我们所说的权益价值一般是指股票价值。

二、权益价值理论

股票的投资收益主要表现在两个方面：一是预期现金股利收益，二是出售股票的资本利得。因此，只要对这两方面有影响的因素都会影响股票价值，概括说来影响权益价值的因素包括内部因素和外部因素。

1. 内部因素

一般来讲，影响股票投资价值的内部因素主要包括公司净资产、盈利水平、公司的派息政策、股票分割、增资和减资、原材料供应及价格变化，以及公司资产重组等因素。

（1）公司净资产。资产净值或称净资产是公司现有的实际资产，是总资产减去总负债的净值。资产净值是全体股东的权益，也是决定股票价格的重要基准。股票作为投资的凭证，每一股份代表一定数量的净值。一般而言，每股净值应与股价保持一定比例，即净值增加，股价上涨；净值减少，股价下跌。

（2）盈利水平。公司业绩好坏集中表现于盈利水平的高低，公司的盈利水平是影响股票价格的基本因素之一。在一般情况下，公司盈利增加，股息也会相应增加，股票的市场价格上涨；公司盈利减少，股息相应减少，股票市场价格下降。但值得注意的是，股票价格的涨跌和公司盈利的变化并不是同时发生的，通常股价的变化要先于盈利的变化，股价的变动幅度也要大于盈利的变化幅度。

（3）公司的派息政策。股份公司的派息政策直接影响股票价格。股息与股票价格成正比，通常股息高，股价涨；股息低，股价跌。股息来自于公司的税后净利，公司净利的增加只为股息派发提供了可能，并非盈利增加，股息就一定增加。公司为了把盈利合理地运用到扩大再生产和回报股东支付股息等，制定了一定的派息政策。派息政策体现了公司的经营作风和发展潜力，不同的派息政策对各期股息收入有不同影响。此外，公司对股息的派发方式（如是派发现金股息，还是派送股票股息，或是在送股的同时再派息）也会给股价波动带来影响。投资股票的一个目的是要领取股息，因此，每年在公司公布分配方案到除息除权前后是股价波动最大的阶段。

（4）股票分割。股票分割又称拆股、拆细，是将 1 股股票均等地拆成若干股。股票分割一般在年度决算月份进行，通常会刺激股价上升。股票分割给投资者带来的不是现实的利益，但是投资者持有的股票数增加了，给投资者带来了今后可多分股息和获得更高收益的希望，因此股票分割往往比增加股息派发对股价上涨的刺激作用更大。

（5）增资和减资。公司因业务发展需要增加资本额而发行新股，在没有产生相应效益前将减少每股净利，会促成股价下跌。但增资对不同公司股票价格的影响不尽相同，对那些业绩优良、财务结构健全、具有发展潜力的公司而言，增资意味着将增加公司经营实力，会给股东带来更多回报，股价不仅不会下跌，可能还会上涨。当公司宣布减资时，多半是因为经营不善、亏损严重、需要重新整顿，所以股价会大幅下降；但如果公司为缩小规模、调整主业而减资，则有提高业绩、刺激股价上涨的效果。

（6）原材料供应及价格变化。原材料是公司成本的重要项目，原材料供应情况及价格变化也会影响股价的变动，特别是所需原材料是稀缺资源或是依赖国外进口的公司，其原材料供应情况及价格变化对股价影响更大，如石油价格的变化会立即引起世界各国股价迅速变动。

（7）公司资产重组。公司合并有多种情况，有的是为了扩大规模、增强竞争能力而相互合并，有的是为了消灭竞争对手，有的是为了控股，也有的是为操纵市场而进行恶意兼并。公司合并总会引起股价剧烈波动，但要分析公司合并对公司是否有利，合并后是否改善公司的经营状况，这是决定股价变动方向的重要因素。

2．外部因素

（1）宏观经济因素。宏观经济发展水平和状况是影响股票价格的重要因素。宏观经济影响股票价格的特点是波及范围广、干扰程度深、作用机制复杂和股价波动幅度较大。宏观经济因素主要包括经济增长、经济周期循环、通货膨胀、市场利率、汇率变化、国际收支状况、货币政策、财政政策、收入分配政策和对证券市场的监管政策等。

（2）行业因素。产业的发展状况和趋势对于该产业上市公司的影响是巨大的，因而产业的发展状况和趋势、国家的产业政策和相关产业的发展等都会对该产业公司股票投资价值产生影响。

（3）市场因素。证券市场上投资者对股票走势的心理预期会对股票价格走势产生重要影响。市场中的散户投资者往往有从众心理，会对股市产生助涨助跌的作用。

三、权益价值的计量

1．股息贴现模型

收入资本化法运用于普通股价值分析中的模型，又称股息贴现模型。其函数表达式如下：

$$V=\frac{D_1}{(1+y)}+\frac{D_2}{(1+y)^2}+\frac{D_3}{(1+y)^3}+\cdots=\sum_{t=1}^{\infty}\frac{D_t}{(1+y)^t} \tag{12.1}$$

式中，V代表普通股的内在价值；D_t是普通股第t期支付的股息和红利；y是贴现率，又称资本化率（the capitalization rate）。股息贴现模型假定股票的价值等于它的内在价值，而股息是投资股票唯一的现金流。事实上，绝大多数投资者并非在投资之后永久性地持有所投资的股票，即在买进股票一段时间之后可能抛出该股票。所以，根据收入资本化法，卖出股票的现金流收入也应该纳入股票内在价值的计算。那么，股息贴现模型如何解释这种情况呢？

假定某投资者在第三期期末卖出所持有的股票，根据式（12.1），该股票的内在价值应该等于：

$$V=\frac{D_1}{(1+y)}+\frac{D_2}{(1+y)^2}+\frac{D_3}{(1+y)^3}+\frac{V_3}{(1+y)^4} \tag{12.2}$$

式中，V_3代表在第三期期末出售该股票时的价格。根据股息贴现模型，该股票在第三期期末的价格应该等于当时该股票的内在价值，即

$$V_3=\frac{D_4}{(1+y)}+\frac{D_5}{(1+y)^2}+\frac{D_6}{(1+y)^3}+\cdots=\sum_{t=1}^{\infty}\frac{D_{t+3}}{(1+y)^t} \tag{12.3}$$

将式（11.4）代入式（11.3），得到：

$$V=\frac{D_1}{(1+y)}+\frac{D_2}{(1+y)^2}+\frac{D_3}{(1+y)^3}+\frac{D_4/(1+y)^1+D_5/(1+y)^2+\cdots}{(1+y)^3} \tag{12.4}$$

由于 $\frac{D_{t+3}/(1+y)^t}{(1+y)^3}=\frac{D_{t+3}}{(1+y)^{t+3}}$，所以式（11.5）可以简化为：

$$V=\frac{D_1}{(1+y)}+\frac{D_2}{(1+y)^2}+\frac{D_3}{(1+y)^3}+\frac{D_4}{(1+y)^{3+1}}+\frac{D_5}{(1+y)^{3+2}}+\cdots=\sum_{t=1}^{\infty}\frac{D_t}{(1+y)^t} \tag{12.5}$$

所以，式（12.3）与式（12.2）是完全一致的，证明股息贴现模型选用未来的股息代表投资股票唯一的现金流，并没有忽视买卖股票的资本利得对股票内在价值的影响。如果能够准确地预测股票未来每期的股息，就可以利用式（12.2）计算股票的内在价值。在对股票未来每期股息进行预测时，关键在于预测每期股息的增长率。如果用 g_t 表示第 t 期的股息增长率，其数学表达式为：

$$g_t=\frac{D_t-D_{t-1}}{D_{t-1}} \tag{12.6}$$

根据对股息增长率的不同假定，股息贴现模型可以分成零增长模型、不变增长模型、多元增长模型和三阶段股息贴现模型等形式。这 4 种模型构成了本章的第二、第三、第四和第五节的主要内容。

2．利用股息贴现模型指导证券投资

所有的证券理论和证券价值分析，都是为投资者投资服务的。换言之，股息贴现模型可以帮助投资者判断某股票的价格属于低估还是高估。与第十一章第一节的方法一样，判断股票价格高估抑或低估的方法也包括两类：

第一种方法，计算股票投资的净现值。如果净现值大于零，说明该股票被低估；反之，该股票被高估。用数学公式表示：

$$\text{NPV}=V-P=\left[\sum_{t=1}^{\infty}\frac{D_t}{(1+y)^t}\right]-P \tag{12.7}$$

式中，NPV 代表净现值；P 代表股票的市场价格。当 NPV 大于零时，可以逢低买入；当 NPV 小于零时，可以逢高卖出。

第二种方法，比较贴现率与内部收益率的差异。如果贴现率小于内部收益率，证明该股票的净现值大于零，即该股票被低估；反之，当贴现率大于内部收益率时，该股票的净现值小于零，说明该股票被高估。内部收益率（internal rate of return，IRR），是当净现值等于零时的一个特殊的贴现率，即

$$\text{NPV}=V-P=\left[\sum_{t=1}^{\infty}\frac{D_t}{(1+\text{IRR})^t}\right]-P=0 \tag{12.8}$$

（1）股息贴现模型之一：零增长模型（Zero-Growth Model）

零增长模型是股息贴现模型的一种特殊形式，它假定股息是固定不变的。换言之，股息的增长率等于零。零增长模型不仅可以用于普通股的价值分析，而且适用于统一公债和优先股的价值分析。股息不变的数学表达式为：

$$D_0=D_1=D_2=\cdots=D_\infty\text{，或者，}\quad g_t=0$$

将股息不变的条件代入式（12.1），得到：

$$V=\sum_{t=1}^{\infty}\frac{D_t}{(1+y)^t}=D_0\left[\sum_{t=1}^{\infty}\frac{1}{(1+y)^t}\right]$$

当 y 大于零时，$1/(1+y)$ 小于 1，可以将上式简化为：

$$V=\frac{D_0}{y} \tag{12.9}$$

例如，假定投资者预期某公司每期支付的股息将永久性地固定为 1.15 美元/每股，并且贴现率定为 13.4%，那么，该公司股票的内在价值等于 8.58 美元，计算过程如下：

$$V=\frac{1.15}{(1+1.134)}+\frac{1.15}{(1+1.134)^2}+\frac{1.15}{(1+1.134)^3}+\cdots=\frac{1.15}{0.134}=8.58\text{（美元）}$$

如果该公司股票当前的市场价格等于 10.58 美元，说明它的净现值等于负的 2 美元。由于其净现值小于零，所以该公司的股票被高估了 2 美元。如果投资者认为其持有的该公司股票处于高估的价位，他们可能抛售该公司的股票。相应地，可以使用内部收益率的方法，进行判断。将式（12.9）代入式（12.8），可以得到：

$$\text{NPV}=V-P=\frac{D_0}{y}-P=0\text{，或者，}\text{IRR}=\frac{D_0}{P}$$

所以，该公司股票的内部收益率等于 10.9%（1.15/10.58）。由于它小于贴现率 13.4%，所以该公司的股票价格是被高估的。

（2）股息贴现模型之二：不变增长模型（Constant-Growth Model）

不变增长模型是股息贴现模型的第二种特殊形式。不变增长模型又称戈登模型（Gordon Model）。戈登模型有三个假定条件：

① 股息的支付在时间上是永久性的，即式（12.1）中的 t 趋向于无穷大（$t\to\infty$）；

② 股息的增长速度是一个常数，即式（12.6）中的 g_t 等于常数（$g_t=g$）；

③ 模型中的贴现率大于股息增长率，即式（12.1）中的 y 大于 g（$y>g$）[①]。

根据上述三个假定条件，可以将式（12.1）改写为：

$$\begin{aligned}V&=\frac{D_1}{(1+y)}+\frac{D_2}{(1+y)^2}+\frac{D_3}{(1+y)^3}+\cdots=\sum_{t=1}^{\infty}\frac{D_t}{(1+y)^t}\\&=\frac{D_0(1+g)}{(1+y)}+\frac{D_0(1+g)^2}{(1+y)^2}+\cdots+\frac{D_0(1+g)^\infty}{(1+y)^\infty}\\&=D_0\left[\left(\frac{1+g}{1+y}\right)+\left(\frac{1+g}{1+y}\right)^2+\cdots+\left(\frac{1+g}{1+y}\right)^\infty\right]\\&=D_0\left[\frac{(1+g)/(1+y)-[(1+g)/(1+y)]^\infty}{1-[(1+g)/(1+y)]}\right]\\&=\frac{D_0(1+g)}{y-g}=\frac{D_1}{y-g}\end{aligned} \tag{12.10}$$

式（12.10）是不变增长模型的函数表达形式，其中的 D_0、D_1 分别是初期和第一期支付的股息。当式（12.10）中的股息增长率等于零时，不变增长模型就变成了零增长模型。所以，零增长模型是不变增长模型的一种特殊形式。

例如，某公司股票初期的股息为 1.8 美元/每股。经预测该公司股票未来的股息增长率将永久性地保持在 5%的水平，假定贴现率为 11%。那么，该公司股票的内在价值应该等于 31.50 美元。

$$V=\frac{1.8(1+0.05)}{(0.11-0.05)}=\frac{1.89}{(0.11-0.05)}=31.50\text{（美元）}$$

① 当贴现率小于常数的股息增长率时，式（11.2）决定的股票的内在价值将趋向无穷大。但是，事实上，任何股票的内在价值以及其价格都不会无限制地增长。

如果该公司股票当前的市场价格等于 40 美元，则该股票的净现值等于负的 8.50 美元，说明该股票处于被高估的价位。投资者可以考虑抛出所持有的该公司股票；利用内部收益率的方法同样可以进行判断，并得出完全一致的结论。首先将式（11.11）代入式（11.9），得到：

$$NPV = V - P = \frac{D_0(1+g)}{y-g} - P = 0$$

由此式推出， 内部收益率（IRR）$= D_1 / P + g$ 。将有关数据代入，可以算出当该公司股票价格等于 40 美元时的内部收益率为 9.73% 。因为，该内部收益率小于贴现率（11%），所以，该公司股票是被高估的。

（3）股息贴现模型之三：三阶段增长模型（Three-Stage-Growth Model）

三阶段增长模型是股息贴现模型的第三种特殊形式。最早是由莫洛多斯基（N.Molodovsky）提出，现在仍然被许多投资银行广泛使用①。三阶段增长模型将股息的增长分成了三个不同的阶段：在第一个阶段（期限为 A），股息的增长率为一个常数（g_a）；第二个阶段（期限为 A+1 到 B–1）是股息增长的转折期，股息增长率以线性的方式从 g_a 变化为 g_n，g_n 是第三阶段的股息增长率。如果，$g_a>g_n$，则在转折期内表现为递减的股息增长率；反之，表现为递增的股息增长率；第三阶段（期限为 B 之后，一直到永远），股息的增长率也是一个常数（g_n），该增长率是公司长期的正常的增长率。股息增长的三个阶段，可以用图 12-5 表示②。

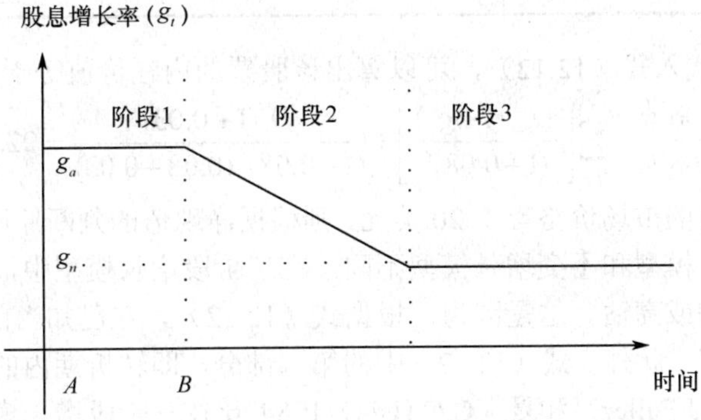

图 12-5　三阶段股息增长模型

在图 12-5 中，在转折期内任何时点上的股息增长率 g_t 可以用式（12.11）表示。例如，当 t 等于 A 时，股息增长率等于第一阶段的常数增长率；当 t 等于 B 时，股息增长率等于第三阶段的常数增长率。

$$g_t = g_a - (g_a - g_n)\frac{(t-A)}{(B-A)} \tag{12.11}$$

在满足三阶段增长模型的假定条件下，如果已知 g_a，g_n，A，B 和初期的股息水平 D_0，就可以根据式（12.11）计算出所有各期的股息；然后，根据贴现率，计算股票的内在价值。三阶段增长模型的计算公式为：

$$V = D_0\sum_{t=1}^{A}\left(\frac{1+g_a}{1+y}\right)^t + \sum_{t=A+1}^{B-1}\left[\frac{D_{t-1}(1+g_t)}{(1+y)^t}\right] + \frac{D_{B-1}(1+g_n)}{(1+y)^{B-1}(y-g_n)} \tag{12.12}$$

式（12.12）中的三项分别对应于股息的三个增长阶段。

假定某股票初期支付的股息为 1 美元/每股；在今后两年的股息增长率为 6%；股息增长率从

① 参见：Molodovsky，N.，“Common Stock Valuation——Principles, Tables and Applications”, Financial Analysts Journal ,March-April 1965.

② 本小节仅介绍在第二阶段股息增长率递减的三阶段增长模型。

第 3 年开始递减；从第 6 年开始每年保持 3%的增长速度。另外，贴现率为 8% 。所以，$A=2$，$B=6$，$g_a=6\%$，$g_n=3\%$，$r=8\%$，$D_0=1$。代入式（12.11），得到：

$$g_3 = 0.06-(0.06-0.03)\frac{(3-2)}{(6-2)} = 5.25\%$$

$$g_4 = 0.06-(0.06-0.03)\frac{(4-2)}{(6-2)} = 4.5\%$$

$$g_5 = 0.06-(0.06-0.03)\frac{(5-2)}{(6-2)} = 3.75\%$$

将上述数据整理，列入表 12-5 中。

表 12-5　某股票三阶段的股息增长率

	年份	股息增长率（%）	股息（美元/每股）
第 1 阶段	1	6	1.06
	2	6	1.124
第 2 阶段	3	5	1.183
	4	4	1.236
	5	3	1.282
第 3 阶段	6	3	1.320

将表 12-1 中的数据代入式（12.12），可以算出该股票的内在价值等于 22. 64 美元，即

$$V = 1\times\sum_{t=1}^{2}\left(\frac{1+0.06}{1+0.08}\right)^t + \sum_{t=3}^{5}\left[\frac{D_{t-1}(1+g_t)}{(1+0.08)^t}\right] + \frac{D_5(1+0.03)}{(1+0.08)^5(0.08-0.03)} = 22.64 \text{（美元）}$$

如果该公司股票当前的市场价格等于 20 美元，则根据净现值的判断原则，可以证明该股票的价格被低估了。与零增长模型和不变增长模型不同，在三阶段增长模型中，很难运用内部收益率的指标判断股票的低估抑或高估。这是因为，根据式（12.12），在已知当前市场价格的条件下，无法直接解出内部收益率。此外，式（12.12）中的第二部分，即转折期内的现金流贴现计算也比较复杂。为此，佛勒（R.J.Fuller）和夏（C.C.Hsia）1984 年在三阶段增长模型的基础上，提出了 H 模型①，大大简化了现金流贴现的计算过程。

佛勒和夏的 H 模型假定：股息的初始增长率为 g_a，然后以线性的方式递减或递增；从 $2H$ 期后，股息增长率成为一个常数 g_n，即长期的正常的股息增长率；在股息递减或递增的过程中，在 H 点上的股息增长率恰好等于初始增长率 g_a 和常数增长率 g_n 的平均数。当 g_a 大于 g_n 时，在 $2H$ 点之前的股息增长率为递减，如图 11-2 所示。

在图 12-6 中，当 $t=H$ 时，$g_H=\frac{1}{2}(g_a+g_n)$。在满足上述假定条件情况下，佛勒和夏证明了 H 模型的股票内在价值的计算公式为：

$$V = \frac{D_0}{(y-g_n)}\left[(1+g_n)+H(g_a-g_n)\right] \tag{12.13}$$

图 12-7 形象地反映了 H 模型与三阶段增长模型的关系。

与三阶段增长模型的公式（12.12）相比，H 模型的公式（12.13）有以下几个特点：

① 在考虑了股息增长率变动的情况下，大大简化了计算过程；

② 在已知股票当前市场价格 P 的条件下，可以直接计算内部收益率，即

① 参见：Fuller, R.J., and Hsia, C.C., “A Simplified Model for Estimating Stock Prices of Growth Firms”, Financial Analysts Journal, May-June,1984.

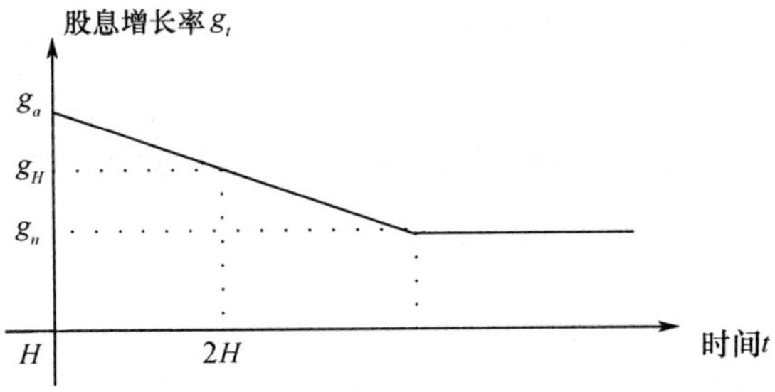

图 12-6　H 模型

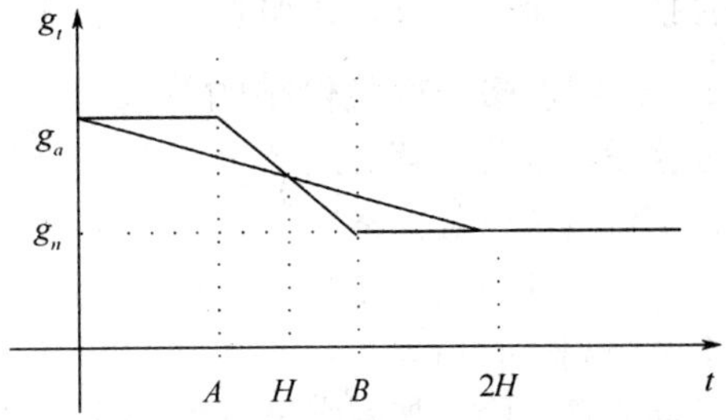

图 12-7　H 模型与三阶段增长模型的关系

$$\mathrm{NPV}=V-P=\frac{D_0}{(y-g_n)}\left[(1+g_n)+H(g_a-g_n)\right]-P=0$$

$$\mathrm{IRR}=\frac{D_0}{P}\left[(1+g_n)+H(g_a-g_n)\right]+g_n \tag{12.14}$$

可以推出，

③ 在假定H位于三阶段增长模型转折期的中点（换言之，H位于股息增长率从g_a变化到g_n的时间的中点）的情况下，H 模型与三阶段增长模型的结论非常接近。

沿用三阶段增长模型的例子，已知：

$$D_0=1\text{（美元）},\quad g_a=6\%,\quad A=2,\quad B=6,\quad g_n=3\%,\quad y=8\%$$

假定$H=\frac{1}{2}(2+6)=4$，代入式（12.13），可以得出该股票的内在价值等于 23.00 美元，即

$$V=\frac{1}{(0.08-0.03)}\left[1.03+4\times(0.06-0.03)\right]=23.00\text{（美元）}$$

与三阶段增长模型的计算结果相比，H 模型的误差率为：

$$\mu=\frac{23.00-22.63}{22.63}\times 100\%=1.64\%$$

这说明 H 模型的估算结果是可信的。

① 当g_a等于g_n时，式（12.13）等于式（12.10），所以，不变股息增长模型也是 H 模型的一个特例；

② 如果将式（12.13）改写为

$$V=\frac{D_0(1+g_n)}{(y-g_n)}+\frac{D_0H(g_a-g_n)}{(y-g_n)} \tag{12.15}$$

可以发现，股票的内在价值由两部分组成：式（12.15）的第一项是根据长期的正常的股息增长率决定的现金流贴现价值；第二项是由超常收益率g_a决定的现金流贴现价值，并且这部分价值与H成正比例关系。

第三节　金融衍生工具价值分析

一、金融期货的价值分析

金融期货合约是约定在未来时间以事先协定的价格买卖某种金融工具的双边合约。在合约中对有关交易的标的物、合约规模、交割时间和标价方法等都有标准化的条款规定。金融期货的标

的物包括各种金融工具，比如股票、外汇、利率等。

1．远期价格和期货价格的关系

根据罗斯等美国著名经济学家证明，当无风险利率恒定，且所有到期日都不变时，交割日相同的远期价格和期货价格应相等。

但是，当利率变化无法预测时，远期价格和期货价格就不相等。至于两者谁高则取决于标的资产价格与利率的相关性。

当标的资产价格与利率呈正相关时，期货价格高于远期价格。这是因为当标的资产价格上升时，期货价格通常也会随之升高，期货合约的多头将因每日结算制而立即获利，并可按高于平均利率的利率将所获利润进行再投资。而当标的资产价格下跌时，期货合约的多头将因每日结算制而立即亏损，而他可按低于平均利率的利率从市场上融资以补充保证金。相比之下，远期合约的多头将不会因利率的变动而受到上述影响。因此在此情况下，期货多头比远期多头更具吸引力，期货价格自然就大于远期价格。

相反，当标的资产价格与利率呈负相关性时，远期价格就会高于期货价格。

远期价格和期货价格的差异幅度还取决于合约有效期的长短。当有效期只有几个月时，两者的差距通常很小。

此外，税收、交易费用、保证金的处理方式、违约风险、流动性等方面的因素或差异都会导致远期价格和期货价格的差异。

在现实生活中，由于远期和期货价格与利率的相关性很低，以致期货和远期价格的差别可以忽略不计。在估计外汇期货和远期之间的合理差价时，康奈尔和莱因格纳发现盯市所带来的收益太小了，以至于远期和期货价格几乎没有区别。因此在大多数情况下，我们仍可以合理地假定远期价格与期货价格相等，并都用 F 来表示。在以下的分析中，对远期合约的定价同样适用于期货合约。

2．无套利定价法

（1）基本假设

为分析简便起见，本章的分析是建立在如下假设前提下的：

① 没有交易费用和税收。

② 市场参与者能以相同的无风险利率借入和贷出资金。

③ 远期合约没有违约风险。

④ 允许现货卖空行为。

⑤ 当套利机会出现时，市场参与者将参与套利活动，从而使套利机会消失，我们算出的理论价格就是在没有套利机会下的均衡价格。

⑥ 期货合约的保证金账户支付同样的无风险利率。这意味着任何人均可不花成本地取得远期和期货的多头和空头地位。

（2）符号定义

本小节将要用到的符号主要有：

T：远期和期货合约的到期时间，单位为年。

t：现在的时间，单位为年。

变量 T 和 t 是从合约生效之前的某个日期开始计算的，$T-t$ 代表远期和期货合约中以年为单位表示的剩下的时间。

S：标的资产在时间 t 时的价格。

S_T：标的资产在时间 T 时的价格（在 t 时刻这个值是个未知变量）。

K：远期合约中的交割价格。

f：远期合约多头在 t 时刻的价值。

F：t 时刻的远期合约和期货合约中标的资产的远期理论价格和期货理论价格，在本书中如无特别注明，我们分别简称为远期价格和期货价格。

r：T 时刻到期的以连续复利计算的 t 时刻的无风险利率（年利率），在本章中，如无特别说明，利率均为连续复利。

（3）公式推导

本章所用的定价方法为无套利定价法。其基本思路为：构建两种投资组合，让其终值相等，则其现值一定相等；否则的话，就可以进行套利，即卖出现值较高的投资组合，买入现值较低的投资组合，并持有到期末，套利者就可赚取无风险收益。众多套利者这样做的结果，将使较高现值的投资组合价格下降，而较低现值的投资组合价格上升，直至套利机会消失，此时两种组合的现值相等。这样，我们就可根据两种组合现值相等的关系求出远期价格。

例如，为了给无收益资产的远期定价我们可以构建如下两种组合：

组合 A：一份远期合约多头加上一笔数额为 $Ke^{-r(T-t)}$ 的现金；

组合 B：一单位标的资产。

在组合 A 中，$Ke^{-r(T-t)}$ 的现金以无风险利率投资，投资期为（$T-t$）。到 T 时刻，其金额将达到 K。这是因为：$Ke^{-r(T-t)}e^{r(T-t)}=K$。

在远期合约到期时，这笔现金刚好可用来交割换来一单位标的资产。这样，在 T 时刻，两种组合都等于一单位标的资产。由此我们可以断定，这两种组合在 t 时刻的价值相等。即

$$f+Ke^{-r(T-t)}=S \tag{12.16}$$

$$f=S-Ke^{-r(T-t)} \tag{12.17}$$

式（12.17）表明，无收益资产远期合约多头的价值等于标的资产现货价格与交割价格现值的差额。或者说，一单位无收益资产远期合约多头可由一单位标的资产多头和 $Ke^{-r(T-t)}$ 单位无风险负债组成。

3．现货—远期平价定理

由于远期价格（F）就是使合约价值（f）为零的交割价格（K），即当 $f=0$ 时，$K=F$。据此可以令式（12.1）中 $f=0$，则

$$F=Se^{r(T-t)} \tag{12.18}$$

这就是无收益资产的现货—远期平价定理（Spot-Forward Parity Theorem），或称现货期货平价定理（Spot-Futures Parity Theorem）。式（12.18）表明，对于无收益资产而言，远期价格等于其标的资产现货价格的终值。

为了证明公式（12.18），我们用反证法证明等式不成立时的情形是不均衡的。

假设 $F>Se^{r(T-t)}$，即交割价格大于现货价格的终值。在这种情况下，套利者可以按无风险利率 r 借入 S 现金，期限为 $T-t$。然后用 S 购买一单位标的资产，同时卖出一份该资产的远期合约，交割价格为 F。在 T 时刻，该套利者就可将一单位标的资产用于交割换来 F 现金，并归还借款本息 $Se^{r(T-t)}$，这就实现了 $F-Se^{r(T-t)}$ 的无风险利润。

若 $F<Se^{r(T-t)}$，即交割价值小于现货价格的终值。套利者就可进行反向操作，即卖空标的资产，将所得收入以无风险利率进行投资，期限为 $T-t$，同时买进一份该标的资产的远期合约，交割价为 F。在 T 时刻，套利者收到投资本息为 $Se^{r(T-t)}$，并以 F 现金购买一单位标的资产，用于归还卖空时借入的标的资产，从而实现 $Se^{r(T-t)}-F$ 的利润。

二、金融期权的价值分析

在前面章节，我们对期权有了初步认识，但如何对期权价值进行评估却并没有提到。实际上

期权的定价在相当长的一段时间困扰着人们，曾有人试图用现金流量折现法解决期权估值问题，但一直没有成功。问题在于期权的必要报酬率非常不稳定。期权的风险依赖于标的资产的市场价格，而市场价格是随机变动的，期权投资的必要报酬率也处于不断变动中。既然找不到一个适当的折现率，也就无法使用当时主流的现金流量折现法。因此，必须开发新的模型，才能解决期权定价问题。

1973 年，布莱克—斯科尔斯期权定价模型被提出，人们终于找到了实用的期权定价方法。此后，期权市场和整个衍生金融工具交易飞速发展。由于对期权定价问题研究的杰出贡献，斯科尔斯和默顿获得 1997 年诺贝尔经济学奖。如果没有足够的数学背景知识，要全面了解期权定价模型是非常困难的。出于本教材的目的，不打算全面推导期权定价模型，主要介绍其基本原理和使用方法。

布莱克—斯科尔斯期权定价模型（简称 B-S 模型）是一个相当复杂的数学公式，其基本原理是复制原理：构造一个股票和借款组合，使得无论股价如何变动，投资组合的损益与期权相同，那么，创建该投资组合的成本就是期权价值。然后利用套期保值原理来确定复制组合的股票数量和借款数量，使投资组合的到期日与期权相同。最后利用单期二叉树定价模型向多期二叉树定价模型过渡，推导出 B-S 模型。该模型具有实用性，被期权交易者广泛使用，实际的期权价格与模型计算得到的价格非常接近。

1．布莱克—斯科尔斯期权定价模型的假设

（1）在期权寿命期内，买方期权标的股票不发放股利，也不进行其他分配；

（2）股票或者期权的买卖没有交易成本；

（3）短期的无风险利率是已知的，并且在期权寿命期内保持不变；

（4）任何证券购买者都能以短期的无风险利率借得任何数量的资金；

（5）允许卖空，卖空者将立即得到所卖空股票的资金；

（6）看涨期权只能在到期日执行；

（7）所有证券交易都是连续发生的，股票价格随机游走。

2．布莱克—斯科尔斯期权定价模型

布莱克—斯科尔斯期权定价模型的三个公式如下：

$$C_0 = S_0[N(d_1)] - X\,\mathrm{e}^{-rc\tau}[N(d_2)] \text{或} = S_0[N(d_1)] - PV(X)[N(d_2)]$$

其中：

$$d_1 = \frac{\ln(S_0 / X) + [r_c + (\sigma^2 / 2)]}{\sigma\sqrt{t}}, \quad d_2 = d_1 - \sigma\sqrt{t}$$

式中：C_0 为看涨期权的当前价值；S_0 为标的股票的当前价格；N（d）为标准正态分布中离差小于 d 的概率；X 为期权的执行价格；e 为自然对数的底数，约为 2.7183；r_c 为连续复利的年度无风险利率；t 为期权到期日前的时间（年）；$\ln(S_0/X)$为 S_0/X 的自然对数；σ^2 为连续复利的以年计的股票回报率方差。

如果直观（不准确）地解释，它的第一项是最终股票的期望现值，第二项是期权执行价格的期望现值，两者之差是期权的价值。

公式的第一项是当前股价和概率 $N(d_1)$的乘积。股价越高，第一项的数值越大，期权 c_0 价值越大。公式的第二项是执行价格的现值 $X\mathrm{e}^{r_c t}$ 和概率 $N(d_2)$的乘积。 $X\mathrm{e}^{r_c t}$ 是按连续复利计算的执行价格 X 的现值，也可以写成 PV（X）。执行价格越高，第二项的数值越大，期权 c_0 价值越小。

概率 $N(d_1)$和 $N(d_2)$可以大致看成看涨期权到期时处于实值状态的风险调整概率。当前股价和 $N(d_1)$的乘积是股价的期望现值，执行价格的现值与 $N(d_2)$的乘积是执行价格的期望现值。

在股价上升时，d_1 和 d_2 都会上升，$N(d_1)$和 $N(d_2)$也都会上升，股票价格越是高出执行价格，期权越有可能被执行。极而言之，$N(d_1)$和 $N(d_2)$接近 1 时，期权肯定被执行，此时期权价值等于 $S_0- X\mathrm{e}^{r_c t}$ 。前一项是期权持有者拥有的对当前价格为 S_0 的要求权，后一项是期权持有者的义

务的现值。反过来看，假定 $N(d_1)$和 $N(d_2)$接近 0 时，意味着期权几乎不被执行，看涨期权的价值 c_0 接近零。如果 $N(d_1)$和 $N(d_2)$等于 0～1 之间的数值，看涨期权的价值是其潜在收入的现值。

复习思考题

一、名词解释

固定收益证券　终值与现值　收入资本化　零息债券附息债权与永久债券　可赎回条款　固定成本比率　流动比率与速动比率　NPV　现货—远期平价定理　布莱克—斯科尔斯期权定价模型

二、简答题

1．哪些因素影响债券的价值？

2．什么是权益价值？并简述它与固定收益价值的区别。

3．影响权益价值的因素有哪些？

4．远期价格与期货价格的关系是什么？

5．影响期权价值高低的主要因素有哪些？

三、计算题

1．已知债券 A 票面利率 8%，期限 4 年，面值 1000 元，市价 920 元；债券 B 票面利率 6%，期限 3 年，面值 100 元，市价 100 元；债券 C 票面利率 10%，期限 2 年，面值 100 元，市价 96 元。三种债券均是半年付息，求每种债券的到期收益率。

2. 公司甲预期今年年末分配 10 元/股现金股利，年末股价预期在 110 元，该股票的资本市场化率为 10%，那么当前股票的价值应该是多少？

3．假设一种无红利支付的股票目前的市价是 20 元，无风险连续复利年利率为 10%，求该股票 3 个月远期价格。

4．瑞士和美国 2 个月连续复利率分别为 2%和 7%，瑞士法郎的现货汇率为 0.6500 美元，2 个月期的瑞士法郎期货价格为 0.6600 美元，请问有无套利机会？

5. 股票 A 的当前价格是 30 元，6 个月的股票 A 欧式看涨期权执行价格为 32 元，市场的无风险利率是 7%，假设该股票价格是连续变化的，波动率是 35%。只考虑 6 个月的时间间隔，计算这个欧式看涨期权的价格。

六、拓展阅读

1．价值比波动更重要(http://finance.ifeng.com/a/20140725/12793237_0.shtml)

2．专注固定收益证券投资 信贷对冲基金如何获利?（http://www.p5w.net/fund/fxpl/201306/ t20130626_204188.htm）

3．金融衍生品是导致股市震荡最为主要的工具（http://news.hexun.com/2015-11-23/ 180731694.html）

扫描二维码阅读文章

第十三章　金融市场的风险管理

学习目标：

了解金融市场的风险形成原因及风险管理的主要方法；
理解和掌握金融市场风险评估的主要模型及其特点；
掌握金融市场风险管理的主要方法及要点。

第一节　金融市场的风险分析

一、金融风险概述

金融市场的风险是指金融变量的各种可能值偏离其期望值的可能性和幅度。从风险的定义可以看出，可能值可能低于也可能高于期望值，因此风险绝不是亏损的同义词，风险中既包含对市场主体不利的一面，也包含着有利的一面。换句话说，风险大的金融资产，其最终实际收益率并不一定比风险小的金融资产低，而常常是风险大收益也大，故有收益与风险相当之说。

二、金融风险形成的原因

金融风险形成的原因有很多，按其来源可分为货币风险、利率风险、流动性风险、信用风险、市场风险和营运风险；按会计标准可分为会计风险和经济风险；按能否分散可分为系统性风险和非系统性风险。

1．按风险来源分类

（1）货币风险又称为外汇风险，指源于汇率变动而带来的风险。汇率风险又可细分为交易风险和折算风险，前者指因汇率的变动影响日常交易的收入，后者指因汇率的变动影响资产负债表中资产的价值和负债的成本。

（2）利率风险指源于市场利率水平的变动而对证券资产的价值带来的风险。一般来说，利率的上升会导致证券价格的下降，利率的下降会导致证券价格的上升。在利率水平变动幅度相同的情况下，长期证券受到的影响比短期证券的更大。货币风险和利率风险也通称之为价格风险。

（3）流动性风险指源于金融资产变现的风险。证券的流动性主要取决于二级证券市场的发达程度和证券本身期限的长短。

（4）信用风险又称为违约风险，指证券发行者因倒闭或其他原因不能履约而给投资者带来的风险。

（5）市场风险指由于证券市场行情变动而引起投资实际收益率偏离预期收益率的可能性。当出现看涨行情时，多数的证券价格通常会上涨；当出现看跌行情时，多数证券价格通常会下跌。

（6）营运风险指源于日常操作和工作流程失误而带来的风险，随着证券交易对电子技术的依赖程度的不断加深，营运风险变得越来越复杂。

2. 按会计标准分类

（1）会计风险指从一个经济实体的财务报表中反映出来的风险。会计风险可以根据现金流量、资产负债表的期限结构、币种结构等信息进行客观地评估。

（2）经济风险是对一个经济实体的整体运作带来的风险，因而比会计风险的范围更广。比如某企业的一笔浮动利率负债由于利率的上升而导致借款成本的上升，反映在财务报表上借款成本的上升就是会计风险，但是利率上升对该企业的影响可能远不止这些，供给商可能会要求提前支付你欠的货款，而顾客可能会要求延期支付欠你的货款，这将会使企业的现金流量恶化，导致更多的借款和支付更高的利息。从宏观经济来看，利率的提高可能会导致整个经济的衰退，减少个人的消费需求和企业的投资需求；利率的提高还可能导致外国套利的短期资本的流入，从而导致本币的升值，降低本国企业出口商品的竞争能力，所有这些因素都必须考虑在经济风险之内。

3. 按能否分散分类

（1）系统性风险是由那些影响整个金融市场的风险因素所引起的，这些因素包括经济周期、国家宏观经济政策的变动等。这一部分风险影响所有金融变量的可能值，因此不能通过分散投资相互抵消或者削弱，因此又称为不可分散风险。换句话说，即使一个投资者持有一个充分分散化的组合也要承受这一部分风险。

（2）非系统性风险是一种与特定公司或行业相关的风险，它与经济、政治和其他影响所有金融变量的因素无关。例如，一个新的竞争者可能开始生产同样的产品，一次技术突破使一种现有产品消亡。通过分散投资，非系统性风险能被降低；而且，如果分散是充分有效的，这种风险还能被消除，因此，又称为可分散风险。正由于此，在证券投资的风险中，重要的是不可避免的系统性风险。后面我们将进一步讨论系统性风险和非系统性风险的问题。

三、金融风险管理

为什么要进行金融风险管理。早期的金融理论认为，金融风险管理是没有必要的，Merton Miller 以及 Modigliani（1958）就指出，在一个完美的市场中，对冲或套期保值等金融操作手段并不能影响公司的价值。这里的完美的市场是指不存在税收和破产成本，以及市场参与者都具有完全的信息。因此，公司的管理者是没有必要进行金融风险管理的。然而，现实经济生活中，金融风险管理却引起了越来越多的来自学术界和实务界的关注。无论是金融市场的监管者，还是金融市场的参与者对风险管理理论和方法的需求都空前高涨。主张应进行金融风险管理的各方认为，对风险管理的需求主要基于下面的理论基础：

现实的经济和金融市场并非完美，这种不完美主要体现在以下几个方面：首先，现实市场中存在着各种各样的税收，这些税收会影响到公司的价值，由此看来，Miller 和 Modigliani 的理论假设在现实经济状况下并不合适。其次，现实市场中存在着交易成本。最后，在现实市场中，金融参与者也是不可能获得完全信息的。从而，对金融风险进行管理是相当可能及有必要的。金融风险的管理过程大致需要确立管理目标、进行风险评价和风险控制及处置等 3 个步骤。

1. 管理目标

金融风险管理的最终目标是在识别和衡量风险的基础上，对可能发生的金融风险进行控制和准备处置方案，以防止和减少损失，保证货币资金筹集和经营活动的稳健进行。

2. 风险评价

金融风险评价是指包括对金融风险识别、金融风险衡量、选择各种处置风险的工具以及金融风险管理对策等各个方面进行评估。① 风险识别。金融风险识别是指在进行了实地调查研究的基础上，运用各种方法对潜在的、显在的各种风险进行系统的归类和实施全面的分析研究。② 风险衡量。是指对金融风险发生的可能性或损失范围、程度进行估计和衡量，并对不同程度的损失发生的可能性和损失后果进行定量分析。③ 金融风险管理对策的选择。是指在前面两个阶段的基础上，根据金融风险管理的目标，选择金融风险管理的各种工具并进行最优组合，并提出金融风险管理的建议。

3．风险控制

金融风险的控制和处置是金融风险管理的对策范畴，是解决金融风险的途径和方法。一般分为控制法和财务法。① 控制法。是指在损失发生之前，实施各种控制工具，力求消除各种隐患，减少金融风险发生的因素，将损失的严重后果减少到最低程度的一种方法。主要方式有避免风险、损失控制和分散风险。② 财务法。是指在金融风险事件发生后已造成损失时，运用财务工具，对已经发生的损失给予及时的补偿，以促使尽快恢复的一种方法。

第二节　金融市场的风险评估

一、均值—方差模型

美国经济学家马柯维茨（Harry M.Markowitz）是现代投资组合理论的创始人。他于 1952 年 3 月在《金融杂志》上发表了一篇题为《证券组合选择》的论文，并于 1959 年出版了同名专著，详细论述了证券收益和风险的主要原理和分析方法，建立了均值—方差证券组合模型的基本框架。马柯维茨的投资组合理论认为，投资者是风险回避的，他们的投资愿望是追求高的预期收益，他们不愿承担没有相应的预期收益加以补偿的额外风险。马柯维茨根据风险分散原理，应用二维规划的数学方法，揭示了如何建立投资组合的有效边界，使边界上的每一个组合在给定的风险水平下获得最大的收益，或者在收益一定的情况下风险最小。同时马柯维茨认为，投资组合的风险不仅与构成组合的各种证券的个别风险有关，而且受各证券之间的相互关系的影响。

1．马柯维茨理论前提假设

（1）呈现在投资者面前的每一项投资是在一段时期上的预期收益的概率分布，即投资者用预期收益的概率分布来描述一项投资。

（2）投资者为理性的个体，服从不满足和风险厌恶假设，投资者的目标是单期效用最大化，而且他们的效用函数呈现边际效用递减的特点。

（3）投资者以投资的预期收益的波动性来估计投资的风险。

（4）投资者仅依靠预期的投资风险和收益来做出投资决定，所以他们的效用函数只是预期风险和收益的函数。

（5）在给定预期风险后，投资者偏好更高的预期收益，另一方面，在给定预期收益后，投资者偏好更低的风险。

（6）市场是完全的，即市场不存在交易费用和税收，不存在进入或者退出市场的限制，所有的市场参与者都是价格的接受者，市场信息是有效的，资产是完全可以分割的。

2．投资组合的预期收益和预期风险

根据马柯维茨理论的前提假设：投资者仅依靠投资的预期收益和预期风险来做出决定。下面介绍预期收益和风险的计算方法。

（1）预期收益

预期收益率是指未来可能收益率的期望值，也称期望收益率。

① 单一证券的预期收益：

单一证券 i 的预期收益，这种证券在未来有 s 种状态，那么证券 i 的预期收益为：

$$E(r_i)=\sum_{s=1}^{N} r_{is} p_s$$

式中，$E(r_i)$ 为期望收益率；p_s 为状态 s 出现的概率；r_{is} 为针对状况 s 出现时证券 i 的收益率；N 为各种可能状况的总数。

[例 1]某股票未来一个月内的可能收益率及其发生的概率如下表所示：

可能的结果	1	2	3	4	5
收益率（%）	–2.50	2.00	3.20	4.50	6.70
概率	0.10	0.15	0.05	0.60	0.10

根据公式，可以计算出该股票的期望收益率为：

$$\begin{aligned}E(r_i)&=\sum_{s=1}^{N} r_{is} p_s\\&=(-2.5\%)\times0.10+2.0\%\times0.15+3.2\%\times0.05+4.5\%\times0.60+6.7\%\times0.10\\&=3.58\%\end{aligned}$$

② 证券组合的预期收益：

在了解了单一证券的预期收益率后，就可以计算证券组合的预期收益率了。$r_{\rm p}$ 表示包含在组合中各种资产的预期收益的加权平均数，其表达式为：

$$E(r_{\rm p})=\sum_{i=1}^{N} x_i E(r_i)$$

式中，$E(r_{\rm p})$ 为证券组合的期望收益率；$E(r_i)$ 为组合中证券 i 的预期收益；x_i 为组合中证券 i 所占的比例，即权数；N 为组合中证券的种类。

[例 2]某投资者投资于三种股票 A、B 和 C，它们的期望收益率分别为 10%、15%和 12%，投资比例分别为 20%、50%和 30%。

于是，证券组合的期望收益率为：

$$\begin{aligned}E(r_{\rm p})&=\sum_{i=1}^{N} x_i E(r_i)=20\%\times10\%+50\%\times15\%+30\%\times12\%\\&=13.1\%\end{aligned}$$

由于每种证券在一定时期后的实际收益率与期望收益率可能不一致，因此证券组合的实际收益率与期望收益率也会不同，从而要对证券组合的风险加以考虑。

（2）预期风险

风险本身有多种含义，并随着时间的推移，风险的含义也在不断地发展变化。在马柯维茨理论中，把风险定义为投资收益率的波动性。收益率的波动性越大，投资的风险就越高。收益率的波动性，通常用标准差或方差表示。

标准差是各种可能的收益率偏离期望收益率的综合差异，是用来衡量证券收益的风险程度的重要指标，标准差越大，证券的风险也就越大。

① 单一证券 i 的预期风险，即方差和标准差的计算公式如下。

方差：
$$\sigma_i^2=\sum_{s=1}^{N}[r_{is}-E(r_i)]^2 p_s$$

标准差：
$$\sigma_i=\sqrt{\sum_{s=1}^{N}[r_{is}-E(r_i)]^2 p_s}$$

式中，σ_i^2、σ_i 分别表示证券 i 的方差和标准差；其余符号的含义同前述预期收益的计算公式。

用[例 1]的数据，可以计算出该股票的标准差为：

$$\sigma_i = \sqrt{\sum_{s=1}^{N} [r_{is} - E(r_i)]^2 p_s}$$

$$= \sqrt{(-2.5\% - 3.58\%)^2 \times 0.10 + (2.0\% - 3.58\%)^2 \times 0.15 + (3.2\% - 3.58\%)^2 \times 0.05 + (4.5\% - 3.58\%)^2 \times 0.60 + (6.7\% - 3.58\%)^2 \times 0.10}$$

$$= 2.36\%$$

一般来讲，在相同的期望收益率下，证券 i 的标准差越大，说明其风险也就越大。

② 证券组合的预期风险：

i. 协方差：证券组合的风险不仅与每种证券的风险有关，而且证券之间的相互关系也会对组合的风险产生影响。证券之间相互影响产生的收益的不确定性可以用协方差来表示。协方差是衡量两个随机变量例如证券 i 的收益率和证券 j 的收益率之间的互动性的统计量。如果用 σ_{ij} 表示证券 i 和 j 之间的协方差，那么：

$$\sigma_{ij} = \sigma_{ji} = E[(r_{is} - E(r_i))(r_{js} - E(r_j))]$$

如果两种证券之间的协方差为正值，表明两种证券的收益率倾向于同一方向变动，即一种证券的实际收益率高于期望收益率的情形可能伴随着另一种证券相同的情形发生。如果两种证券之间的协方差为负值，则表明两种证券之间存在着一种反向的变动关系，一种证券的收益率上升可能伴随着另一种证券收益率的下降。一个相对较小或者为零的协方差则表明两种证券的收益率之间只有很小的互动关系或者没有任何互动关系即相互独立。证券之间的协方差越大，那么由它们构成的证券组合的风险也就越大。

ii. 相关系数：两种证券之间的收益互动性还可以用另外一个统计量来表示，即两者之间的相关系数。假设 σ_i 和 σ_j 分别为证券 i 和 j 的收益标准差，σ_{ij} 是两种证券之间的协方差，则其相关系数 ρ_{ij} 的计算公式为：

$$\rho_{ij} = \frac{\sigma_{ij}}{\sigma_i \sigma_j}$$

相关系数 ρ_{ij} 的范围是 $-1 \leqslant \rho_{ij} \leqslant 1$，$\rho_{ij} = -1$ 表示两种证券收益结果的变化方向完全不相同，称为完全负相关；$\rho_{ij} = 1$ 表示两种证券收益结果的变化方向完全相同，称为完全正相关；$\rho_{ij} = 0$ 表示两种证券收益结果的变动之间不存在任何关系；相关系数 ρ_{ij} 在(–1，0)区间内，表示两种证券收益结果的变化方向相反，但不是百分之百地完全相反，只存在一般性的负相关关系；相关系数 ρ_{ij} 在 (0,1) 区间内，表示两种证券收益结果的变化方向相同，但不是百分之百地完全相同，只存在一般性的正相关关系。必须注意，相关系数 ρ_{ij} =0 时，即证券 i 和证券 j 不相关只表明证券 i 和证券 j 不存在线性相关关系，但并不排除证券 i 和证券 j 有其他形式（非线性的）相依关系。

一般来讲，如果两种证券之间的相关系数 $\rho_{ij} < 0$，则可能会降低组合后的投资风险，而如果它们之间的相关系数 $\rho_{ij} > 0$，则可能会加大组合后的投资风险。

iii. 证券组合的方差和标准差：投资组合的预期风险 σ_p^2 为：

$$\sigma_p^2 = \sum_{i=1}^{N}\sum_{j=1}^{N} x_i x_j \sigma_{ij}$$

标准差 σ_p 就为：

$$\sigma_p = \sqrt{\sum_{i=1}^{N}\sum_{j=1}^{N} x_i x_j \sigma_{ij}}$$

式中，当 $i \neq j$ 时，σ_{ij} 表示证券 i 和证券 j 收益的协方差，反映了两种证券的收益在一个共同周期中变动的相关程度；x_i、x_j 表示组合中证券 i，j 所占的比例。

[例 3]某投资者投资于 A、B 和 C 三种股票，投资比例分别为 20%、50%和 30%，收益标准差

分别为 0.2、0.10 和 0.15，A、B、C 之间的协方差分别为 $\sigma_{AB}=0.016$，$\sigma_{AC}=0.018$，$\sigma_{BC}=0.015$。

该证券组合的方差计算如下：

$$\begin{aligned}\sigma_p^2 &= \sum_{i=1}^{N}\sum_{j=1}^{N} x_i x_j \sigma_{ij} \\ &= 20\%\times20\%\times0.2\times0.2+20\%\times50\%\times0.016+20\%\times30\%\times0.018+50\%\times20\%\times0.016+50\%\times \\ &\quad 50\%\times0.1\times0.1+50\%\times30\%\times0.015+30\%\times20\%\times0.018+30\%\times50\%\times0.015+30\%\times30\%\times0.15\times0.15 \\ &= 0.015985\end{aligned}$$

因此，证券组合的标准差为 $\sigma_p=\sqrt{\sum_{i=1}^{N}\sum_{j=1}^{N} x_i x_j \sigma_{ij}}=\sqrt{0.015985}=0.1264$。

3．证券投资的有效组合

从上面可知，有了证券组合的收益和风险以及它们的衡量方法，那么什么样的证券组合才是最有效的组合呢？换句话说，投资者面临众多可以选择的证券时，如何进行组合，改变不同证券的投资比例，才能实现既定期望收益率下风险最小或者既定风险下期望收益最大的目标？马柯维茨采用“期望收益率－方差投资组合模型”来解决证券的确定和选择问题。

（1）无差异曲线

投资者在进行投资决策之前都会衡量自己对风险收益的偏好程度，这就需要利用无差异曲线了。一条无差异曲线代表能提供给投资者相同效用量的一系列风险和预期收益的组合。在同一条无差异曲线上的组合对于投资者来说是无差异的。无差异曲线可以在预期收益率－标准差平面上表示出来，其中横轴表示用标准差所测度的风险，纵轴表示用预期收益率测度的收益（见图 13-1）。

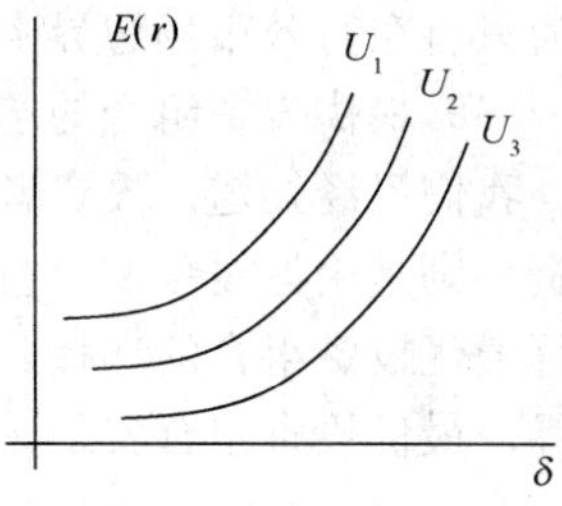

图 13-1　无差异曲线

无差异曲线表现出以下几个特点：

① 每一个投资者都有无数条无差异曲线，位于上方的无差异曲线所代表的效用水平比下方的无差异曲线所代表的效用水平高，这是因为在同一风险水平下，上方的无差异曲线提供更高的预期收益，从另一个角度来看，在同一预期收益率水平下，上方的无差异曲线能提供更小的风险；

② 每一条无差异曲线都是上升的，因为投资者是风险厌恶的，所以如果要让他承担更大的风险就必须支付更高的收益；

③ 无差异曲线上升的速度是递增的，也就是说，无差异曲线是下凸的，这说明随着风险的增加投资者对它的厌恶程度是上升的，为弥补增加的 1 单位风险必须支付更多的收益；

④ 无差异曲线是不相交的，因为如果两条无差异曲线相交，而又由于不同的两条无差异曲线代表不同效用水平，显然，这就会出现矛盾。

每一投资者都拥有一组无差异曲线图形来表示他对预期收益率和标准差的偏好。这意味着投资者将对每一可能的组合确定预期收益率和标准差。从无差异曲线我们还可以看出一个投资者的风险厌恶程度，高度风险厌恶者的无差异曲线更陡峭一些，轻微风险厌恶者的无差异曲线就比较平缓一些（见图 13-2）。这是因为要让高度风险厌恶者再多承担 1 单位的风险时，他要求收益的增加要大于轻微风险厌恶者的要求。

（2）有效市场边界

无差异曲线可以算是投资者对自己风险收益的主观偏好，用来评价各种资产组合的收益和风险，而有效市场边界就是投资者评价的客体。

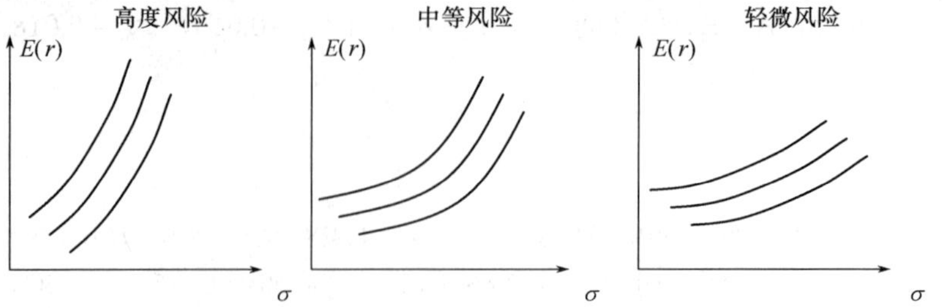

图 13-2　风险规避程度不同的投资者的无差异曲线

图 13-3 中的阴影部分就是所有可能的证券组合，就是可行集。这无穷多的组合我们是不是都要考虑呢？答案是否定的，投资者仅仅只需要考虑可行集中的一个子集即可。一个投资者选择他的最优组合时将从下列组合中进行：

① 对每一水平的风险，该组合提供最大的预期收益；

② 对每一水平的预期收益，该组合能提供最小的风险。

满足这两个条件的组合被称为有效集，也叫有效市场边界。从图中可以看出 A 点具有最小的标准差，也就是在可行集中 A 点的风险最小，B 点的预期收益最高，夹在 A、B 两点中间的边界部分就是有效市场边界，也就是说，投资者仅仅考虑这个子集就可以了，而不必考虑其他组合，因为只有在有效市场边界上才满足以上两个条件。

（3）最优投资组合的选择

我们已经知道，投资者将在有效市场边界中选择他的最优投资组合，至于选择哪一个点进行投资，则是由他对预期收益和风险的偏好决定的。投资者可以借助有效市场边界和无差异曲线来进行最优投资组合的选择。如图 13-4 所示，在同一坐标系上画出投资者的无差异曲线和有效市场边界，最优投资组合就是无差异曲线与有效市场边界的切点。

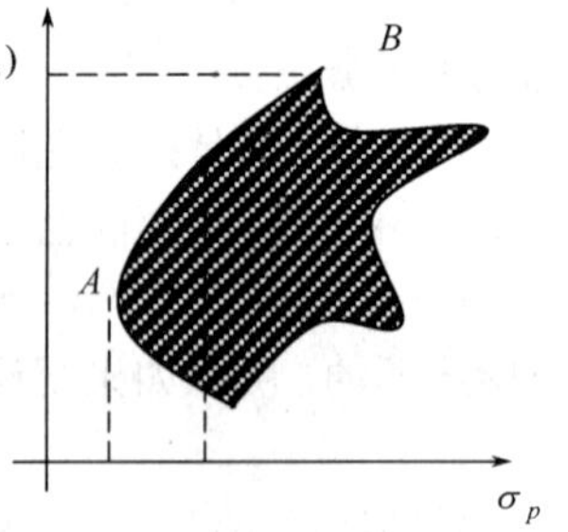

图 13-3　可行集

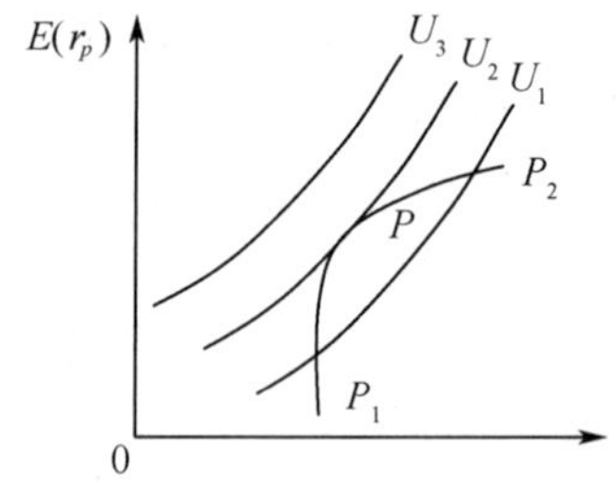

图 13-4　最优投资组合的确定

根据无差异曲线与有效市场边界的切点 P，我们找到了最佳组合点。虽然投资者更希望能达到 U_3 的水平，但是这条无差异曲线上的组合已经落在可行集外，是不可能实现的。无差异曲线 U_1 虽然也与有效市场边界有交点 P_1、P_2，但是，因为 $U_1 < U_2 < U_3$，所以 P 点的效用最高，且落在有效市场边界上，也就是说，P 点构成了多元证券组合的最佳组合点，而且我们知道无差异曲线是下凸的，而有效市场边界是下凹的，所以这也保证了切点的唯一性。

4．马柯维茨问题的提出及其求解

（1）马柯维茨模型的数学表述

按照马柯维茨的想法，投资者需要找到一个最佳的证券组合。这个最佳组合最能满足投资者在收益和风险之间的平衡。

在一系列严格的假设条件下，马柯维茨提出了均值—方差模型。

设某个投资组合具有 N 种不同的风险证券，其中第 i 种证券的收益序列为 r_{it}，其预期收益率为 E_i，方差为 σ_i^2，$i=1,2,\cdots,N$，它在投资组合中的权重为 x_i，则该投资组合中的所有权重必须满足约束条件：

$$\sum_{i=1}^{N} x_i = 1 \tag{13-1}$$

投资组合的期望收益 E_{p} 和方差 σ_{p}^2 分别为：

$$E_{\mathrm{p}} = x_1 E_1 + x_2 E_2 + \cdots + x_N E_N = \sum_{i=1}^{N} x_i E_i \tag{13-2}$$

$$\sigma_{\mathrm{p}}^2 = \sum_{i=1}^{N}\sum_{j=1}^{N} x_i x_j \sigma_{ij} \tag{13-3}$$

在式（13-3）中，当 $i \neq j$ 时，σ_{ij} 表示证券 i 和 j 的协方差，当 $i=j$ 时，$\sigma_{ij}=\sigma_i^2$ 为证券 i 的方差。故可把式（13-3）改为：

$$\sigma_{\mathrm{p}}^2 = \sum_{i=1}^{N} x_i^2 \sigma_i^2 + \sum_{i=1}^{N}\sum_{\substack{j=1 \\ j\neq i}}^{N} x_i x_j \sigma_{ij}$$

根据投资者均为理性经济人的假设，马柯维茨理论认为投资者在证券投资过程中总是力求在收益一定的条件下，将风险降到最小；或者在风险一定的条件下，获得最大的收益。为此，他提出了以下两种单目标的投资组合模型。

① 给定组合收益 $E_{\mathrm{p}} = E_0$：

$$\min \sigma_{\mathrm{p}}^2 = \sum_{i=1}^{N} x_i^2 \sigma_i^2 + \sum_{i=1}^{N}\sum_{\substack{j=1 \\ j\neq i}}^{N} x_i x_j \sigma_{ij}$$

$$\text{s.t.}\begin{cases} \displaystyle\sum_{i=1}^{N} x_i E_i = E_{\mathrm{p}} = E_0 \\ \displaystyle\sum_{i=1}^{N} x_i = 1 \qquad\qquad x_i \geqslant 0, i=1,2,\cdots,N \end{cases}$$

② 给定组合风险 $\sigma_{\mathrm{p}}^2 = \sigma_0^2$：

$$\max E_{\mathrm{p}} = \sum_{i=1}^{N} x_i E_i$$

$$\text{s.t.}\begin{cases} \sigma_{\mathrm{p}}^2 = \displaystyle\sum_{i=1}^{N} x_i^2 \sigma_i^2 + \sum_{i=1}^{N}\sum_{\substack{j=1 \\ j\neq i}}^{N} x_i x_j \sigma_{ij} = \sigma_0^2 \\ \displaystyle\sum_{i=1}^{N} x_i = 1 \qquad\qquad x_i \geqslant 0, i=1,2,\cdots,N \end{cases}$$

模型①的意义是：在既定期望收益 E_0 的情况下，使投资风险最小。模型②的意义是：在愿意承担风险 σ_0^2 的条件下，使期望收益最大。事实上，模型①与模型②是等价的，即无论是使用模型①还是使用模型②确定的最优证券组合投资策略的期望收益和风险一定满足期望收益率（$E(r_{\mathrm{p}})$）—风险（σ_{p}^2）平面上的同一条曲线方程。获得了足够的数据，投资者就可以根据自己的投资风格和对风险的偏好程度，来选择模型①或模型②建立自己的投资组合，以达到满意的投资效果。

（2）用 Lagrange 方法解马柯维茨模型

模型①和模型②求解时，可以采用 Lagrange 乘数法，通过构造 Lagrange 函数求解。现以模型①为例：

利用 Lagrange 乘数法，作 Lagrange 函数：

$$L(x_1, x_2, \cdots, x_N, \lambda_1, \lambda_2) = \sum_{i=1}^{N} x_i^2 \sigma_i^2 + \sum_{i=1}^{N} \sum_{\substack{j=1 \\ j \neq i}}^{N} x_i x_j \sigma_{ij} + \lambda_1 \left(\sum_{i=1}^{N} x_i E_i - E_0 \right) + \lambda_2 \left(\sum_{i=1}^{N} x_i - 1 \right)$$

式中，λ_1、λ_2 为 Lagrange 乘数。函数 L 对 x_1，x_2，$\cdots$，x_N，λ_1，λ_2 的偏导数，并令其为零，可得：

$$\begin{cases} L_{x_1} = 2x_1\sigma_1^2 + 2x_2\sigma_{12} + \cdots + 2x_N\sigma_{1N} + \lambda_1 E_1 + \lambda_2 = 0 \\ L_{x_2} = 2x_1\sigma_{21} + 2x_2\sigma_2^2 + \cdots + 2x_N\sigma_{2N} + \lambda_1 E_2 + \lambda_2 = 0 \\ \qquad\qquad\cdots\cdots \\ L_{x_N} = 2x_1\sigma_{N1} + 2x_2\sigma_{N2} + \cdots + 2x_N\sigma_N^2 + \lambda_1 E_N + \lambda_2 = 0 \\ L_{\lambda_1} = x_1E_1 + x_2E_2 + \cdots + x_NE_N - E_0 = 0 \\ L_{\lambda_2} = x_1 + x_2 + \cdots + x_N - 1 = 0 \end{cases}$$

上述方程组共有 $(N+2)$ 个未知数 $(x_1, x_2, \cdots, x_N, \lambda_1, \lambda_2)$ 和 $(N+2)$ 个方程，因此可以求出 x_1，x_2，$\cdots$，x_N 的解，用通式表示如下：

$$x_i = a_i + b_i E_0, \quad i = 1, 2, \cdots, N$$

其中，a_i 和 b_i 为解方程组所求得的常数。

利用 Lagrange 乘数法，可以求出函数 L 的稳定点。在许多情况下，由问题的实际意义，而稳定点又唯一，因此，唯一的稳定点就是极值点。

对于给定的期望收益率 E_0，可以计算出 x_i 的值，从而得到该期望收益率水平下方差 σ_{p}^2 最小的证券组合。改变 E_0 的值，能够得到相应的期望收益率水平下方差最小的证券组合。这样，由根据不同的 E_0 确定的证券组合形成的集合即为有效市场边界。

二、资本资产定价模型

资本资产定价模型简称 CAPM 模型，是由经济学家 William Sharp、John Lintner 和 Jan Mossin 等人基于马柯维茨的均值—方差模型而提出的。由于其简捷性和可操作性，在诸如资本成本核算、股票收益预测、股票组合定价，以及企业价值事件研究分析等方面都得到了广泛的应用。CAPM 已被广泛应用于解决投资决策中的一般性问题，尤其是在西方发达国家。将 CAPM 模型引入到投资项目的价值及风险的定量分析评估中，可以使项目实现过程中的风险和干扰因素减小到最低点。

1．模型的基本假设

CAPM 模型的理论假设可以归纳为以下几点：CAPM 理论存在着较为严格的假设前提，并且它将股票市场假设为一个理想的简化的抽象的市场。因此，在前提条件不能严格满足的条件下，CAPM 在股票市场的就有适用效果的区别。在我国股票市场发展相对较晚，股票市场还不成熟的情况下，不能满足市场完全有效性的假定。所以 CAPM 在我国的应用效果将会同实证结果存在很大的差距。

（1）CAPM 模型假设所有投资者可以及时免费获得充分的市场信息，也就是说，股票市场是一个有效市场，不存在资本与信息流动的障碍。有效市场的一个重要特征是信息完全公开化，每一位投资者均可以免费得到所有有价值的信息，且市场信息一旦公开，将立即对股票价格产生影响，并很快通过股票价格反映出来，只有这样股票价格才是其价值的真正反映，定价机制不至于被扭曲。

（2）所有的投资者都是理性的，他们均依据马柯维茨股票组合模型进行均值方差分析，做出投资决策。因此，投资者的决策的科学性和严密性是 CAPM 对现实市场有较强适用性的一项前提。

（3）CAPM 模型假设投资者希望财富越多越好，效用为收益率的函数。

（4）CAPM 模型假设股票收益率的概率服从正态分布。

（5）CAPM 模型假定影响投资决策的主要因素为期望收益率和风险两项。

（6）CAPM 模型假设投资者可以在无风险收益 R 的水平下无限制的借入或贷出资金，也就是说，股票市场存在买空或卖空。

（7）CAPM 模型假设所有投资者具有相同的投资期限，而且只有一期。

（8）CAPM 模型假设股票投资可以无限制的细分，这就意味着投资者可以买卖单位资产或组合资产的任意部分。

（9）CAPM 模型假设交易成本为零。

（10）CAPM 模型假设不存在通货膨胀且折现率不变。CAPM 中提到的收益是指实际收益，价格也是实际价格。

（11）CAPM 模型假设投资者具有相同预期，即他们对预期收益率、标准差和股票之间的协方差具有相同的预期值，也就是投资者具有一致性预期假设，这就意味着投资者市场上的有效边界只有一条，市场上所有的投资者会有相同的投资行为。

（12）CAPM 模型假设每一个投资者都具有完全相同的预期且按照马柯维茨方法来选择一种组合，那么当市场达到均衡时，市场组合应是一个马柯维茨有效组合。

在上述假设条件下，可以推导出 CAPM 模型的具体形式：

$$E(r_i)-r_f=\beta_i(E(r_m)-r_f),\quad \beta_i=Cov(r_i,r_m)/Var(r_m)=\sigma_{im}/\sigma_m^2$$

式中 $E(r_i)$ 表示股票 i 的期望收益，$E(r_m)$ 为市场组合的期望收益，r_f 为无风险资产的收益，$\sigma_{im}=Cov(r_i,r_m)$ 为股票 i 收益率和市场组合收益率的协方差，$\sigma_m^2=Var(r_m)$ 为市场组合收益率的方差。CAPM 模型认为，在均衡条件下，投资者所期望的收益和他所面临的风险的关系可以通过资本市场线（Capital Market Line，CML）、股票市场线（Security Market Line，SML）和股票特征线（characteristic line）等公式来说明。

2. 与 CAPM 有关的几个基本概念

（1）资本市场线（Capital Market Line，CML）

$$E(r_p)=r_f+\sigma_p/\sigma_m(E(r_m)-r_f)$$

上式是股票有效组合 P 的风险 σ_p 与该组合的预期收益率 $E(r_p)$ 关系的表达式。虽然资本市场线表示的是风险和收益之间的关系，但是这种关系也决定了股票的价格。因为资本市场线是股票有效组合条件下的风险与收益的均衡，如果脱离了这一均衡，则就会在资本市场线之外，形成另一种风险与收益的对应关系。这时，要么风险的报酬偏高，这类股票就会成为市场上的抢手货，造成该股票的价格上涨，投资于该股票的报酬最终会降低下来。要么会造成风险的报酬偏低，这类股票在市场上就会成为市场上投资者大量抛售的目标，造成该股票的价格下跌，投资于该股票的报酬最终会提高。经过一段时间后，所有股票的风险和收益最终会落到资本市场线上来，达到均衡状态。

（2）股票市场线（Security Market Line，SML）

$$E(r_i)=r_f+\beta_i(E(r_m)-r_f)$$

上式是股票 i 与市场组合 m 的协方差风险 β_i 与该股票的预期收益率 $E(r_m)$ 关系的表达式。股票市场线也可以用另一种方式来说明。对股票市场线的公式进行变换后，就会用一个指标 β 来表示股票的风险。实际上，这个系数是表示了某只股票相对于市场组合的风险度量，对这个 β 特别做如下的说明：

① 由于无风险资产与有效组合的协方差一定为零，则任何无风险资产的 β 值也一定为零。同时任何 β 值为零的资产的期望回报率也一定为零。

② 如果某种风险股票的协方差与有效组合的方差相等，β 值为 1，则该资产的期望回报率一定等于市场有效组合的期望回报率，即这种风险资产可以获得有效组合的平均回报率。

③ β 值高时，投资于该股票所获得的预期收益率就越高；β 值低时，投资于该股票所获得的预期收益率就越低。实际上，股票市场线表明了这样一个事实，即投资者的回报与投资者面临的风险成正比关系。

（3）股票特征线（characteristic line）

$$E(r_i)-r_f=\beta_i(E(r_m)-r_f)$$

股票的超额预期收益率与市场超额预期收益率之间关系的表达式。CAPM 模型给出了单个资产的价格与其总风险各个组成部分之间的关系，单个资产的总风险可以分为两部分，一部分是因为市场组合 m 收益变动而使资产 i 收益发生的变动，即 β_i 值，这是系统风险；另一部分，即剩余风险被称为非系统风险。单个资产的价格只与该资产的系统风险大小有关，而与其非系统风险的大小无关。

3. CAPM 模型的推导

Sharpe 的证明基于这样的思想：对于任何市场中的股票（或股票组合）i，它与市场组合 m 的组合所形成的风险—收益双曲线必定与资本市场线相切于市场组合所对应的点 (σ_m, u_m) 上。

考虑一个股票组合，若某种风险资产 i 被选择，投资于 i 上的比例为 x_i，投资于其他资产也就是市场组合的比例为 $1-x_i$，这样的股票组合的期望收益和标准差为：

$$r_p=x_ir_i+(1-x_i)r_m$$

$$\sigma_{\mathrm{p}}=[x_i^2\sigma_i^2+(1-x_i)^2\sigma_m^2+2x_i(1-x_i)\sigma_{im}]^{1/2}$$

所有这样的投资组合 P 都位于连接 i 和 m 的直线上：

$$\frac{\mathrm{d}r_p}{\mathrm{d}x_i}=r_i-r_m$$

$$\frac{\mathrm{d}\sigma_{\mathrm{p}}}{\mathrm{d}x_i}=\frac{x_i\sigma_i^2-\sigma_m^2+x_i\sigma_m^2+\sigma_{im}-2x_i\sigma_{im}}{[x_i^2\sigma_i^2+(1-x_i)^2\sigma_m^2+2x_i(1-x_i)\sigma_{im}]^{1/2}}$$

得到连接 im 的直线的斜率就是：

$$\frac{\mathrm{d}r_p}{\mathrm{d}\sigma_{\mathrm{p}}}=\frac{\mathrm{d}r_p/\mathrm{d}x_i}{\mathrm{d}\sigma_{\mathrm{p}}/\mathrm{d}x_i}$$

所以有：
$$\frac{\mathrm{d}r_p}{\mathrm{d}\sigma_i}=\frac{(r_i-r_m)[x_i^2\sigma_i^2+(1+x_i)^2\sigma_m^2+2x_i(1-x_i)\sigma_{im}]^{1/2}}{x_i\sigma_i^2-\sigma_m^2+x_i\sigma_m^2+\sigma_{im}-2x_i\sigma_{im}}$$

在 im 直线的端点处，$x_i=0$，代入于是有：

$$\frac{\mathrm{d}r_p}{\mathrm{d}\sigma_{\mathrm{p}}}=\frac{(r_i-r_m)\sigma_m}{\sigma_{im}-\sigma_m^2}$$

又因为 m 点在 CML 直线上的斜率与 im 的直线的斜率应相等，于是有：

$$\frac{(r_i-r_m)\sigma_m}{\sigma_{im}-\sigma_m^2}=\frac{r_m-r_f}{\sigma_m}$$

整理可得：

$$r_i=r_f+\frac{r_m-r_f}{\sigma_m^2}\sigma_{im}=r_f+\beta_i(r_m-r_f)\qquad \beta_i=\frac{\sigma_{im}}{\sigma_m^2}$$

于是得到了 CAPM 模型的结果。

在资本资产定价模型中，资本的报酬率等于无风险报酬率加上企业的风险程度（β系数）与市场平均风险报酬率的乘积。其计算公式为：

$$R_i=R_f+\beta(R_m-R_f)$$

式中，R_i 为企业资本报酬率；R_f 为无风险报酬率；R_m 为市场平均收益率；β为企业的风险程度系数。

从基本理论模型中可以看出，资本资产定价模型的应用主要受三个因素的影响，一是无风险报酬率 R_f的测算，二是风险溢价（R_m–R_f）的估计，三是企业的风险程度系数 β 的测算。

三、风险价值度（VaR）模型

1．VaR 产生的背景

在资产结构日益复杂化的条件下，传统的风险管理方法缺陷明显，国际上众多金融机构因市场风险管理不善而导致巨额亏损，巴林银行更是因此而倒闭。风险测量是金融市场风险管理的基础和关键，即将风险的特征定量化。因此，准确的测度风险成为首要的问题，在这种情况下，VaR 方法应运而生。

2．VaR 的定义

VaR 的英文全称为 Value at Risk，它是指资产价值中暴露于风险中的部分，可称为风险价值。VaR 模型用金融理论和数理统计理论把一种资产组合的各种市场风险结合起来，用一个单一的指标（VaR 值）来衡量。VaR 作为一个统计概念，本身是个数字，它是指一家机构面临“正常”的市场波动时，其金融产品在未来价格波动下可能或潜在的最大损失。

风险价值度（VaR）通常被定义为在正常的市场条件下和给定的度内，某一金融资产或证券组合在未来特定一段持有期内的最大可能损失。用统计学公式可表达为：

$$P(\Delta W(\Delta t, x)) \leqslant -\mathrm{VaR}) = 1-\alpha$$

其中 x 为风险因素（如利率、汇率等），α为置信水平，Δt 为持有期，$\Delta W(\Delta t, x)= W(t, x) - \alpha\,(t_0, x)$ 为损益函数，$W(t_0, x)$是资产的初始值，$W(t, x)$为 t 时刻的预测值。

例如，某银行某天的 95%置信水平下的 VaR 值为 1500 万美元，则该银行可以以 95%的可能性保证其资产组合在未来 24 小时内，由于市场价格变动带来的损失不会超过 1500 万美元。从 VaR 的概念中可以发现，VaR 由三个基本要素决定：持有期（Δt），置信水平（α）和风险因素（x）。

（1）持有期（Δt），即确定计算在哪一段时间内的持有资产的最大损失值，可以定义为一天、一周或一个月等。持有期的选择应根据持有资产的特点来定。流动性好的金融产品，注重其短期内的 VaR 值，Δt 应定义为一天。另外，场外交易的衍生工具应以每天为周期计算 VaR。

（2）置信水平（α），在一定程度上反映了金融机构对风险的不同偏好。置信水平越大则意味着对风险厌恶程度越高，希望得到把握性较大的预测结果。

（3）风险因素（x），即风险因子。在计算 VaR 的过程中，其核心是通过风险映射将某项资产的风险分解为一个或若干个影响其变化的基本的市场风险因子，用这些风险因子的变化来描述资产组合的价格变化。

3．VaR 模型简介

给定一个资产组合，令 W_0 为该资产组合的期初价值，W 为该资产组合的期末价值，R 为该组合在持有期间的投资收益率，则有 $W = W_0\,(1+R)$。其中 R 的期望为μ，标准差为σ。在给定的置信水平 α 下，投资组合的最小价值为 $W^* = W_0\,(1+R^*)$。VaR 分为相对损失和绝对损失。相对损失为相对于均值的损失，其公式为：

$$\mathrm{VaR} = E(W) - W^* = W_0\,\mu - W_0\,R^* = -W_0\,(R^* - \mu)$$

绝对损失是指相对于期初价值的损失，其公式为：

$$\mathrm{VaR} = W_0 - W^* = -W_0\,R^*$$

由此看出，求 VaR 就是计算投资组合在一定置信水平下的最小值 W^*或最小收益率 R^*。VaR 一般可以从资产组合未来可能价值的概率分布求出。例如，$f(W)$是投资组合未来可能的概率密度函数，给定置信水平 α，可用下式求出该置信水平下的 W^*:

$$P(W \leqslant W^*) = \int_{-\infty}^{W^*} f(W)\,\mathrm{d}W = \alpha$$

四、CreditMetrics 模型简介

1．CreditMetrics 模型的提出

CreditMetrics 模型（信用计量模型）是 J.P.摩根在 1997 年推出的、用于量化信用风险的风险管理产品。该模型的提出引起了金融机构和监管当局的高度重视，是当今风险管理领域在信用风险量化管理方面迈出的重要一步。

2．CreditMetrics 模型的基本思想

（1）信用风险取决于债务人的信用状况，而企业的信用状况由被评定的信用表示。因此，信用计量模型认为信用风险可以说直接源自企业信用等级的变化，并假定信用评级体系是有效的，即企业投资失败、利润下降、融资渠道枯竭等信用事件对其还款履约能力的影响都能及时恰当地通过其信用等级的变化而表现出来。信用计量模型的基本方法就是信用等级变化分析。转换矩阵（Transition Matrix，一般由信用评级公司提供），即所有不同信用等级的信用工具在一定期限内变化（转换）到其他信用等级或维持原级别的概率矩阵，成为该模型重要的输入数据。

（2）信用工具（包括债券和贷款等）的市场价值取决于债务发行企业的信用等级，即不同信用等级的信用工具有不同的市场价值，因此，信用等级的变化会带来信用工具价值的相应变化。根据转换矩阵所提供的信用工具信用等级变化的概率分布，同时根据不同信用等级下给定的贴现率就可以计算出该信用工具在各信用等级上的市场价值（价格），从而得到该信用工具市场价值在不同信用风险状态下的概率分布。这样就达到了用传统的期望和标准差来衡量资产信用风险的目的，也可以在确定的置信水平上找到该信用资产的信用值，从而将 VaR 的方法引入到信用风险管理中来。

（3）信用计量模型的一个基本特点就是从资产组合而并不是单一资产的角度来看待信用风险。根据马柯维茨资产组合管理理论，多样化的组合投资具有降低非系统性风险的作用， 信用风险很大程度上是一种非系统性风险，因此，在很大程度上能被多样性的组合投资所降低。另一方面，由于经济体系中共同的因素（系统性因素）的作用，不同信用工具的信用状况之间存在相互联系，由此而产生的系统性风险是不能被分散掉的。这种相互联系由其市场价值变化的相关系数（这种相关系数矩阵一般也由信用评级公司提供）表示。由单一的信用工具市场价值的概率分布推导出整个投资组合的市场价值的概率分布可以采取马柯维茨资产组合管理分析法。

（4）由于信用计量模型将单一的信用工具放入资产组合中衡量其对整个组合风险状况的作用，而不是孤立地衡量某一信用工具自身的风险，因而，该模型使用了信用工具边际风险贡献这样的概念来反映单一信用工具对整个组合风险状况的作用。边际风险贡献是指在组合中因增加某一信用工具的一定持有量而增加的整个组合的风险（以组合的标准差表示）。通过对比组合中各信用工具的边际风险贡献，进而分析每种信用工具的信用等级、与其他资产的相关系数，以及其风险暴露程度等各方面因素，可以很清楚地看出各种信用工具在整个组合的信用风险中的作用，最终为投资者的信贷决策提供科学的量化依据。

3．CreditMetrics 模型分析方法

信用度量制是通过掌握借款企业的如下资料:

① 借款人的信用等级资料；

② 下一年度该信用级别水平转换为其他信用级别的概率；

③ 违约贷款的收复率，计算出非交易性的贷款和债券的市值 P 和市值变动率 σ，从而利用前面介绍的 VaR 法对单笔贷款或贷款组合的受险价值量进行度量。

五、KMV 模型

KMV 模型是对传统信用风险度量方法的一次重大革命，其是在现代期权定价理论上建立起来的违约预测模型，因而有许多优点。KMV 模型是现代信用风险度量模型之一。下面主要论述 KMV 模型基本结构，分析其优缺点，并探讨其在中国信用风险预测中的适用性。

1．基本假设条件

（1）当公司的资产价值低于一定水平时，公司就会对债权人和股东违约。借款人资产价值大于其债务价值时，借款人不会违约；反之，借款人资产价值小于其债务价值时， 借款人就会违约。与这一水平相对应的资产价值为违约点 DPT（Default Point），即公司资产价值等于负债价值的点。

（2）假设在未来给定的时期内，该公司的资产服从由资产价值的期望值与标准差（波动率）描述的某个分布，未来资产价值的均值到所需清偿公司负债的账面价值之间的距离称为违约距离，由此计算出预期违约率。

（3）借款人资本结构只有所有者权益、短期债务、长期债务和可转化的优先股。

2．模型概述

假设一个违约点，降至这个违约点下，公司就会对它违约。假设公司的价值服从某种函数分布，其是什么样的分布要根据资产期望值及标准差来确定。预期违约概率（EDF）是分三步骤来确定的。第一步：计算公司的市场价值及其波动性；第二步：估算出公司的违约点、预期价值；第三步：估计预测违约概率（EDF）。

（1）计算公司的市场价值 V_A 及其波动率 σ_A

KMV 由于保密性，它们不愿公开具体的形式。我们一般用 Black-Schole 公式代替函数 f。

$$E = V \cdot N(d_1) - \mathrm{e}^{-rt} \cdot D \cdot N(d_2)$$

式中，E 为股权的市场价值；D 为负债的账面价值；V 为公司资产的市场价值；t 为信用期限；r 为无风险利率；N 为正态分布累积概率函数。

其中，

$$d_1 = \frac{\ln\left(\frac{V}{D}\right) + \left(r + \frac{1}{2}\sigma_A^2\right)^t}{\sigma_A \sqrt{t}}, d_2 = d_1 - \sigma_A \sqrt{t}$$

对公式两边求导，得出：

$$\sigma_E = \frac{V}{E} \cdot N(d_1) \cdot \sigma_A$$

联合两个方程，两个求知数，可求出 V_A 和 σ_A。

（2）计算出违约距离

根据大量的实证分析发现，公司易于发生信用风险的临界点是公司价值等于流动负债加上 50%的长期负债时：$\mathrm{DPT} = \mathrm{SYD} + 0.5\mathrm{LTD}$，其中 STD 为短期负债；LTD 为长期负债。

$$\text{违约距离DD} = \frac{\text{预期资产价值-违约点}}{\text{波动率}} = \frac{E(V_1) - \mathrm{DPT}}{\sigma_A}$$

如果将违约距离 DD 除以资产价值，就可得到相对违约距离，即

$$DD' = \frac{E(V_1) - \text{DPT}}{E(V_1) \cdot \sigma_A}$$

（3）计算预测违约概率（EDF）

假设资产价值服从正态分布， 则理论上计算公式为：

$$\text{EDF} = N\left[\frac{\text{DDT} - E(V_1)}{E(V_1) \cdot \sigma_A}\right] = N(-\text{DD})$$

EDF 可以作为一个预测公司违约的指标，其准确率较高。经验期望违约率是违约距离的函数，行业、规模、时间等因素对经验期望违约率较大的影响，这种影响关系较相对稳定，还可以用来预测。

3．KMV 模型的优缺点

KMV 模型的优点：

（1）KMV 的理论基础较好。KMV 模型是建立现代企业理财理论和期权理论基础之上，可以反映信用风险水平的变化， 因此该模型具有较强的说服力。上市公司定期公布财务报表，股价每天有交易数据，这使得该模型可以随时更新数据 EDF 值。预期违约频率指标在本质上是运用基数衡量信用风险，对信用风险分为等级，因而对风险预测更准确。

（2）KMV 模型不要求有效市场假设，其输入数据为公司股票交易数据和财务报表中的财务数据，较之大量依赖财务指标的指标模型来讲，KMV 模型对财务指标的依赖仅限于债务面值，从而在一定程度上缓解了中国普遍存在的会计信息失真的影响。

KMV 模型的缺点：

（1）我国股票市场尚处于发展期，股票价格无论从整体还是个体上看，波动都很大。股票价格变动经常脱离公司质量和宏观经济发展环境等决定性因素，不能正常地反映股票合理的风险和收益的对比关系。

（2）资产价值的正态分布的假设。KMV 模型假设资产价值是服从正态分布的。但在现实中，并非如此。股票价格往往受到庄家控制，有大量不对称消息，资产价值不一定都是服从正态分布。

（3）对债务的不同类型不能区分。KMV 模型不能区分债务的优先偿还顺序、有否担保等，KMV 模型不能够对债务的不同类型进行分辨，因而可能造成预测不准。模型的适用范围小，KMV 模型对债务结构的假设不合理。

4．在中国的适用性分析

（1）KMV 模型对市场有效性的要求。中国的证券市场往往受到庄家投机及“内幕信息”进行交易，是弱有效市场，股价大幅波动不能反映资产实际价值，但 KMV 模型不要求有效市场假设，因而中国可运用 KMV 模型分析上市公司信用风险。

（2）对财务数据的要求。KMV 模型需要的数据为公司股票交易数据， 需要的财务数据较少，仅是需要债务的账面价值。中国普遍存在会计信息失真，与其他大量依赖财务账面数据的模型相比，KMV 模型具有优越性。

综合上述两点分析，KMV 模型在中国上市公司信用风险预测中具有一定的适用性。

复习思考题

一、名词解释

金融风险无差异曲线风险价值度违约距离

二、简答题

1．什么是金融市场风险？它形成的原因有哪些？

2．金融市场风险管理的一般程序是什么？

3．金融市场风险评估主要有哪些？

4．CreditMetrics 模型的基本思想是什么？

三、计算题

1．你的投资组合由一个风险投资组合（12%的期望收益率和 25%的标准差）以及一个无风险资产（7%的收益率）组成。如果你的总投资组合的标准差为 20%，它的期望收益率是多少？

2．证券市场上有很多种证券，其中 A 股票的预期收益率和标准差分别为 12%和 15%，B 股票的预期收益率和标准差分别为 24%和 25%，A、B 两股票之间的相关系数等于–1。假设投资者可以按相同的无风险利率自由借贷，请问，在无套利条件下，无风险利率必须等于多少？（提示：用 A、B 两股票组成无风险组合。）

3．某投资组合的预期收益率为 16%，市场组合的预期收益率为 12%，无风险利率为 5%，请问在均衡状态下该投资组合的β系数应等于多少？

4．假设无风险利率为 4%，某个风险资产组合的预期收益率为 10%，其β系数等于 1。根据 CAPM：

（1）市场组合的预期收益率等于多少？

（2）β=0 的股票的预期收益率应为多少？

（3）某股票现在的市价为 30 元，其β值为-0．4,预计该股票 1 年后将支付 1 元红利，期末除权价为 31 元。请问该股票目前的价格被高估还是低估了？

5．假设由两种证券组成市场组合，它们有如下的期望收益率、标准差和比例：

证券	期望收益率（%）	标准差（%）	比例
A	20	10	0．40
B	15	28	0．60

基于这些信息，并给定两种证券间的相关系数为 0．30，无风险收益率为 5%，写出资本市场线的方程。

四、拓展阅读

1．2016 金融业开启风险管理竞争大潮（http://www.financeun.com/News/201615/2013cfn/ 151544373501.shtml）

2．六大私募论市：资本市场的明天在哪里？（http://www.jrzj.com/169339.html）

3．人民币“入篮”成机遇，控制风险升主流（http://www.ceh.com.cn/jjzx/2016/10/1000219.shtml）

扫描二维码阅读文章

第十四章　金融市场监管

学习目标：

理解和掌握金融市场监管的主要目标及其意义；

掌握金融市场监管的基本原则及主要监管内容；

理解和掌握不同国家金融市场监管体制的异同。

金融市场作为资金融通的场所和机制，能否保持高效、安全、健康、稳定的运行和发展，对整个经济的发展至关重要。理论和实践都已经证明，缺乏监督和管理不善的金融市场效率十分低下，各种功能也难以发挥。要充分发挥金融市场的积极作用，限制其消极作用，提高金融市场的效率，深度、广度和弹性，必须对金融市场进行监督管理。

监督监管是一个完整的系统，涵盖了全面的理论知识和丰富的实践知识，日益走向科学化和规范化。在本章节中，将介绍金融市场监管的理论依据、主要要素及内容，让读者对金融监管体系有初步了解。同时，还将介绍几个金融市场相对完善的国家金融市场监管体系的例子，引发读者对金融市场监管模式发展的思考。

第一节　金融市场监管的概念及原则

一、　金融监管的概念和要素

一般认为，监管就是由监管主体为了实现监管的目标而利用各种监管手段对监管对象所采取的一种有意识的、主动的干预和控制活动。对金融监管的完整定义，应包括监管的主体、对象、目标和手段等内容。以其涵盖范围的大小，有广义和狭义之分。

狭义的金融监管就是金融监管当局对金融机构的监督和管理，它包括了金融监督和金融管理。广义的金融监管则把金融监管的主体和对象的范围都扩大，监管主体除了金融主管当局外，还包括金融行业自律组织、社会中介组织以及被监管对象的自我监控部门。监管的对象除了金融机构外，还应包括参与金融活动的个人和机构，如上市公司、投资者等。我们在本章讨论的金融监管是指广义的金融监管。

1. 金融监管的主体

从理论上说，金融监管的主体是政府，金融监管是一种政府行为。从金融监管的实践来看，目前的大多数监管活动是以政府为主体进行的，然而也存在着由非政府机构的金融行业组织甚至是某个企业来完成的。可见，实施监管的主体是多元化的，主要有两种。

（1）政府机构。它的权力由政府授予，负责制定金融市场监管方面的各种规章制度以及规章制度的实施。

（2）各种非官方性质的民间机构或者私人机构。它们的权力来自于其成员对机构决策的普遍认可，出现违规行为并不会受到法律的严惩，但有可能受到机构的纪律处罚。

一国的金融监管主体是历史和国情的产物，并不是固定不变的。由于政府监管具有涉及面广、权威性强等特点，因此，对于那些具有很强外部性，带有普遍性和后果严重的市场失灵问题，一般由政府监管。但是，政府监管成本较高，缺乏灵活性，反应也比较慢，因此，需要灵活性高的自律组织和证券交易所等其他机构和企业配合监管。

我国的金融市场监管主体有如下两类：

（1）政府机构。主要有中国人民银行、中国银行业监督管理委员会、中国证券监督管理委员会、中国保险监督管理委员会等。

（2）自律性监管机构。主要有中国证券业协会、中国银行业协会、中国保险业协会和上海、深圳证券交易所等。

2. 金融监管的对象

广义上来说，金融监管的对象是人类的金融行为和金融活动领域。但是，由于金融监管对象的具体内容和范围的确定在不同时间、地点和环境下都有可能不同。因此，人们对它的认识也存在着较大的分歧。对具体的问题，如金融产品或金融服务的产量和价格、是否实施政府控制、提供补贴或采取不同的税收政策、对金融中介的各种活动是否进行监督等方面，经济学家们的看法很不一致。大家能够一致认同的观点是金融监管当局应当对那些明显损害他人利益和共同利益的金融犯罪行为实施干预。

对金融监管对象的研究主要取决于以下 3 个方面：

① 金融监管对象本身的性质和特点。

② 人们对金融监管目标的认识。

③ 所使用的金融监管手段、工具及其成本。

因此，必须根据具体情况进行具体分析，在确定金融监管的对象和范围时，从市场机制本身的缺陷、金融产品和市场特殊性、金融市场的发育程度以及监管者所面临的特殊环境和条件等各个方面进行具体分析。从经济学的角度看，在资本密集型、信息密集型、高风险型和属于公共产品或准公共产品的行业中，由于存在垄断、外部性、信息不对称、过度竞争等特殊性，容易引起价格信息扭曲甚至市场机制失灵的现象。金融业中的商业银行业、保险业、证券业均属于这类行业。所以必须通过一定的手段消除或部分消除金融市场失灵，以实现经济资源的有效配置。

3. 金融监管的目标

金融监管的目标可分为一般目标和具体目标。一般目标是指维护金融体系的稳定、健全和高效，保证金融机构和金融市场稳定健康地发展，保护金融活动主体特别是存款人的利益，推动金融和经济的发展。这是世界上几乎所有国家希望达到的目标，也是金融监管的最终目标。

然而，由于各国的历史、经济、文化发展的背景和水平很不相同，一国在不同的发展时期经济和金融体系的发展状况有所区别。因此，金融监管的具体目标会有所不同，有的国家更注重金融体系的安全，有的则更注重效率。同样一个国家，有的时期更注重安全，而在有的时期更注重效率问题。在“效率”和“公平”这个两难选择中，监管当局通过结合实际，不断调整来实现监管的充分有效性。

各国金融监管的具体目标都体现在其中央银行法或银行法当中。我国 1995 年颁布的《中华人民共和国中国人民银行法》中规定，中国人民银行依法对金融机构及其业务实施监督管理，维护金融业的合法、稳健运行。具体地说，我国的金融监管目标体现在 4 个方面：① 保证金融机构的正常运营，维护整个金融体系的安全和稳定。② 防范和化解金融风险 ，保护存款人的利益。③ 创造公平的竞争环境促使金融业在竞争的基础上提高效率。④ 保证金融货币政策和宏观经济政策的有效实施。

4. 金融监管的手段

金融市场监管手段是监管主体得以行使其职责、实现其金融市场监管目标的工具。它必须根据金融监管对象的性质和特点、监管主体的层析等级、监管目标实现的难易程度，以及金融监管目标所付出代价的高低而定。

金融市场监管的手段主要包括法律手段、经济手段、行政手段和自律管理 4 种。

（1）法律手段

法律手段是指通过经济立法和司法来管理金融市场，即通过法律规范来约束金融市场的行为，以法律形式维护金融市场良好的运行秩序。法律手段约束力强，是金融市场监管的基础手段。

依法监管的一个重要前提条件就是相关法律、法规体系的建设。我国的经济金融法律、法规体系建设已取得很大的进步。目前，一些主要的金融法律如《中华人民共和国中国人民银行法》《中华人民共和国商业银行法》《中华人民共和国保险法》《中华人民共和国证券法》《中华人民共和国信托法》《中华人民共和国票据法》等都已实施。另外，还颁布了与这些法律法规相配套的百余件金融规章制度，都为金融监管的有效实施提供了有力的制度保证。

（2）经济手段

经济手段是指政府以管理和调控金融市场为主要目的，利用利率政策、公开市场业务、税收政策等经济手段间接调控金融市场运行和参与主体的行为。如中国银行通过调节准备金率、再贴现率、公开市场业务等手段调节和稳定金融市场价格，政府通过财政政策和外贸政策影响汇率等。目前，在经济手段中最重要的有金融货币手段和税收手段两种。

经济手段监管的优点是相对比较灵活，但调节的过程比较慢，存在着政策时滞。

（3）行政手段

行政手段是指依靠国家行政机关系统，通过命令、指令、规定、条例等对金融市场进行的直接干预和管理。行政手段对金融市场的监管具有强制性和直接性的特点。

行政手段在某些特殊时期、特定环境下使用，效果比较明显。一些市场机制、法律、法规体系还不健全的发展中国家和体制转轨国家，经常会采用这种手段。但是，市场经济是法制经济，无论监管还是被监管者，都要依法行事。为了维护金融监管的权威性和公正性，必须依法监管。因此，从发展趋势上看，行政监管手段将逐步取消，最终过渡到完全依据法律、法规来实施金融监管。

（4）自律管理

自律管理即自我约束、自我管理，通过自愿方式以行业协会的形式组成管理机构，制定共同遵守的行为规则和管理规章，以约束会员的经营行为。

金融市场交易的高度专业化，从业人员之间的利益相关性与金融市场运作本身的庞杂性，决定了对自律监管的客观需要。但政府监管与自律监管之间存在着主从关系，自律监管是政府监管的有效补充，自律管理机构本身也是政府监管框架中的一个监管对象。

二、金融市场监管的理论依据

在界定金融监管的内涵之前，首先研究一下金融监管的理论基础。自金融监管走上历史舞台以来，金融监管的理论依据大致有以下几种，通过对它们的分析说明，可以初步了解金融监管的理论根源。

1. 公共效益论

在关于监管的经济理论中，公共效益论是最早出现也是发展的最为完善的理论。首先，它有以下两点假设：一是市场本身是有缺陷的，由于市场中存在着垄断、外部性（包括外部经济和外部不经济）和信息不对称等因素，因此它的单独运行是缺乏效率的；二是政府通过法律、行政、经济等手段的干预，可以避免市场的缺陷，使之运行的更有效率。

基于以上两个假设，监管的产生就是政府对公众要求纠正某些社会个体和社会组织的不公平、不公正和无效率或低效率做法的一种回应。通过监管可以消除市场失灵带来的价格扭曲，从而弥补市场机制在资源配置过程中的效率损失。也就是说，政府对金融市场的监管是出于市场失灵的原因，其最终结果是维护了市场的合理配置以及公平性，维护了公众的利益。

那么，政府的干预是否就一定能够达到纠正市场机制无效率或低效率的目的，政府的干预用什么手段实施到什么程度才是合适的、最优的呢?解决这些疑问的方法就是设立一个衡量标准或是指标工具。经济效益就是这样一个工具，它能够确定某个监管措施能给社会带来多少成本和效益。在实际经济研究中，我们可以从许多方面来定义经济效益。例如，在经济学中，可以用帕累托最优原则来解释经济效益，即如果每一个人因为某种监管措施而使自己的情况变化，或是至少有一个人因此而情况变好且没有人因此而情况变坏，那么这样的监督措施就是好的措施。但是，由于现实生活中很难实现没有人的利益受到损害，因此，帕累托最优原则有时也难以全面衡量。为此，传统经济学中的补偿原则成为了一种新的衡量指标。如果某种监管措施给获利一方带来的好处足以弥补遭受损害一方的损失还有剩余，从而使得每一个人的情况都好转，那么这个措施就被认为是一种好的监管措施。

除了以上观点，公众效益论还阐述了可能的监管范围和监管的总体目标，是目前监管的一个最为成熟和规范的理论。然而，该理论本身也存在着一定的缺陷，它不能说明这种监管的需求是如何转化为监管实际的，也不能说明为什么监管者会背离初衷与被监管者形成相互依赖的关系。更难以解释的是，根据该理论，监管应该集中在垄断程度较高、外部性较大或者是信息高度不对称的行业。但是，今天的许多实际研究却告诉我们，许多被监管的行业并不具备上述的任一特征。

2. 俘虏论

20 世纪 70 年代以后，随着监管实践的不断深入，再加上公共效益论的一些自身缺陷，人们开始怀疑监管者是否履行了职责。于是，经济学家研究的重心就从如何监管市场失灵而转向监管者的决策过程中来。一个新的监管理论——“俘虏论”形成了。俘虏论是继公共效益论之后形成的又一个重要监管理论，它从监管机构本身的行为出发，比较完整地阐述了其产生和发展整个过程，特别是公共政策的制定过程。

俘虏论认为，随着时间的推移，监管机构会越来越为监管对象所支配，监管者会越来越迁就被监管者的利益而不是保护所谓的“公共利益”。有些经济学家甚至认为，某些监管机构的产生就是出于维护某些集团的利益的初衷。某些利益集团为了逃避市场竞争和维护自己的利益，要求政府进行监管。然而，监管机构又往往被这些利益集团或是行业巨头所俘虏，成为他们实现自身利益的有力支持者。在这样的恶性循环中，资源的合理配置被严重破坏，资源在行业和部门之间的流动缺乏合理性与科学性。

俘虏论的积极意义在于它解释了公共效益论没能解释的一些问题，它引导人们重视对监管者行为和动机的考察，说明了导致监管者需求的原因。然而，它的不足之处还有许多，例如，它不能说明监管的供给是如何产生的、监管机构行为变异的原因，以及监管机构与被监管者如何形成相互依赖的关系，同时，俘虏论的论证也欠规范和完整。

3. 金融监管理论的现实意义

金融体系内在的脆弱性、金融行业的特殊性、金融市场主体行为的有限理性和金融资产价格的内在波动性，这些都使金融市场产生内在不稳定性，并可能导致资源配置不合理、收入分配不公平和经济大幅波动等负面影响。因此，金融监管主体必须采取有效的监管措施，改变金融机构与系统的脆弱性，增强主体行为的理性，降低金融资产价格的波动性，以提高金融市场的效率，增强金融系统稳定性，保护市场参与者的合法利益，为经济发展创造良好的金融环境。

对金融市场监管也是实现货币政策的需要。中央银行往往运用公开市场业务或通过金融市场渠道来实施其货币政策。同时，一国的货币政策又是与外汇紧密联系在一起的，因此，货币政策的实施离不开金融市场的监管。对金融市场的监管也是整个金融业监管的需要，各类金融机构是金融市场上最活跃的主体，对金融市场的监管往往同各类金融机构以及其业务活动的监管联系在一起，以此保证金融市场稳健、高效运行。

三、金融市场的特点

金融市场就是通过各种交易方式，促使金融产品在供求双方达成交易即进行商品买卖的场所，或者说，是金融商品的供求双方运用市场机制，通过交易进行融资活动的流通领域。资金融通是通过金融产品来进行的。所谓金融产品，是指资金融通过程的各种载体，它包括货币、黄金、外汇、有价证券等。也就是说，这些金融产品就是金融市场的买卖对象，供求双方通过市场竞争原则形成金融产品价格，如利率或收益率，最终完成交易，达到融通资金的目的。一般而言，金融市场具有如下特点：

（1）金融市场的非物质化。这种非物质化首先表现为股票等证券的转手并不涉及发行企业相应份额资产的变动；其次，即使在“纸张”上，金融资产的交易也不一定发生实物的转手，它常常表现为结算和保管中心有关双方账户上的证券数量和现金储备额的变动。金融产品交易的非物质化使得金融交易可以完全凭空进行，买空卖空活动在金融市场上司空见惯。尽管这种非物质化在一定程度上加大了金融市场上的投机性，然而，它却加速了金融产品的流动性。而这正是金融市场的生命力旺盛的原因之一。

（2）现代金融市场是信息市场。由于金融市场的核心内容——金融产品交易可以抽象掉其硬的物质方面的限制，所以金融市场的“软”的方面，即信息方面就显得特别重要。金融市场事实上是一个信息市场。其信息的发布、传递、收集、处理和运用成为金融市场上所有参与者都不能回避的竞争焦点。信息在金融市场中的特殊地位，不仅表现在关于已经实际发生了的事实的信息，而且还体现在对于未来的、还没有发生、甚至不知道会不会发生的事件的预期信息。

（3）金融市场是一个自由竞争市场。由于各种各样的金融产品在本质上是完全一致的，它们都代表着一定量的价值或财富，它们之间存在着相互替代性。因此，在金融市场上对各种不同的金融产品的供给与需求在很大程度上是相通的，它们之间具有很强的竞争性。相对于一般商品市场，金融市场为供求竞争规律提供了更全面的、更完整的条件。可以说，它是自由竞争的典范。

四、经济学关于市场监管的理论依据

监管经济学是在公共效益伦和俘虏论的基础上发展起来的一种新的监管理论，它保留了公共效益论关于市场失灵的假设，同时，也利用了俘虏论关于监管需求原因的观点。监管经济学的核心观点是把监管看成是一种商品，既然是商品，那么就一定存在着供求关系，监管的需求来自于国家和企业。国家通过监管可以改善某些利益集团的经济地位；企业通过监管可以获得直接的货币补贴、控制竞争者进入、获得影响替代品和互补品的能力以及定价能力。与此同时，监管的供应来自于政治家，他们需要选票，从而达到其当选的目的。在这种供求关系的相互作用下，监管产生了。

监管经济学进而解释了哪些人可以通过监管获得好处，哪些人需要承担监管的成本，监管将以何种形式实施，以及监管对资源配置的影响。这其中，我们有必要重点讨论一下监管的生产成本。由于监管这种商品的特殊性，它的成本除了必要的行政费用支出外，还有 4 个方面的隐成本，分别是道德风险、合规成本、社会经济福利的损失以及动态成本。道德风险是指由于制度方面或者其他方面的变化而引发的私人部门行为的变化，进而产生有害的而且往往是消极的作用或是进一步加大了逆向选择。合规成本是被监管者为了遵守或者符合有关监管规定而额外承担的成本。

社会经济福利的损失是指存在监管的情况下，各经济主体的产量可能会低于不存在监管时的产量的现象。这三种成本都属于监管的静态成本。动态成本则指出，监管有时起着保护低效率生产结构的作用，因而会成为管理和技术中心的障碍，造成动态经济效益的下降。

作为商品的监管，是通过市场机制来发挥作用的。那么既然市场机制会产生失灵，那么监管也必然产生失灵的现象，最典型的就是监管所带来的高额成本和对竞争条件的破坏。因此，监管并不是一种包治百病的灵丹妙药，监管经济学也存在着自身的缺陷。

五、金融市场监管的原则

无论采取什么样的监管手段，在金融监管的过程中，都要接受以下几个原则：

1. 合法性原则

合法性原则对于监管机构来说，是指监管机构要依法监管，严格执法；对于监管的对象来说，是要求一切金融活动和金融行为都必须合法进行。

2. 全面性原则

全面性原则是指所有金融市场都受到监管。在前面的章节中，我们了解到，金融市场是由若干个“子市场”构成的，包括货币市场、资本市场、外汇市场、金融衍生市场等。在金融全球化、一体化趋势下，各个子金融市场之间的界限越来越模糊，它们相互之间的联系更加紧密。一个金融子市场的波动可能会给整个金融体系带来影响。1977 年的金融危机已经证实了这一点。因此，金融监管必须是贯彻全面性原则，以保证金融机制有序进行。

3. 公开、公平、公正原则

金融市场监管中的公开是指有关制度、信息、程序和行为不加隐瞒地向社会公众公布。公正是指金融监管部门在实施金融监管的过程中，必须站在公正的立场上，秉公办事，以保证金融活动的正常程序，保护各方面的合法权益。公平是指金融监管的实施要考虑到金融市场全部参与者的利益，保证交易各方在交易过程中的平等地位，不得有任何偏袒。

公开、公平、公正原则是市场经济的基本原则，也是金融市场运行的基本原则，同时还是金融监管当局的重要原则。

4. 系统性风险控制原则

在金融市场中，各类金融机构和参与者承担着个体风险，他们的决策和实施过程能够影响个体风险的强度。然而他们无法左右的是金融系统风险。这就需要金融监管机构在平时的监管过程中，从国民经济的全局出发，服从社会政治、经济的发展的需要。

5. 监管适度与适度竞争原则

监管的力度是一个国家金融监管政策的重要体现。监管过松，容易导致金融系统的不稳定，从而引发系统风险；监管过严，又可能会使金融系统失去活力和效率。这就要求金融监管当局在实施监管的过程中，注意监管适度，使金融市场体系存在着适度竞争，充满活力。当然，监管力度也可能会因为经济发展时期的不同而有所变化。

第二节　金融市场监管的内容

金融市场监督管理，一般是指国家或国家授权的机构根据有关金融市场法律，如《票据法》《证券法》《银行法》等，规范金融市场交易行为，维护金融市场秩序，以达到促进金融市场健康有序营运、健康发展以及保护广大投资人权益的目的。金融市场监督则是为了实现此目的，而对金融市场进行全面监测、分析，发现问题并及时纠正，使市场运行恪守国家法令及规定，严格遵循市场管理的过程。

金融市场监管的具体内容因各国家经济金融体制不同而各有差异，但总的来说，主要是对金融市场要素构成的监管。

首先，是对金融市场主体（即交易者）的监管，主要是对企业、家庭、商业银行及其他金融机构在金融市场上的一切行为的监督和管理。

其次，是对金融市场客体（即交易工具）的监管。不同的国家由于金融工具的种类和品种不同，监管的内容自然存在较大差异。

再次，是对金融市场媒体的监督管理，主要是划分不同媒体之间的交易方式和交易范围，杜绝超范围经营的情况发生，使之在特定的领域充分发挥作用。尤其是一些机构媒体，它们一方面承担着满足市场多种需求、分散和减弱风险的重任，另一方面还承受着金融交易各方面的压力，因而存在着利用其特殊地位实行垄断或扰乱金融的可能性，不能不成为金融市场监管的重点。

最后，对金融市场价格的监管。金融市场的价格形成及变化有其自身的规律，也比较复杂，不仅表现形式多种多样，而且具有较强的可操作性，因此，金融市场上的价格变动，往往成为整个金融市场监管的综合反映。但考虑到市场价格的上述特点，对金融市场价格的监督在于管理、调节和控制。

按标的物划分，金融市场可以分为货币市场、资本市场、外汇市场和黄金市场。下面我们将按照这一划分，主要讨论我国对货币市场、外汇市场和金融衍生品交易市场的监管。

一、货币市场监管

货币市场又称为短期资金市场，一般是指融资期限在 1 年以下的金融市场。从狭义的金融市场监管角度来看，我国货币市场的监管主体主要是中央银行，同时，银监会从机构监管的角度配合央行对货币市场进行监督。中央银行对货币市场的监管是与其指定和实施货币政策紧密联系在一起的，主要由中央银行对商业票据市场、同业拆借市场和国债市场这三大货币市场的监管。

1. 对商业票据市场的监管

中国人民银行 1997 年 5 月 22 日发布的《商业汇票承兑、贴现与再贴现管理暂行办法》，是我国中央银行对商业票据市场进行监管的重要依据。

商业票据监管的一般原则如下：

（1）承兑、贴现、再贴现的商业汇票应以真实、合法的商品交易为基础。

（2）上述票据活动，应遵循平等、自愿、公平和诚实信用的原则。再贴现应当有利于实现货币政策目标。

（3）承兑、贴现、转贴现的期限不超过 6 个月，再贴现不超过 4 个月。

（4）贴现利率、再贴现利率由中国人民银行规定、发布和调整。转贴现利率由交易双方自主商定。

2. 对同业拆借市场的监管

（1）同业拆借参加对象的资格审定。参与同业拆借的对象仅限于商业银行和其他金融机构，商业银行内的各分支机构也可以互相拆借资金。非金融机构和个人、中国人民银行及其分支机构不得以任何形式参加同业拆借。但中国人民银行牵头的融资中心可视为独立的非银行金融机构，可以参加同业拆借，拆出拆入资金。

（2）拆借资金用途的管理。凡参加同业拆借的金融机构，拆出资金限于当月资金多余的头寸和在中国人民银行的存款；拆入资金只能用于弥补清算票据交换和联行汇差的头寸不足，以解决临时性、季节性周转资金不足，不得用于发放固定资金贷款和流动资金贷款，这是由拆除资金来源的短期性所决定的。

（3）拆借期限和利率的控制。凡参加同业拆借的金融机构，在恪守信用的原则下，拆借期限和利率可由拆借双方在协商一致的基础上签订合约。拆借利率实行："上不封顶，下不保底"的随行就市法确定；拆借期限分为7天以内的同业头寸拆借和7天以上、4个月以内的同业短期拆借。

（4）拆借金融机构的资金安全比例限制。为了确保拆借市场的安全，减少风险影响，中央银行一般要限制金融机构拆入、拆出资金占存款的比例。如中国人民银行规定商业银行拆入资金余额与各项存款余额之比不得超过4%，拆出资金余额与各项存款余额之比不得超过8%。

（5）督促商业银行建立健全自我约束机制，按照自身的资金量和清偿能力控制拆借总量。金融机构用于拆出的资金，只限于存大于贷并交足法定准备金，归还到期中国人民银行贷款和上交应缴联行汇差后的剩余资金。各金融机构必须按照中国人民银行规定投入资金比例的最高限，控制拆入资金量，拆入资金只能用于解决同城票据的清算头寸不足和季度内先支后收等临时性资金周转的需要，严禁用拆入资金扩大贷款规模，严禁以拆借之名逃避贷款规模控制。

（6）商业银行间的债券（含国债、政策性金融债券、中央银行融资券以及中国人民银行批准的可用于办理回购业务的债券）回购业务，必须通过全国统一同业拆借市场进行，不得在场外进行。按中国人民银行1997年6月5日制定发布的《银行间债券回购业务暂行规定》执行。

3. 对国债市场的监管

国债市场是指以国家信用为保证的国库券、国家重点建设债券、财政债券、基本建设债券、保值公债、特种国债等的发行和交易市场。

国债的发行审批通常是由财政部根据当年财政预算提出发行计划，经与中国人民银行、国家计委协商统一意见后，报国务院批准发行。基本建设债券则由国家发展与改革委员会根据重点产业和发展规划的资金需求，提出发行计划与中国人民银行协商后，报国务院批准发行。国债的认购对象是各企事业单位、机关团体、部队与城乡居民（不含三资企业）；特种国债认购对象还包括基金组织（不含城乡居民和三资企业）；基本建设债券的认购对象为中国工商银行、中国农业银行、中国银行和中国建设银行等国家国有独资商业银行。利率主要有固定利率、浮动利率、保值利率等三种方式。

我国国债发行主要采取承购包销的方式，小部分采用自愿直接认购。在二级市场上交易国债，其交易价格随行就市，并遵循"时间优先、价格优先"的原则。开办证券回购业务的必须是经中国人民银行批准的证券交易价格和融资中心。严禁在国家批准的证券交易所之外私下从事证券回购业务。证券回购券种只能是国库券和经中国人民银行批准发行的金融证券；回购期限最长不得超过1年；回购资金不得用于固定资产投资，不得用于期货市场投资和股本投资，不得以贷款、拆借等任何名义用于企业。回购方必须有百分之百的属于自己所有的国债，禁止买空、卖空或以租券、债券等方式从事回购业务。返售方在回购期间内不得动用回购证券。

二、外汇市场监管

外汇市场是从事外汇买卖的交易场所，或者说是各种不同货币彼此进行交换的场所。外汇市场的形态有两种：一是外汇交易所这样有固定场所的有形市场；二是以电话、电传、电报和计算机交易系统等各种现代通信工具所构成的交易网络，是无形的市场。现代的外汇交易大部分是在无形市场上进行。

西方发达国家的货币基本上实现了自由兑换，除了中央银行偶尔入市干预外，其外汇市场也是自由化的市场。我国的人民币尚未实现完全的自由兑换，因此，对外汇市场的监管仍然很重要。

《中华人民共和国中国人民银行法》第四条明确规定，中国人民银行履行职责包括实施外汇管理，监管银行间外汇市场。银监会则通过机构监管的方式，通过限制银行可以从事的外汇交易的类型、施加内部控制和风险管理要求等，从一定程度上协助中央银行加强对外汇市场的监管。

我国外汇市场包括银行结售汇市场和银行间外汇市场。

1．对银行结售汇市场的监管

从 1966 年 12 月 1 日起，我国实现了人民币经常项目下的可兑换，但对资本项目下的人民币与外币之间的兑换仍实行严格管制。这是目前我国对银行结售汇进行监管的基本原则。

中国人民银行授权国家外汇管理局对外汇业务和外汇市场实行监管。根据我国《外汇管理条例》和《银行结售汇及付汇管理办法》等法规，目前我国对银行结售汇的监管包括以下几个方面：

（1）对外汇账户（境内）的监管。对外汇账户的监管主要有以下内容：

① 经常项目与资本项目账户分开使用，不能串户。

② 境内机构只有符合特定的要求，才可开立经常项下的外汇账户，且应当经外汇管理局批准。

③ 外商投资企业开立经常项目的外汇账户，必须向外汇管理局申请，且账户余额应控制在外汇管理局核定的最高余额内。

④ 境外机构、驻华机构一般不允许开立外币现钞账户；个人及来华人员一般不允许开立用于结算的外汇账户。

（2）对收汇和结汇的监管。主要包括以下内容：

① 1998 年 12 月 1 日各地外汇调剂中心全部关闭后，所有机构个人只能到外汇指定银行办理结汇。

② 境内机构的经常项目外汇收入必须调回境内，不得擅自存在境外。

③ 境内机构除了符合特殊条件，并经外汇管理局统一外，其经常项目下的外汇收入必须办理结汇。

④ 除出口押汇外的国内外汇贷款和中资企业借入的国际商业贷款不得结汇；境内机构向境外出售房地产及其他资产收入的外汇应当结汇；其他资本项目下的外汇未经外汇管理局批准不得结汇。

（3）对购汇和付汇的监管。主要包括以下内容：

① 除少数外，境内机构的贸易及非贸易经营性对外支付用汇，需持与支付方式相应的有效商业单据和有效凭证从其外汇账户中或者到外汇指定银行兑付；境内机构偿还境内中资金融机构外汇贷款利息，持《外汇（转）贷款登记证》、借款合同及债权人的付息通知书，从其外汇账户中支付或到外汇指定银行兑付。

② 外商投资企业外方投资者依法纳税后利润、红利的汇出，持董事会分配决议书和税务部门纳税证明，从其外汇账户中支付或到外汇指定银行兑付。

③ 境内机构偿还境内中资金金融机构外汇贷款本金，持《外汇（转）贷款登记证》、借贷合同及债券机构的还本通知书，从其外汇账户内支付或到外汇指定银行兑付；其他资本项目下的用汇，持有效凭证向外汇管理局申请，凭外汇管理局的核准件从其外汇账户中支付或到外汇指定银行兑付。

④ 外商投资企业的外汇资本金增加、转让或者以其他方式处置，持董事会决议，经外汇管理局核准后，从其外汇账户中支付或者持外汇管理局核发的售汇通知单到外汇指定银行兑付；投资性外商投资企业外汇资本金在境内投资及外方所得利润在境内增资或者再投资，持外汇管理局核准件办理。

（4）对外汇买卖价格的监管。外汇指定银行应当根据中国人民银行每日公布的人民币汇率中间价和规定的买卖差价幅度，确定对客户的外汇买卖价格，办理结汇和售汇业务。

（5）对外汇指定银行的业务监管。经营外汇业务的银行应按照规定办理结售汇；按规定向外汇管理局报送结汇、售汇及付汇情况报表；应当建立结售汇内部监管制度。

2．对银行间外汇市场的监管

银行间外汇市场通常指的是狭义的外汇市场。在当今世界主要外汇市场上，银行及大型金融机构间进行的外汇交易是市场的核心内容和主要形式，如在伦敦、纽约外汇市场上，95%的外汇交易是在银行间外汇市场上进行的。

1994 年 4 月 4 日我国外汇交易中心正式运行，总部设在上海，北京、天津等 19 个城市设立了分中心。

我国的银行间外汇市场是指经国家外汇管理局批准可以经营外汇业务的境内金融机构（包括银行、非银行金融机构和外资金融机构）之间，通过中国外汇交易中心进行的人民币与外币之间的交易市场。外汇市场由中国人民银行授权国家外汇管理局监管，交易中心是在中国人民银行领导下的独立核算、非营利性的事业法人，交易中心在国家外汇管理局的监督下，负责外汇市场的组织和日常业务管理。

（1）对外汇市场组织机构的监管

① 交易中心为外汇市场上的外汇交易提供交易系统、清算系统以及外汇市场信息服务。外汇市场按照价格优先、时间优先的成交方式，采取分别报价、撮合成交、集中清算的运行方法。

② 交易中心实行会员制，只有会员才能参加外汇市场的交易。会员大会是交易中心的最高权力机构，每年召开一次。

③ 交易中心设立理事会，为会员大会会议期间的常设机构。理事会成员不得少于 9 人，由非理事会理事（不得少于 1/3）和会员理事组成。理事会每届任期 2 年，会员理事连任不得超过 2 届。

④ 会员理事由会员大会选举产生，非会员理事由国家外汇管理局提名，会员大会选举产生。理事会设立理事长 1 人，由非会员理事担任，经国家外汇管理局提名，理事会选举产生；副理事长 3 人，其中非会员理事长 1 人，会员理事长 2 人，由理事会选举产生。

（2）对外汇市场交易参与者的监管

外汇市场参与者即交易中心会员。经中国人民银行批准设立、国家外汇管理局准许经营外汇业务的金融机构及其分支机构，均可向交易中心提出会员资格申请，经交易中心审核批准后，可成为交易中心会员，中国人民银行也作为交易中心会员参与市场交易。

会员选派的交易员，必须经过交易中心培训并颁发许可证方可上岗参加交易，交易预案接受交易中心的管理。

（3）对交易行为的监管

① 会员之间的外汇交易必须通过交易中心进行，非会员的外汇交易必须通过有代理资格的会员进行。

② 市场交易的交易方式、交易时间、交易币种及品种和清算方式等事项需报经国家外汇管理局批准。

③ 交易中心和会员单位应保证用于清算的外汇和人民币资金在规定时间内办理交割入账。

（4）对市场交易价格的监管

① 国家外汇管理局规定和调整每日外汇市场交易价格的最大浮动幅度，中国人民银行根据上日外汇市场形成的价格、公布当日人民币市场汇率，外汇交易应按照当日汇率并在规定的每日最大价格浮动幅度内进行。

② 中国人民银行可根据货币政策的要求，在外汇市场内买卖外汇，调节外汇供求，平抑外汇市场价格。

三、金融衍生品交易市场的监管

随着金融创新的不断深化，金融衍生品交易中的风险也日趋加大。为了对金融衍生品交易市场进行有效的金融监管，国际金融界近年来普遍加强了有关立法和制度创新。

1. 金融衍生品交易市场监管的原则要求

目前关于金融衍生品交易监管的原则性要求主要包括如下方面的内容：从事衍生金融商品交易的机构及主管当局必须制定一套完善的风险管理、交易咨询收集的制度，促使衍生金融商品的交易透明化，防范交易损失与不当交易；交易所、票据交换所与中央银行必须强化交易、清算以至于交割管理，着重于将交易日到交割日间的期限标准化，增加市场的流动性，进而增强市场抗突发事件冲击的能力；分析各项衍生金融商品的特性，将需要上报的信息资料标准化，确保监管当局能借此正确评估交易本身以及双方的风险；衍生金融品的投资人，尤其是市场大户必须与监管当局合作，遵从相关的交易法令，促使市场稳定；要严格对衍生交易员的选择与管理，加强操作规程控制和权力制约，防止交易员违规操作。

2. 金融衍生品交易市场监管的国家合作

加强金融衍生交易的国际合作，提高国际范围的有效监管水平在当前非常重要，是控制与防范国际金融衍生风险的重要途径。负责世界主要期货与期权市场监管的 16 个国家监管机构的代表于 1995 年 6 月 2 日在英国温德所集会，建议相关国际机构应进一步做出如下努力：

① 加强市场监管机构之间的合作。建立各国监管组织和市场在双边或多边基础上共享信息的机制，对国际化运作的金融集团及其重大交易活动进行有效监管。

② 加强保护客户的投资持有、资金和资产。目前不同国家和地区对客户资金、资产采取不同类型和层次的保护措施，因此，应寻找最佳途径协助各国和地区采取更有效、更一致的保护措施，特别是要有效地提供持续保护性措施。

③ 加大清算违约的惩罚力度。在金融机构面临破产危机时，监管当局应能够采取最佳的操作方式，迅速将问题锁定在一定的范围内而不延及市场。特别是对突发事件应加强国际性合作，提高对突发事件的防范应变能力。

3. 金融衍生品交易市场监管体系

由金融监管当局组成的专门监管机构，如证监会、期交会等专门机构，负责衍生工具教育的宏观监管，制定监管法规，组织对重大风险时间的预警和查处。

由行业组成自律机构，负责行为内部协调与自律管理。

组织从事衍生交易的金融机构，包括场内交易的交易所、清算所，以及场外交易的银行、非银行金融机构，进行有效的内部风险控制。

第三节　各国金融监管体制的比较

一、金融市场监管体制

广义的金融市场监管就是金融监管；狭义的金融市场监管主要是对各种类型金融市场运行的监管。本节主要集中讨论狭义的金融市场监管。

各国由于其金融市场发育程度不同、管理理念不同、法律及文化传统不同、金融体制不同，因此在金融市场监管中也形成了不同的监管体制模式，主要有以下三种：

1. 集中型监管体制

集中型监管体制是指国家通过制定专门的法律，设立隶属于政府或直接隶属于立法机关的全国性证券监管机构对金融市场进行集中统一监管，而各种自律性组织，如证券业协会、证券交易所等只起协助性作用。这种监管体制的优点使金融市场活动有法可依，提高监管的权威性。监管机构比较专业，监管功能比较集中，有利于公平、公正地执行监管职能，维护投资者的利益。同时，由于监管的集中，该体制也存在着一些缺陷，如对市场反映较慢、监管与市场实际的脱节、对市场监管过度等。这种监管体制以美国、日本、韩国等国为代表。

2．自律型监管体制

自律型监管体制是指国家除了某些必要的立法之外，较少干预金融市场，主要是通过金融市场自律组织和金融机构自身进行自我监管。实行这种监管体制的国家或地区如英国、荷兰、爱尔兰、香港特别行政区等。这种监管体制的特点在于通常没有制定专门规范投资银行业和证券市场管理的法律、法规，而是通过一些间接的法律法规来调整和制约证券市场的活动。没有设立专门的全国性的证券监管机构，而是依靠证券市场的参与者，如证券商协会、证券交易所等自律性组织进行监管。显而易见，该监管体制灵活、与实际市场紧密结合，可以提高效率。但是，由于没有统一的监管机构，容易造成市场的混乱，往往不能强有力地保护投资者的利益，实施监管措施也没有强大的立法保障。

3．中间型监管体制

中间型监管体制是集中型监管体制与自律型监管体制两者相互渗透、相互结合的产物。它既设有专门性的立法和政府监管机构来进行集中监管，也强调自律组织的自律监管。这种监管体制又称为分级监管体制，包括二级管理和三级管理两种模式。二级管理指的是政府监管机构与自律性组织互相结合的管理；三级管理指的是中央政府、地方政府和自律性组织三者相结合的管理。这种监管体制的特点在于集中型监管体制与自律型监管体制的联系与区别，集中型监管与自律型监管的结合，结合集中和自律两种方式的优缺点来弥补各自的不足。

二、各国（地区）金融监管体制比较分析

金融市场监管体制，是一项理论密切联系实际的政策选择。在研究这个问题时，要关注金融体制发展的阶段，如分业、混业经营体制决定了统一监管还是分业监管。我们还要关注世界上其他国家和地区的金融监管体制，如美国、英国等西方发达国家，亚洲国家的日本，以及与经济密切相关的中国香港金融监管体制。我们将对这几个国家和地区的金融监管体制做一个大概的介绍，它将有助于理解中国的经济发展阶段和金融监管体制的选择。需要注意的是，由于各国（地区）情况不一，有的并未将监管进行严格区分，我们将从广义的角度来介绍它们的金融监管体制。

1．美国

美国金融监管体制大致经历了三个演变历程，即从金融监管的初步形成到全面监管阶段（19 世纪中期到 20 世纪二三十年代直至 20 世纪 70 年代末）、金融监管的放松阶段（20 世纪 70 年代后期金融创新浪潮到 1997 年亚洲金融危机）、金融重新监管阶段（1997 年亚洲金融危机至今）。美国目前实行双元多头金融监管体制。美联储、联邦存款保险公司、司法部、证券交易委员会、期货交易委员会、储蓄机构监督办公室、国家信用合作管理局、联邦交易委员会、州保险监督署,甚至联邦调查局等机构都从各自的职责出发对商业银行进行监督和管理。这种监管体制的主要特征是：中央和地方两级都拥有金融监管的权力，形成所谓“双线”管理格局；同时每一级又有若干个监管机构共同完成监管任务，形成所谓“多元”管理结构。美国的金融监管体制，在联邦这一线的监管机构主要有联邦储备委员会、财政部货币监理署和联邦存款保险公司；在州这一线则有银行监督机构和管理机构。联邦储备委员会的目的是完善对银行体系的监管。货币监理署是美国国民银行的首要监管机关。联邦存款保险公司主要是通过经营商业银行的存款保险业务执行银行监管职能，它对所有参加存款保险的银行有权力。美国各州都有自己的管理机关，负责监管州立银行和其他类型的金融机构。

美国这种“双线多元”的监管体制，具有以下特点：其一，使每家银行时时处于体系互相交叉的严格监管之下，较大地提高了金融监管效力；其二，使监管者之间形成了一种相互交叉、互相监督又互相竞争的微妙关系，从而保持了金融监管执法中的透明度和严肃性，提高了依法监管的客观性和真实性。但不足之处是造成了监管政策不统一、监管重复、浪费人力、物力，也降低了金融监管的效率。

这种金融监管体制存在如下问题：首先，金融监管制度落后于金融创新的发展。一个国家的监管体制必须与其经济金融的发展与开放的阶段相适应，不管监管体制如何选择，必须做到风险的全覆盖，不能在整个金融产品和服务的生产和创新链条上有丝毫的空白和真空。现有分散的监管架构与各类金融市场之间联系日益紧密的发展趋势不适应，以及面对市场新的变化和发展又没有法规明确授权，监管者的手脚被进一步束缚，使得原本具有优势的分散监管体制反而演变成一种劣势，监管重叠和监管缺位的问题同时暴露出来。其次，监管机构本身职责没有履行到位。在次贷危机中，信息披露严重不充分，使房贷机构脱离消费者监督，大量发放高价贷款，为将来借款人的违约可能埋下隐患。美国金融监管体制极其庞大和复杂，交叉监管明显，金融市场源于殖民时期自发形成，银行体系最早得到发展，其金融监管体制也主要基于对银行的监管以及历次金融危机的推动而逐步形成。

2. 英国

在英国，历史上一直由英格兰银行负责对银行部门进行监督管理，英格兰银行对银行的监管主要靠金融机构的自我约束，采取非正式监管，以“道德劝说”“君子协定”形式进行。

1997 年以前英国采取的是一级多元监管模式。其对金融业的监管由 9 个机构分别承担，即：英格兰银行负责对商业银行的监管；证券投资委员会负责对投资银行、证券经纪公司的监管；证券期货管理局负责对期货市场的监管；互助信用机构登记部负责对信用合作社机构市场准入的管理；互助信用机构委员会负责对信用合作机构的监管；住房信贷委员会负责对住房信贷机构的监管；贸工部负责对上市公司的监管，其下属保险局负责对保险机构的监管；投资基金管理署负责对投资基金及其管理公司的监管；私人投资管理署负责对私人投资风险及权益的监管。

1997 年 5 月，英国财政大臣布朗宣布改革金融监管体制，将包括英格兰银行在内的 9 家金融监管机构的权力统一到一家新的机构，于 1997 年 10 月 28 日成立了金融监管服务局（FSA），负责对银行、住房信贷机构、投资公司、保险公司的审批和审慎监管。该局下设 4 个部：金融监管业务部、市场准入、执法和客户关系部、行政部和经营管理部。而英格兰银行的任务是执行货币政策，发展和改善金融基础设施，充当最后贷款人以及保持金融体系的稳定，并在金融监管局的高层领导中有代表权。英国财政部则全面负责金融监管组织构架的确定和金融监管的立法。

英国模式的最大优点在于有较大的灵活性。没有大量的监管法规，没有烦琐的法定程序，监管主体可以随时通过下达规劝信函，要求被监管者按照其要求进行经营。如果监管主体对金融监管的要求有所变化，哪怕是相互矛盾，只需变动规劝信函的措辞就可以了，不需要费尽周折地修改法律条文。

英国模式的缺点也很明显，这种模式要求监管者和被监管者之间保持一种相互信任的友好关系，才能使“君子协定”得以实现。其次，尽管出台了《1979 年银行法》和《1987 年银行法》，监管活动在很大程度上仍受英格兰银行高级官员管理观念的支配，在解释、评价及处理等方面带有很大的随意性。对不同性质，甚至是同一性质的不同对象使用不同或至少是不尽相同的监管标准和政策，容易造成不平等竞争。由于规范化法律的缺失，面对风起云涌的金融创新和金融全球化，监管实践上容易出现“真空”。

3. 日本

日本在“二战”后 50 多年的金融监管体制一直是一种行政指导型的管制。大藏省负责全国的财政与金融事务，把持对包括日本银行在内的所有金融机构的监督权，大藏省下设银行局、证券局和国际金融局。银行局对日本银行、其他政府金融机构以及各类民间金融机构实施行政管理和监督。证券局对证券企业财务进行审查和监督。国际金融局负责有关国际资本交易事务以及利用外资的政策制定与实施。这种监管体制的行政色彩十分浓厚，大藏省在监管中经常运用行政手段，对金融机构进行干预。

1997 年，日本政府进行了金融改革，取消了原来对银行、证券、信托子公司的业务限制，允许设立金融控股公司进行混业经营。同年 6 月，日本颁布了《金融监督厅设置法》，成立了金融监督厅，专司金融监管职能，证券委也从大藏省划归金融监督厅管辖。1998 年末，又成立了金融再生委员会，与大藏省平级，金融监督厅直属于金融再生委，大藏省的监管权力大大削弱。2000 年，金融监督厅更名为金融厅，拥有原大藏省检查、监督和审批备案的全部职能。2001 年，大藏省改名为财务省，金融行政管理和金融监管的职能也分别归属给财务省和金融厅。金融厅成为单一的金融监管机构，从而形成了日本单一化的混业金融监管体制。

日本的金融监管事务完全由金融厅负责，因此日本模式可以划为“集中单一金融监管模式”，其优点：金融管理集中，金融法规统一，金融机构不容易钻监管的空子；有助于提高货币政策和金融监管的效率，克服其他模式的相互扯皮、推卸责任弊端，为金融机构提供良好的社会服务。但是，这种体制易于使金融管理部门养成官僚化作风，滋生腐败现象。

4．中国香港

中国香港采取的是金融分业监管模式。主要表现为按金融企业的性质进行监管。香港金融管理局负责监管银行，包括对银行的证券和保险业务的监管；香港证监会负责监管证券公司；保监处负责监管保险公司。

根据金融监管局和证监会达成的协议，金融监管局监管银行的证券业务。1995 年 10 月，香港金融监管局与证监会签署了一份备忘录，约定由金融管理局负责豁免交易商（银行）的证券业务，而证监会只是在金融管理局的要求下，就个别违规事件进行调查，或在严重情况下行使《证监条例》规定的权利，对豁免交易商进行处罚，直至取消银行豁免交易商的资格。2000 年 11 月 29 日，金融监管局向立法会提交了《2000 年银行业（修改）条例草案》（以下简称《草案》），在《草案》中明确了金融监管局对银行业证券资产等业务进行监管的法律地位，并放宽了现行保密条款，以便证监会和金融监管局能够交换有关银行业证券交易等业务的信息，为了保证能对银行业的证券业务进行有效监管，1996 年，金融监管局在证监会的协助下，编制了银行从事证券业务的现场审查指引，并且还成立了特别小组，对证券业务发展广泛的银行进行审查。

在对银行从事的保险的日常监管方面，只有当银行进行与其自身业务无关的承保业务时，保监处对其保险业务进行监管。而如果银行只从事代理及与银行自身业务有关的小量承保业务时，则保监处不对银行的保险业务进行监管。

5．对比结论及启示

通过对上述国家的监管模式和国际上争论的研究发现，到目前为止，并不存在一个“最理想的、通用的”监管模式。不同国家（地区）现行的监管体制都存在不同程度的问题，而且最适宜的监管体制及机构也不是固定不变的，并且与金融监管体制的组织结构同等重要的还有监管的效力和效率。上述各国（地区）的监管体制及优劣告诉我们：

（1）任何一国（地区）的监管体制都有其深厚的历史背景，某些重大的历史事件是监管模式变化的催化剂。例如美国的监管体制至今仍受 20 世纪 30 年代金融大危机的影响。英国的监管理念就是深受其自由明主、崇尚自由契约思想的影响。

（2）要建立完备的金融监管法律体系。从世界发达国家的实践来看，立法先行是十分必要的。监管当局有法可依、执法严格，才能保证监管效力和效率。美国货币监理局对违规银行可以处以每天 100 万美元的罚款。日本大和银行因其纽约分行长期进行非法交易隐瞒真相而受到严厉的制裁，不仅被驱除美国金融市场，还被处以 1.3 亿美元的高额罚款，致使该行不得不宣布破产。

（3）大国（地区）的金融监管体制相对复杂，调整起来也比较困难。与之相对的是，小国（地区）的金融监管体制相对简单，调整起来也比较容易。例如，美国地域广、国情复杂，其金融监管体制无论从主体还是从方式来说，层次都比较多，相关法律法规很多，要进行调整不是件轻松的事，所以采用的是逐渐调整、慢慢修补的方式，以求适应时代的发展。而日本的金融监管体制相对单一，能够有一个较集中的监管主体进行整体监控。它们的监管变革也都采用激进的“爆炸式”，推倒重来，迅速建立了促进当前经济发展的监管模式。

（4）存款保险公司是保护储户利益的另一种途径。当前，我国对存款保险制度的讨论一直比较激烈。从美国的监管经验来看，比较完善的金融体制下，建立存款保险公司能够对储户的利益起到很好的保护作用，同时，存款保险公司出于对投保标的的负责态度，一般也要对参加投保的金融机构进行一定程度的监管。这种监管，可以部分弥补政府监管的不足，利用费率等经济杠杆对金融机构的经营安全进行督促。在美国，98%的商业银行都参加了保险，每个账户的最高保险限制已提高到了 100 万美元，超出保险限制的存款，也将在商业银行资产清理后，与其他债权人一起按比例获得补偿。目前这种方式已被众多国家效仿。

（5）专业化和一体化是当今世界监管体制演变的方向。专业化和一体化是当今世界监管体制演变的方向。专业化和一体化都是金融业务复杂化对监管的要求。例如，英国、日本实行统一的监管体制，建立一个统一行使监管职能的监管当局，对金融监管活动进行统一规划、统一协调。同时，在监管当局内部设立若干专业部门，分别在各自领域内实施专业监管。这种统一监管框架下的功能监管被认为是比较有效率的监管模式。

复习思考题

一、名词解释

金融监管　自律管理　金融产品　金融市场监督管理　三公原则　信息披露制度

二、填空题

1．金融监管三要素分别是______、______、______。

2．我国的金融市场监管主体有两类，分别是和。

三、简答题

1．金融监管的理论依据有哪些？

2．金融监管的手段有哪些？这些手段各有什么特点？

3．我国中央银行对同业拆借市场监管的内容有哪些？

四、论述题

1．比较美国、英国和日本现行金融监管体制。

2．试论述我国金融监管体制在全面开放时期面临的挑战及未来发展趋势。

五、拓展阅读

1．监管法制化有利市场稳健发展（http://stock.10jqka.com.cn/20160810/c592318926.shtml）

2．监管科技蓬勃发展 亟需行业新框架（http://business.sohu.com/20161017/n470447491.shtml）

扫描二维码阅读文章

参考文献

[1] 朱元．金融市场概论[M]．成都：西南财经大学出版社，1994.

[2] 尹伯成．西方经济学[M]．上海：上海人民出版社，1995.

[3] 高坚．中国国债[M]．北京：经济科学出版社，1997.

[4] 王松奇．金融学[M]．北京：中国金融出版社，2000.

[5] 范学俊．投资银行学[M]．上海：立信会计出版社，2000.

[6] 张乐天．现代金融市场概论[M]．上海：华东师范大学出版社，1997.

[7] 龚光和．国际证券融资[M]．北京：中国金融出版社，1994.

[8] 任淮秀．投资银行概论[M]．北京：中国人民大学出版社，1999.

[9] 安东尼・M．桑托莫罗．金融市场、工具与机构[M]．大连：东北财经大学出版社，2000.

[10] 何国华．国际金融市场[M]．武汉：武汉大学出版社，2001.

[11] 张亦春，郑振龙．金融市场学[M]．北京：高等教育出版社，2003.

[12] 郭研．金融市场教程[M]．北京：北京大学出版社，2004.

[13] 冯晋．金融市场学[M]．北京：科学出版社，2004.

[14] 杜金富．金融市场学[M]．大连：东北财经大学出版社，2001.

[15] 史建平，官兵．金融市场学[M]．北京：清华大学出版社，2006.

[16] 谢百三．金融市场学[M]．北京：北京大学出版社，2009.

[17] 张维．金融市场学[M]．北京：首都经济贸易大学出版社，2004.

[18] 曹凤岐，刘力，姚长辉．证券投资学[M]．北京：北京大学出版社，2000.

[19] 朴明根，邹立明，王春红．证券投资学[M]．北京：清华大学出版社，2009.

[20] 沈悦．金融市场学[M]．北京：科学出版社，2016.

[21] 李刚，高西．金融市场学[M]．大连：东北财经大学出版社，2015.

[22] 张维．金融市场学[M]．北京：首都贸易经济大学出版社，2004.

[23] Maureen Burton，Reynold Nesiba，Ray Lombra．金融市场与金融机构导论[M]．北京：北京大学出版社，2004.

[24] William F．Sharp,Gordon J．Alexander,Jeffery V．Bailey．投资学[M]．北京：北京大学出版社，2001.

[25] 斯蒂芬．A 罗斯，杰弗利．F．杰富．公司理财[M]．北京：机械工业出版社，2002.

[26] Bruce Tuckman．Fixed Income Securities-Tools for Today’s Markets[M]．John Wiley＆Sons,Inc．2002.

[27] 杜金富．金融市场学[M]．北京：中国金融出版社，2007 年版.

[28] 王兆星，吴国祥，张颖．金融市场学[M]．北京：中国金融出版社，2006 年.

[29] 霍文文．金融市场学教程[M]．上海：复旦大学出版社，2010 年.

[30] 张文萍，郗文泽．金融衍生工具[M]．北京：首都经济贸易大学出版社，2015 年.

[31] 沈悦．金融市场学[M]．北京：科学出版社．2015 年.

[32] 王昊．黄金投资策略与风险管理研究[J]．东方企业文化，2013（10）:231.

[33] 张英夫．黄金投资行情分析与投资策略研究[J]．现代商贸工业，2014（20）:122-123.

[34] 李天德．国际金融学[M]．成都：四川大学出版社，2008 年.

[35] 裴平．国际金融学（第三版）[M]．南京：南京大学出版社，2006 年版．
[36] 王仁祥，胡国晖．国际金融学[M]．北京：科学出版社，2009．
[37] 姜波克．国际金融新编（第四版）[M]．上海：复旦大学出版社，2008．
[38]（美）米什金．货币、银行和金融市场经济学（第 7 版）[M]．北京：北京大学出版社，2007．
[39]（美）米什金，埃金斯著．王青松等译．金融市场与金融机构（第 4 版）[M]．北京：北京大学出版社，2006．
[40]（美）米什金，（美）埃金斯著．张莹，刘波译．金融市场与金融机构（原书第 5 版）[M]．北京：机械工业出版社，2008．
[41] 栗书茵．国际金融学[M]．北京：机械工业出版社，2006．
[42] 王曼怡，朱超．国际金融新论[M]．北京：中国金融出版社，2009．
[43] 理查德・M・列维奇李月平译国际金融市场：价格与政策（英文版原书第 2 版）[M]．北京：机械工业出版社，2008．
[44] 杨再斌，黄运成．上海建设国际金融中心的模式选择与约束条件分析[J]．国际金融研究，2003（11）．
[45] 沈光朗，宋亮华．我国离岸金融发展和监管问题研究[J]．国际金融研究，2005（12）．
[46] 方悦平．从国际经验看汇率调整对资产价格的影响[J]．中国外汇，2007（10）．
[47] 朱孟楠，刘林．短期国际资本流动、汇率与资产价格[J]．财贸经济，2010（5）．
[48] 韩立岩，谢飞，杨捷．国际热钱与国际资产价格波动[J]．中国流通经济，2010（1）．
[49] 张建军，国际金融市场学[M]．北京：电子工业出版社，2012．
[50] 沈悦．金融市场学[M]．北京：科学出版社，2008．
[51] 张亦春，郑振龙，林海．金融市场学[M]．北京：高等教育出版社，2008．
[52] 苏平贵．金融学[M]．北京：清华大学出版社，2007．
[53] 刘晓峰．金融市场学[M]．北京：科学出版社，2007．
[54] 陈永生．金融市场学[M]．西安：西安交通大学出版社，2007．
[55] 霍文文．证券投资学[M]．北京：高等教育出版社，2004．
[56] 朱新蓉．金融市场学[M]．北京：高等教育出版社，2007．
[57] 晏艳阳，刘轶，王天轶．金融市场学[M]．北京：高等教育出版社，2008．
[58] 刘红忠，蒋冠．金融市场学[M]．上海：上海财经大学出版社，2006．
[59] 史建平．金融市场学[M]．北京：清华大学出版社，2007．